Legislatives Unrecht und EU-Amtshaftungsanspruch

Europäische Hochschulschriften
Publications Universitaires Européennes
European University Studies

Reihe II
Rechtswissenschaft

Série II Series II
Droit
Law

Bd./Vol. 4250

PETER LANG
Frankfurt am Main · Berlin · Bern · Bruxelles · New York · Oxford · Wien

Björn-Peter Säuberlich

Legislatives Unrecht und EU-Amtshaftungsanspruch

Europäische Staatshaftung
und parlamentarische Verantwortung
für legislatives Unrecht
in der Bundesrepublik Deutschland

PETER LANG
Europäischer Verlag der Wissenschaften

Bibliografische Information Der Deutschen Bibliothek
Die Deutsche Bibliothek verzeichnet diese Publikation in der
Deutschen Nationalbibliografie; detaillierte bibliografische
Daten sind im Internet über <http://dnb.ddb.de> abrufbar.

Zugl.: Speyer, Hochsch. für Verwaltungswiss., Diss., 2005

ISSN 0531-7312
ISBN 3-631-54369-7

© Peter Lang GmbH
Europäischer Verlag der Wissenschaften
Frankfurt am Main 2005
Alle Rechte vorbehalten.

Das Werk einschließlich aller seiner Teile ist urheberrechtlich
geschützt. Jede Verwertung außerhalb der engen Grenzen des
Urheberrechtsgesetzes ist ohne Zustimmung des Verlages
unzulässig und strafbar. Das gilt insbesondere für
Vervielfältigungen, Übersetzungen, Mikroverfilmungen und die
Einspeicherung und Verarbeitung in elektronischen Systemen.

Printed in Germany 1 2 3 4 5 7

www.peterlang.de

Vorwort

Diese Arbeit wurde als Dissertation an der Deutschen Hochschule für Verwaltungswissenschaften in Speyer im Jahr 2004 vorgelegt.

Herrn *Prof. Dr. Rainer Pitschas* danke ich sehr herzlich für die außerordentlich freundliche und Gewinn bringende Betreuung meiner Dissertation. In zahlreichen Gesprächen hat Herr Prof. Dr. Rainer Pitschas immer wieder für neue Denkanstöße gesorgt und meine Arbeit gefördert. Ich bedanke mich für die ergiebige und persönlich überaus angenehme Zusammenarbeit.

Für die rasche Anfertigung des Zweitgutachtens gilt mein aufrichtiger Dank Herrn *Prof. Dr. Karl-Peter Sommermann*.

Besonders bedanke ich mich bei meiner Verlobten, Frau *Kerstin Wisniowski*, die mir geduldig zur Seite gestanden hat und meine Arbeit mehrfach zur Korrektur lesen musste. Ebenso bedanken möchte ich mich für die Unterstützung meiner Mutter, *Frau Marliese Säuberlich*, ohne die eine Verwirklichung des Dissertationsvorhabens nicht möglich gewesen wäre.

Diese Arbeit ist meinem leider viel zu früh verstorbenen Vater, Herrn *Dr. med. Peter-Horst Säuberlich*, gewidmet.

Björn-Peter Säuberlich

Inhaltsverzeichnis

Einleitung 15

1. Kapitel
Die Entwicklung der gemeinschaftsrechtlichen Vorgaben für die Haftung der Mitgliedstaaten für Verstöße gegen Gemeinschaftsrecht: Die Rechtsprechung des Europäischen Gerichtshofs von „Francovich" bis „Haim" 19

I. Das Urteil in der Rechtssache „Francovich u.a. gegen Italienische Republik" vom 19.11.1991 19
   1. Sachverhalt 19
   2. Entscheidungsgründe und rechtliche Würdigung 20
   3. Stellungnahme 21

II. Das Urteil in den verbundenen Rechtssachen „Brasserie du pêcheur SA gegen Bundesrepublik Deutschland" und „The Queen gegen Secretary of State for Transport ex parte: Factortame Ltd u.a." vom 05.03.1996 23
   1. Sachverhalt 23
   2. Entscheidungsgründe und rechtliche Würdigung 25
   3. Stellungnahme 29

III. Das Urteil in der Rechtssache „The Queen gegen H. M. Treasury, ex parte: British Telecommunications plc" vom 26.03.1996 31
   1. Sachverhalt 31
   2. Entscheidungsgründe und rechtliche Würdigung 32
   3. Stellungnahme 33

IV. Das Urteil in der Rechtssache „The Queen gegen Ministry of Agriculture, Fisheries and Food, ex parte: Hedley Lomas (Ireland) Ltd" vom 23.05.1996 34
   1. Sachverhalt 34
   2. Entscheidungsgründe und rechtliche Würdigung 35
   3. Stellungnahme 36

V. Das Urteil in den verbundenen Rechtssachen „Erich Dillenkofer u.a. gegen Bundesrepublik Deutschland" vom 08.10.1996 37
   1. Sachverhalt 37
   2. Entscheidungsgründe und rechtliche Würdigung 37

3. Stellungnahme 40
VI. Das Urteil in den verbundenen Rechtssachen „Denkavit International
B.V., VITIC Amsterdam B.V. und Voormeer B.V. gegen Bundesamt für
Finanzen" vom 17.10.1996 41
   1. Sachverhalt 41
   2. Entscheidungsgründe und rechtliche Würdigung 42
   3. Stellungnahme 44
VII. Das Urteil in der Rechtssache „The Queen gegen Secretary of State for
Social Security, ex parte: Eunice Sutton" vom 22.04.1997 45
   1. Sachverhalt 45
   2. Entscheidungsgründe und rechtliche Würdigung 45
   3. Stellungnahme 46
VIII. Das Urteil in der Rechtssache „Klaus Konle gegen Republik
Österreich" vom 01.06.1999 47
   1. Sachverhalt 47
   2. Entscheidungsgründe und rechtliche Würdigung 49
   3. Stellungnahme 50
IX. Das Urteil in der Rechtssache „Salomone Haim gegen Kassenärztliche
Vereinigung Nordrhein" vom 04.07.2000 51
   1. Sachverhalt 51
   2. Entscheidungsgründe und rechtliche Würdigung 52
   3. Stellungnahme 54

2. Kapitel
**Die Rechtsgrundlagen und Voraussetzungen der mitgliedstaatlichen
Haftung für legislatives Unrecht** 57

I. Die Rechtsgrundlagen und die Herleitung des Grundsatzes der
mitgliedstaatlichen Haftung für Verstöße gegen Gemeinschaftsrecht 57
   1. Der Grundsatz der Staatshaftung als Ausfluss der durch den E(W)G-
Vertrag geschaffenen Rechtsordnung – „effet utile" und
Individualrechtsschutz 57
   2. Art. 10 EGVnF (Art. 5 EGVaF) 60
   3. Art. 288 Abs. 2 EGVnF (Art. 215 Abs. 2 EGVaF) 61
   4. Die Kompetenz des Europäischen Gerichtshofs zur richterrechtlichen
Rechtsfortbildung auf dem Gebiet des Staatshaftungsrechts 63
II. Die Anspruchsvoraussetzungen für eine Haftung der Mitgliedstaaten bei
Verstößen gegen Gemeinschaftsrecht 67

1. Gemeinschaftsrechtsverstoß eines Mitgliedstaats - Die Ausgestaltung des haftungsbegründenden Normverstoßes zur Verletzung individualschützenden und hinreichend bestimmten Gemeinschaftsrechts 68
  1.1. Individualschützende Gemeinschaftsrechtsnorm 68
  1.2. Die hinreichende Bestimmbarkeit des verliehenen Rechts 70
  1.3. Schutznormcharakter von Richtlinien 71
    a) Die für das subjektive Recht erforderliche Drittrichtung 71
    b) Unmittelbar anwendbares Gemeinschaftsrecht 72
    c) Unmittelbar durch Gemeinschaftsrecht gewährte subjektive Rechte: vertikale und horizontale Wirkung von Gemeinschaftsrecht .. 74
2. Das tatbestandliche Handeln des Mitgliedstaates – der hinreichend qualifizierte Rechtsverstoß 76
  2.1. Das tatbestandliche Handeln – die Haftung des Staates für legislatives Unrecht 78
  2.2. Die hinreichende Qualifizierung eines Rechtsverstoßes des Gesetzgebers 79
    a) Die Haftungsindizien 81
    b) „A-priori"-Konstellationen 83
    c) Die Anwendung der Haftungskriterien bei dem nationalen Gesetzgeber eingeräumtem Gestaltungsspielraum – Haftungsprivileg des nationalen Gesetzgebers bis an die Willkürgrenze? 84
    d) Verschuldensabhängigkeit der gemeinschaftsrechtlichen Staatshaftung – Verschulden als eigenständiges Tatbestandsmerkmal des gemeinschaftsrechtlichen Haftungsanspruchs? 89
3. Der unmittelbare Kausalzusammenhang 90
  3.1. Der Adäquanzgedanke 90
  3.2. Das Mitverschulden – Beachtlichkeit des Vorrangs des Primärrechtsschutzes? 92
  3.3. Anknüpfungspunkt: Kausalitätsunterbrechung bei „administrativem" Unrecht? 97

3. Kapitel
Die Umsetzung der Grundsätze über die mitgliedstaatliche Haftung für Verstöße gegen Gemeinschaftsrecht in das nationale deutsche Rechtssystem 101

  I. Die nationale Rechtsprechung zur mitgliedstaatlichen Haftung für Verstöße gegen das Gemeinschaftsrecht 102
    1. Das „Brasserie du pêcheur"-Urteil des Bundesgerichtshofs vom 24.10.1996 102
      1.1. Sachverhalt und rechtliche Würdigung 102

1.2. Analyse und Kritik 103
2. Das Urteil des Bundesgerichtshofs vom 14.12.2000 zur Umsetzung der Richtlinie des Rates über die Finanzierung der Untersuchungen und Hygienekontrollen von frischem Fleisch und Geflügelfleisch 85/73/EWG und der zu ihrer Ausführung ergangenen Entscheidung des Rates 88/408/EWG 106
   2.1. Sachverhalt 106
   2.2. Rechtliche Würdigung 107
   2.3. Analyse und Kritik 108
3. Der Vorlagebeschluss des Bundesgerichtshofs vom 16.05.2002 zur Umsetzung der Richtlinie 94/19/EG über Einlagensicherungssysteme („BVH-Bank") 116
   3.1. Sachverhalt 116
   3.2. Rechtliche Würdigung 117
   3.3. Analyse und Kritik 122
4. Zusammenfassung 128

II. Die Einordnung der gemeinschaftsrechtlichen Staatshaftung in das nationale deutsche Rechtssystem 129
1. Problemstellung und Gang der Untersuchung 129
2. Ausgangspunkt: Die Aussagen des Europäischen Gerichtshofs zum Verhältnis der gemeinschaftsrechtlichen und nationalen Haftung 130
   2.1. Die Aussagen des Gerichtshofs 130
   2.2. Schlussfolgerungen 131
3. Subsidiaritätsprinzip, Vorrang des Gemeinschaftsrechts und gemeinschaftsrechtskonforme Auslegung des nationale Rechts 132
   3.1. Die Rechtsqualität der gemeinschaftsrechtlichen Staatshaftung 133
      a) Die mitgliedstaatliche Haftung als allgemeiner gemeinschaftlicher Rechtsgrundsatz 134
      b) Der allgemeine Rechtsgrundsatz der Staatshaftung als gemeinschaftliches Primärrecht 137
   3.2. Vorrang und unmittelbare Anwendbarkeit des Gemeinschaftsrechts 138
      a) Die unmittelbare Anwendbarkeit von Primärrecht 140
         aa) Inhaltliche Unbedingtheit 141
         bb) Hinreichende Bestimmtheit 143
         cc) Schlussfolgerung 143
      b) Der Vorrang des Gemeinschaftsrechts 144
         aa) Die unmittelbare Anwendbarkeit als Voraussetzung des Vorrangs des Gemeinschaftsrechts 144
         bb) Der Vorrang des Gemeinschaftsrechts im Einzelnen 145

cc) Anwendungs- oder Geltungsvorrang?...................146
dd) Indirekte oder direkte Normenkollision?...............148
ee) Der Anwendungsvorrang bei indirekten Normenkollisionen...151
3.3. Die Rechtsfolgen des (Anwendungs-)Vorrangs für die Umsetzung der gemeinschaftsrechtlichen Haftungsvorgaben in das nationale deutsche Rechtssystem...................152
   a) Das Verhältnis zwischen Anwendungsvorrang, unmittelbarer Geltung von Gemeinschaftsrecht und gemeinschaftsrechtskonformer Auslegung...................152
      aa) Die gemeinschaftsrechtskonforme Auslegung...........152
      bb) Die Zusammenhänge im Einzelnen....................153
      cc) Die Rolle des Subsidiaritätsprinzips................155
      dd) Schlussfolgerung................................156
   b) Der Geltungsgrund der gemeinschaftsrechtlichen Staatshaftung für Gemeinschaftsrechtsverstöße – Die Rechtszugehörigkeit der Anspruchsgrundlage für eine Haftung...................157
4. Die gemeinschaftsrechtskonforme Anwendung des deutschen Staatshaftungsanspruchs gemäß § 839 BGB und Art. 34 GG.........161
4.1. Die Passivlegitimation – Die Bestimmung des richtigen Anspruchsgegners...................162
4.2. Die Verletzung der einem Dritten gegenüber obliegenden Amtspflicht...................164
   a) Der Amtsträger in Ausübung eines öffentlichen Amtes – Haftung für Organisationsfehler des Gesetzgebers...................164
   b) Amtspflichtverletzung...................166
   c) Die Drittbezogenheit der verletzten Amtspflicht...............167
      aa) Der Anknüpfungspunkt für die Drittbezogenheit der Amtspflicht...................169
      bb) Der Einfluss der Gemeinschaftsrechtsordnung auf das Merkmal der Drittbezogenheit...................170
      cc) Die Entscheidung des Bundesgerichtshofs vom 14.12.2000....172
4.3. Der Kausalzusammenhang zwischen Pflichtverletzung und entstandenem Schaden...................173
   a) Haftungsbegründende Kausalität...................173
      aa) Die Kausalität der Handlung des einzelnen Beamten.........173
      bb) Das schadensstiftende Zweitereignis..................174
   b) Haftungsausfüllende Kausalität...................175
   c) Die „Brasserie du pêcheur"-Entscheidung des BGH vom 24.10.1996...................178

4.4. Das Verschulden ... 179
4.5. Die Haftungsbeschränkungen des § 839 BGB ... 182
   a) Die Subsidiaritätsklausel des § 839 Abs. 1 S. 2 BGB ... 183
   b) Der Vorrang des Primärrechtsschutzes gemäß § 839 Abs. 3 BGB 184
4.6. Die Berücksichtigung von Mitverschulden gemäß § 254 BGB ... 185
4.7. Die Verjährung ... 186
4.8. Art und Umfang des Ersatzes ... 187
5. Zusammenfassung ... 189

4. Kapitel
Die gemeinschaftsrechtliche Staatshaftung für legislatives Unrecht im Kontrollgefüge des europäischen und nationalen Verfassungsrechts ... 191

I. Die mitgliedstaatliche Haftung als erweitertes Mittel zur Durchführung des Gemeinschaftsrechts ... 192

II. Die Kontrolle der legislativen Durchführung von Gemeinschaftsrecht .. 195
  1. Gang der Untersuchung ... 195
  2. Grundlagen der Legislativkontrolle als Vollzugskontrolle ... 196
    2.1. Kontrollieren – Rechtskontrolle durch Staatshaftung als Ausgangspunkt der Untersuchung ... 196
    2.2. Zentrale und dezentrale Vollzugskontrolle ... 197
    2.3. Eigen- und Fremdkontrolle legislativen Gemeinschaftsrechtsvollzugs ... 198
  3. Die Kontrolle des legislativen Gemeinschaftsrechtsvollzugs auf mitgliedstaatlicher Ebene durch die Anwendung der gemeinschaftsrechtlichen Grundsätze über die Staatshaftung für legislatives Unrecht ... 200
    3.1. Die Überprüfung gesetzgeberischen Handelns im Amtshaftungsprozess ... 200
      a) Die Rechtswegzuweisung für die mitgliedstaatliche Haftung ... 200
      b) Die Amtspflichtverletzung: Die Prüfung der Vereinbarkeit nationalen Rechts mit dem Gemeinschaftsrecht – Kontrollgegenstand und Kontrollmaßstab ... 201
        aa) Der Kontrollgegenstand ... 201
        bb) Der Kontrollmaßstab ... 202
          aaa) Die Abgleichung nationalen Rechts mit dessen gemeinschaftsrechtlicher Normvorgabe im Vorlageverfahren? ... 203
          bbb) **Exkurs:** Die Verdopplung des Kontrollmaßstabs – Die Auswirkungen des „Maastricht-Urteils" des

Bundesverfassungsgerichts auf die Durchsetzung von
Amtshaftungsansprüchen wegen nicht ordnungsgemäßer
Legislativumsetzung 205
   (1) Auswirkungen der Maastricht-Entscheidung auf das
   gemeinschaftsrechtliche Haftungsinstitut 208
   (2) Auswirkungen des Maastricht-Urteils auf den
   Kontrollmaßstab 209
     (a) Die Kompetenzdimension 209
     (b) Die Grundrechtsdimension 212
   (3) Bewertung 213
3.2. Die Haftung des Staates für legislatives Vollzugsunrecht als ex-post-
Kontrolle des Gesetzgebers 215
3.3. Mitgliedstaatliche Haftung für legislatives Unrecht und
parlamentarische Verantwortung 216
   a) Parlamentarische Verantwortung und Kontrolle bei der
   Durchführung von Gemeinschaftsrecht 216
   b) Von der Rechtskontrolle zu Selbstkontrolle: Parlamentarische
   „Eigenverantwortlichkeit" 218
     aa) Parlamentarische Gesamtverantwortung und
     „einzelverantwortliche" Amtshaftung 218
     bb) Parlamentarische Selbstkontrolle unter dem Eindruck der
     Staatshaftung für legislatives Unrecht 219
       aaa) Parlamentarische Selbstkontrolle und parlamentarische
       Verantwortung 219
       bbb) Selbstkontrolle und Gesetzesfolgenabschätzung:
       Mitgliedstaatliche Haftung für legislatives Unrecht als
       Kontrollinitiative 220
         (1) Selbstkontrolle durch „Angst vor Haftung" 221
         (2) Die Öffentlichkeitsfunktion 222
     cc) Von der Kontrollinitiative zur Kontrollintensität – von der
     Edukation zu Effektivität 222
Schlussbetrachtung 225
Thesen 229
Literaturverzeichnis 241

Einleitung

Seit der Entscheidung des Europäischen Gerichtshofs in der Rechtssache „Andrea Francovich u.a. gegen Italienische Republik"[1] erfreut sich die Thematik der Staatshaftung von Mitgliedstaaten der europäischen Union bei Verstößen gegen Gemeinschaftsrecht ohne Unterbrechung gesteigerter Aufmerksamkeit und war seither Gegenstand zahlreicher Urteile und umfangreicher Besprechungen. Der Europäische Gerichtshof hat in seinem „Frankovich-Urteil" Grundsätze für eine Haftung der Mitgliedstaaten bei nicht ordnungsgemäßem Vollzug von Gemeinschaftsrecht geschaffen, namentlich für die unterlassene Umsetzung von Richtlinien in das nationale Recht. Der Gerichtshof entnahm dem Wesen der mit dem EWG-Vertrag geschaffenen Rechtsordnung, dass die Mitgliedstaaten zum Ersatz des Schadens verpflichtet sind, „die dem Einzelnen durch dem Staat zurechenbare Verstöße gegen das Gemeinschaftsrecht entstehen"[2]. Dabei versäumte es der Gerichtshof nicht, die Voraussetzungen der Haftung unmittelbar aus dem Gemeinschaftsrecht abzuleiten. Er wies jedoch die Behebung der verursachten Schäden den nationalen Rechtsordnungen zu ohne den Hinweis darauf zu vermeiden, dass der volle Schutz der dem Einzelnen aus dem Gemeinschaftsrecht erwachsenden Rechte gewährleistet werden soll[3]. Dahingehend formulierte der Gerichtshof weiter, dass es die Anforderungen nationalen Schadensersatzrechts nicht praktisch unmöglich machen oder übermäßig erschweren dürften, Entschädigung zu erlangen[4]. Dieser Ansatz bedarf im Hinblick auf die Behandlung der Staatshaftung für legislatives Unrecht in der Bundesrepublik Deutschland besonderer Beachtung. Denn einer Haftung gegenüber den Bürgern wegen Verstößen des Gesetzgebers standen Staat, Rechtsprechung und Rechtslehre bisher ablehnend gegenüber.

Die Begründung einer flächendeckenden Haftung der Mitgliedstaaten für jedweden Verstoß gegen Gemeinschaftsrecht löste eine ausführliche Kontoverse über die Reichweite des Urteils und dessen dogmatische Herleitung aus. Dem EuGH wurde vorgeworfen, die Grenzen seiner Rechtsfortbildungskompetenz überschritten zu haben. Die Kritik des Schrifttums gründete sich auf der Befürchtung, dass die Reichweite eines umfassenden Haftungsinstituts bei staatlichen Rechtsverstößen und das Auslösen eines Schadensersatzanspruchs zugunsten des Bürgers vor dem Hintergrund der bisherigen restriktiven Rechtsprechung und Rechtslehre als ausufernd angesehen wurde. Die ablehnende Haltung ge-

---
[1] EuGHE 1991 I, S. 5357ff
[2] EuGHE 1991 I, S. 5414, Tz. 35
[3] EuGHE 1991 I, S 5416f, Tz. 41f
[4] EuGHE 1991 I, S. 5416, Tz. 43

genüber den durch den EuGH manifestierten Staatshaftungsgrundsätzen wurde im Zusammenhang mit der Haftung für legislatives Unrecht sogar mit einem „drohenden Staatsbankrott" gerechtfertigt.

Die gemeinschaftsrechtliche Staatshaftung ist im Lichte der nationalen Rechtsordnungen zu sehen. Die Auseinandersetzung ist nicht mehr um die Legitimation, sondern um die Gestalt und die Umsetzung des gemeinschaftsrechtlichen Staatshaftungsanspruchs im nationalen Recht zu führen. Der Grundsatz der institutionellen und verfahrensrechtlichen Autonomie weist die Aufgabe der Durchsetzung des Gemeinschaftsrechts den nationalen Gerichten zu. Der weit gefasste Grundsatz der Staatshaftung hat ausfüllungsbedürftige Unklarheiten hinterlassen, so dass die Gerichte der Mitgliedstaaten zu weiteren Vorlagen an den EuGH gezwungen waren, um Konkretisierungen herbeizuführen. Auf der Grundlage der Entscheidung des EuGH im Vorabentscheidungsverfahren in der Rechtssache „Brasserie du pêcheur"[5] hat der BGH ein Urteil gefällt[6], das die Grundfrage der Umsetzung des gemeinschaftsrechtlichen Staatshaftungsanspruchs in nationales Recht berührt. Der BGH befasste sich mit der Frage der Haftung des Staates für legislatives Unrecht und wies eine Schadensersatzklage ab, weil er bereits die durch den EuGH vorgegebenen Voraussetzungen nicht für erfüllt ansah. So entzog sich das deutsche Gericht der Behandlung der Frage, ob die Voraussetzungen des deutschen Haftungsrechts, auf dessen Grundlage bis zum heutigen Tage eine Haftung für legislatives Unrecht abgelehnt wurde, „europarechtskonform" ausgelegt werden müssten. Es ist deshalb genauer zu betrachten, wie sich der vom EuGH entwickelte Grundsatz der Staatshaftung in das nationale deutsche Haftungssystem einbinden lässt. Der BGH hat mit seiner Formulierung die Frage wieder aufgeworfen, die man bereits als von der Rechtsprechung entschieden glaubte: Besteht ein originärer gemeinschaftsrechtlicher Staatshaftungsanspruch, der neben die Haftungstatbestände des nationalen Rechts tritt oder handelt es sich bei den durch den EuGH entwickelten Grundsätzen um Mindestvoraussetzungen, die im Wege der europarechtskonformen Auslegung Eingang in die nationalen Haftungsnormen finden?

Die Staatshaftung für legislatives Unrecht ist angesichts der zunehmenden Notwendigkeit der Umsetzung europarechtlicher Vorgaben von großer Aktualität. Sie enthält eine Vielzahl von Rechtsfragen und entbehrt auch nicht tatsächlicher Bedeutung. Durch staatliche Verstöße gegen Gemeinschaftsrecht kann eine Viel-

---

[5] EuGHE 1996 I, 1029ff
[6] BGH EuZW 1996, 761ff

zahl von Bürgern in ihrer Existenzgrundlage betroffen sein. Nachdem der BGH offen ließ, ob die Haftungsvoraussetzungen des nationalen Rechts europarechtskonformer Auslegung bedürfen, erscheint es notwendig zu sein, die Form der Umsetzung der europarechtlichen Staatshaftungsgrundsätze in das nationale Recht erneut zu untersuchen. Der BGH hat selbst die Diskussion darüber eröffnet, ob sich seine bisher vertretene Rechtsprechung und die herrschende Meinung in Literatur halten lässt und ein Nebeneinander von europarechtlichem und nationalem Staatshaftungsanspruch besteht.

Ausgangspunkt der Untersuchung ist daher im ersten Kapitel eine Betrachtung der Rechtsprechung des EuGH, mit der er die gemeinschaftsrechtlichen Vorgaben für eine Staatshaftung der Mitgliedstaaten für Verstöße gegen Gemeinschaftsrecht entwickelte.

In einem zweiten Kapitel werden die Vorgaben, die der Gerichtshof für die Haftung der Mitgliedstaaten postuliert hat, einer genaueren, abstrakten Analyse unterzogen und die sich hieraus ergebenden Problemkreise besprochen. Dies ist erforderlich, um im weiteren Verlauf dieser Arbeit die Möglichkeit einer Implementierung der europäischen Vorgaben in das nationale Recht zu untersuchen. Dabei wird das Maß der Konkretisierung der Haftungsvorgaben dargestellt, das für eine eventuelle Umsetzung innerhalb des nationalen Haftungsrechts von Bedeutung ist.

Das Dritte Kapitel setzt sich mit der bisherigen rechtlichen Bewertung des Komplexes der Staatshaftung für Verstöße gegen Gemeinschaftsrecht in der Rechtsprechung und Literatur auseinander. Über die Bestimmung des Verhältnisses zwischen der mitgliedstaatlichen deutschen und der europäischen Rechtsordnung wird zu analysieren sein, ob sich aus einem etwaigen Kollisionsverhältnis heraus eine Lösung dafür ergibt, welche Gestalt der gemeinschaftsrechtlichen Haftung in der konkreten nationalen Rechtsanwendungssituation zuzuweisen ist.

Das abschließende vierte Kapitel befasst sich mit der Frage nach den Auswirkungen der mitgliedstaatlichen Haftung für Verstöße der Legislative gegen Gemeinschaftsrecht auf den Gesetzgeber selbst. Die durch den Gerichtshof entwickelte Staatshaftung wird dabei unter dem Aspekt der Kontrolle der Legislativgewalt zu betrachten sein. Diese Sichtweise soll dazu führen, auch den Begriff der parlamentarischen Verantwortung unter dem Gesichtspunkt des eigenen Fehlverhaltens und der Haftung hierfür einer erneuernden inhaltlichen Betrachtung zu unterziehen.

1. Kapitel

Die Entwicklung der gemeinschaftsrechtlichen Vorgaben für die Haftung der Mitgliedstaaten für Verstöße gegen Gemeinschaftsrecht: Die Rechtsprechung des Europäischen Gerichtshofs von „Francovich" bis „Haim"

Zunächst sollen die grundlegenden Entscheidungen des Gerichtshofs zur Staatshaftung analysiert werden. Nach einer Sachverhaltsschilderung werden die wesentlichen Argumente und Folgerungen des Gerichtshofs dargestellt und sodann die Entscheidungen in die Entwicklung der europäischen Rechtsprechung eingeordnet.

I. Das Urteil in der Rechtssache „Francovich u.a. gegen Italienische Republik" vom 19.11.1991

1. Sachverhalt

Die Richtlinie 80/987/EWG[7] vom 20. Oktober 1980 sollte die Rechtsvorschriften der Mitgliedstaaten über den Schutz der Arbeitnehmer bei Zahlungsunfähigkeit des Arbeitgebers angleichen. Sie verpflichtete die Mitgliedstaaten, eine spezielle Garantieeinrichtung zu schaffen, um in der Insolvenz des Arbeitgebers die Befriedigung von unerfüllten Arbeitsentgeltansprüchen in gewissem Umfange zu gewährleisten. Die Richtlinie forderte auf Gemeinschaftsebene die Schaffung eines Mindestschutzes, wofür sie den Mitgliedstaaten verschiedene Regelungsmöglichkeiten einräumte.
Der Umsetzung der Richtlinie hatten die Mitgliedstaaten bis zum 23. Oktober 1983 nachzukommen. Nachdem die Italienische Republik diese Verpflichtung nicht erfüllt hatte, stellte der EuGH diesen Verstoß in der Rechtssache „Kommission gegen Italien" gemäß Art. 226, 228 EGVnF (Art. 169, 171 EGVaF) fest. Andrea Francovich und weitere italienische Arbeitnehmer, deren Arbeitgeber wegen Zahlungsunfähigkeit Arbeitsentgeltansprüche der Kläger nicht erfüllen konnten, erhoben Klage gegen die Italienische Republik und verlangten die Einhaltung der von der Richtlinie vorgesehenen Garantien, hilfsweise Schadensersatz. Die Ausgangsgerichte waren der Auffassung, dass Fragen nach der Auslegung gemeinschaftsrechtlicher Vorschriften aufgeworfen seien und legten dem

---
[7] Abl. L 283, S. 23

Gerichtshof gemäß Art. 234 EGVnF (Art. 177 EGVaF) folgende Fragestellungen vor: Kann der Einzelne für den Fall der unmittelbaren Wirkung der in Frage stehenden Richtlinie die Befolgung der vorgesehenen Garantien erzwingen, indem er sich unmittelbar auf die Gemeinschaftsvorschrift gegenüber dem säumigen Staat beruft? Kann der Einzelne im Falle fehlender unmittelbarer Wirkung der Richtlinie jedenfalls den Schaden ersetzt verlangen, der ihm dadurch entstanden ist, dass der Mitgliedstaat die Richtlinie nicht ordnungsgemäß umgesetzt hat?

2. Entscheidungsgründe und rechtliche Würdigung

Hinsichtlich der Frage der unmittelbaren Wirkung der Richtlinie verweist der Gerichtshof zunächst auf seine bisherige Rechtsprechung, aus der sich ergibt, dass sich der Einzelne auf die Bestimmungen einer inhaltlich unbedingten und hinreichend genauen Richtlinie auch gegenüber allen innerstaatlichen, nicht richtlinienkonformen Vorschriften berufen kann, wenn die Richtlinie nicht rechtzeitig umgesetzt wurde[8]. Im Ergebnis verneint der EuGH die unmittelbare Wirkung der Richtlinie, da der Schuldner der Garantieansprüche nicht feststehe. Dass den Mitgliedstaaten ein weiter Gestaltungsspielraum bezüglich der Schaffung einer Garantieeinrichtung zustünde, bedeute nicht, dass bei Nichtumsetzung der Richtlinie im Zweifel der Staat als Garantieschuldner angesehen werden könne. Es fehle für die unmittelbare Wirkung der Richtlinie deshalb an der unbedingten und hinreichend genauen Bestimmung des Schuldners[9].

Betreffend die Staatshaftung der Mitgliedstaaten für Verletzungen gegen Gemeinschaftsrecht verweist der Gerichtshof darauf, dass dieses Problem unter Berücksichtigung des allgemeinen Systems und der wesentlichen Prinzipien des E(W)G-Vertrages zu prüfen sei[10]. Der EuGH führt aus, dass der E(W)G-Vertrag eine Rechtsordnung geschaffen hat, die sowohl den Mitgliedstaaten als auch dem Einzelnen als Rechtssubjekt Verpflichtungen auferlegt und Rechte verleiht[11]. Mit Rückgriff auf seine Rechtsprechung zur unmittelbaren Anwendbarkeit und zur vollen Wirksamkeit des Gemeinschaftsrechts folgert der Gerichtshof, dass der Schutz der durch diese Prinzipien begründeten Rechte gemindert sei, wenn der Einzelne bei einem Verstoß, der einem Mitgliedstaat zurechenbar ist, keine Entschädigung erlangen könnte. Die Möglichkeit einer Entschädigung sei insbesondere dann unerlässlich, wenn die volle Wirksamkeit des Gemeinschaftsrechts von

---

[8] EuGHE 1991 I, S. 5408 Tz. 11
[9] EuGHE 1991 I, S. 5412, Tz. 25f
[10] EuGHE 1991 I, S. 5413, Tz. 30
[11] EuGHE 1991 I, S. 5413f, Tz. 31

einem Tätigwerden des Mitgliedstaates abhängig sei. Das Prinzip der Staatshaftung fließe aus der gesamten durch den E(W)G-Vertrag geschlossenen Rechtsordnung. Darüber hinaus gehöre zu den Verpflichtungen des Art. 10 EGVnF (Art. 5 EGVaF), rechtswidrige Folgen eines Gemeinschaftsrechtsverstoßes zu beheben[12].

In einem zweiten Schritt befasst sich der Gerichtshof mit den Voraussetzungen der Haftung. Für den (zu entscheidenden) Fall des Verstoßes gegen die Verpflichtung, eine Richtlinie ordnungsgemäß umzusetzen, stellt der EuGH drei Bedingungen auf, die erfüllt sein müssen, um einen Entschädigungsanspruch zu begründen. Die Richtlinie muss das Ziel verfolgen, dem Einzelnen Rechte einzuräumen, der Inhalt dieser Rechte muss auf der Grundlage der Richtlinie bestimmbar sein und es muss ein Kausalzusammenhang zwischen Verstoß und eingetretenem Schaden bestehen[13]. Einerseits sei der Anspruch auf Entschädigung unmittelbar im Gemeinschaftsrecht begründet[14], andererseits jedoch die Folgen des verursachten Schadens im nationalen Haftungsrecht zu beheben[15]. Diesbezüglich sei es die Sache der nationalen Rechtsordnungen, die zuständigen Gerichte zu bestimmen und die Klageverfahren so auszugestalten, dass ein voller Schutz der dem Einzelnen aus dem Gemeinschaftsrecht erwachsenden Rechte gewährleistet sei[16]. Schließlich gibt der Gerichtshof den Mitgliedstaaten vor, dass die materiellen und formellen Voraussetzungen des nationalen Schadensrechts für gemeinschaftsrechtliche Schadensersatzansprüche nicht ungünstiger als bei vergleichbaren nationalrechtlichen Klagen ausgestaltet sein und die Erlangung einer Entschädigung nicht praktisch unmöglich machen oder übermäßig erschweren dürften[17].

3. Stellungnahme

Mit seiner Entscheidung in der Rechtssache „Francovich" hat der EuGH in richterrechtlicher Rechtsfortbildung das Institut der mitgliedstaatlichen Haftung für Verstöße gegen das Gemeinschaftsrecht geschaffen. In diesem Urteil entwickelte der Gerichtshof den Grundsatz der gemeinschaftsrechtlichen Staatshaftung aus dem Wesen des E(W)G-Vertrags heraus und umriss die Voraussetzungen, unter denen eine Haftung der Mitgliedstaaten gegenüber Einzelnen gegeben

---

[12] EuGHE 1991 I, S. 5414, Tz. 32ff
[13] EuGHE 1991 I, S. 5415, Tz. 40
[14] EuGHE 1991 I, S. 5415, Tz. 41
[15] EuGHE 1991 I, S. 5415, Tz. 42
[16] EuGHE 1996 I, S. 5415f, Tz. 42
[17] EuGHE 1991 I, S. 5416, Tz. 43

sein sollte. Seiner Entscheidung folgten nachfolgend zu besprechende Urteile, mit denen er seine Rechtsprechung zur Staatshaftung bestätigte, die Grundlagen der gemeinschaftsrechtlichen Staatshaftung erweiterte und die Voraussetzungen für deren Eingreifen präzisierte.

Für die nationale deutsche Rechtsordnung bestand die Besonderheit der Entscheidung darin, dass die Vorgaben des Gerichtshofs eine Haftung für legislatives Unrecht des Gesetzgebers bei der Umsetzung von Gemeinschaftsrecht begründete. Eine Haftung für legislatives Unrecht war von der nationalen Rechtsprechung jedoch seit jeher abgelehnt und nur in Ausnahmefällen anerkannt worden. Wie die rechtstechnische Umsetzung der Haftungsvorgaben des Gerichtshofs durch die nationalen Gerichte zu erfolgen hatte, konnte den Ausführungen des Gerichtshofs nicht abschließend entnommen werden. Diese Frage einer Klärung zuzuführen, ist Aufgabe der vorliegenden Arbeit.

II. Das Urteil in den verbundenen Rechtssachen „Brasserie du pêcheur SA gegen Bundesrepublik Deutschland" und „The Queen gegen Secretary of State for Transport ex parte: Factortame Ltd u.a." vom 05.03.1996

1. Sachverhalt

In der Rechtssache „Brasserie du pêcheur" beschäftigte sich der Gerichtshof mit einer Vorlage des Bundesgerichtshofs gemäß Art. 234 EGVnF (Art. 177 EGVaF). Dem Vorlagebeschluss des BGH lag ein Schadensersatzbegehren der elsässischen Brauerei „Brasserie du pêcheur" zugrunde, das diese vor deutschen Gerichten verfolgte. Die Brauerei musste nach ihrem Vorbringen die Biereinfuhr nach Deutschland einstellen, nachdem das von ihr hergestellte Bier von den Behörden mehrfach beanstandet worden war, weil es nicht dem deutschen Reinheitsgebot der §§ 9 und 10 des Biersteuergesetzes[18] entsprach. Die „Brasserie du pêcheur" verklagte daraufhin die Bundesrepublik Deutschland auf Ersatz des ihr durch die Einfuhrbeschränkung entstandenen Schadens. Die Klägerin stützte ihren Anspruch auf die Entscheidung des EuGH vom 12.03.1987[19]. Damals hatte der Gerichtshof im Vertragsverletzungsverfahren der Kommission gegen die Bundesrepublik Deutschland entschieden, dass die Vorschriften des Reinheitsgebots gegen Art. 28 EGVnF (Art. 30 EGVaF) verstießen, soweit die Regelungen zu dem Verbot führten, in anderen Mitgliedstaaten rechtmäßig hergestelltes Bier in der Bundesrepublik Deutschland unter eben dieser Bezeichnung in Verkehr zu bringen.

Nachdem die deutschen Vorinstanzen die Klage abgewiesen hatten, setzte der BGH auf die Revision der Klägerin den Rechtsstreit aus und ersuchte den Gerichtshof um Vorabentscheidung[20]. Der BGH fragte in diesem Zusammenhang nach den Voraussetzungen der gemeinschaftsrechtlichen Staatshaftung. Der BGH warf die Frage auf, ob der in der Francovich-Entscheidung entwickelt Grundsatz der gemeinschaftsrechtlichen Staatshaftung auch dann gilt, wenn der Gemeinschaftsrechtsverstoß darin liegt, dass ein formelles innerstaatliches Parlamentsgesetz nicht an die höherrangigen Normen des Gemeinschaftsrechts angepasst wurde. Das Gericht fragte darüber hinaus an, ob ein etwaiger Ersatzanspruch wegen legislativen Unrechts den gleichen nationalrechtlichen Beschränkungen unterliegt und die nationale Rechtsordnung die Haftung von einem Verschuldenserfordernis abhängig machen darf. Zuletzt wollte der BGH wissen, ob

---
[18] Gesetz vom 15.3.1952, BGBl. I, S. 149, in der Fassung vom 14.12.1976, BGBl. I, S. 3341, 3357
[19] EuGHE 1987, S. 1227ff, 1262ff
[20] BGH EuZW 1993, S. 226f

die Entschädigungspflicht auf Schäden an bestimmten (individuellen) Rechtsgütern beschränkt werden kann und die Entschädigungspflicht auch solche Schäden umfasst, die bereits entstanden waren, bevor die Vertragswidrigkeit des deutschen Biersteuergesetzes festgestellt worden war[21].

In der Rechtssache C-48/93 („Factortame III") wandte sich der britische High Court of Justice im Vorabentscheidungsverfahren ebenfalls mit Fragen zur gemeinschaftsrechtlichen Staatshaftung an der EuGH. Ausgangspunkt war die Klage von natürlichen Personen und Gesellschaften beim dem vorlegenden Gericht vom 16.12.1988. Das Begehren wandte sich gegen Teil II des Merchant Shipping Act (Seehandelsgesetz) von 1988. Die Bestimmungen dieses Gesetzes machten die Registrierung von Fischereifahrzeugen nach einer Übergangsfrist von Voraussetzungen in Bezug auf Staatsangehörigkeit, Aufenthaltsort und Domizil der Eigentümer abhängig. Fischereifahrzeugen, die nach diesen Vorschriften nicht registriert werden konnten, wurde die Berechtigung zum Fischen entzogen. Der Gerichtshof entschied mit Urteil vom 25.07.1991, dass die Erfordernisse hinsichtlich Staatsangehörigkeit, Aufenthaltsort und Domizil der Eigentümer und Manager der Schiffe gegen Art. 43 EGVnF (Art. 52 EGVaF) verstießen (Factortame II)[22]. Auf die zwischenzeitlich von der Kommission angestrengte Vertragsverletzungsklage gemäß Art. 226 EGVnF (Art. 169 EGVaF) bestätigte der Gerichtshof mit Urteil vom 04.10.1991 den Verstoß der beanstandeten Registrierungsvoraussetzungen gegen Gemeinschaftsrecht. Inzwischen hatte der High Court of Justice einen Beschluss zur Durchführung des Urteils des EuGH vom 25.07.1991 erlassen und die Kläger aufgefordert, ihren Schadensersatzantrag zu präzisieren, woraufhin die Kläger eine detaillierte Aufstellung der Schäden vorlegten, die ihnen zwischen Inkrafttreten der Gesetzesnovelle vom am 01.04.1988 bis zu deren Aufhebung am 02.11.1989 entstanden waren. Auf den Beschluss des britischen Gerichts vom 18.11.1992 hin stellte die Klägerin zu 37 des Ausgangsverfahrens ihren Schadensersatzantrag auf „exemplarischen" Schadensersatz wegen verfassungswidrigen Verhaltens der öffentlichen Stellen um.
In diesem Zusammenhang legte der High Court of Justice dem Gerichtshof die Frage vor, ob unter den Umständen des vorliegenden Falles die Geschädigten gegen den Mitgliedstaat einen gemeinschaftsrechtlichen Anspruch auf Entschädigung für Verluste haben, die ihnen aufgrund aller oder eines der behandelten Verstöße gegen den EG-Vertrag entstanden waren.

---

[21] EuGHE 1996 I, S. 1136ff, Tz. 8; BGH EuZW 1996, 226
[22] EuGHE 1991 I, S. 3906ff, 3956ff

2. Entscheidungsgründe und rechtliche Würdigung

Die Entscheidung befasst sich sogleich mit der Frage, ob der Grundsatz der gemeinschaftsrechtlichen Staatshaftung auch dann anwendbar ist, wenn der dem Mitgliedstaat zur Last gelegte Verstoß dem nationalen Gesetzgeber zuzuschreiben ist[23]. Der Gerichtshof weist darauf hin, dass der gemeinschaftsrechtliche Staatshaftungsanspruch die notwendige Ergänzung der unmittelbaren Wirkung des Gemeinschaftsrechts darstellt. Hieraus gelangt der EuGH zu der Feststellung, dass die gemeinschaftsrechtliche Staatshaftung auch bei Verstößen gegen unmittelbar anwendbares Gemeinschaftsrecht eingreift[24]. Die Möglichkeit, vor nationalen Gerichten sich auf unmittelbar anwendbare Vertragsvorschriften berufen zu können, sei nur eine Mindestgarantie und reiche nicht aus, die uneingeschränkte Anwendung des Vertrages zu gewährleisten[25], weshalb die Ersatzverpflichtung der Mitgliedstaaten für dem Einzelnen entstandene Schäden nicht nur im Fall des Verstoßes gegen nicht unmittelbar anwendbare Vorschriften gelte. Der Gerichtshof geht sodann auf seine richterrechtliche Rechtsfortbildungskompetenz auf dem Gebiet der Staatshaftung ein. Bemerkenswert für den Gegenstand der vorliegenden Arbeit folgert das Gericht aus seiner diesbezüglichen Kompetenz, dass der Grundsatz der gemeinschaftsrechtlichen Staatshaftung unabhängig davon gilt, welches mitgliedstaatliche Organ durch sein Handeln oder Unterlassen den Verstoß begangen hat[26]. Der Umstand, dass der Verstoß dem nationalen Gesetzgeber zuzurechnen ist, sei nicht geeignet, das Recht des Einzelnen, der sich auf Gemeinschaftsrecht beruft, vor den nationalen Gerichten Ersatz des durch diesen Verstoß entstandenen Schadens zu erlangen, in Frage zu stellen[27]. Der Gerichtshof stellt fest, dass der Grundsatz, dass die Mitgliedstaaten zum Ersatz der Schäden verpflichtet sind, die dem Einzelnen durch zurechenbare Verstöße gegen Gemeinschaftsrecht entstehen, auch dann anwendbar ist, wenn der zur Last gelegte Verstoß dem nationalen Gesetzgeber zuzuschreiben ist[28].

Nach diesen Feststellungen wendet sich der Gerichtshof den Voraussetzungen für die Begründung der Haftung eines Staates wegen der gegen das Gemeinschaftsrecht verstoßenden Handlungen und Unterlassungen des nationalen Gesetzgebers zu. Zunächst hält das Gericht fest, dass die Bestimmung der näheren Voraussetzungen des Entschädigungsgrundsatzes von der Art des Verstoßes ge-

---

[23] EuGHE 1996 I, S. 1141f, Tz. 16f
[24] EuGHE 1996 I, S. 1143, Tz. 22
[25] EuGHE 1996 I, S. 1142, Tz. 20
[26] EuGHE 1996 I, S. 1145, Tz. 32
[27] EuGHE 1996 I, S. 1145, Tz. 35
[28] EuGHE 1996 I, S. 1145, Tz. 36

gen das Gemeinschaftsrecht abhängt. Unter Anknüpfung an das Urteil in der Rechtssache Francovich rekurriert der Gerichtshof auf die der gemeinschaftsrechtlichen Staatshaftung zugrunde liegenden Prinzipien der vollen Wirksamkeit der Gemeinschaftsnormen, des effektiven Schutzes der durch sie verliehenen Rechte und der den Mitgliedstaaten nach Art. 10 EGVnF (Art. 5 EGVaF) obliegenden Mitwirkungspflicht[29]. Zusätzlich zieht der Gerichtshof seine Rechtsprechung zur außervertraglichen Haftung der Gemeinschaft nach Art. 288 EGVnF (Art. 215 EGVaF) hinzu mit der Begründung, dass diese Rechtsprechung unter Berücksichtigung des weiten Ermessens der Organe bei Rechtssetzungsakten entwickelt wurde. Die enge Konzeption der Haftung der Gemeinschaft wegen der Wahrnehmung ihrer Rechtssetzungstätigkeit erkläre sich durch die Erwägung, dass die Wahrnehmung gesetzgeberischer Tätigkeit nicht jedes Mal durch die Möglichkeit von Schadensersatzklagen behindert werden darf, wenn das allgemeine Interesse der Gemeinschaft den Erlass normativer Maßnahmen gebiete, die die Interessen des Einzelnen beeinträchtigen könnten. Bei Rechtssetzungsakten, die durch ein weites Ermessen gekennzeichnet seien, könne eine Haftung der Gemeinschaft nur dann ausgelöst werden, wenn das betreffende Organ die Grenzen seiner Befugnisse offenkundig und erheblich überschritten habe[30].
Der nationale Gesetzgeber verfüge allerdings nicht generell über ein weites Ermessen, wenn er auf dem Gebiet des Gemeinschaftsrechts tätig werde. In diesen Fällen, insbesondere bei der Umsetzung einer Richtlinie gemäß Art. 249 EGVnF (Art. 189 EGVaF) wie in der Rechtssache Francovich, sei es für die Begründung der Haftung eines Mitgliedstaates irrelevant, dass die zu ergreifenden Maßnahmen dem nationalen Gesetzgeber obliegen. Handele ein Mitgliedstaat dagegen auf einem Gebiet, auf dem er über ein weites Ermessen verfüge, müssten die Voraussetzungen für seine Haftung grundsätzlich die Gleichen sein wie die, die eine Haftung der Gemeinschaft in einer vergleichbaren Situation nach sich zögen[31].
In den vorliegend zu entscheidenden Rechtssachen billigt der Gerichtshof den nationalen Gesetzgebern einen weiten Ermessensspielraum zu und kommt zu dem Schluss, dass in beiden Fällen die Gesetzgeber Entscheidungen zu treffen hatten, die mit denen der Gemeinschaftsorgane beim Erlass von Rechtssetzungsakten im Rahmen einer Gemeinschaftspolitik vergleichbar sind. Der EuGH führt weiter aus, dass unter derartigen Umständen das Gemeinschaftsrecht einen Entschädigungsanspruch anerkenne, sofern drei Voraussetzungen erfüllt seien:

---

[29] EuGHE 1996 I, S. 1146, Tz. 37ff
[30] EuGHE 1996 I, S. 1147f, Tz. 45
[31] EuGHE 1996 I, S. 1148, Tz. 46f

Zum Einen müsse die Rechtsnorm, gegen die verstoßen worden sei, bezwecken, dem Einzelnen Rechte zu verleihen, zum Zweiten müsse der Verstoß hinreichend qualifiziert sein und zum Dritten müsse zwischen dem Verstoß gegen die dem Staat obliegende Verpflichtung und dem den geschädigten Personen entstandenen Schaden ein unmittelbarer Kausalzusammenhang bestehen[32].
Nachdem der EuGH festgestellt hat, dass die erste Voraussetzung in beiden behandelten Rechtssachen erfüllt ist, geht der Gerichtshof in einem weiteren Schritt auf die zweite Voraussetzung ein. Das entscheidende Kriterium für die Frage, ob ein Verstoß gegen das Gemeinschaftsrecht als hinreichend qualifiziert anzusehen ist, sieht der Gerichtshof darin, dass ein Mitgliedstaat die Grenzen, die seinem Ermessen gesetzt sind, offenkundig und erheblich überschritten hat. Sodann zählt der Gerichtshof Gesichtspunkte auf, die insoweit zu berücksichtigen sind: Das Maß an Klarheit und Genauigkeit der verletzten Norm; der Umfang des eingeräumten Ermessensspielraums, den die verletzte Vorschrift den nationalen Behörden belässt; die Frage, ob der Verstoß vorsätzlich oder nicht vorsätzlich begangen oder der Schaden vorsätzlich oder nicht vorsätzlich zugefügt wurde; die Entschuldbarkeit eines etwaigen Rechtsirrtums; der Umstand, dass ein Gemeinschaftsorgan möglicherweise dazu beigetragen hat, dass nationale Maßnahmen oder Praktiken in gemeinschaftsrechtwidriger Weise unterlassen, eingeführt oder aufrechterhalten wurden. Jedenfalls sei ein Verstoß dann hinreichend qualifiziert, wenn er trotz eines Urteils oder einschlägiger Rechtsprechung des EuGH, die eine Pflichtwidrigkeit des fraglichen Verhaltens festgestellt habe, fortbestehe[33].
Zwar verweist der Gerichtshof darauf, dass es der Beurteilung der nationalen Gerichte obliegt, die Qualifizierung der betreffenden Verstöße festzustellen. In beiden verbundenen Rechtssachen gibt der Gerichtshof jedoch Umstände zu bedenken, die ihn in seiner Beurteilung zumindest teilweise hinreichend qualifizierte Gemeinschaftsrechtsverstöße annehmen lassen.
Zuletzt erwähnt der EuGH die dritte Voraussetzung der gemeinschaftsrechtlichen Staatshaftung. Zwischen dem Verstoß gegen die dem Staat obliegende Verpflichtung und dem der geschädigten Person entstandenen Schaden muss ein unmittelbarer Kausalzusammenhang bestehen. Die drei genannten Voraussetzungen seien erforderlich und ausreichend, einen Entschädigungsanspruch zu begründen, ohne dass es ausgeschlossen sei, dass nationale Rechtsordnungen einen solchen unter weniger einschränkenden Voraussetzungen gewährten. Unter Bezugnahme auf die Entscheidung in der Rechtssache „Francovich" führt der

---

[32] EuGHE 1996 I, S.1149, Tz. 51
[33] EuGHE 1996 I, S. 1150, Tz. 55ff

Gerichtshof aus, dass die Folgen des verursachten Schadens im Rahmen des nationalen Haftungsrechts zu beheben seien, wobei die dort festgelegten Voraussetzungen nicht ungünstiger sein dürfen als bei innerstaatlichen Ansprüchen; außerdem dürften die Voraussetzungen nicht so ausgestaltet sein, dass die Erlangung der Entschädigung praktisch unmöglich oder übermäßig erschwert ist[34]. Hier befasst sich der EuGH mit der zweiten vom Bundesgerichtshof vorgelegten Frage, ob ein etwaiger Entschädigungsanspruch den gleichen nationalen Beschränkungen unterliegt wie bei einem Verstoß eines innerstaatlichen Gesetzes gegen höherrangiges innerstaatliches Recht. Der Gerichtshof gelangt zu dem Schluss, dass das nach deutschem Recht geltende Erfordernis der drittschützenden Amtspflichtverletzung für die Staatshaftung für legislatives Unrecht bei gemeinschaftsrechtswidrigem Verhalten außer Betracht bleiben muss. Die Voraussetzung, dass sich die Handlung oder Unterlassung des Gesetzgebers auf eine individuelle Situation bezieht, würde den tatsächlichen Ersatz der sich aus einem Verstoß gegen Gemeinschaftsrecht ergebenden Schäden praktisch unmöglich machen oder übermäßig erschweren und dem Grundsatz der vollen Wirksamkeit des Gemeinschaftsrecht widersprechen[35]. Dem nationalrechtlichen faktischen Haftungsausschluss für legislatives Unrecht durch das Erfordernis der Verletzung einer drittschützenden Amtspflicht hat der EuGH damit eine Absage erteilt. Aus gleichem Grund hält der Gerichtshof die Voraussetzung des „misfeasance in public office" im englischen Recht für unzulässig.

Zur Frage, ob die nationale Rechtsordnung den Entschädigungsanspruch davon abhängig machen darf, dass den verantwortlichen staatlichen Amtsträger ein Verschulden trifft, nimmt der Gerichtshof im Anschluss Stellung. Er stellt zunächst fest, dass der Begriff des Verschuldens in den verschiedenen Rechtsordnungen nicht gleichen Inhalts ist. Im Ergebnis hält der Gerichtshof fest, dass der gemeinschaftsrechtliche Entschädigungsanspruch nicht von einer an den Verschuldensbegriff geknüpften Voraussetzung abhängig gemacht werden darf, die über das Erfordernis des hinreichend qualifizierten Verstoßes gegen Gemeinschaftsrecht hinausgeht. Das Vorliegen dieser Voraussetzung berücksichtige bereits die entscheidenden objektiven und subjektiven Gesichtspunkte, die im Rahmen der nationalen Rechtsordnung mit dem Begriff des Verschuldens in Verbindung gebracht würden. Eine darüber hinaus gehende Voraussetzung stelle den gemeinschaftsrechtlichen Entschädigungsanspruch in Frage[36].

---

[34] EuGHE 1996 I, S. 1152f, Tz. 65ff
[35] EuGHE 1996 I, S. 1154, Tz. 71f, 74
[36] EuGHE 1996 I, S. 1155f, Tz. 75ff

Allerdings müsste bei der Bestimmung des ersatzfähigen Schadens geprüft werden, ob sich der Geschädigte in angemessener Form um die Verhinderung des Schadenseintritts oder die Begrenzung des Schadensumfangs bemüht habe. Dabei sei insbesondere zu beachten, ob der Geschädigte rechtzeitig von allen ihm zur Verfügung stehenden Rechtsmitteln Gebrauch gemacht habe[37].
Im Weiteren befasst sich der Gerichtshof mit dem Umfang einer zu gewährenden Entschädigung und lehnt die Begrenzung der Wiedergutmachungspflicht auf bestimmte, individuell geschützte Rechtsgüter, ab. Die zeitliche Begrenzung des Urteils des Gerichtshofs über die Feststellung der Gemeinschaftsrechtsverletzung auf Schäden, die vor dem Urteil entstanden sind, stützt der EuGH ebenso nicht.

3. Stellungnahme

In seiner Entscheidung in den Rechtssachen „Brasserie du pêcheur" und „Factortame" bestätigt der Gerichtshof zunächst das von ihm entwickelte Institut der gemeinschaftsrechtlichen Staatshaftung und weist die Kritik an seiner diesbezüglichen Rechtsfortbildungskompetenz zurück. Es sei bereits hier bemerkt, dass diesen Äußerungen des EuGH die deutsche Rechtsprechung und Literatur nicht die entsprechende Aufmerksamkeit gewidmet hat. Der Gerichtshof wendet sich hier mit erstaunlicher Vehemenz gegen den Vorwurf, seine Kompetenz auf dem Gebiet der Rechtsfortbildung überschritten zu haben. Darüber hinaus erweitert er die Rechtsgrundlage seiner Schöpfung mit der Heranziehung der Grundsätze zur außervertraglichen Haftung der Gemeinschaft. Dieser Verweis dient dem Gerichtshof vor allem dazu, die Voraussetzungen der gemeinschaftsrechtlichen Staatshaftung zu präzisieren, indem er den Grundsätzen der außervertraglichen Haftung der Gemeinschaft das Grundelement des hinreichend qualifizierten Rechtsverstoßes entnimmt. Des Weiteren geht der Gerichtshof in seiner Entscheidung ausführlich darauf ein, dass die Folgen der verursachten Schäden im nationalen Recht behoben werden müssten und deutet im Hinblick auf ein etwaiges Verschuldenserfordernis an, dass weitergehende Einschränkungen innerstaatlichen Rechts den vom Gerichtshof entwickelten Grundsätzen widersprächen. Insoweit spricht das Gericht die durch die vorliegende Arbeit zu behandelnde Problematik der Umsetzung des gemeinschaftsrechtlichen Haftungsinstituts im nationalen deutschen Recht an, die auch durch die im Anschluss an dieses Urteil erfolgte Rechtsprechung des deutschen Bundesgerichtshofs ungelöst geblieben ist. Dieser hat in seinem Urteil in der Rechtssache „Brasserie du

---

[37] EuGHE 1996 I, S. 1157, Tz. 84

pêcheur", das im Anschluss an das Vorabentscheidungsverfahren erging, offen gelassen, inwieweit die Haftungsbegrenzungen des nationalen Rechts im Rahmen einer Staatshaftung für legislatives Recht eingreifen oder nicht. Eine genaue Lektüre lässt den Schluss zu, dass der EuGH gerade die deutsche Rechtsanwendung kritisiert. Ausdrücklich weist er darauf hin, dass allein der Umstand, dass der Gesetzgeber den Verstoß zu verantworten hat, nicht geeignet ist, das Recht des Einzelnen in Frage zu stellen, vor nationalen Gerichten Ersatz zu verlangen. Es zeichnet sich ab, dass eine dahingehende Einschränkung durch das nationale Recht als gemeinschaftsrechtswidrig angesehen werden muss, wenn der Gerichtshof zu einer Ersatzfähigkeit von Schäden gelangt, die durch legislatives Unrecht verursacht werden. Dies weist den Weg zu einer gemeinschaftsrechtskonformen Auslegung der deutschen Regelungen über die Staatshaftung, zumindest soweit die Haftung wegen Verstößen gegen Gemeinschaftsrecht in Frage steht.

Eine weitere Ausdifferenzierung der Haftungsvorgaben des Gerichtshofs liegt darin, dass bei der Schadensbemessung ein etwaiges „Mitverschulden" des Geschädigten im Hinblick auf die Schadensentstehung und den Schadensumfang beachtlich sein soll, dabei insbesondere die Frage nach dem Ergreifen von Primärrechtsschutzmöglichkeiten durch den Geschädigten.

Ferner eine liegt Neuerung gegenüber seiner Entscheidung in der Rechtssache „Francovich" darin, dass der Gerichthof eine Haftung nicht nur für den Fall gänzlich unterlassenen Umsetzung einer Richtlinie anerkennt, sondern auch für die fehlerhafte Umsetzung durch den Mitgliedstaat.

III. Das Urteil in der Rechtssache „The Queen gegen H. M. Treasury, ex parte: British Telecommunications plc" vom 26.03.1996

1. Sachverhalt

Auf die Vorlage des britischen High Court of Justice gemäß Art. 234 EGVnF (Art. 177 EGVaF) hatte sich der EuGH mit der Auslegung des Art. 8 Abs. 1 der Richtlinie 90/531/EWG des Rates vom 17.09.1990 über die Auftragsvergabe durch Auftraggeber im Bereich der Wasser-, Energie- und Verkehrsversorgung sowie im Telekommunikationssektor[38] zu befassen. In dem der Vorlage zugrunde liegenden Rechtsstreit rügte die klagende British Telecommunications plc die fehlerhafte Umsetzung der genannten Vorschrift durch die Regierung des Vereinigten Königreichs und begehrte die Nichtigerklärung der umsetzenden nationalrechtlichen Vorschrift sowie den Ersatz des Schadens, der ihr aufgrund der fehlerhaften Umsetzung entstanden sei[39].

Unter den Anwendungsbereich der Richtlinie fielen solche Tätigkeiten von Unternehmen, die das Betreiben von öffentlichen Telekommunikationsnetzen oder das Angebot von einem oder mehreren öffentlichen Telekommunikationsdiensten zum Gegenstand hatten. Zu diesen Unternehmen zählte namentlich die in einem Anhang der Richtlinie aufgeführte Klägerin neben zwei weiteren britischen Telekommunikationsdienstleistern. Nach Art. 8 Abs. 1 fand die Richtlinie keine Anwendung für Einkäufe von Auftraggebern im Telekommunikationsbereich, sofern in demselben geographischen Bereich Wettbewerb herrschte. Art. 8 Abs. 2 der Richtlinie sah vor, dass Auftraggeber der Kommission auf deren Antrag hin mitteilten, ob sie nach eigenem Erachten unter die Ausnahmeregelung des Abs. 1 fielen. Das Vereinigte Königreich setzte Art. 8 Abs. 1 der Richtlinie mit den Bestimmungen des Art. 7 der „Utilities Supply and Works Contracts Regulations 1992" um. Der erste Absatz des Art. 7 der Regulations bestimmte, welche Dienstleistungen welcher Unternehmen unter die Ausnahme des Art. 8 Abs. 1 der Richtlinie fielen und nahm durch die Art und Weise, wie sie die Vorschrift umsetzte, fast alle Telekommunikationsbetreiber von der Anwendung der Richtlinie aus. Lediglich die Klägerin und ein weiteres Telekommunikationsunternehmen unterlagen den Regelungen der Richtlinie im Hinblick auf verschiedene Dienstleistungen, die die Regulations 1992 für das jeweilige Unternehmen als nicht von der Ausnahme des Art. 8 Abs. 1 der Richtlinie erfasst bestimmte. Die Klägerin machte geltend, die Regulations 1992 setzten die Richtlinie fehler-

[38] Abl. L 297/1
[39] EuGHE 1996 I, S. 1660f, Tz. 16f

haft um, da sie für jeden Auftraggeber vorschreibe, welche Dienstleistungen unter den Anwendungsbereich der Ausnahmeregelung der Richtlinie fielen und welche nicht. Damit sei den Auftraggebern die ihnen durch die Richtlinie eingeräumte Entscheidungsbefugnis genommen. Nicht der Mitgliedstaat, sondern die Auftraggeber hätten anzugeben, welche Dienstleistungen sie als unter die Bestimmung des Art. 8 Abs. 1 der Richtlinie fallend ansähen.

Der High Court of Justice setzte das Verfahren aus und legte dem EuGH verschiedene Fragen zur Vorabentscheidung vor. Das vorlegende Gericht stellte Fragen hinsichtlich der Auslegung des Art. 8 Abs. 1 der betreffenden Richtlinie. Für den Fall, dass durch die fehlerhafte Umsetzung der Richtlinie ein Gemeinschaftsrechtsverstoß anzunehmen sei, fragte das britische Gericht an, ob ein Mitgliedstaat aufgrund des Gemeinschaftsrechts verpflichtet sei, den durch diesen Fehler entstandenen Schaden zu ersetzen und welche Voraussetzungen hierfür erfüllt sein müssten.

2. Entscheidungsgründe und rechtliche Würdigung

Der Gerichtshof kommt in Bezug auf die Fragen zur Auslegung des Art. 8 Abs. 1 der Richtlinie zum Ergebnis, dass ein Mitgliedstaat bei der Umsetzung der Richtlinie nicht bestimmen darf, welche Telekommunikationsdienste nach Art. 8 Abs. 1 vom Geltungsbereich der Richtlinie ausgeschlossen sind. Diese Entscheidungsbefugnis obliege den einzelnen Auftraggebern selbst[40]. Damit stellt der Gerichtshof einen Gemeinschaftsrechtsverstoß fest.

Mit Verweis auf seine Rechtsprechung in den Rechtssachen „Francovich" und „Brasserie du pêcheur und Factortame" führt der Gerichtshof weiter aus, dass der Grundsatz der gemeinschaftsrechtlichen Staatshaftung für jeden Fall des Verstoßes eines Mitgliedstaats gegen das Gemeinschaftsrecht gilt[41]. Die bisher entwickelten Voraussetzungen zur Haftung eines Mitgliedstaates, der in einem Bereich tätig wird, in dem er über ein weites Regelungsermessen verfüge, gälten auch im vorliegenden Fall, wenn ein Mitgliedstaat eine Gemeinschaftsrichtlinie nicht ordnungsgemäß in innerstaatliches Recht umsetze. Zwar unterliege es grundsätzlich den einzelstaatlichen Gerichten, zu beurteilen, ob die Voraussetzungen einer Haftung vorlägen. Im zu entscheidenden Fall verfüge der Gerichtshof jedoch über alle Informationen, die erforderlich seien, einen hinreichend qualifizierten Verstoß gegen Gemeinschaftsrecht festzustellen. Nach seiner Rechtsprechung sei ein Verstoß dann hinreichend qualifiziert, wenn ein Organ oder ein Mitglied-

---

[40] EuGHE 1996 I, S. 1663ff, Tz. 19ff
[41] EuGHE 1996 I, S. 1667, Tz. 38

staat bei der Ausübung seiner Rechtssetzungsbefugnis die Grenzen seines Ermessens offenkundig und erheblich überschreite. Zu den diesbezüglich zu berücksichtigenden Gesichtspunkten zähle insbesondere das Maß an Klarheit und Genauigkeit der verletzten Vorschrift[42]. Der Gerichtshof gelangt zu der Auffassung, dass die Vorschrift des Art. 8 Abs. 1 der Richtlinie ungenau ist. Das vereinigte Königreich habe in gutem Glauben Erwägungen zur Auslegung der Regelung herangezogen, die nicht ganz von der Hand zu weisen seien. Die Auslegung der Richtlinie stehe nicht in offenkundigem Widerspruch zu Wortlaut und Zielsetzung der Regelung, außerdem weise die Rechtsprechung des Gerichtshofs keinerlei Anhaltspunkte zur Auslegung der fraglichen Vorschrift auf, zu der sich auch die Kommission bei Erlass der Regulations 1992 nicht geäußert habe. Ein hinreichend qualifizierter Verstoß sei in der fehlerhaften Umsetzung der Richtlinie durch den Mitgliedstaat im vorliegenden Fall nicht zu sehen, ein Entschädigungsanspruch bestehe daher nicht[43].

3. Stellungnahme

Mit seinem Urteil in der Rechtssache „British Telecommunications" verfestigte der EuGH seine Rechtsprechung zur gemeinschaftsrechtlichen Staatshaftung unter ausdrücklicher Bezugnahme auf seine bisher gefällten Entscheidungen. Die Voraussetzung eines hinreichend qualifizierten Verstoßes gegen Gemeinschaftsrecht entwickelt der Gerichtshof zunehmend zum maßgeblichen Kriterium der Haftung der Mitgliedstaaten und bestätigt die in der „Brasserie du pêcheur"-Entscheidung entwickelten Anhaltspunkte, die für die Beurteilung eines solchen Verstoßes zu beachten sind.

Darüber hinaus weist der Gerichtshof den nationalen Gerichten den Weg, welche Gesichtspunkte auf welche Art und Weise bei der Beurteilung des Vorliegens eines hinreichend qualifizierten Rechtsverstoßes zu berücksichtigen sind. Denn die Wertung, die der Gerichtshof in diesem Verfahren vornimmt, fällt nach dessen Aussagen grundsätzlich in den Zuständigkeitsbereich des nationalen Gerichts, das mit der Entscheidung über das Bestehen eines Entschädigungsanspruchs befasst ist. So lassen sich die diesbezüglichen Ausführungen des Gerichtshofs als „Anleitung" für die nationalen Gerichte bei der Anwendung der gemeinschaftsrechtlichen Staatshaftung verstehen.

---

[42] EuGHE 1996 I, S. 1668f, Tz. 39ff
[43] EuGHE 1996 I, S. 1669, Tz. 43ff

IV. Das Urteil in der Rechtssache „The Queen gegen Ministry of Agriculture, Fisheries and Food, ex parte: Hedley Lomas (Ireland) Ltd" vom 23.05.1996

1. Sachverhalt

Am 07.10.1992 beantragte die Klägerin beim Ministerium für Landwirtschaft, Fischerei und Ernährung von England und Wales die Genehmigung für die Ausfuhr lebender Schafe zur Schlachtung nach Spanien. In der Zeit von April 1990 bis zum 01.01.1993 verweigerte das zuständige Ministerium systematisch Genehmigungen für die Ausfuhr lebender Schlachttiere nach Spanien. Dies mit der Begründung, dass die Tiere in den dortigen Schlachtbetrieben in einer der Richtlinie 74/577/EWG des Rates vom 18.11.1974 über die Betäubung von Tieren[44] zuwiderlaufenden Weise behandelt würden. Die zitierte Richtlinie sollte die Unterschiede zwischen den Tierschutzvorschriften der Mitgliedstaaten beseitigen, die geeignet waren, das Funktionieren des gemeinsamen Marktes unmittelbar zu beeinträchtigen. Sie sollte dafür sorgen, dass Tieren allgemein jede grausame Behandlung erspart bleibt und, als erstem Schritt, ihnen bei der Schlachtung nicht mehr als unvermeidbare Schmerzen zugefügt würden. Kontrollvorschriften für die Einhaltung sah die Richtlinie nicht vor. Die Richtlinie war in Spanien durch königliches Dekret vom 18.12.1987 umgesetzt worden. Dennoch verweigerte das Ministerium die Erteilung von Genehmigungen, da es aufgrund von Auskünften spanischer Tierschutzverbände davon überzeugt war, dass sich eine Reihe spanischer Schlachthöfe nicht an Regelungen der Richtlinie hielten. Es bestehe daher die nicht unerhebliche Gefahr, dass Tiere in einer nicht der Richtlinie entsprechenden Behandlung ausgesetzt würden. Umfassende Beweise für die Gesamtsituation in spanischen Schlachtbetrieben lagen dem Ministerium nicht vor.

Aufgrund sich häufender Beschwerden von Tierschützern im Jahr 1990 nahm die Kommission Kontakt zu den spanischen Behörden auf, um die dortige Lage insbesondere im Hinblick auf fehlende spanische Durchführungsvorschriften zu untersuchen. Nach Zusicherungen der spanischen Behörden sah die Kommission von der Einleitung eines Vertragsverletzungsverfahrens ab. Im Juli 1992 teilte die Kommission den britischen Behörden mit, dass das allgemeine Verbot der Ausfuhr von lebenden Schlachttieren nach Spanien gegen Art. 29 EGVnF (Art. 34 EGVaF) verstoße und nicht durch Art. 30 EGVnF (Art. 36 EGVaF) gerechtfertigt sei. Das allgemeine Ausfuhrverbot wurde mit Wirkung zum 01.01.1993 aufgehoben.

---

[44] Abl. L 316/10

Ungeachtet dessen hatte das Ministerium für Landwirtschaft, Fischerei und Ernährung von England und Wales die von der Klägerin im Oktober 1992 beantragte Genehmigung nicht erteilt, obwohl der betreffende Schlachtbetrieb nach den von der Klägerin eingeholten Informationen seit 1986 zugelassen war und sich an die Tierschutzrichtlinien der Gemeinschaft hielt und die britischen Behörden keine gegenteiligen Beweise hatten.
Die Klägerin erhob Klage beim vorlegenden Gericht auf Feststellung, dass die Ablehnung ihres Antrags gegen Art. 29 EGVnF (Art. 34 EGVaF) verstößt, sowie auf Schadensersatz. Das Ministerium bestritt nicht den Verstoß gegen die gemeinschaftsrechtliche Vorschrift, sah den Verstoß aber als nach Art. 30 EGVnF (Art. 36 EGVaF) gerechtfertigt an. Der High Court of Justice legte dem Gerichtshof die Frage zur Vorabentscheidung vor, ob die Berufung auf Art. 30 EGVnF (Art. 36 EGVaF) trotz des Bestehens einer Harmonisierungsrichtlinie im vorliegenden Fall möglich sei. Sollte eine Rechtfertigung ausscheiden, fragte das Gericht nach den Voraussetzungen und dem Umfang eines etwaigen Ersatzanspruchs[45].

2. Entscheidungsgründe und rechtliche Würdigung

Zunächst stellt der Gerichtshof fest, dass mit einem Rückgriff auf Art. 30 EGVnF (Art. 36 EGVaF) Beschränkungen des freien Warenverkehrs zum Schutze der Gesundheit und des Lebens von Tieren möglich sein können. Eine Rechtfertigung über die zitierte Vorschrift sei jedoch dann nicht möglich, wenn bereits Richtlinien der Gemeinschaft die Harmonisierung der Maßnahmen zur Verwirklichung des konkreten Ziels vorsähen. In diesem Zusammenhang sei ein Mitgliedstaat nicht berechtigt, einseitig Ausgleichs- und Abwehrmaßnahmen zu ergreifen, um einer möglichen Missachtung der gemeinschaftsrechtlichen Vorschriften durch einen anderen Mitgliedstaat entgegenzuwirken. Dabei müssten sich die Mitgliedstaaten hinsichtlich der in ihrem jeweiligen Hoheitsgebiet durchgeführten Kontrollen gegenseitig Vertrauen entgegenbringen[46].
Sodann geht der Gerichtshof auf die Frage der Staatshaftung ein. Mit Verweis auf seine Urteile in den Rechtssachen „Francovich" und „Brasserie du pêcheur und Factortame" stellt der EuGH fest, dass die Voraussetzungen für die Haftung eines Mitgliedstaates wegen Verstößen gegen Gemeinschaftsrecht auf einem Gebiet, auf dem dieser bei der Wahl seiner gesetzgeberischen Mittel über einen weiten Gestaltungsspielraum verfüge, auch im vorliegenden Fall Anwendung

---

[45] EuGHE 1996 I, S. 2609f, Tz. 13
[46] EuGHE 1996 I, S. 2611, Tz. 18ff

finden. Zur Annahme eines hinreichend qualifizierten Gemeinschaftsrechtsverstoßes könne die bloße Verletzung des Gemeinschaftsrechts ausreichen, wenn der Mitgliedstaat zu diesem Zeitpunkt nicht zwischen verschiedenen gesetzgeberischen Möglichkeiten zu wählen hatte und über einen erheblich verringerten oder gar auf Null reduzierten Gestaltungsspielraum verfügte[47]. Davon scheint der Gerichtshof im vorliegenden Falle auszugehen, da er lediglich darauf hinweist, dass das Vereinigte Königreich nicht einmal in der Lage gewesen sei, den konkreten Beweis dafür zu erbringen, dass der betreffende Schlachtbetrieb sich nicht an die Richtlinie halte. Diese Ausführungen sind dahingehend zu verstehen, dass den britischen Behörden keinerlei Ermessensspielraum zur Verfügung stand, die Erteilung einer Ausfuhrgenehmigung abzulehnen. Die Feststellung eines unmittelbaren Kausalzusammenhangs zwischen Gemeinschaftsrechtsverstoß und entstandenem Schaden überlässt der EuGH dem vorlegenden Gericht.

Unter diesen Prämissen habe der Mitgliedstaat die Folgen des durch einen ihm zurechenbaren Gemeinschaftsrechtsverstoß entstandenen Schaden im Rahmen des nationalen Haftungssystems zu beheben, wobei die im nationalen Recht anwendbaren Voraussetzungen nicht ungünstiger sein dürften als bei entsprechenden innerstaatlichen Ansprüchen; auch dürften diese Voraussetzungen nicht so ausgestaltet sein, dass die Erlangung einer Entschädigung praktisch unmöglich oder übermäßig erschwert würde[48].

3. Stellungnahme

Der Gerichtshof führt mit dem Urteil in der Rechtssache „Hedley Lomas" seine Rechtsprechung zur gemeinschaftsrechtlichen Staatshaftung konsequent fort. Mit Blick auf seine bisherige Jurisdiktion, nach der die Voraussetzungen der gemeinschaftsrechtlichen Staatshaftung nach der Art des jeweiligen Verstoßes zu beurteilen sind, wendet er die von ihm entwickelten Kriterien auch auf Verstöße von Mitgliedstaaten gegen Gemeinschaftsrecht an, denen administratives Handeln zugrunde liegt. Insoweit umgreift der entwickelte Grundsatz der Staatshaftung auch administratives Unrecht.

---

[47] EuGHE 1996 I, S. 2613, Tz. 28
[48] EuGHE 1996 I, S. 2614, Tz. 32

V. Das Urteil in den verbundenen Rechtssachen „Erich Dillenkofer u.a. gegen Bundesrepublik Deutschland" vom 08.10.1996

1. Sachverhalt

Der Gerichtshof beschäftigte sich in diesem Verfahren mit zwölf Fragen zur Auslegung der Richtlinie 90/314/EWG des Rates vom 13.06.1990 über Pauschalreisen[49], die das Landgericht Bonn gemäß Art. 234 EGVnF (Art. 177 EGVaF) ihm zu Vorabentscheidung vorgelegt hatte. Gemäß Art. 9 der Richtlinie waren von den Mitgliedstaaten bis spätestens zum 31.12.1992 die erforderlichen Maßnahmen zur Umsetzung der Richtlinie zu treffen. Erst am 24.06.1994 erließ der deutsche Gesetzgeber das Gesetz zur Durchführung der Richtlinie, durch das u. a. ein neuer § 651 k in das Bürgerliche Gesetzbuch eingefügt wurde. Die Regelung trat am 01.07.1994 für ab diesem Zeitpunkt geschlossene Verträge in Kraft, die einen Reiseantritt nach dem 31.10.1994 vorsahen. Art. 7 der Richtlinie enthielt die Bestimmung, dass derjenige Veranstalter und/oder Vermittler, der Vertragspartei ist, nachweisen sollte, dass im Fall der Zahlungsunfähigkeit oder Konkurses die Erstattung gezahlter Beträge bzw. die Rückreise des Verbrauchers sichergestellt ist. Die Kläger hatten Pauschalreisen gebucht und konnten diese wegen des Konkurses der Veranstalter, bei denen sie die Reisen gebucht hatten, nicht antreten bzw. mussten auf eigene Kosten von ihrem Ferienort zurückkehren, ohne dass ihnen die Beträge, die sie diesen Veranstaltern gezahlt hatten bzw. die Rückreisekosten erstattet wurden. Die Kläger erhoben Klage bei dem vorlegenden Gericht auf Ersatz der ihnen entstandenen Schäden mit der Begründung, dass sie bei fristgerechter Umsetzung der Richtlinie vor der Zahlungsunfähigkeit der Reiseveranstalter geschützt gewesen wären.

2. Entscheidungsgründe und rechtliche Würdigung

Der Gerichtshof befasst sich sogleich mit den Fragen des vorlegenden Gerichts zu den Voraussetzungen der gemeinschaftsrechtlichen Staatshaftung. Unter Rückgriff auf seine Rechtsprechung in den Rechtssachen „Francovich", „Brasserie du pêcheur und Factortame", „British Telecommunications" und „Hedley Lomas" bestätigt der Gerichtshof die von ihm aufgestellten Grundsätze zu Staatshaftung. Die Voraussetzungen hingen ab von der Art des Verstoßes gegen Gemeinschaftsrecht, der dem verursachten Schaden zugrunde liegt. Mit Verweis auf die drei letztgenannten Entscheidungen wiederholt der EuGH die Vorausset-

---

[49] ABl. L 158/59

zungen, die einen Entschädigungsanspruch begründen: Die gemeinschaftsrechtliche Norm, gegen die verstoßen wurde, bezweckt die Verleihung von Rechten an den Geschädigten, der Verstoß ist hinreichend qualifiziert und zwischen diesem Verstoß und dem entstandenen Schaden besteht ein unmittelbarer Kausalzusammenhang[50]. Mit seiner Feststellung, dass die Voraussetzungen von der Art des Verstoßes abhängen, geht der Gerichtshof in der Sache davon aus, dass die Voraussetzungen je nach Fallgestaltung zu beurteilen sind[51] und beschäftigt sich sodann im einzelnen mit der Voraussetzung des qualifizierten Verstoßes gegen Gemeinschaftsrecht. Dieses Erfordernis sei zum Einen dann erfüllt, wenn ein Organ oder Mitgliedstaat bei der Rechtsetzung die Grenzen, die der Ausübung seiner Befugnisse gesetzt seien, offenkundig und erheblich überschritten habe. Zum Anderen könne die bloße Verletzung von Gemeinschaftsrecht genügen, um einen hinreichend qualifizierten Verstoß zu begründen, wenn der betreffende Mitgliedstaat zum Zeitpunkt dieser Rechtsverletzung nicht zwischen verschiedenen gesetzgeberischen Möglichkeiten zu wählen hatte und über einen erheblich verringerten oder auf Null reduzierten Ermessensspielraum verfüge[52].

Träfe also ein Mitgliedstaat - wie in der Rechtssache „Francovich" – unter Verstoß gegen Art. 249 Abs. 3 EGVnF (Art. 189 Abs. 3 EGVaF) innerhalb der in einer Richtlinie gesetzten Frist keinerlei Maßnahmen, obwohl dies zur Erreichung des durch die Richtlinie vorgeschriebenen Zieles erforderlich wäre, überschreite er offenkundig und erheblich die Grenzen, die ihm bei der Ausübung seiner Befugnisse gesetzt seien. Ein solcher Verstoß begründe, soweit die übrigen bereits genannten Voraussetzungen erfüllt seien, für den Einzelnen einen Entschädigungsanspruch, ohne dass noch andere Voraussetzungen zu beachten seien[53]. Eine Entschädigung könne insbesondere nicht davon abhängig gemacht werden, dass der Gerichtshof zuvor einen dem Mitgliedstaat zurechenbaren Verstoß gegen das Gemeinschaftsrecht festgestellt habe, oder dass den staatlichen Amtsträger, dem der Verstoß zuzurechnen sei, ein Verschulden (Vorsatz oder Fahrlässigkeit) treffe. Habe der Mitgliedstaat innerhalb der dafür festgesetzten Frist keine Maßnahmen zur Umsetzung der Richtlinie getroffen, um das durch die Richtlinie vorgegebene Ziel zu erreichen, so stelle dies einen hinreichend qualifizierten Verstoß dar und begründe einen Entschädigungsanspruch, sofern das Ziel der Richtlinie die Verleihung von Rechten an Einzelne sei und der Inhalt der Regelung hinreichend bestimmbar sei[54].

---

[50] EuGHE 1996 I, S. 4878, Tz. 20ff
[51] EuGHE 1996 I, S. 4879, Tz. 24
[52] EuGHE 1996 I, S. 4879, Tz. 25
[53] EuGHE 1996 I, S. 4880, Tz. 26f
[54] EuGHE 1996 I, S. 4880, Tz. 28f

Hinsichtlich der Frage, ob das Ziel der betroffenen Richtlinie die Verleihung von Rechten an Einzelne sei und deren Inhalt hinreichend bestimmt sei, kommt der Gerichtshof unter Bezugnahme auf den Wortlaut des Art. 7 der Richtlinie zu dem Ergebnis, dass das Ziel der Vorschrift im Schutz der Verbraucher läge und diesen im Fall der Insolvenz des Reiseveranstalters ein Erstattungs- oder Rückreiseanspruch zustehen solle[55]. Außerdem seien sowohl Inhaber als auch Inhalt der aus Art. 7 der Richtlinie folgenden Rechte hinreichend bestimmbar. Unbeachtlich sei es, dass die Richtlinie dem Mitgliedstaat einen weiten Ermessensspielraum bei der Wahl der Mittel belasse, um das Ziel zu erreichen, wenn die Richtlinie die Verleihung eines Rechts an Einzelne bezwecke, dessen Inhalt hinreichend bestimmbar sei[56].

Im Weiteren führt der Gerichtshof aus, der Mitgliedstaat habe zur vollständigen Umsetzung des Art. 7 der Richtlinie alle erforderlichen Maßnahmen innerhalb der vorgeschriebenen Frist zu ergreifen, um für den Einzelnen einen wirksamen Schutz gegen die Risiken der Zahlungsunfähigkeit der Veranstalter zu gewährleisten. Ein Mitgliedstaat könne nach gefestigter Rechtsprechung sich nicht auf Bestimmungen, Übungen oder Umstände seiner internen Rechtsordnung berufen, um die Nichteinhaltung von in einer Richtlinie festgesetzten Verpflichtungen und Fristen zu rechtfertigen. Hierfür seien die geeigneten Schritte auf Gemeinschaftsebene zu unternehmen, um eine notwendige Verlängerung einer Frist zu veranlassen[57].

Zuletzt nimmt der Gerichtshof zu den übrigen vorgelegten Fragen Stellung, die die Umsetzung der Richtlinie in das nationale Recht im Einzelnen betrifft. Auch soweit ein Mitgliedstaat einem Veranstalter erlaube, eine Anzahlung in Höhe von 10 % des Reisepreises zu fordern, verlange Art. 7 der Richtlinie, dass auch die Erstattung dieses Betrags gewährleistet sei. Darüber hinaus genüge es dem Schutzzweck der Richtlinienbestimmung nicht, wenn die Reisenden bei Zahlung des Reisepreises im Besitz werthaltiger Unterlagen gegen den tatsächlich leistungserbringenden Dritten seien. Die Reisenden seien dann zur Geltendmachung von Ansprüchen gegen Dritte gezwungen, welche die Unterlagen nicht in jedem Fall anerkennen müssten und selbst dem Insolvenzrisiko des Veranstalters ausgesetzt seien.

Weitergehend bestimme Art. 7 der Richtlinie nicht, dass der Mitgliedstaat besondere Vorkehrungen zu treffen habe, um eventuelle Nachlässigkeiten des Pauschalreisenden zu verhindern. Das nationale Gericht könne deshalb prüfen, ob

---

[55] EuGHE 1996 I, S. 4881ff, Tz. 34, 36, 42
[56] EuGHE 1996 I, S. 4883f, Tz. 43ff
[57] EuGHE 1996 I, S. 4884, Tz. 47ff

der Reisende sich um die Verhinderung oder Begrenzung des eingetretenen Schadens angemessen bemüht habe. Eine solche Nachlässigkeit könne jedoch nicht darin gesehen werden, dass er nicht von der Möglichkeit Gebrauch gemacht habe, gemäß des deutschen „Vorkasse-Urteils" höchstens 10 % des Reisepreises zu bezahlen, bevor er nicht werthaltige Unterlagen erhalten habe[58].

3. Stellungnahme

Auch in der Rechtssache „Dillenkofer" nimmt der Gerichtshof auf seine bisherige Rechtsprechung zur mitgliedstaatlichen Haftung wegen Verstößen gegen Gemeinschaftsrecht Bezug und wiederholt die von ihm entwickelten Voraussetzungen der Staatshaftung. Wie bereits in der Entscheidung „Brasserie du pêcheur" führt der Gerichtshof aus, dass die Haftung eines Mitgliedsstaates nicht davon abhängig gemacht werden darf, dass dem Organ, dem der Verstoß zuzurechnen sei, ein Verschulden treffe. Damit verfestigt das Gericht den Ansatz, dass die von ihm aufgestellten Haftungsvoraussetzungen erforderlich und hinreichend seien, um eine Entschädigungsanspruch zu begründen und weist das nationale Recht in die Schranken seiner Rechtsprechung. Das Urteil „Dillenkofer" setzt damit ein weiteres Zeichen für den Anspruch der europäischen Rechtsprechung, die Grundsätze der gemeinschaftsrechtlichen Staatshaftung innerstaatlichem Recht nicht unterzuordnen.

---

[58] EuGHE 1996 I, S. 4886, Tz. 56ff

VI. Das Urteil in den verbundenen Rechtssachen „Denkavit International B.V., VITIC Amsterdam B.V. und Voormeer B.V. gegen Bundesamt für Finanzen" vom 17.10.1996

1. Sachverhalt

Das Finanzgericht Köln hatte dem EuGH mehrere Fragen zur Auslegung des Richtlinie 90/435/EWG[59] des Rates vom 23.07.1990 über das gemeinsame Steuersystem der Mutter- und Tochtergesellschaften verschiedener Mitgliedstaaten gemäß Art. 234 EGVnF (Art. 177 EGVaF), insbesondere zu deren Art. 3 Abs. 2 und Art. 5, zur Vorabentscheidung vorgelegt.
Die Richtlinie bestimmte unter Art. 3 Abs. 1, dass als Muttergesellschaft jede Gesellschaft eines Mitgliedstaates gelte, die – neben anderen Voraussetzungen – einen Anteil von wenigstens 25 % am Kapital einer Gesellschaft eines anderen Mitgliedstaates halte. Art. 5 Abs. 1 der Richtlinie sah vor, dass die von einer Tochtergesellschaft an die Mutter ausgeschütteten Gewinne vom Steuerabzug an der Quelle befreit seien. Nach Art. 5 Abs. 3 konnte die Bundesrepublik Deutschland längstens bis Mitte 1996 einen Steuerabzug in Höhe von 5 % vornehmen.
Art. 3 Abs. 2 zweiter Gedankenstrich der Richtlinie gab den Mitgliedstaaten die Möglichkeit, einerseits Muttergesellschaften von der Richtlinie (und damit von einer Steuerbefreiung) auszunehmen, die nicht während eines ununterbrochenen Zeitraums von mindestens zwei Jahren im Besitz der qualifizierenden Anteilsmehrheit blieben. Andererseits konnten Tochtergesellschaften ausgenommen werden, an denen eine Gesellschaft eines anderen Mitgliedstaates nicht während eines ununterbrochenen Zeitraums von mindestens zwei Jahren einen qualifizierenden Kapitalanteil hielt. Die Richtlinie eröffnete also die Möglichkeit, inländische Mutter- bzw. Tochtergesellschaften von der vorgeschriebenen Steuerbefreiung auszunehmen, wenn die Kapitalbeteiligung (von 25 %), die das Mutter-Tochter-Verhältnis im Sinne der Richtlinie als solches qualifizierte, nicht mindestens über einen Zeitraum von zwei Jahren unterbrochen bestand.
In der Bundesrepublik wurde die Richtlinie durch § 44 d Einkommensteuergesetz in nationales Recht umgesetzt. Die Regelung des Einkommensteuergesetzes setzte den Art. 3 Abs. 2 zweiter Gedankenstrich der Richtlinie so um, dass als Muttergesellschaft im Zeitpunkt der Entstehung der Kapitalertragsteuer gelte, die nachweislich seit mindestens zwölf Monaten ununterbrochen mindestens zu einem Viertel unmittelbar am Nennwert der (Tochter-)Gesellschaft beteiligt sei.

---

[59] ABl. L 225/6

Die Denkavit International B.V. (im Folgenden: Denkavit) erhöhte am 14.7.1992 ihre Beteiligung an der Denkavit-Futtermittel GmbH auf über 99 %. Sie beantragte am 06.10.1992 bei der deutschen Finanzverwaltung die Steuerermäßigung nach § 44 d EStG für eine Gewinnausschüttung der Tochter an die Mutter, die am 16.10.1992 erfolgen sollte. Dabei versicherte Denkavit ausdrücklich, dass sie ihre Beteiligung an der Tochtergesellschaft in Höhe von über 25 % für mindestens zwei Jahre ab dem Zeitpunkt der Erhöhung der Anteile behalten werde. Die Finanzverwaltung lehnte eine Steuerfreistellung mit der Begründung ab, dass die Zwölfmonatsfrist des § 44 d Abs. 2 EStG nicht gewahrt sei. Später änderte sie ihren Bescheid mit der Maßgabe, dass eine Freistellung für die Zeit nach dem 15.07.1993, d.h. ein Jahr nach dem Erwerb der zusätzlichen Beteiligung, erfolge. Dies unter der Bedingung, dass die Klägerin bis mindestens zum 30.09.1995 im Besitz einer qualifizierenden Anteilsmehrheit bliebe. Denkavit machte nach im Weiteren erfolglosen Einspruchsverfahren beim vorlegenden Gericht geltend, dass sie ein berechtigtes Interesse an der Feststellung der Rechtswidrigkeit des Bescheids habe. Aufgrund der Verweigerung der Steuerfreistellung für den Zeitraum bis zum 14. 07.1993 habe sie auf eine Gewinnausschüttung im betreffenden Zeitraum verzichtet, weshalb ihr ein erheblicher Zinsverlust entstanden sei. Nach Abschluss des finanzgerichtlichen Verfahrens wolle sie hierfür Schadensersatz verlangen.

In den beiden weiteren verbundenen Verfahren hatten die Klägerinnen im Jahre 1992 Dividenden ihrer deutschen Tochtergesellschaften erhalten. Hiervon war der normale Satz der Kapitalertragsteuer einbehalten worden. Die Erstattung der einbehaltenen Steuer wurde von der Finanzverwaltung unter Hinweis auf § 44 d Abs. 2 EStG abgelehnt, woraufhin die Klägerinnen nach erfolglosem Einspruchsverfahren Klage beim Finanzgericht Köln erhoben hatten.

Das Köln setze das Verfahren aus und legte dem Gerichtshof Fragen zur Auslegung der Richtlinie vor sowie die Frage, ob im Falle einer fehlerhaften Umsetzung der in Frage stehenden Richtlinie die Muttergesellschaft einen Entschädigungsanspruch gegen den Mitgliedstaat habe.

2. Entscheidungsgründe und rechtliche Würdigung

Zunächst nimmt der Gerichtshof zur Auslegung des Art. 3 Abs. 2 zweiter Gedankenstrich der Richtlinie Stellung. Nach dem Wortlaut der Vorschrift in den verschiedenen sprachlichen Fassungen ergebe sich, dass es für die Gewährung der Steuervergünstigung nicht erforderlich sei, dass die Muttergesellschaft im Zeitpunkt der Gewährung bereits seit dem vorgeschriebenen Zeitraum im Besitz des qualifizierenden Kapitalanteils von 25 % sei[60]. Die Mitgliedstaaten dürften somit die Gewährung der Steuervergünstigung nicht davon abhängig machen, dass die Muttergesellschaft im Zeitpunkt der Gewinnausschüttung so lange, wie es der Dauer des nach Art. 3 Abs. 2 der Richtlinie festgesetzten Mindestzeitraum entspricht, an der Tochtergesellschaft beteiligt gewesen ist, sofern diese Mindestbeteiligungszeit später noch eingehalten wird[61]. Wie die Einhaltung der Mindestbeteiligungszeit durchzusetzen sei, falle in den Regelungsbereich der Mitgliedstaaten. Die Richtlinie verpflichte nicht dazu, die Steuerfreistellung schon zu Beginn der Beteiligungszeit zu gewähren.

Der Gerichtshof führt im Weiteren aus, dass sich die Muttergesellschaften vor den nationalen Gerichten unmittelbar auf die durch die Vorschrift des Art. 5 Abs. 1 und 3 der Richtlinie begründeten Rechte berufen können, wenn der Mitgliedstaat von der Möglichkeit nach Art. 3 Abs. 2 Gebrauch gemacht hat und die Gesellschaft die von dem betreffenden Mitgliedstaat festgesetzte Mindestbeteiligungszeit einhält[62].

Zuletzt geht der Gerichtshof auf die Frage nach der Staatshaftung ein, die ausschließlich das Verfahren der Denkavit betraf. Unter Bezugnahme auf seine ständige Rechtsprechung legt das Gericht dar, dass der Grundsatz der gemeinschaftsrechtlichen Staatshaftung aus dem Wesen der mit dem Vertrag geschaffenen Rechtsordnung folgt. Das Gemeinschaftsrecht erkenne dann einen Entschädigungsanspruch an, sofern drei Voraussetzungen erfüllt seien. Die Rechtsnorm, gegen die verstoßen worden sei, müsse bezwecken, dem Einzelnen Rechte zu verleihen. Dieser Verstoß müsse hinreichend qualifiziert sein und zwischen dem Verstoß gegen die dem Staat obliegende Verpflichtung und dem den Geschädigten entstandenen Schaden müsse ein unmittelbarer Kausalzusammenhang bestehen. Grundsätzlich sei es die Sache der nationalen Gerichte, die Voraussetzungen der gemeinschaftsrechtlichen Haftung zu prüfen.

In der vorliegenden Rechtssache verfüge der Gerichtshof jedoch über alle Informationen, die zur Beurteilung der Frage, ob ein hinreichend qualifizierter Gemeinschaftsrechtsverstoß vorläge, erforderlich seien. Ein solcher Verstoß läge nach der Rechtsprechung des Gerichtshofs vor, wenn ein Organ oder ein Mitgliedstaat bei der Ausübung seiner Rechtsetzungsbefugnis deren Grenzen offenkundig und erheblich überschritten habe. Hierbei gehöre zu den berücksichtigungswürdigen Gesichtspunkten insbesondere das Maß und die Klarheit der

---

[60] EuGHE 1996 I, S. 5095, Tz. 24f
[61] EuGHE 1996 I, S. 5097, Tz. 32
[62] EuGHE 1996 I, S. 5099, Tz. 40

verletzten Norm[63]. Der Gerichtshof nimmt sodann im Einzelnen zu dem ihm vorliegenden Sachverhalt Stellung. Er verweist darauf, dass im Bezug auf die Voraussetzung der Steuerfreistellung, dass die Mindestbeteiligungszeit im Zeitpunkt der Gewährung der Steuervergünstigung bereits zurückgelegt sein müsse, nahezu alle Mitgliedstaaten, die von der Ausnahmebefugnis Gebrauch gemacht haben, die gleiche Auslegung der Richtlinie ihrer Umsetzung wie die Bundesrepublik Deutschland zugrunde gelegt haben. Es sei insoweit zu beachten, dass sich Art. 1 Abs. 2 der Richtlinie ausdrücklich auf die Bekämpfung von Missbräuchen beziehe. Da die vorliegende Rechtssache die erste sei, die die behandelte Richtlinie betreffe, habe sich für die Bundesrepublik Deutschland aus der Rechtsprechung des Gerichtshofs kein Hinweis darauf ergeben, wie die Richtlinie auszulegen sei. Unter diesen Umständen könne es nicht als hinreichend qualifizierter Verstoß gegen Gemeinschaftsrecht angesehen werden, dass sich ein Mitgliedstaat bei der Umsetzung der Richtlinie für berechtigt gehalten habe, zu verlangen, dass die Mindestbeteiligungszeit im Zeitpunkt der Gewinnausschüttung bereits zurückgelegt sei. Eine Entschädigungspflicht bestehe daher im vorliegenden Fall nach dem Gemeinschaftsrecht nicht[64].

3. Stellungnahme

In seiner Entscheidung „Denkavit" resümiert der Gerichtshof ein weiteres Mal seine Rechtsprechung zur gemeinschaftsrechtlichen Staatshaftung. Trotz des Hinweises, dass die Beurteilung des Vorliegens der Voraussetzungen der Haftung der Mitgliedstaaten Aufgabe der nationalen Gerichte sein, kommt das Gericht aufgrund eigener Kenntnis des Sachverhalts zu dem Ergebnis, dass ein hinreichend qualifizierter Verstoß gegen Gemeinschaftsrecht nicht vorliegt. Mit seinen diesbezüglichen Ausführungen konkretisiert der Gerichtshof ein weiteres Mal diese Voraussetzung der mitgliedstaatlichen Haftung und gibt dem von ihm entwickelten Haftungsinstitut erneut klarere Konturen, die seine Anwendung und Umsetzung im innerstaatlichen Recht erleichtern mögen und den nationalen Gerichten als Anleitung dienen können.

---

[63] EuGHE 1996 I, S. 5100ff, Tz. 47ff
[64] EuGHE 1996 I, S. 5102, Tz. 51ff

VII. Das Urteil in der Rechtssache „The Queen gegen Secretary of State for Social Security, ex parte: Eunice Sutton" vom 22.04.1997

1. Sachverhalt

Der britische High Court of Justice legte dem Gerichtshof gemäß Art. 234 EGVnF (Art. 177 EGVaF) eine Frage zur Auslegung des Gemeinschaftsrechts im Bezug auf einen Anspruch auf Zahlung von Zinsen auf rückständige Sozialleistungen nach der Richtlinie 79/7/EWG des Rates vom 19.12.1979 zur schrittweisen Verwirklichung des Grundsatzes zur Gleichstellung von Männern und Frauen im Bereich der sozialen Sicherheit[65] zur Vorabentscheidung vor.
Die Klägerin machte im Ausgangsverfahren einen Anspruch auf Zinsen auf Beträge geltend, die als eine rückständige Leistung der sozialen Sicherheit, der Invalid Care Allowence, an die Klägerin nach Durchlaufen des britischen Rechtswegs ausgezahlt worden waren. Die Richtlinie hatte in Art. 6 die Mitgliedstaaten verpflichtet, innerstaatliche Vorschriften zu erlassen, damit jeder, der sich wegen der Nichtanwendung des Grundsatzes der Gleichbehandlung für beschwert hält, nach etwaiger Befassung anderer zuständiger Stellen seine Rechte gerichtlich geltend machen konnte.

2. Entscheidungsgründe und rechtliche Würdigung

Hinsichtlich der Auslegung des Art. 6 der Richtlinie kommt der Gerichtshof zu dem Ergebnis, dass sich eine Pflicht zur Zahlung von Zinsen auf rückständige Leistungen nicht aus der genannten Vorschrift ergibt. Zwar verpflichte Art. 6 der Richtlinie die Mitgliedstaaten, die Vorschriften zu erlassen, die notwendig seien, damit jeder, der glaubt, im Rahmen der Zuerkennung von Leistungen der sozialen Sicherheit Opfer einer durch die Richtlinie verbotenen Diskriminierung zu sein, die Rechtswidrigkeit dieser Diskriminierung feststellen lassen und Zahlung der Leistungen erwirken kann, auf die er ohne Diskriminierung Anspruch gehabt hätte. Doch könne die Zahlung von Zinsen auf rückständige Leistungen nicht als wesentlicher Bestandteil des so definierten Rechts angesehen werden[66].
Im Anschluss nimmt der Gerichtshof dazu Stellung, ob sich der Anspruch auf Zahlung von Zinsen auf rückständige Leistungen der sozialen Sicherheit aus dem Grundsatz der Haftung des Staates für einen Verstoß gegen das Gemeinschaftsrecht ergeben kann. Der Gerichtshof verweist sodann auf seine bisherige Recht-

---

[65] ABl. L 6/24
[66] EuZW 1997, S. 339, Tz. 25

sprechung. Aus dieser gehe hervor, dass ein Mitgliedstaat unter den drei Voraussetzungen zur Wiedergutmachung des Schadens verpflichtet sei, nämlich dass die Rechtsnorm, gegen die verstoßen worden sei, bezwecke, dem Einzelnen Rechte zu verleihen, dass der Verstoß hinreichend qualifiziert sei und zwischen dem Verstoß gegen die dem Staat obliegende Verpflichtung und dem den geschädigten Personen entstandenen Schaden ein unmittelbarer Kausalzusammenhang bestehe. Diese Voraussetzungen seien je nach Fallgestaltung zu beurteilen. Schließlich ergebe sich aus der ständigen Rechtsprechung, dass der Staat die Folgen der verursachten Schäden im Rahmen des nationalen Haftungsrechts zu beheben habe, sofern die drei genannten Voraussetzungen erfüllt seien. Dabei dürften die im Schadensersatzrecht der Mitgliedstaaten festgelegten Voraussetzungen nicht ungünstiger sein als bei ähnlichen Klagen, die das nationales Recht beträfen, und nicht so ausgestaltet sein, dass sie es praktisch unmöglich machten oder übermäßig erschwerten, die Entschädigung zu erlangen. Allerdings sei es die Sache des nationalen Gerichts, zu beurteilen, ob in dem ihm vorliegenden Rechtsstreit die Klägerin einen Anspruch auf Ersatz eines Schadens habe, den sie durch den Verstoß des Mitgliedstaats gegen Gemeinschaftsrecht erlitten habe; gegebenenfalls habe das nationale Gericht den Betrag dieser Entschädigung festzusetzen[67].

3. Stellungnahme

Zur Frage der gemeinschaftsrechtlichen Staatshaftung ergeben sich aus der Entscheidung „Sutton" keine neuen Erkenntnisse. Der Gerichtshof wiederholt unter Bezugnahme auf seine nunmehr ständige Rechtsprechung die Grundlagen und Bedingungen der mitgliedstaatlichen Haftung und legt die Feststellung des Vorliegens der Voraussetzungen den nationalen Gerichten anheim.
Die Entscheidung zeigt dennoch, dass der Gerichtshof an Routine im Umgang mit der mitgliedstaatlichen Haftung gewinnt, die den nationalen Gerichten offensichtlich noch fehlt. Aus der Art und Weise, wie der Gerichtshof die von ihm entwickelten Kriterien für eine Staatshaftung „abspult" und die weitere Beurteilung der Rechtssache dem mitgliedstaatlichen Gericht überantwortet, lässt darauf schließen, dass der Gerichtshof an seinen Haftungsvorgaben dauerhaft festhält und diesen einen Entwicklungsstand zumisst, den er in seinen Grundsätzen als abgeschlossen betrachtet. Es liegt nun an den nationalen Gerichten, diese Grundsätze zu akzeptieren und selbständig anzuwenden.

---

[67] EuZW 1997, S. 340, Tz. 28ff

VIII. Das Urteil in der Rechtssache „Klaus Konle gegen Republik Österreich" vom 01.06.1999

1. Sachverhalt

Das österreichische Landesgericht für Zivilsachen Wien legte dem EuGH verschiedene Fragen zur Vereinbarkeit der Vorschriften des österreichischen Bundeslandes Tirol über den Erwerb von Immobilien mit dem Gemeinschaftsrecht und zur gemeinschaftsrechtlichen Staatshaftung gemäß Art. 234 EGVnF (Art. 177 EGVaF) zur Vorabentscheidung vor.

Das Tiroler Grundverkehrsgesetz 1993 (im Folgenden: TGVG 1993) wurde vom Land Tirol zur Regelung des Grundstücksverkehrs erlassen und trat am 01.01.1994 in Kraft. Nach dem Gesetz von 1993 bedurften Rechtsgeschäfte, die den Erwerb des Eigentums an Baugrundstücken zum Inhalt hatten, der Genehmigung durch die Grundverkehrsbehörde. Die Vorschrift des § 14 Abs. 1 TGVG 1993 bestimmte, dass eine Genehmigung zu versagen sei, wenn der Rechtserwerber nicht glaubhaft mache, dass durch den beabsichtigten Grunderwerb kein Freizeitwohnsitz geschaffen werden solle. Nach § 13 Abs. 1 TGVG 1993 durfte die Genehmigung einem Ausländer nur erteilt werden, wenn der Rechtserwerb staatspolitischen Interessen nicht widerspreche und ein wirtschaftliches, kulturelles oder soziales Interesse am Rechtserwerb durch den Ausländer bestehe. Diese Bestimmung sollte gemäß § 13 Abs. 2 TGVG 1993 jedoch nicht gelten, soweit staatsvertragliche Verpflichtungen entgegenstünden. Nach § 3 TGVG 1993, der erst am 01.01.1996 in Kraft trat, galten die Voraussetzungen des § 13 Abs. 1 TGVG 1993 nicht, wenn der ausländische Erwerber nachwies, dass er im Rahmen einer durch das Abkommen über den europäischen Wirtschaftsraum garantierten Freiheit handelte.

Mit Wirkung vom 01.10.1996 wurde das Gesetz von 1993 durch das Tiroler Grundverkehrsgesetz 1996 (im Folgenden: TGVG 1996) ersetzt. Im Dezember des gleichen Jahres sprach der österreichische Verfassungsgerichtshof die Verfassungswidrigkeit des Gesetzes von 1993 wegen unverhältnismäßiger Beeinträchtigung des Grundrechts auf Unversehrtheit des Eigentums aus. Das TGVG 1996 dehnte die Genehmigungspflicht auf alle Erwerber aus. Gemäß § 11 Abs. 1 und § 14 Abs. 1 TGVG 1996 musste der Erwerber weiterhin glaubhaft machen, dass kein Freizeitwohnsitz geschaffen werden solle. Ausländer mussten weiterhin zusätzliche Voraussetzungen beim Grundstückserwerb erfüllen, wenn sie nicht nach § 3 TGVG 1996 nachwiesen, dass sie im Rahmen einer durch den EG-

Vertrag oder das Abkommen über den europäischen Wirtschaftsraum garantierten Freiheit handelten.
Am 01.01.1995 war die Republik Österreich der Gemeinschaft beigetreten. Artikel 70 der Beitrittsakte bestimmte, dass die Republik Österreich abweichend von den Verpflichtungen im Rahmen der die Europäische Union begründenden Verträge ihre bestehenden Rechtsvorschriften betreffend Zweitwohnungen für einen Zeitraum von fünf Jahren ab dem Beitritt beibehalten durfte.
Der Ausgangsrechtsstreit hatte die Verweigerung einer Genehmigungserteilung zum Grundstückserwerb gegenüber dem deutschen Staatsbürger Klaus Konle zum Gegenstand. Dem Kläger war im Rahmen eines Zwangsversteigerungsverfahrens am 11.08.1994 ein Grundstück in Tirol unter dem Vorbehalt zugeschlagen worden, dass ihm die erforderliche behördliche Genehmigung gemäß des damals geltenden TGVG 1993 erteilt wurde. Im November 1994 war der Antrag des Klägers auf Erteilung der Genehmigung durch die zuständige Behörde abgelehnt worden, obwohl dieser versichert hatte, dass er seinen Hauptwohnsitz dorthin verlegen wolle und eine kaufmännische Tätigkeit im Rahmen seines bereits in Deutschland geführten Unternehmens ausüben wolle. Hiergegen legte der Kläger Berufung ein, woraufhin der ablehnende Bescheid mit Entscheidung vom 12.07.1995 bestätigt wurde. Die Beschwerde beim österreichischen Verwaltungsgerichtshof wurde zurückgewiesen. Auf die Beschwerde des Klägers beim österreichischen Verfassungsgerichtshof wurde die Entscheidung vom 12.07.1995 aufgehoben, da das TGVG 1993 zwischenzeitlich insgesamt für verfassungswidrig erklärt worden war. Aufgrund dieser Aufhebung war die LandesGrundverkehrskommission erneut mit dem Genehmigungsantrag des Klägers befasst. Dieser erhob, ohne auf die Neubescheidung abzuwarten, Klage beim vorlegenden Gericht wegen des ihm durch die Ablehnung der Genehmigung entstandenen Schadens mit der Begründung, dass die Republik Österreich dafür hafte, dass das TGVG 1993 und 1996 gegen das Gemeinschaftsrecht verstoße.
Das Gericht legte dem Gerichtshof Fragen über die Vereinbarkeit der gesetzlichen Regelungen der TGVG 1993 und TGVG 1996 mit Gemeinschaftsrecht vor sowie über eine dadurch eventuell verbundene Verletzung der Grundfreiheiten des Klägers. Darüber hinaus wollte das Gericht wissen, ob die Entscheidung über die Frage der hinreichenden Qualifizierung eines Rechtsverstoßes die Sache des Gerichtshofs sei, außerdem bei Bejahung dieser Fragen, ob ein solcher Verstoß vorliege. Ferner fragte das Gericht, ob es in einem föderalistisch strukturierten Mitgliedstaat zur Sicherstellung eines Entschädigungsanspruchs ausreichend sei, wenn der Geschädigte nur den Teilstaat und nicht den Gesamtstaat in Anspruch nehmen könnte, sofern der Verstoß dem Teilstaat zuzurechnen sei.

2. Entscheidungsgründe und rechtliche Würdigung

Zunächst nimmt der Gerichtshof zu der Frage der Vereinbarkeit der zu Grunde liegenden gesetzlichen Regelungen des TGVG 1993 und 1996 mit dem Gemeinschaftsrecht Stellung. Zu den Regelungen des TGVG 1993 führt der Gerichtshof aus, dass jede Vorschrift über Zweitwohnsitze, die im Zeitpunkt des Beitritts in Kraft gesetzt war, grundsätzlich unter die Ausnahmeregelung des Art. 70 der Beitrittsakte fallen. Dies gelte nicht, wenn die betreffende Vorschrift aus der innerstaatlichen Rechtsordnung durch eine Entscheidung entfernt worden wäre, die nach dem Beitritt ergangen sei, aber auf einen vor ihm liegenden Zeitpunkt zurückwirke und die Vorschrift damit für die Vergangenheit beseitige. Das Gebot des freien Kapital- und Zahlungsverkehrs aus Art. 56 EGVnF (Art. 73 b EGVaF) und Art. 70 der Beitrittsakte stünden der Regelung des TGVG 1993 nicht entgegen, es sei denn, dass diese Regelung aufgrund deren Aufhebung nicht als Teil der am 01.01 1995 bestehenden innerstaatlichen Rechtsordnung der Republik Österreich anzusehen sei[68].
Hinsichtlich der Vorschriften des TGVG 1996 kommt der Gerichtshof zu dem Ergebnis, dass sowohl Art. 56 EGVnF (Art. 73 b EGVaF) als auch Art. 70 der Beitrittsakte der genannten Regelung entgegenstehen[69].
Sodann geht der Gerichtshof auf die gemeinschaftsrechtliche Staatshaftung ein und verweist zunächst darauf, dass die Anwendung der Kriterien für die Haftung der Mitgliedstaaten für Schäden, die dem Einzelnen durch Verstöße gegen das Gemeinschaftsrecht entstanden sind, grundsätzlich den nationalen Gerichten obliegt. Damit obliege es den nationalen Gerichten, zu beurteilen, ob ein Verstoß gegen Gemeinschaftsrecht hinreichend qualifiziert sei, um die Haftung eines Mitgliedstaats gegenüber Einzelnen zu begründen[70].
Der Gerichtshof führt zur letzten vorgelegten Frage aus, dass jeder Mitgliedstaat sicherstellen muss, dass dem Einzelnen der Schaden ersetzt wird, der ihm durch einen Verstoß gegen Gemeinschaftsrecht entstanden sei. Dabei sei es gleichgültig, welche staatliche Stelle diesen Verstoß begangen habe und welche Stelle nach dem Recht des betreffenden Mitgliedstaats diesen Schadensersatz grundsätzlich zu leisten habe. Ein Mitgliedstaat könne sich daher seiner Haftung nicht dadurch entziehen, dass er auf die Aufteilung der Zuständigkeit und (die Aufteilung) der Haftung auf Körperschaften verweise, die nach seiner Rechtsordnung bestehen. Unter diesem Vorbehalt verpflichte das Gemeinschaftsrecht nicht dazu, die Auf-

---

[68] EuGHE 1999 I, S. 3132f, Tz. 28ff
[69] EuGHE 1999 I, S. 3138, Tz. 56
[70] EuGHE 1999 I, S. 3139, Tz. 58f

teilung der Zuständigkeit und der Haftung auf die öffentlichen Körperschaften in ihrem Gebiet zu ändern. Den Erfordernissen des Gemeinschaftsrechts sei genügt, wenn die innerstaatlichen Verfahrensregelungen einen wirksamen Schutz der Rechte, die dem Einzelnen aufgrund Gemeinschaftsrechts zustehen, ermöglichen und die Geltendmachung dieser Rechte nicht gegenüber derjenigen solcher Rechte erschwert ist, die dem Einzelnen nach innerstaatlichem Recht zustehen. Ein bundesstaatlich aufgebauter Mitgliedstaat könne seine gemeinschaftsrechtlichen Verpflichtungen auch erfüllen, wenn nicht der Gesamtstaat den Ersatz der einem Einzelnen durch gemeinschaftsrechtswidrige innerstaatliche Maßnahmen entstandenen Schäden sicherstellt[71].

3. Stellungnahme

In der Rechtssache Konle nimmt der Gerichtshof neben dem Resümee seiner Rechtsprechung erneut zur Umsetzung seiner Jurisdiktion im innerstaatlichen Recht durch die nationalen Gerichte Stellung. Dabei weist das Gericht ausdrücklich darauf hin, dass es dem Mitgliedstaat verwehrt ist, sich durch eine im innerstaatlichen Recht bestehende Aufteilung von Zuständigkeiten der gemeinschaftsrechtlichen Staatshaftung zu entziehen. Zunächst eröffnen die Aussagen des Gerichtshofs die Möglichkeit, nicht nur den Mitgliedstaat in seiner Gesamtheit, sondern auch in der Hierarchie unter dem Bund stehende öffentliche Körperschaften nach gemeinschaftsrechtlichen Grundsätzen in die Haftung zu nehmen.

Wie mit der vorliegenden Arbeit weiter auszuarbeiten sein wird, sind die Ausführungen des Gerichtshofs auch dahingehend zu verstehen, dass Haftungsbegrenzungen innerstaatlichen Rechts, die Handlungen mitgliedstaatlicher Organe von einer Verantwortung gegenüber dem Einzelnen wider die gemeinschaftsrechtlichen Vorgaben ausnehmen, keinen Bestand im nationalen Recht haben können, wenn eine anderweitige Durchsetzung von Haftungsansprüchen nicht sichergestellt ist.

---

[71] EuGHE 1999 I, S. 3140, Tz. 61ff

IX. Das Urteil in der Rechtssache „Salomone Haim gegen Kassenärztliche Vereinigung Nordrhein" vom 04.07.2000

1. Sachverhalt

Das Landgericht Düsseldorf hatte dem Gerichtshof gemäß Art. 234 EGVnF (Art. 177 EGVaF) drei Fragen nach den Modalitäten und Voraussetzungen der mitgliedstaatlichen Haftung für Verstöße gegen Gemeinschaftsrecht vorgelegt. Diese Fragen stellten sich im Rahmen einer Klage auf Verdienstausfall gegen die Kassenärztliche Vereinigung Nordrhein als öffentlich-rechtliche Körperschaft, der dem Kläger aufgrund eines behaupteten Verstoßes gegen Gemeinschaftsrecht entstanden sei. Die Richtlinie 78/686/EWG vom 25.07.1978[72] über die gegenseitige Anerkennung der Diplome, Prüfungszeugnisse und sonstigen Befähigungsnachweise des Zahnarztes und für Maßnahmen zur Erleichterung der tatsächlichen Ausübung des Niederlassungsrechts und des Rechts auf freien Dienstleistungsverkehr bestimmt in ihrem Art. 3, dass entsprechende Nachweise, die durch andere Mitgliedstaaten ausgestellt würden, durch alle Mitgliedstaaten anerkannt werden und die gleichen Wirkungen im Bezug auf die Aufnahme und Ausübung der Tätigkeit entfalten. Art 18 Abs. 3 der Richtlinie sieht vor, dass Mitgliedstaaten dafür Sorge tragen, dass der Begünstigte (Arzt) die für die Berufsausübung notwendigen Sprachkenntnisse erwirbt. Außerdem konnten Mitgliedstaaten, die von Inländern eine Vorbereitungszeit verlangten, gemäß Art. 20 der Richtlinie innerhalb von acht Jahren nach Bekanntgabe der Vorschrift eine Vorbereitungszeit auch von Staatsangehörigen anderer Mitgliedstaaten verlangen, die allerdings sechs Monate nicht überschreiten dürfe.
Der Kläger, ein italienischer Staatsangehöriger, verfügte über ein Zahnarztdiplom der Universität Istanbul von 1946. Bis 1980 übte der Kläger seinen Beruf in Istanbul aus, 1981 erhielt er die Approbation als Zahnarzt in der Bundesrepublik zur Ausübung seines Berufes im Rahmen einer Privatpraxis. 1982 wurde das Diplom des Klägers in Belgien als gleichwertig anerkannt, danach arbeitete der Kläger mit Kassenzulassung bis 1991 in Brüssel. Bereits 1988 hatte der Kläger bei der Beklagten die Eintragung in das Zahnarztregister für eine spätere Zulassung zur kassenärztlichen Versorgung beantragt. Nach § 3 Abs. 2 der Zulassungsordnung für Kassenzahnärzte ist für eine solche Eintragung die Ableistung einer zweijährigen Vorbereitungszeit Voraussetzung. § 3 Abs. 4 der Zulassungsordnung bestimmt weiter, dass dies nicht für Zahnärzte gilt, die ein in einem Mitgliedstaat nach gemeinschaftsrechtlichen Vorschriften anerkanntes Diplom

---

[72] ABl. L 233/1

besitzen und zur Berufsausübung zugelassen sind. Die Beklagte lehnte die Eintragung ins Zahnarztregister ab, da der Kläger keine zweijährige Vorbereitungszeit nachweisen könne, die notwendig sei, da er lediglich ein in einem anderen Mitgliedstaat anerkanntes Diplom eines Drittstaates habe. Nach erfolglosem Widerspruch hatte das Landessozialgericht die Klage im Jahre 1990 abgewiesen. Das Bundessozialgericht ersuchte im Jahr 1992 den Gerichtshof um Vorabentscheidung bezüglich der Auslegung von Art. 20 der Richtlinie und Art. 43 EGVnF (Art. 52 EGVaF, Niederlassungsfreiheit). Der Gerichtshof entschied, dass die Ableistung einer Vorbereitungszeit im vorliegenden Falle verlangt werden dürfe, wenn ein (auch anerkannter) Befähigungsnachweis eines Drittstaates vorläge. Sei das Diplom jedoch in einem Mitgliedstaat anerkannt und der Kläger in beiden Mitgliedstaaten zur Berufsausübung zugelassen, dürfe die Zulassung als Kassenarzt nicht versagt werden, ohne dass geprüft sei, inwieweit die nachgewiesenen Erfahrungen des Betroffenen den im nationalen Recht vorgeschriebenen entsprächen.

Hierauf erhielt der Kläger die Eintragung ins Zahnarztregister, verfolgte seine Kassenzulassung aus Altersgründen jedoch nicht weiter. Er erhob jedoch Klage auf Verdienstausfall, der ihm aufgrund der versagten Kassenzulassung entstanden sei. Das vorlegende Gericht war der Auffassung, dass die Entscheidung der Beklagten zwar unrichtig sei, sie habe rechtsirrtümlich aber nach nationalem Amtshaftungsrecht schuldlos gehandelt, so dass nach innerstaatlichem Recht keine Grundlage für einen Schadensersatzanspruch gegeben sei.

Das vorlegende Gericht wollte nunmehr wissen, ob nach gemeinschaftsrechtlichen Grundsätzen bei einem Verstoß gegen primäres Gemeinschaftsrecht neben der Haftung eines Mitgliedstaates auch die Haftung einer rechtlich selbständigen öffentlich-rechtlichen Körperschaft gegeben sei. Außerdem fragt das Gericht an, ob ein hinreichend qualifizierter Gemeinschaftsrechtsverstoß dann vorliegt, wenn einem Beamten bei der Anwendung gemeinschaftsrechtswidrigen nationalen Rechts oder nicht gemeinschaftsrechtskonformer Anwendung nationalen Rechts bei seiner Entscheidung kein Ermessensspielraum eingeräumt ist.

2. Entscheidungsgründe und rechtliche Würdigung

Zur Frage, ob die Haftung einer öffentlich-rechtlichen Körperschaft neben der eines Mitgliedstaates stehen kann, verweist der Gerichtshof zunächst auf die von ihm entwickelte gemeinschaftsrechtliche Staatshaftung. Er führt unter Hinweis auf seine Entscheidung in der Rechtssache „Konle" sodann aus, dass in diesem Rahmen jeder Mitgliedstaat sicherstellen muss, dass dem Einzelnen der durch einen Gemeinschaftsrechtsverstoß entstandene Schaden ersetzt wird. Dies unabhängig davon, welche staatliche Stelle diesen Verstoß begangen hat und welche Stelle nach dem Recht des betreffenden Mitgliedstaats den Schaden zu ersetzen hat[73]. Dabei könnten sich die Mitgliedstaaten ihrer Haftung insbesondere nicht dadurch entziehen, dass sie auf die interne Verteilung der Zuständigkeiten verwiesen und ebenso wenig mit dem Hinweis darauf, dass den entsprechenden Stellen die erforderlichen Befugnisse, Kenntnisse oder Fähigkeiten fehlten[74]. Wie er bereits in der Rechtssache „Konle" für bundesstaatlich aufgebaute Mitgliedstaaten entschieden habe, könne ein Staat seine gemeinschaftsrechtlichen Verpflichtungen auch so erfüllen, wenn nicht der Gesamtstaat die Entschädigungspflicht sicherstellt, sofern die innerstaatlichen Verfahrensregelungen einen wirksamen Schutz der dem Einzelnen durch Gemeinschaftsrecht verliehenen Rechte ermöglichen und die Geltendmachung dieser Rechte nicht gegenüber derjenigen innerstaatlich gewährter Rechte erschwert ist. Unabhängig von der Organisation des Mitgliedstaates könnten daher die Schäden, die von einer öffentlichrechtlichen Körperschaft verursacht würden, auch von dieser ersetzt werden. Es sei auch nicht zu beanstanden, dass die Haftung einer solchen Körperschaft neben die eines Mitgliedstaates trete[75].

Unter Hinweis auf seine ständige Rechtsprechung führt der Gerichtshof weiter aus, dass die Folgen des Gemeinschaftsrechtsverstoßes im nationalen Recht zu beheben seien. Die im nationalen Schadensrecht festgelegten Voraussetzungen dürften nicht ungünstiger als bei ähnlichen Rechtsbehelfen sein, die nur nationales Recht beträfen und durch deren Gestaltung dürfe die Erlangung einer Entschädigung nicht praktisch unmöglich oder übermäßig erschwert werden[76].

Sodann befasst sich das Gericht damit, ob ein hinreichend qualifizierter Rechtsverstoß dann vorliegt, wenn dem handelnden Beamten bei der Anwendung gemeinschaftsrechtswidrigen nationalen Rechts oder nicht gemeinschaftsrechtskonformer Anwendung nationalen Rechts kein Ermessen zustand. Der Gerichtshof wiederholt die von ihm entwickelten drei Voraussetzungen der mitgliedstaatlichen Haftung und dass diese je nach Fallgestaltung zu beurteilen seien. Er erklärt ausdrücklich, dass diese Voraussetzungen unabhängig davon gegeben sein müssen, ob der Gemeinschaftsrechtsverstoß auf eine Untätigkeit des Staates, der Nichtumsetzung einer Richtlinie, den Erlass einer gemeinschaftsrechtswidrigen Gesetzgebung oder eines solchen Verwaltungsakts zurückgeht und unabhängig davon, ob dieser Verwaltungsakt vom Mitgliedstaat selbst oder einer vom Staat

---

[73] EuGHE 2000 I, S. 5159, Tz. 27
[74] EuGHE 2000 I, S. 5159, Tz. 28
[75] EuGHE 2000 I, S. 5159f, Tz. 30ff
[76] EuGHE 2000 I, S. 5160, Tz. 33

unabhängigen öffentlich-rechtlichen Einrichtung erlassen wurde[77]. Ein hinreichend qualifizierter Gemeinschaftsrechtsverstoß läge dann vor, wenn der betreffende Mitgliedstaat bei der Wahrnehmung seiner Rechtsetzungsbefugnis die Grenzen offenkundig und erheblich überschritten habe, die der Ausübung seiner Befugnis gesetzt seien. Die bloße Verletzung von Gemeinschaftsrecht könne ausreichen, einen hinreichend qualifizierten Rechtsverstoß anzunehmen, wenn der Mitgliedstaat zum Zeitpunkt des Verstoßes über einen erheblich verringerten oder gar auf Null reduzierten Gestaltungsspielraum verfügt habe[78]. Insbesondere könne die Verpflichtung zum Schadensersatz nicht von einem Verschuldensbegriff abhängig gemacht werden, der über den hinreichend qualifizierten Verstoß hinausginge[79]. Ob und in welchem Umfang ein Gestaltungsspielraum vorliege, sei nach Gemeinschaftsrecht zu bestimmen, ein nach nationalem Recht eventuell eingeräumtes Ermessen sei unbeachtlich[80]. Um einen Gemeinschaftsrechtsverstoß festzustellen, seien alle Gesichtspunkte zu berücksichtigen, die den vorgelegten Sachverhalt prägen. Dabei wäre u. a. das Maß an Klarheit und Genauigkeit der verletzten Norm, die Frage nach der Vorsätzlichkeit der Schadenszufügung, die Entschuldbarkeit eines etwaigen Rechtsirrtums und der eventuelle Beitrag eines Gemeinschaftsorgans zu dem gemeinschaftsrechtswidrigen Verhalten des Mitgliedstaats zu beachten[81]. Die Anwendung dieser Kriterien obläge dem nationalen Gericht, das die vom Gerichtshof entwickelten Leitlinien dabei zu beobachten habe. Die Klärung der Frage des hinreichend qualifizierten Rechtsverstoßes wäre damit auch im vorliegenden Fall die Sache des nationalen Gerichts.

In der Sache entschied der Gerichtshof dann, dass die zuständige Stelle des Mitgliedstaates im vorliegenden Fall die Kassenzulassung eines Zahnarztes vom Nachweis der erforderlichen Sprachkenntnisse abhängig machen dürfe.

3. Stellungnahme

Die Entscheidung in der Rechtssache „Haim" ist in dreierlei Hinsicht von Bedeutung. Der Gerichtshof führt seine Rechtsprechung fort, mit der er eine mitgliedstaatliche Haftung unabhängig davon annimmt, welcher staatlichen Stelle der Gemeinschaftsrechtsverstoß zu Lasten fällt. Außerdem wird ausdrücklich erwähnt, dass die vom Gerichtshof postulierten Voraussetzungen eines Haftungs-

---

[77] EuGHE 2000 I, S. 5161, Tz. 37
[78] EuGHE 2000 I, S. 5160f, Tz. 38
[79] EuGHE 2000 I, S. 5162, Tz. 39
[80] EuGHE 2000 I, S. 5162, Tz. 40
[81] EuGHE 2000 I, S. 5162f, Tz. 43

anspruchs für jede Art des mitgliedstaatlichen Handelns oder Unterlassens gilt. Insoweit fasst das Gericht seine bisherige Rechtsprechung hinsichtlich der Arten der möglichen gemeinschaftsrechtswidrigen Handlungen, wenn auch in einem Satz, zusammen. Zuletzt festigt das Gericht seine Rechtsprechung zu den Anforderungen an die Voraussetzung des hinreichend qualifizierten Rechtsverstoßes in ausführlicher Weise und stellt klar, dass für die Bestimmung und Bemessung des Gestaltungsspielraums, der einer mitgliedstaatlichen Stelle oder dem Mitgliedstaat selbst eingeräumt und im Rahmen der Haftung zu beachten ist, das Gemeinschaftsrecht und nicht das nationale Recht maßgeblich ist.

Besondere Beachtung darf die diesbezügliche Feststellung finden, dass ein Ermessen, das dem einzelnen Beamten eingeräumt ist, unbeachtlich ist. Dies führt dazu, dass ein Beamter, der aufgrund durch nationales Recht eingeräumten Ermessens ermessensfehlerfrei handelt, dennoch die Haftung des Mitgliedstaates auslösen kann. Maßgeblich ist allein das Ermessen, das vom Gemeinschaftsrecht gewährt wird. Der Gerichtshof hat damit eine „Exculpationslücke" geschlossen, wonach sich ein Mitgliedstaat seiner Haftung entziehen könnte, wenn ein Gemeinschaftsrechtsverstoß aufgrund zwar ermessensfehlerfreier Handlung, aber aufgrund eines fehlerhaft eingeräumten Ermessens erfolgen könnte. Die Haftung für administratives Unrecht wird insoweit auf die Haftung für legislatives Unrecht zurückgeführt. Anknüpfungspunkt ist nicht das administrative, sondern das legislative Verhalten des Staates. Der Gerichtshof führt insoweit seine Rechtsprechung konsequent fort, die es verbietet, dass durch mitgliedstaatliche Regelungen die Durchsetzung eines Haftungsanspruchs unmöglich gemacht werden könnten.

2. Kapitel

Die Rechtsgrundlagen und Voraussetzungen der mitgliedstaatlichen Haftung für legislatives Unrecht

Im Folgenden soll nun die Rechtsprechung des Europäischen Gerichtshofs zu den gemeinschaftsrechtlichen Grundsätzen der Staatshaftung systematisch gewürdigt werden. Dabei möchten die dogmatischen Rechtsgrundlagen des gemeinschaftsrechtlichen Staatshaftungsinstituts untersucht und die durch den Gerichtshof postulierten Anforderungen an die Tatbestandsvoraussetzungen im Einzelnen dargestellt werden.

I. Die Rechtsgrundlagen und die Herleitung des Grundsatzes der mitgliedstaatlichen Haftung für Verstöße gegen Gemeinschaftsrecht

Der Europäische Gerichtshof hat die gemeinschaftsrechtlichen Staatshaftungsgrundsätze auf dem Wege der richterrechtlichen Rechtsfortbildung geschaffen. In den im ersten Kapitel besprochenen Entscheidungen hat der Gerichtshof zur Herleitung und zu den Rechtsgrundlagen der gemeinschaftsrechtlichen Haftung Stellung genommen. Dabei hat der Gerichtshof neben dem Wesen der durch den E(W)G-Vertrag geschaffenen Rechtsordnung auf die Grundsätze der außervertraglichen Haftung der Mitgliedstaaten hingewiesen.

1. Der Grundsatz der Staatshaftung als Ausfluss der durch den E(W)G-Vertrag geschaffenen Rechtsordnung – „effet utile" und Individualrechtsschutz

Der Grundsatz der Haftung von Mitgliedstaaten für Verstöße gegen Gemeinschaftsrecht entwickelte der EuGH in seiner „Francovich"-Entscheidung. Hintergrund dieser Entscheidung und Anlass für die „Entdeckung" der gemeinschaftsrechtlichen Staatshaftung war, dass die Italienische Republik trotz mehrfacher Vertragsverletzungsverfahren die verfahrensgegenständliche Richtlinie nicht in nationales Recht umgesetzt hatte und sich damit provokativ gemeinschaftsrechtlichen Vorgaben widersetzte[82]. Angesichts dessen und mit Bedeutung für das defizitär ausgebildete nationale deutsche Staatshaftungsrecht für legislatives Unrecht, das für Verstöße gegen Gemeinschaftsrecht und dadurch entstandene

---
[82] Ossenbühl, Staatshaftungsrecht, S. 496

Schäden keinen Ausgleich gewährte, reagierte der EuGH mit der Rechtschöpfung der gemeinschaftsrechtlichen Staatshaftung[83]. Der Gerichtshof stellte fest, dass der E(W)G-Vertrag eine eigene Rechtsordnung geschaffen habe, die in die Rechtsordnungen der einzelnen Mitgliedstaaten aufgenommen worden und von den nationalen Gerichten anzuwenden sei[84]. Rechtssubjekte der mitgliedstaatlichen Rechtsordnungen seien nicht nur die Mitgliedstaaten selbst, sondern auch der Einzelne, dem das Gemeinschaftsrecht auch Rechte verleihen könne (z.B. durch unmittelbar anwendbare und dem Einzelnen Rechte einräumende Richtlinien)[85]. So obliege es neben den Mitgliedstaaten und seinen Organen den nationalen Gerichten, im Rahmen ihrer Zuständigkeit die Bestimmungen des Gemeinschaftsrechts anzuwenden, die volle Wirksamkeit dieser Bestimmungen zu gewährleisten und die Rechte des Einzelnen zu schützen. Dieser Vorrang des Gemeinschaftsrechts[86] folgt daraus, dass die Bestimmungen des Gemeinschaftsrechts ihre volle Wirkung einheitlich in allen Mitgliedstaaten vom Zeitpunkt ihres Inkrafttretens an und während der gesamten Dauer ihrer Gültigkeit entfalten müssen[87] und die Funktionsfähigkeit der Gemeinschaft es erfordert, dass die Mitgliedstaaten die Verpflichtungen, die sie nach dem E(W)G-Vertrag vorbehaltlos übernommen haben, auch effektiv erfüllen[88].

Der Grundsatz der gemeinschaftsrechtlichen Staatshaftung sei deshalb unerlässlich, um die volle Wirkung des Gemeinschaftsrechts zu gewährleisten und die durch das Gemeinschaftsrecht dem Einzelnen verliehenen Rechte zu schützen. Dies gelte insbesondere dann, wenn der Einzelne die ihm durch Gemeinschaftsrecht zuerkannten Rechte nicht vor den nationalen Gerichten geltend machen könne. Der Grundsatz einer Haftung des Staates für Schäden, die dem Einzelnen durch dem Staat zurechenbare Verstöße gegen Gemeinschaftsrecht entstünden, folge somit aus dem Wesen der mit dem E(W)G-Vertrag geschaffenen Rechtsordnung[89].

---

[83] Detterbeck/Windhorst/Sproll, S. 51 § 6, Rdn. 15f; Detterbeck AöR 125, S. 202 (229)
[84] EuGHE 1991 I („Francovich"), S. 5413, Tz. 31; EuGHE 1964 („Costa/ENEL"), S. 1269f
[85] EuGHE 1991 I („Francovich"), S. 5413, Tz. 31; EuGHE 1963 („van Gend & Loos"), S. 26f
[86] vergl. hierzu im Einzelnen: 3. Kapitel II. Ziff. 3
[87] EuGHE 1978 („Simmenthal"), S. 643, Tz. 14/16
[88] EuGHE 1963 („van Gend & Loos"), S. 25
[89] EuGHE 1991 I („Francovich"), S. 5414, Tz. 32ff; EuGHE 1996 I („Brasserie du pêcheur"), S. 1144, Tz. 31; hierauf Bezug nehmend in: EuGHE 1996 I („British Telecommunications"), S. 1667, Tz. 38; EuGHE 1996 I („Hedley Lomas"), S. 2612, Tz. 24; EuGHE I („Dillenkofer"), S. 4878, Tz. 20; EuGHE 1996 I („Denkavit"), S. 5100, Tz. 47

Der Grundsatz der vollen Wirksamkeit des Gemeinschaftsrechts und der Gewährleistung effizienten Individualrechtsschutzes sind komplementäre Prinzipien der Gemeinschaftsrechtsordnung. Das Gebot des Individualrechtsschutzes folgt zwingend aus dem Rechtsstaatsprinzip, das eine Grundbedingung für das Selbstverständnis der Europäischen Gemeinschaft als Rechtsgemeinschaft darstellt. Gewährt eine nationale Rechtsordnung daher keine Rechtsbehelfe zur Durchsetzung der vollen Wirksamkeit des Gemeinschaftsrechts, wie es im Falle des legislativen Unrechts im nationalen deutschen Recht der Fall ist, führt dies zu einer Rechtsschutzlücke. Da auch der Grundsatz einer Haftung des Staates für zurechenbare Schäden aus dem Rechtsstaatsprinzip fließt, wahrt der Gerichtshof mit der Entwicklung der mitgliedstaatlichen Haftung lediglich allgemein anerkannte Grundsätze der Rechtsstaatlichkeit. Weder der Einwand, der Gerichtshof könne sich aufgrund rechtsvergleichender Tätigkeit nicht auf das Rechtsstaatsprinzip berufen[90], noch das Absprechen einer Kompetenz zur Rechtsfortbildung auf dem Gebiet des Staatshaftungsrechts greifen hier ein. Denn einerseits leitet der Gerichtshof die mitgliedstaatliche Haftung nicht ausschließlich rechtsvergleichend her[91], andererseits ist dem Gerichtshof die Kompetenz zur Rechtsfortbildung nicht abzusprechen[92]. Im Ergebnis stellen daher die Prinzipien des „effet utile" und des Individualrechtsschutzes die wesentlichen Grundsätze dar, aus denen die Entwicklung der mitgliedstaatlichen Haftung in zulässiger Weise erfolgen kann.

Tragendes Prinzip der gemeinschaftsrechtlichen Staatshaftung ist somit der Grundsatz der vollen Wirksamkeit des Gemeinschaftsrechts – „effet utile". Der Grundsatz des „effet utile" hält die Mitgliedstaaten an, die volle Wirksamkeit des Gemeinschaftsrechts sicherzustellen. Die volle Wirksamkeit der gemeinschaftsrechtlichen Bestimmungen wäre jedoch beeinträchtigt und der Schutz der durch sie begründeten Rechte in Frage gestellt, wenn der Geschädigte nicht die Möglichkeit hätte, eine Entschädigung zu erlangen, wenn seine Rechte durch einen Gemeinschaftsrechtsverstoß verletzt wären[93]. Die gemeinschaftsrechtliche Staatshaftung als „notwendige Ergänzung"[94] der unmittelbaren Wirkung des Gemeinschaftsrechts stellt sich damit als Mittel zur Durchsetzung des Gemeinschafts-

---

[90] siehe: Schlemmer-Schulte/Ukrow EuR 1992, 82 (91)
[91] vergl. unten 2. Kapitel I. Ziff. 3.
[92] vergl. unten 2. Kapitel I. Ziff. 4.
[93] EuGHE 1991 I („Francovich"), S. 5414, Tz. 34; EuGHE 1996 I („Brasserie du pêcheur"), S. 1142, Tz. 20
[94] EuGHE 1996 I („Brasserie du pêcheur"), S. 1143, Tz. 22

rechts und Erweiterung des effektiven Individualrechtsschutzes[95] dar und sichert den Vorrang gemeinschaftsrechtlicher Bestimmungen vor dem nationalen Recht[96].

2. Art. 10 EGVnF (Art. 5 EGVaF)

Neben dem Prinzip der vollen Wirksamkeit des Gemeinschaftsrechts und dem Schutz der dem Einzelnen durch das Gemeinschaftsrecht begründeten Rechte zieht der EuGH die Bestimmung des Art. 10 EGVnF (Art. 5 EGVaF) als Stütze der gemeinschaftsrechtlichen Staatshaftung heran. Nach dieser Vorschrift haben die Mitgliedstaaten alle geeigneten Maßnahmen allgemeiner oder besonderer Art zur Erfüllung ihrer Verpflichtungen aus dem Gemeinschaftsrecht zu treffen. Zu diesen Verpflichtungen gehöre auch diejenige, die rechtswidrigen Folgen eines Verstoßes gegen das Gemeinschaftsrecht zu beheben[97].

Die im „Francovich"-Urteil zur Begründung herangezogene Vorschrift des Art. 10 EGVnF (Art. 5 EGVaF) untermauert die gemeinschaftsrechtliche Staatshaftung und deren Zielrichtung, nämlich die Durchsetzung der vollen Wirkung des Gemeinschaftsrechts („effet utile"), dessen Ausprägung die Vorschrift zur „Gemeinschaftstreue" darstellt[98]. Denn die Mitwirkungspflicht des Art. 10 EGVnF (Art. 5 EGVaF) begründet die Verpflichtung der nationalen Gerichte zur Gewährleistung des effektiven Rechtsschutzes der durch den EG-Vertrag begründeten Rechte[99]. Die Aufgabe, effektiven Rechtschutz zu gewährleisten, der sich für die Bürger aus der unmittelbaren Wirkung des Gemeinschaftsrechts ergebe, obliege gemäß der aus Art. 10 EGVnF (Art. 5 EGVaF) fließenden Mitwirkungspflicht den innerstaatlichen Gerichten[100]. Der Verweis des Gerichtshofs auf die

---

[95] ob der Gerichtshof eine Erweiterung des Individualrechtsschutzes nur hinsichtlich vertikal oder auch horizontal unmittelbar wirkender Richtlinien beabsichtigte, ist nach Geiger DVBl. 1993, S. 465 (470f) zumindest zweifelhaft, siehe aber unten 2. Kapitel I. Ziff. 1.3.c)

[96] v. Bogdandy in: Grabitz/Hilf, Art. 288, Rdn. 9ff, 13ff; kritisch: v. Danwitz JZ 1994, 335 (337ff); Deckert EuR 1997, S. 203 (207f); Fischer EuZW 1992, S. 41 (42f); Geiger DVBl. 1993, S. 465 (467ff); Hailbronner JZ 1992, S. 284 (286ff); Harje FuR 1997, S. 297 (301); Herdegen/Rensmann ZHR 161 (1997), S. 531; Martin-Ehlers EuR 1996, S. 376 (381ff); Maurer, Staatshaftung im europäischen Kontext, in: Festschrift für Karlheinz Boujong 1996, S. 591 (596); Ossenbühl, Staatshaftungsrecht, S. 494f; Ossenbühl DVBl 1992, S 993 (994f);

[97] EuGHE 1991 I („Francovich"), S. 5414, Tz. 36; EuGHE 1996 I („Brasserie du pêcheur"), S 1146, Tz. 39

[98] v. Bogdandy in: Grabitz/Hilf, Art. 10, EGV, Rdn. 4, 37; Martin-Ehlers EuR 1996, S. 376 (384); Maurer in: FS Boujong, S. 591 (594ff); Seltenreich, S. 62f, 65f

[99] Geiger DVBl 1993, S. 465 (469)

[100] EuGHE 1976 („REWE"), S. 1998, Tz. 5

genannte Vorschrift hat für die Begründung der gemeinschaftsrechtlichen Staatshaftung damit nur bestätigenden Charakter, nachdem der Gerichtshof bereits vor der Erwähnung des Art. 10 EGVnF (Art. 5 EGVaF) das Prinzip des effektiven Rechtsschutzes zur Begründung heranzieht[101]. Dieses Prinzip entnimmt der Gerichtshof bereits der mit dem EG-Vertrag geschaffenen Rechtsordnung.

Die Vorschrift der Gemeinschaftstreue ist daher weniger für die Begründung der gemeinschaftsrechtlichen Staatshaftung von Interesse als für die Umsetzung der durch den Gerichtshof entwickelten Grundsätze in den Mitgliedstaaten. Vielmehr verpflichtet Art. 10 EGVnF (Art. 5 EGVaF) die Mitgliedstaaten und die nationalen Gerichte dazu, die gemeinschaftsrechtlichen Haftungsgrundsätze anzuwenden[102].

3. Art. 288 Abs. 2 EGVnF (Art. 215 Abs. 2 EGVaF)

In seiner Entscheidung in der Rechtssache „Brasserie du pêcheur und Factortame" rekurriert der Gerichtshof außerdem auf Art. 288 Abs. 2 EGVnF (Art. 215 Abs. 2 EGVaF) und die Rechtsprechung des EuGH zur außervertraglichen Haftung der Gemeinschaft.
Der nachgeschobene Art. 288 Abs. 2 EGVnF (Art. 215 Abs. 2 EGVaF) gibt selbst zur Fundierung der gemeinschaftsrechtlichen Staatshaftung nicht viel her[103]. Vielmehr verweist der EuGH zur Konkretisierung der Staatshaftung auf die den Rechtsordnungen der Mitgliedstaaten gemeinsamen allgemeinen Rechtsgrundsätze, von denen sich der Gerichtshof in seiner Rechtsprechung zur außervertraglichen Haftung leiten ließ[104]. Mit der Heranziehung der Grundsätze der außervertraglichen Haftung der Gemeinschaft erreicht der Gerichtshof die durchaus wünschenswerte Kohärenz und Konvergenz der gemeinschaftsrechtlichen Haftungssysteme[105]. Der maßgebliche Unterschied zur mitgliedstaatlichen

---

[101] Geiger DVBl 1993, S. 465 (469); Geiger, Der gemeinschaftsrechtliche Grundsatz der Staatshaftung, 1997, S. 83 Hailbronner JZ 1992, S. 284 (286)
[102] so auch: Geiger, Staatshaftung, S. 84
[103] Hidien, ‚Die Rechtsprechung des Gerichtshofs der Europäischen Gemeinschaft zur Staatshaftung der Mitgliedstaaten nach Gemeinschaftsrecht, 1996, S. 131f; Ossenbühl, Staatshaftungsrecht , S. 499
[104] EuGHE 1996 I („Brasserie du pêcheur"), S. 1146f, Tz. 41
[105] EuGHE 1996 I („Brasserie du pêcheur"), S. 1147, Tz. 42; Greb, Der einheitliche gemeinschaftsrechtliche Staatshaftungsanspruch in Deutschland als Teil des europäischen Verwaltungsrechts, 2002, S. 32ff; Hidien S. 14; Wolf, Die Staatshaftung der Bundesrepublik Deutschland und der Französischen Republik für Verstöße gegen das Europäische Gemeinschaftsrecht (EGV), 1997, S. 105

Haftung besteht jedoch darin, dass die Vorschrift des Art. 288 Abs. 2 EGVnF (Art. 215 Abs. 2 EGVaF) und der dortige Verweis auf die den Mitgliedstaaten gemeinsamen Rechtsgrundsätze sich nicht auf die Herleitung der Rechtsgrundlage für die außervertragliche Haftung bezieht, sondern auf deren Ausgestaltung. Der Gerichtshof bezieht sich daher auf die Vorschrift des Art. 288 Abs. 2 EGVnF (Art. 215 Abs. 2 EGVaF) bei der Bestimmung der Voraussetzungen der mitgliedstaatlichen Haftung, nicht bei deren Begründung[106]. Dies ist auch folgerichtig, denn die außervertragliche Haftung der Gemeinschaft ist in der genannten Vorschrift ausdrücklich normiert und bedarf keiner weiteren Rechtsgrundlage in den gemeinsamen Rechtsgrundsätzen der Mitgliedstaaten. Auch wenn der Gerichtshof Rechtsgrundsätze der Gemeinschaft im Wege der Rechtvergleichung gewinnt[107], so ist hierfür der Verweis auf Art. 215 Abs. 2 EGVaF (Art. 288 EGVnF) aus genannten Gründen untauglich und auch nicht notwendig. Auf die genannte Vorschrift als Rechtsgrundlage kann daher auch unter Analogiegesichtspunkten nicht zurückgegriffen werden[108].

Der Beweggrund für die Heranziehung der Grundsätze zur außervertraglichen Haftung dürfte weniger die Legitimation der gemeinschaftsrechtlichen Staatshaftung gewesen sein, als vielmehr haftungsprägende Elemente zu übertragen, namentlich die des Tatbestandsmerkmals des „hinreichend qualifizierten Rechtsverstoßes"[109]. Es bleibt deshalb festzuhalten, dass die maßgebliche Rechtsgrundlage der gemeinschaftsrechtlichen Staatshaftung das Prinzip der vollen Wirksamkeit des Gemeinschaftsrechts ist, unter dessen Vorbehalt die Rechtsgrundsätze zur außervertraglichen Haftung in die Rechtsentwicklung der mitgliedstaatlichen Haftung des EuGH einfließen[110]. Auf die Rolle des Art. 215 Abs. 2 EGVaF (Art. 288 EGVnF) im Tatbestand des gemeinschaftsrechtlichen Staatshaftungsanspruchs wird später noch näher einzugehen sein.

---

[106] EuGHE 1996 I („Brasserie du pêcheur"), S. 1146f, Tz. 41ff; so auch BGH EuZW 1996, S: 761 (763)
[107] Schweitzer, Staatsrecht, Rdn. 260ff; Ruffert in: Callies/Ruffert, Art. 288 EGV, Rdn. 3
[108] a.A. Greb S. 34; Wolf S. 107f; vergl. auch unten 2. Kapitel II. Ziff. 2.
[109] EuGHE 1996 I („Brasserie du pêcheur"), S. 1147, Tz. 42ff; Detterbeck AöR 125 (2000), S. 202 (208f); Ossenbühl, Staatshaftungsrecht, S. 499, 506f; Streinz EuZW 1996, 201 (202)
[110] EuGHE 1996 I („Brasserie du pêcheur"), S. 1146, Tz. 39 Herdegen/Rensmann ZHR 161 (1997), S. 535f; Ossenbühl, Staatshaftungsrecht, S. 499

4. Die Kompetenz des Europäischen Gerichtshofs zur richterrechtlichen Rechtsfortbildung auf dem Gebiet des Staatshaftungsrechts

Die Begründung einer flächendeckenden Haftung der Mitgliedstaaten für jedweden Verstoß gegen Gemeinschaftsrecht löste eine ausführliche Kontoverse über die Reichweite des Urteils und dessen dogmatische Herleitung aus. Dem EuGH wurde vorgeworfen, die Grenzen seiner Rechtsfortbildungskompetenz überschritten zu haben, er habe „ultra vires gehandelt"[111]. Der EuGH selbst offenbart in der Rechtssache „Brasserie du pêcheur" mit seinem Hinweis, dass auch die nationalen Staatshaftungsrechte maßgeblich durch die Rechtsprechung entwickelt worden seien, das Bewusstsein, an die Grenze der zulässigen richterrechtlichen Rechtsfortbildung gestoßen zu sein[112].

Die Diskussion über die Grenzen derartiger Rechtsschöpfung ist von grundsätzlicher Natur und entbehrt zu keiner Zeit einer gewissen Aktualität[113]. Der Streit um die Legitimation einer gemeinschaftsrechtlichen Staatshaftung durch die Rechtsfortbildung des EuGH kann dagegen als überwunden gelten, spätestens durch die bloße Akzeptanz in der Rechtswirklichkeit der Gerichte und des Schrifttums[114].

---

[111] Cornils, Der gemeinschaftsrechtliche Staatshaftungsanspruch, 1995, S. 319ff; v. Danwitz, JZ 1994, S. 335 (340f); v. Danwitz DVBl. 1997, S. 1 (3); Detterbeck/Windhorst/Sproll, § 6, Rdn. 21ff; Eilmansberger, Rechtsfolgen und subjektives Recht im Gemeinschaftsrecht: Zugleich ein Beitrag zur Dogmatik des Staatshaftungsdoktrin des EuGH, 1997, S. 215f; Ossenbühl, Staatshaftungsrecht, S. 497; Ossenbühl DVBl. 1992, S. 993 (995);
[112] EuGHE 1991 I, S. 1144, Tz. 30; Herdegen/Rensmann ZHR 1997, S. 532f
[113] Grundlegend: Borchardt, Richterrecht durch den Gerichtshof der Europäischen Gemeinschaften in: Gedächtnisschrift für Eberhard Grabitz 1995, S. 29ff ausführlich: Cornils, S. 319ff; vergl. auch in anderem Zusammenhang: J. A. Frowein, Randbemerkungen zu den Grenzen des Richterrechts in rechtsvergleichender Betrachtung, in: Richterliche Rechtsfortbildung, Festschrift der juristischen Fakultät zur 600-Jahr-Feier der Ruprecht-Karls-Universität Heidelberg, S. 555 (557), der von der „Ewigkeitsfrage der Jurisprudenz" spricht. In untrennbar engem Zusammenhang mit der Frage nach der Rechtsfortbildungskompetenz des Gerichtshofs steht der Konflikt zwischen der nationalen und europäischen Rechtsprechung über die Kompetenz zur Bestimmung der Kompetenzen der Gemeinschaft und ihrer Organe. Dieser Konflikt hat sich in der „Maastricht"-Rechtsprechung des Bundesverfassungsgerichts manifestiert, vergl. hierzu unten 4. Kapitel II. Ziff. 3.1., und ist in der neuerlichen Diskussion über die Einrichtung eines Kompetenzgerichtshofs wieder aufgekommen, vergl. Colneric EuZW 2002, S. 709ff; Goll/Kenntner EuZW 2002, S. 101ff; Reich EuZW 2002, S. 257
[114] Böhm JZ 1997, S. 53 (55); v. Bogdandy in: Grabitz/Hilf, § 288 EGV, Rdn. 128; Hatje EuR 1997, S. 297 (302); Herdegen/Rensmann ZHR 1997, S. 533; Ossenbühl, Staatshaftungsrecht, S 497f

Dabei lässt sich durchaus ein enger Zusammenhang zwischen den zur Begründung der gemeinschaftsrechtlichen Staatshaftung herangezogenen Grundsätzen und der Kompetenz des EuGH zur richterrechtlichen Rechtsfortbildung auf dem Gebiet des Gemeinschaftsrechts erkennen[115]. So wie der E(W)G-Vertrag dem Einzelnen Rechte einräumt, muss auch ein effektiver Schutz dieser Rechte gewährleistet sein[116]. Dies vor dem Hintergrund, dass gerade aus dem Grundsatz der vollen Wirksamkeit des Gemeinschaftsrechts Individualrechte der Unionsbürger entspringen. Um deren Durchsetzbarkeit und damit den Vorrang des Gemeinschaftsrechts zu sichern, kann sich der EuGH für seine Rechtsfortbildungskompetenz auf dem Gebiet des Staatshaftungsrechts auf die Vorschrift des Art. 220 EGVnF (Art. 164 EGVaF) berufen, die ihm die Wahrung des Rechts bei der Auslegung und Anwendung des Vertrages zuweist[117]. Nach dieser Vorschrift kommt dem Gerichtshof die Aufgabe zu, die aus dem Wesen des Vertrages fließenden und durch Auslegung zu ermittelnden gemeinsamen Rechtsansichten und Überzeugungen zu wahren. Da dieses Recht der Gemeinschaften sich jedoch nur lückenhaft und unvollkommen aus dem Wortlaut des Vertrages ergibt, ist der Gerichtshof im Rahmen seiner Verpflichtung aus Art. 220 EGVnF (Art. 164 EGVaF) gezwungen, die Maßstäbe dessen, was als „Recht der Gemeinschaften" gelten soll, herauszuarbeiten und zu konkretisieren. Die Aufgabe des Gerichtshofs zur rechtlichen Kontrolle, Wahrung und Verwirklichung der Ziele der Gemeinschaften beinhaltet damit die Kompetenz, ungeschriebene Rechtsgrundsätze in anwendungsfähiger Form aus dem Vertrag heraus zu entwickeln[118].

Auch wenn schon allein der Umstand dieser heftigen Diskussion über die Kompetenz des Gerichtshofs für seine Staatshaftungsrechtsprechung zeigt, dass sich das Gericht am Rande des Zulässigen bewegte, muss der Anlass dieser Rechtsprechung in die Erwägungen einbezogen werden[119]. Der Entscheidung in der

---

[115] Detterbeck AöR 125 (2000), S. 202 (231); Detterbeck/Windhorst/Sproll, § 6, Rdn. 18ff
[116] EuGHE 1991 I („Francovich"), S. 5413f, Tz. 31ff; Herdegen/Rensmann ZHR 161 (1997), S. 522 (529ff).
[117] Borchardt in: GS Grabitz, S. 29ff; Cornils, S. 319ff; v. Danwitz JZ 1994, 335 (340f); v. Danwitz DVBl 1997, 1 (2f); Deckert EuR 1997, 203 (207f); Detterbeck AöR 125 (2000), S. 202 (231f); Detterbeck VerwArch 85 (1994), 159 (183); Everling EuZW 1995, 33; Hatje EuR 1997, 297 (302); Herdegen/Rensmann ZHR 161 (1997), S. 522 (529ff); unklar: Martin-Ehlers, EuR 1996, S. 376 (379ff); Maurer in: FS Boujong, S. 591 (594ff); a.A. noch Ossenbühl DVBl 1992, S. 993 (995); Seltenreich, S. 71ff; Streinz EuZW 1996, S. 201 (202); Streinz DVBl 1997, S. 1 (3) Zuleeg JZ 1994, 1 (6)
[118] Borchardt in: GS Grabitz, S. 29; Böhm JZ 1997, S. 53 (55); zustimmend auch: Ehlers JZ 1996, S. 776f; Hatje EuR 1997, 297 (302)
[119] Ossenbühl, Staatshaftungsrecht, S. 495f

Rechtssache „Francovich" lag die beharrliche Verweigerung der Italienischen Republik zugrunde, die betreffende Richtlinie umzusetzen[120]. Die vom Gerichtshof herangezogene Begründung der Staatshaftung der Mitgliedstaaten gegen das Gemeinschaftsrecht lässt durchaus die vertretbare Ansicht zu, dass der Gerichtshof im damals zu entscheidenden Falle das Funktionieren des Gemeinschaftsrechts ernstlich gefährdet sah. Dies lag anhand der so lange verzögerten Umsetzung der betroffenen Richtlinie auf der Hand[121]. Im Hinblick auf die Problematik der mehr als schleppenden Umsetzung von Gemeinschaftsrecht in nationales Recht durch die Mitgliedstaaten kann von einer mangelnden Dringlichkeit nicht gesprochen werden, was Maßnahmen zur Beschleunigung des „Integrationsmotors" betrifft. Dass sich aus dieser Rechtsprechung in der „Art einer Gesetzgebungs-Notkompetenz"[122] der weitergehende Grundsatz der gemeinschaftsrechtlichen Staatshaftung für legislatives Unrecht ergab, liegt in der Natur dieses Instituts.

So streitet auch der Wesentlichkeitsgrundsatz, nachdem der Gesetzgeber alle wichtigen Fragen selbst regeln muss, nicht für die Überspannung der Rechtsprechungskompetenz durch den Gerichtshof. Hier erscheint der Verweis des Gerichtshofs auf die Rechtsprechung der nationalen Gerichte, namentlich der deutschen, nicht mehr als verlegene Hilfsbegründung, sondern weist auf die im nationalen Recht akzeptierten Kompetenzen der Gerichte hin. Besieht man sich die in der deutschen Rechtsprechung entwickelten Grundsätze zur Staatshaftung, so erscheint die Rechtsprechung des EuGH sogar zurückhaltend, zumal der Gerichtshof es in seiner ständigen Rechtsprechung nicht versäumt, darauf hinzuweisen, dass die Folgen der Verstöße gegen Gemeinschaftsrecht im Rahmen des nationalen Haftungsrechts zu beheben seien[123]. Die Rechtsprechung des EuGH zur gemeinschaftsrechtlichen Staatshaftung konkretisiert damit die in den Mitgliedstaaten anerkannten und in den Vertragsgrundsätzen enthaltenen Grundsätze der Staatshaftung in einer den Mitgliedstaaten ebenso vertrauten Art und Weise[124].

---

[120] vergl. 1. Kapitel, I. Ziff. 1.; ähnlich: Hailbronner JZ 1992, S. 284f
[121] Dänzer-Vanotti RIW 1992, 733 (737)
[122] Ausdruck nach Dänzer-Vanotti RIW 1992, 733 (736) allerdings zu weit gehend, da er die Überschreitung der Kompetenz des Gerichtshofs zur richterrechtlichen Rechtsfortbildung impliziert.
[123] vergl. hierzu nur: EuGHE 1996 I („Brasserie du pêcheur"), S. 1155, Tz. 74
[124] Albers, Die Haftung der Bundesrepublik Deutschland für die Nichtumsetzung von EG-Richtlinie 1995, S. 135ff; a.A. Dänzer-Vanotti RIW 1992, S. 733ff; Ehlers JZ 1996, S. 776 (777); wie hier: Schockweiler EuR 1993, S. 107 (124f); Streinz Jura 1995, S. 6 (14); umfas-

Im Hinblick hierauf führt die Begründung des Bundesgerichtshofs im seinem Urteil „Brasserie du pêcheur" nicht weiter, mit der er die Haftung des Staates aus dem Rechtsinstitut des enteignungsgleichen Eingriffs ablehnt. Der Bundesgerichtshof verweist dort darauf, dass im deutschen Recht eine hinreichende Legitimation für eine richterrechtliche Einführung und Ausgestaltung der Staatshaftung für die nachteiligen Folgen formeller Gesetze, die gegen höherrangiges Gemeinschaftsrecht verstießen, fehle. Die Regelung dieser Materie sei dem Gesetzgeber vorbehalten[125]. Der Bundesgerichtshof verkennt dabei den notwendigen Gleichlauf der Haftungsinstitute und spricht sich selbst die Kompetenz ab, die durch den EuGH gesetzten Maßstäbe in seine Rechtsprechung zum nationalen Haftungsrecht zu integrieren. Mit Blick auf seine bisherige schöpferische Tätigkeit auf dem Gebiet des Staatshaftungsrechts spiegelt diese Rechtsprechung eher die ängstliche Verweigerungshaltung des Bundesgerichtshofs wider, die europarechtlichen Grundsätze für die Haftung für legislatives Unrecht in seine Rechtsprechung zu übernehmen.

Nach alldem sprechen daher die besseren Gründe dafür, die Rechtsprechung des EuGH als zulässige Rechtsfortbildung anzusehen. Es bleibt nur zu vermuten, dass sich die Gemüter über die Kompetenz des Gerichtshofs nicht so erhitzt hätten, wäre der Gerichtshof seinen Weg nicht auf dem Gebiet der Staatshaftung für legislatives Unrecht gegangen, die seit jeher in der deutschen Rechtsprechung und Literatur mit Argwohn betrachtet worden ist.

---

send und im Ergebnis die Zulässigkeit der richterrechtlichen Rechtsfortbildung ablehnend: Ukrow, Richterliche Rechtsfortbildung durch den EuGH, 1995, S. 239ff
[125] BGH EuZW 1996, S. 761 (762)

II. Die Anspruchsvoraussetzungen für eine Haftung der Mitgliedstaaten bei Verstößen gegen Gemeinschaftsrecht

Nachfolgend sollen die Vorgaben des Gerichtshofs für die Voraussetzungen einer Haftung der Mitgliedstaaten für Verstöße gegen Gemeinschaftsrecht dargestellt und näher untersucht werden. Die vom Gerichtshof entwickelte Haftung der Mitgliedstaaten gilt für sämtliche mitgliedstaatliche Verstöße gegen Gemeinschaftsrecht, unabhängig davon, welches Organ durch sein Handeln oder Unterlassen den Verstoß begangen hat[126]. Die jeweilige Ausgestaltung der einzelnen vom Gerichtshof entwickelten Tatbestandsvoraussetzungen, unter denen ein Entschädigungsanspruch eröffnet wird, hängen dabei von der Art des Verstoßes ab[127]. Im Hinblick auf den Gegenstand dieser Arbeit erfolgt die Betrachtung und Untersuchung der Tatbestandsmerkmale insbesondere unter dem Gesichtspunkt, dass Schadensfälle durch legislatives Unrecht verursacht werden, das heißt durch ein Handeln oder Unterlassen des nationalen Gesetzgebers. Besonders ins Blickfeld soll dabei der Verstoß eines Mitgliedstaates gegen das Gemeinschaftsrecht wegen fehlerhafter oder unterlassener Umsetzung einer Richtlinie in das nationale Recht gerückt werden. Diese Konstellation scheint dauerhaft zum wichtigsten Fall der gemeinschaftsrechtlichen Staatshaftung werden, wie die bisher zu dieser Problematik ergangenen und im Wesentlichen im ersten Kapitel der Arbeit beschriebenen Entscheidungen belegen.

Der EuGH hat in seiner Rechtsprechung drei haftungsbegründende Merkmale sukzessive entwickelt und ausgeformt: Die Verletzung von individualschützendem und hinreichend bestimmtem Gemeinschaftsrecht, die hinreichende Qualifikation des Rechtsverstoßes und das Bestehen eines unmittelbaren Kausalzusammenhangs zwischen Gemeinschaftsrechtsverstoß und eingetretenem Schaden. Nachfolgend werden die durch den Gerichtshof postulierten Anspruchsvoraussetzungen einer eingehenden Betrachtung unterzogen. Die Einordnung der gemeinschaftsrechtlichen haftungsbegründenden Merkmale in das nationale Haftungsrecht und die möglichen Auswirkungen auf das deutsche Staatshaftungsrecht werden im Rahmen der Umsetzung der gemeinschaftsrechtlichen Grundsätze in das nationale Haftungssystem später beleuchtet werden.

---

[126] EuGHE 1996 I („Brasserie du pêcheur"), S. 1145, Tz. 32; EuGHE 2000 I („Haim"), S. 5126, Tz. 37
[127] EuGHE 1996 I („Francovich"), S. 5415, Tz. 38; EuGHE 1996 I („Brasserie du pêcheur"), S. 1145, Tz. 38; Eu GHE 1996 I („Dillenkofer"), S. 4879, Tz. 24; EuGHE 1996 I („Hedley Lomas"), S. 2612, Tz. 24

1. Gemeinschaftsrechtsverstoß eines Mitgliedstaats - Die Ausgestaltung des haftungsbegründenden Normverstoßes zur Verletzung individualschützenden und hinreichend bestimmten Gemeinschaftsrechts

Die erste Voraussetzung für eine mitgliedstaatliche Haftung ist die Verletzung individualschützenden und hinreichend bestimmten Gemeinschaftsrechts. Das zentrale haftungsbegründende Merkmal des Gemeinschaftsrechtsverstoßes hat in der Rechtsprechung des Gerichtshofs eine schnelle Entwicklung durchlaufen. Der EuGH hat ausgehend von seiner „Francovich"-Rechtsprechung, die eine Haftung für die Verletzung der Umsetzungspflicht des Art. 249 Abs. 3 EGVnF (Art. 189 Abs. 3 EGVaF) betraf, das Tatbestandsmerkmal ausgeformt und für jedwede Gemeinschaftsrechtsverstöße kompatibel gemacht. Soweit die Voraussetzungen der gemeinschaftsrechtlichen Staatshaftung von der Art des Verstoßes abhängen, hat sich die Beurteilung für das Eingreifen einer Haftung auf die Ebene der einzelnen Tatbestandsmerkmale verschoben[128].

1.1. Individualschützende Gemeinschaftsrechtsnorm

Die Frage nach der Anwendbarkeit der gemeinschaftsrechtlichen Staatshaftungsgrundsätze ist im Hinblick auf die Beschaffenheit der potentiell haftungsträchtigen Normen nicht abschließend geklärt. Von grundlegender Bedeutung für Bestimmung der Anforderungen ist dabei zunächst die Begründung, mit der der Gerichtshof den Grundsatz der gemeinschaftsrechtlichen Staatshaftung entwickelt hat. Wie oben bereits dargestellt, ist der tragende Gedanke des Gerichtshofs der, dass die volle Wirksamkeit des Gemeinschaftsrechts nur dann gewährleistet ist, wenn die dem Einzelnen hierdurch gewährten Rechte auch wirksam geschützt werden können. Der Staatshaftungsanspruch, der einen derartigen sekundären Rechtsschutz in der Form eines Schadensersatzanspruchs dem einzelnen Unionsbürger zur Seite stellt, setzt so die Verpflichtung zur Einräumung eines subjektiven Rechts voraus[129].
Die Entscheidung „Francovich" postulierte als Voraussetzung für die Haftung eines Mitgliedstaates, der gegen seine Verpflichtung zur Umsetzung von Richtlinien verstieß, dass die betreffende Richtlinie erstens die Verleihung von Rechten

---

[128] EuGHE 1996 I („Dillenkofer"), S. 4879, Tz. 24: „Mit der Feststellung, dass die Voraussetzungen der Haftung von der Art des Verstoßes gegen das Gemeinschaftsrecht abhängen, (...) geht der Gerichtshof in der Sache davon aus, dass diese Voraussetzungen je nach Fallgestaltung zu beurteilen sind."

[129] Maurer in: FS Boujong, 1996, S. 594ff; Nettesheim DÖV 1992, S. 999 (1002); Reich EuZW 1996, 709 (710)

an Einzelne beinhalten müsse und zweitens der Inhalt dieser Rechte auf Grundlage der Richtlinie bestimmt werden könnte[130]. Allerdings hatte der Gerichtshof bereits in dieser Entscheidung den viel weitergehenden Grundsatz der Staatshaftung für Gemeinschaftsrechtsverstöße formuliert[131] und mit dem Hinweis, dass die Voraussetzungen sich nach der Art des Verstoßes richten[132], angedeutet, dass eine Präzisierung der Merkmale zu erwarten war. Damit war also nur das tatbestandliche Skelett der gemeinschaftsrechtlichen Staatshaftung für den Fall der Nichtumsetzung von Richtlinien entworfen worden[133].

Die Fortentwicklung der in seinem „Francovich"-Urteil entworfenen Voraussetzung des Gemeinschaftsrechtsverstoßes erfolgte bereits mit der Entscheidung in den verbundenen Rechtssachen „Brasserie du pêcheur" und „Factortame" und wurde in den Folgeentscheidungen bestätigt[134]. Die Rechtsnorm, gegen die verstoßen worden ist, muss bezwecken, dem Einzelnen Rechte zu verleihen[135]. Die Formulierung des Gerichtshofs, die das haftungsbegründende Merkmal des Gemeinschaftsrechtsverstoßes beschreibt, ist denkbar weit. Es bedarf deshalb der näheren Bestimmung, wie eine Gemeinschaftsrechtsnorm, gegen die ein Mitgliedstaat verstößt, beschaffen sein muss, um eine Staatshaftung auslösen zu können.

Mit seiner Formulierung dieser Voraussetzung hat der Gerichtshof gezeigt, dass auf der Ebene des Gemeinschaftsrechts der Schutznormgedanke sehr viel früher eingreift, als dies im nationalen deutschen Recht der Fall ist. Um die erforderliche „Drittgerichtetheit" einer europäischen Rechtsnorm bestimmen zu können, ist daher ein Rückgriff auf die im nationalen deutschen Recht entwickelten Rechtsgrundsätze zur Bestimmung eines „subjektiven öffentlichen Rechts" untauglich[136]. Eine Abschätzung kann lediglich anhand der eigenen Vorgaben der europäischen Rechtsprechung erfolgen. Es reicht aus, dass die Norm die Einräumung von Rechten lediglich bezweckt. Dabei ist eine ausdrückliche „Privat-

---

[130] EuGHE 1991 I („Francovich"), S. 5415, Tz. 40
[131] EuGHE 1991 I („Francovich"), S. 5414, Tz. 35
[132] EuGHE 1991 I („Francovich"), S. 5415, Tz. 38
[133] Ossenbühl, Staatshaftungsrecht, S. 505
[134] EuGHE 1996 I („Hedley Lomas"), S. 2613, Tz. 25; EuGHE 1996 I („Dillenkofer"), S. 4879, Tz. 22; EuGHE 1996 I („Denkavit"), S. 5101, Tz. 48; EuGH EuZW 1997, S. 340, Tz. 32 („Sutton"); EuGHE 1999 I („Rechberger"), S. 3499, Tz. 21f
[135] EuGHE 1996 I („Brasserie du pêcheur"), S. 1149, Tz. 51; so bereits: Geiger DVBl 1993, S. 465 (469); noch restriktiv: Zuleeg NJW 1993, S. 31 (37)
[136] a. A. wohl Bahlmann DZWiR 1992, S. 61 (63f); v. Danwitz, DÖV 1996, 482ff; Greb, S. 80; Ossenbühl, Staatshaftungsrecht, S. 506; Schoch, Europäisierung des Staatshaftungsrechts, in: Staat, Kirche, Verwaltung: Festschrift für Hartmut Maurer zum 70. Geburtstag, 2001, S. 759 (766); Reich EuZW 1996, 709ff; Wehlau DZWiR 1997, S. 100f

nützigkeit" nicht erforderlich. Selbst eine Rechtsnorm, die sich allein an die Mitgliedstaaten wendet und sich auf die Förderung allgemeiner Belange bezieht, kann daher Schutznorm in Sinne der mitgliedstaatlichen Haftung sein[137].

1.2. Die hinreichende Bestimmbarkeit des verliehenen Rechts

Das in der „Francovich"-Entscheidung zunächst als zweite Tatbestandsvoraussetzung postulierte Erfordernis der hinreichenden Bestimmbarkeit des eingeräumten Rechts ist im Tatbestandsmerkmal des Rechtsverstoßes aufgegangen. Die Feststellung, ob eine Richtlinie überhaupt die Verleihung von Rechten an Einzelne bezweckt, schließt die Prüfung ein, ob das fragliche Recht allein aufgrund der Richtlinie mit hinreichender Genauigkeit bestimmt werden kann[138]. Dabei ist zwischen der hinreichenden Bestimmbarkeit des Inhalts des einzuräumenden Rechts als Grundlage des Staatshaftungsanspruchs und der hinreichenden Bestimmbarkeit im Hinblick auf die Frage der unmittelbaren Wirkung der Richtlinie zu unterscheiden[139]. Die Richtlinie muss nicht so bestimmt sein, dass sie unmittelbare Wirkung entfaltet. Aus ihr muss sich gleichwohl die Verpflichtung zur Gewährung (auch) individueller Rechtspositionen entnehmen lassen[140]. Kommt der Richtlinie unmittelbare Geltung zu, besteht an der Einräumung eines subjektiven Rechts kein Zweifel[141].
Für den hinreichenden Inhalt des zu verleihenden Rechts reicht es aus, dass sich der in Frage stehenden Richtlinienbestimmung ein Mindestrecht entnehmen lässt[142]. Hierzu ist nicht erforderlich, dass die Art und Weise, mit der der Mitgliedstaat das vorgeschriebene Ziel erreichen kann, durch die Richtlinienbestimmung vorgegeben ist[143]. Es ist vielmehr ausreichend, dass die Rechtsetzungsverpflichtung so bestimmt ist, dass der Mindestgehalt der einzuräumenden Rechtsposition gerichtlich festgestellt werden kann. Eine hinreichende Bestimmbarkeit

---

[137] v. Bogdandy in: Grabitz/Hilf, Art. 288 EGV, Rdn. 131; Greb, S. 80f
[138] EuGHE 1996 I („Dillenkofer"), S. 4883, Tz. 43f; v. Bogdandy in: Grabitz/Hilf, Art. 288 EGV, Rdn. 137;
[139] Deckert EuR 1997, 203 (216); Hailbronner JZ 1992, S. 284 (288)
[140] Nettesheim DÖV 1992, S. 999 (1002)
[141] EuGHE 1996 I („Brasserie du pêcheur"), S. 1142, Tz. 21ff; Hurst, Die Entwicklung und Ausgestaltung des europarechtlichen Staatshaftungsanspruchs durch den EuGH unter besonderer Berücksichtigung der Urteile „Brasserie du pêcheur", „Dillenkofer" und „Rechberger", 2002, S. 166
[142] EuGHE 1996 I („Denkavit"), S. 5099, Tz. 39f; EuGHE 1994 I („Faccini Dori"), S. 3325, Tz. 17; EuGHE 1996 I („Denkavit"), S. 5099, Tz. 39; v. Bogdandy in: Grabitz/Hilf, Art. 288 EGV, Rdn. 137
[143] EuGHE 1991 I („Francovich"), S. 5409f, Tz. 17

ist deshalb bereits dann gegeben, wenn „dem Grunde nach" die zu verleihende Rechtsposition (z.B. zur Zahlung von Konkursausfallgeld) den gemeinschaftsrechtlichen Vorgaben zu entnehmen ist. Wie die Ausgestaltung im nationalen Recht erfolgt, insbesondere ob Beschränkungen oder Ausschlüsse eines Anspruchs zur Missbrauchsabwendung möglich sind und dem Gesetzgeber ein weites Ermessen bei der Umsetzung der Richtlinie eingeräumt ist, ändert nichts an der hinreichenden Bestimmbarkeit der zu verleihenden Rechtsposition[144].

An die hinreichende Bestimmbarkeit zur Ermittlung eines subjektiven Rechts sind daher geringere Anforderungen zu stellen als bei der Feststellung der unmittelbaren Wirkung einer Richtlinie. Das subjektive Recht stellt im Rahmen der mitgliedstaatlichen Haftung einen eigenständigen gemeinschaftsrechtlichen Begriff dar, der anhand der Vorgaben des Gerichtshofs zu bestimmen ist[145].

1.3. Schutznormcharakter von Richtlinien

a) Die für das subjektive Recht erforderliche Drittrichtung

Wie in den vorstehenden Ausführungen dargestellt, muss die Rechtsnorm, gegen die verstoßen wurde, bezwecken, dem Einzelnen Rechte zu verleihen. Für den Fall einer nicht unmittelbar anwendbaren Richtlinienbestimmung bedarf es allerdings der Klärung, woraus sich die Rechtsposition des Einzelnen ergibt, sich auf den Inhalt der Richtlinie berufen zu können. Denn eine Richtlinie, die „nur" das Ziel beinhaltet, dem Einzelnen Rechte einzuräumen, kann schwerlich das noch nicht verliehene Recht begründen[146]. Demnach würde es sich bei der Zuerkennung einer gemeinschaftsrechtlichen Staatshaftung in derartigen Konstellationen um einen „(Sekundär-) Rechtsschutz ohne Recht" handeln[147]. Die Brücke schlägt die Vorschrift des 249 Abs. 3 EGVnF (Art. 189 Abs. 3 EGVaF): Die Umsetzungspflicht generiert im Fall der mittelbar wirkenden Richtlinie, die die Verleihung von Rechten bezweckt, eben für diese Rechte, auf die sich der Betroffene noch nicht unmittelbar berufen kann, den drittschützenden Charakter. Denn bei ordnungsgemäßer Umsetzung wäre ein subjektives Recht auf nationaler Ebene entstanden. Die Umsetzungsverpflichtung bewirkt damit eine funktionale Subjektivierung der auf die Einräumung eines Rechts gerichteten

---

[144] Deckert EuR 1997, S. 203 (216f); Geiger, Staatshaftung, S. 92ff;
[145] eingehend zum Begriff des subjektiv-öffentlichen Gemeinschaftsrechts: v. Danwitz DÖV 1996, 481ff; Reich EuZW 1996, 709ff; Ruffert DVBl 1998, S. 69ff; Triantafyllou DÖV 1997, S. 192ff
[146] v. Bogdandy in: Grabitz/Hilf, Art. 288 EGV, Rdn. 132
[147] Hidien, S. 48

Richtlinienbestimmung, so dass sich der Unionsbürger bei fehlerhaftem oder unterbliebenem Vollzug auf die betreffende Regelung berufen kann[148]. Gemeinsam bringen die Elemente der Umsetzungsverpflichtung und des Ziels der gemeinschaftsrechtlichen Regelung ein subjektives Recht hervor, das dem Einzelnen die objektive Rechtsposition verschafft, die Folgen vorenthaltener öffentlicher oder privater Rechte zumindest schadensrechtlich auszugleichen[149]. Diese Ausdehnung des Individualrechtsschutzes entspricht dem Gedanken des „effet utile", den der Gerichtshof als wesentliche Grundlage des Staatshaftungsgrundsatzes ansieht.

Werden durch Gemeinschaftsrecht unmittelbar anwendbare Rechte eingeräumt, kann sich der Einzelne unmittelbar auf seine Rechte berufen, die Problematik der erforderlichen Drittrichtung des subjektiven Rechts tritt in den Hintergrund zurück, wie nachstehend auszuführen ist.

b) Unmittelbar anwendbares Gemeinschaftsrecht

Im Hinblick auf den Gegenstand der „Francovich"-Entscheidung stellt sich die Frage, ob ein Verstoß gegen unmittelbar anwendbares Gemeinschaftsrecht die Staatshaftung auslösen kann. Der zitierten Entscheidung lag ein Sachverhalt zugrunde, der eine nicht unmittelbar anwendbare Richtlinie betraf. Diese hatte offen gelassen, wie deren Umsetzung im Hinblick auf die Einrichtung einer institutionellen Garantieeinrichtung für Konkursausfallgeld erfolgen sollte. Insoweit hätte der Mitgliedstaat eine öffentlichrechtliche, privatrechtliche oder gemischte Form einer Garantieeinrichtung zur Umsetzung der Richtlinie schaffen können. Mangels eines aus der Richtlinie selbst heraus hinreichend genau bestimmbaren Schuldners für diese Zahlungsverpflichtung konnte sich der Einzelne nicht vor den nationalen Gerichten auf die Richtlinie berufen, es fehlte mithin ihre unmittelbare Anwendbarkeit[150]. Mit der Prüfung der unmittelbaren Anwendbarkeit der betreffenden Richtlinie hatte sich der Gerichtshof in seiner Entscheidung auch ausführlich gewidmet.

Hieraus zu schließen, dass die Grundsätze der gemeinschaftsrechtlichen Staatshaftung auf Verstöße gegen unmittelbar wirkendes Gemeinschaftsrecht keine Anwendung fänden, greift jedoch zu kurz und wurde durch den EuGH in seiner folgenden Rechtsprechung nicht bestätigt. Die Annahme, dass im Falle eines

---

[148] ähnlich: Ruffert in: Callies/Ruffert, Art. 288 EGV, Rdn. 21, 66
[149] ähnlich: Detterbeck AöR 125 (2000), S. 202 (230f); Hidien, S. 45ff; Jarass NJW 1994, S. 881 (883); Maurer in: FS Boujong, S. 591 (595); Martin-Ehlers EuR 1996, S. 376 (387f) mwN
[150] EuGHE 1991 I („Francovich"), S. 5412, Tz. 25f

Verstoßes gegen unmittelbar anwendbares Gemeinschaftsrecht eine Staatshaftung ausgeschlossen wäre, würde zu der Konsequenz führen, dass in diesen Fällen der Einzelne auf den Primärrechtsschutz vor den nationalen Gerichten verwiesen wäre. Andererseits wäre dem Bürger der sekundäre Rechtsschutz auf Schadensersatz verwehrt, wie es der bisherigen deutschen Rechtsprechung im Bereich der Staatshaftung für legislatives Unrecht entspricht. Für den Fall, dass der Primäranspruch nicht oder nicht mehr zum Erfolg führte, wäre der Bürger rechtsschutzlos[151]. Das Kuriosum ist klar: Wäre gerade bei unmittelbar durch Gemeinschaftsrecht begründeten Ansprüchen der Primärrechtsschutz faktisch nicht durchführbar bzw. unzumutbar erschwert, nicht oder nicht mehr möglich, wäre auch der Sekundärrechtsschutz verwehrt.

Wollte man das Nichtergreifen des Primärschutzes im Rahmen eines Mitverschuldens berücksichtigen, würde dies wiederum das Bestehen eines Ersatzanspruchs auch bei Verstößen gegen unmittelbar anwendbares Gemeinschaftsrecht voraussetzen und führt deshalb hier nicht weiter. Wie das Erfordernis eines Verschuldens im Tatbestand der gemeinschaftsrechtlichen Staatshaftung zu berücksichtigen ist, wird später noch zu betrachten sein[152].

Der Gerichtshof hat in seinem auf die „Francovich"-Entscheidung folgenden Urteil in den verbundenen Rechtssachen „Brasserie du pêcheur" und „Factortame" ausdrücklich entschieden, dass die Grundsätze der gemeinschaftsrechtlichen Staatshaftung auch dann gelten, wenn der Verstoß gegen das Gemeinschaftsrecht in einer Verletzung eines unmittelbar durch Gemeinschaftsnorm verliehenen Rechts liegt, das unmittelbare Wirkung in dem Sinne entfaltet, dass sich der Einzelne auch vor nationalen Gerichten unmittelbar darauf berufen kann[153]. Zur Begründung verweist der Gerichtshof auf die bekannten Grundsätze der vollen Wirksamkeit des Gemeinschaftsrechts, aus welchen er bereits den Grundsatz der gemeinschaftsrechtlichen Staatshaftung entwickelt hat[154]. Schließlich wollte der Gerichtshof mit der Schaffung dieses Rechtsinstituts über die Stärkung der Rechtsposition des Einzelnen dem Grundsatz der vollen Wirksamkeit des Gemeinschaftsrechts mehr Gewicht und Nachdruck verleihen. Gerade für den Fall des unmittelbar anwendbaren Gemeinschaftsrechts die Möglichkeit einer Entschädigung für den Fall eines Verstoßes zu versagen, würde daher zu einem widersprüchlichen Ergebnis führen. Die Entscheidung des Gerichtshofs stellt sich damit als konsequente Fortführung der Rechtsprechung zur unmittelbaren Wirksamkeit des Gemeinschaftsrechts dar. Einer Anwendung des gemeinschafts-

---

[151] Wolf, S. 54
[152] vergl. unten 2. Kapitel II. Ziff. 2,2,d) und Ziff. 3.3.
[153] EuGHE 1996 I („Brasserie du pêcheur"), S. 1143, Tz. 22f
[154] EuGHE 1996 I („Brasserie du pêcheur"), S. 1142, Tz. 20f

rechtlichen Staatshaftungsgrundsatzes bei der Verletzung unmittelbar wirkenden Gemeinschaftsrechts können daher keine Bedenken entgegengesetzt werden[155]. Es bedarf insoweit hier keiner weiteren Ausführung dazu, dass aufgrund der getroffenen Feststellungen sowohl Verstöße gegen primäres als auch gegen sekundäres Gemeinschaftsrecht eine haftungsauslösende Gemeinschaftsrechtsverletzung darstellen können. Neben dem sekundären Gemeinschaftsrecht hat der Gerichtshof in ständiger Rechtsprechung auch dem Vertragsrecht in verschiedenen Fällen unmittelbare Wirkung und individualschützenden Charakter zugewiesen[156].

c) Unmittelbar durch Gemeinschaftsrecht gewährte subjektive Rechte: vertikale und horizontale Wirkung von Gemeinschaftsrecht

Nachdem geklärt ist, dass sowohl der Verstoß gegen unmittelbar als auch gegen mittelbar anwendbares und wirkendes Gemeinschaftsrecht die Staatshaftung auslösen kann, schließt sich die Frage an, ob das Eingreifen der gemeinschaftsrechtlichen Haftung von der Zielrichtung der durch Gemeinschaftsrecht verliehenen Rechte abhängig ist. Für die Bestimmung des für eine Haftung notwendigen Gehalts des Schutznormcharakters einer Richtlinie ist daher von wesentlicher Bedeutung, ob auch solche Richtlinienbestimmungen Grundlage einer Staatshaftung sein können, die Rechte im „horizontalen Bereich" zwischen den Bürgern der Mitgliedstaaten untereinander formulieren.
Solchen Richtlinien, die Rechte zwischen (privaten) Bürgern verleihen oder sichern, werden durch den Gerichtshof keine unmittelbare Wirkung zugestanden[157]. Der EuGH verlangt, dass die Rechtsnorm, gegen die verstoßen wird, die Verleihung von Rechten an Einzelne beinhaltet und diese Rechte auf der Grundlage der Richtlinie bestimmt werden können[158]. In der Fortführung seiner Rechtsprechung verlangt der Gerichtshof, ohne sich auf den Verstoß gegen Richtlinien zu beschränken, dass die Rechtsnorm lediglich bezwecken muss, Rechte zu verleihen[159].

---

[155] von Bogdandy in: Grabitz/Hilf, Art. 288 EGV, Rd. 131; Geiger DVBl 1993, S. 465 (473); Hailbronner JZ 1992, S. 284 (287); Jarass NJW 1994, S. 881 (884ff); Martin-Ehlers EuR 1996, S. 376 (378ff); Wolf, S. 56
[156] EuGHE 1991 I („Francovich"), S. 541, Tz. 31 mit Verweisen auf die ständige Rechtsprechung
[157] EuGHE 1994 I („Faccini Dori"), S. 3355f, Tz. 20ff; ausführlich: Wolf, S. 65
[158] EuGHE 1991 I („Francovich"), S. 5415, Tz. 40
[159] EuGHE 1996 I („Brasserie du pêcheur"), S. 1149, Tz. 31

Ein subjektives Recht, das zu einer gemeinschaftsrechtlichen Staatshaftung führen kann, ist damit bereits gegeben, wenn sich das Individualrecht nicht der Richtlinienbestimmung selbst entnehmen lässt, sondern insbesondere dann, wenn die Richtlinienbestimmung dem Mitgliedstaat aufgibt, subjektive Rechte für den Einzelnen im innerstaatlichen Recht zu schaffen.

Indem der Gerichtshof auf das Ziel einer Rechtsverleihung an sich verweist, differenziert er gerade nicht danach, ob diese individuellen Rechte gegen den Staat oder gegen eine Privatperson gerichtet sind. Die Einbeziehung von Richtlinien oder anderen Rechtsnormen in den Haftungstatbestand, die dem Einzelnen horizontal wirkende Rechte einräumen, lässt sich bei genauem Hinsehen bereits der Entscheidung entnehmen, mit der die Grundsätze der gemeinschaftsrechtlichen Staatshaftung erstmals geschaffen wurden. Im seinem „Francovich"-Urteil lehnt der Gerichtshof die unmittelbare Wirkung der Richtlinie gerade deshalb ab, weil sich aufgrund der Regelung nicht bestimmen lässt, ob das durch die Richtlinie verliehene Recht einen Zahlungsanspruch gegenüber dem Staat oder einem sonstigen öffentlichen oder privaten Dritten gewährt[160]. Die Frage einer Rechtsverleihung, die den Tatbestandsvoraussetzungen entspricht, beantwortet das Gericht jedoch positiv[161]. Damit betraf die Entscheidung gerade den Fall, dass Anspruchsgegner eines verliehenen Rechts möglicherweise ein Privater sein konnte. Im Ergebnis bleibt deshalb festzuhalten, dass sich eine Einschränkung der gemeinschaftsrechtlichen Staatshaftung im Hinblick auf horizontal wirkendes Gemeinschaftsrecht hinsichtlich der ausdrücklichen Vorgaben des EuGH verbietet. Für die Entstehung eines Haftungsanspruchs ist es damit ausreichend, dass ein Schaden nachgewiesen wird, der aufgrund der Nichtumsetzung einer Richtlinie entstanden ist. Dies unabhängig davon, ob es das Ziel der Richtlinie ist, dem Rechtsunterworfenen Ansprüche gegenüber dem Staat oder einem privaten Dritten einzuräumen[162]. Schließlich soll sich der Staat auch dann nicht auf seine vertragswidrige Säumnis der Umsetzung berufen können, wenn er selbst nicht Schuldner eines in der Richtlinie niedergelegten Anspruchs gewesen wäre[163].

---

[160] EuGHE 1991 I („Francovich"), S. 5412, Tz. 25f
[161] EuGHE 1991 I („Francovich"), S. 5416, Tz. 44
[162] unklar: v. Bogdandy in: Grabitz/Hilf, Art. 288 EGV, Rdn. 132; ebenso: Deckert EuR 1997, S. 204 (208); a.A. Geiger DVBl 1993, S. 465 (469ff); Hailbronner JZ 1992, S. 284 (285); Schlemmer-Schulte/Ukrow EuR 1992, 31 (37)
[163] EuGHE 1994 I („Faccini Dori"), S. 3356, Tz. 23

2. Das tatbestandliche Handeln des Mitgliedstaates – der hinreichend qualifizierte Rechtsverstoß

Seit der Entscheidung in der Rechtssache „Brasserie du pêcheur" setzt die gemeinschaftsrechtliche Staatshaftung einen hinreichend qualifizierten Verstoß gegen Gemeinschaftsrecht voraus[164]. Insoweit hat der Gerichtshof seine Rechtsprechung zur außervertraglichen Haftung der Gemeinschaft herangezogen und seine Rechtsprechung zur Vorschrift des Art. 288 Abs. 2 EGVnF (Art. 215 Abs. 2 EGVaF) in den Grundsatz der mitgliedstaatlichen Staatshaftung transportiert. Der Rückgriff auf die außervertragliche Haftung und die damit verbundene Einbeziehung der genannten Vorschrift verfolgte weniger den Zweck, den Grundsatz der gemeinschaftsrechtlichen Staatshaftung auf eine weitere Säule zu stellen, als vielmehr das Merkmal des hinreichend qualifizierten Gemeinschaftsrechtsverstoßes in den Tatbestand einzuführen, um diesen damit zu konturieren und weiter auszuformen[165]. Unter diesem Gesichtspunkt ist die Einbeziehung der Rechtsprechung zur außervertraglichen Haftung der Gemeinschaften sinnvoll und drängt sich geradezu auf. Soweit die außervertragliche Haftung der Gemeinschaft des Art. 288 Abs. 2 EGVnF (Art. 215 Abs. 2 EGVaF) gerade auf die allgemeinen Rechtsgrundsätze der mitgliedstaatlichen Rechtsordnungen verweist, liegt es nahe anzunehmen, dass für die Haftung der Mitgliedstaaten selbst erst recht nichts anderes gelten kann[166]. Der Gerichtshof hat die gemeinschaftsrechtliche Staatshaftung jedoch nachdrücklich aus der eigenen, mit dem E(W)G-Vertrag geschaffenen Rechtsordnung hergeleitet. Deshalb wendet der Gerichtshof die zur außervertraglichen Haftung entwickelten Grundsätze lediglich entsprechend auf der Tatbestandsebene an. Dabei gilt Art. 288 Abs. 2 EGVnF (Art. 215 Abs. 2 EGVaF) nicht unmittelbar, vielmehr hat der Gerichtshof in seiner ständigen Rechtsprechung betont, dass die Voraussetzungen, unter denen ein Entschädigungsanspruch gegen Mitgliedstaaten eröffnet wird, von der Art des Verstoßes abhängen[167]. Damit hat er die Möglichkeit geschaffen, die Voraussetzungen speziell der mitgliedstaatlichen Haftung anzupassen[168].

Da der Gerichtshof im Rahmen seiner Rechtsprechung zur außervertraglichen Haftung der Gemeinschaft den Rückgriff auf das Kriterium des hinreichend qualifizierten Rechtsverstoßes gerade in einer solchen Entscheidung entwickelte,

---

[164] EuGHE 1996 I („Brasserie du pêcheur"), S. 1149, Tz. 31; EuGH RIW 2002 („Gervais Larsy"), S. 233 (235), Tz. 36
[165] Martin-Ehlers EuR 1996, S. 376 (390); Ossenbühl, Staatshaftungsrecht, S. 499;
[166] Böhm JZ 1997, S. 53 (55); Wolf, S. 105
[167] EuGHE 1991 I („Brasserie du pêcheur"), S. 1146f, Tz. 38ff
[168] Detterbeck AöR 125 (2000), S. 202 (235)

die sich mit der außervertraglichen Haftung für normatives Unrecht befasste, kann in dem Rückgriff auf Art. 288 Abs. 2 EGVnF (Art. 215 Abs. 2 EGVaF) nur die analoge Anwendung der anderweitig entwickelten Tatbestandsvoraussetzung gesehen werden, die sich durch die Vergleichbarkeit der Situation, der Interessenlage und eine Rechtschutzlücke rechtfertigt[169]. Als Rechtsgrundlage für die gemeinschaftsrechtliche Staatshaftung taugt die in Frage stehende Vorschrift nicht. Dass die Voraussetzung des hinreichend qualifizierten Rechtsverstoßes für alle Fälle der gemeinschaftsrechtlichen Staatshaftung gilt, ändert an dieser Beurteilung nichts. Denn mit der vom Gerichtshof postulierten Anpassungsbedürftigkeit des Tatbestandsmerkmals hat sich dieser die Möglichkeit eröffnet, einen nunmehr geschaffenen einheitlichen Tatbestand den Erfordernissen der Rechtswirklichkeit fortwährend anzupassen, ohne sich an die Grundsätze der außervertraglichen Haftung zu binden. Damit wirkt die in den Tatbestand der mitgliedstaatlichen Haftung transferierte Voraussetzung über den ursprünglichen Analogieschluss hinaus. Ob hierin eine Systemwidrigkeit liegt ist fraglich. Letztendlich hat es der EuGH mit einem „Kunstgriff" geschafft, der mitgliedstaatlichen Staatshaftung greifbare Konturen und einen zentralen haftungsbegrenzenden Aspekt zu geben, der eine einheitliche Rechtsanwendung gewährleistet[170]. Auch dies mag den Gerichtshof zum Rückgriff auf Art. 288 Abs. 2 EGVnF (Art. 215 Abs. 2 EGVaF) bewogen haben, ohne den Anspruch zu erheben, seine Rechtschöpfung auf eine weitere Grundlage zu stellen.

Der Verweis des Art. 288 Abs. 2 EGVnF (Art. 215 Abs. 2 EGVaF) auf die den Rechtsordnungen der Mitgliedstaaten gemeinsamen Rechtsgrundsätze ist also dahingehend zu verstehen, dass die Ausformung (und nicht die Herleitung) der mitgliedstaatlichen Staatshaftung entlang der gemeinsamen Rechtsgrundsätze der Mitgliedstaaten erfolgen muss und soll. Für dieses Verständnis der Funktion des Art. 288 Abs. 2 EGVnF (Art. 215 Abs. 2 EGVaF) in der Rechtsprechung des Gerichtshofs spricht insbesondere, dass der EuGH „bei der Bestimmung der Voraussetzungen"[171] die Rechtsprechung zur außervertraglichen Haftung heranzieht, nicht zur Bestimmung der Rechtsgrundlage.

Es bedarf nunmehr der Klärung, wie die Tatbestandsvoraussetzung des hinreichend qualifizierten Rechtsverstoßes für die einzelnen Fälle des legislativen Unrechts ausgeformt ist. Das Merkmal des hinreichend qualifizierten Rechtsverstoßes ist dabei mit der erforderlichen Qualität des verletzten Rechts eng verknüpft.

---

[169] Greb, S. 34; Wolf, S. 105
[170] Hidien, S. 51; Wolf, S. 129; EuGHE 1996 I („Brasserie du pêcheur"), S. 1147, Tz. 42
[171] EuGHE 1996 I („Brasserie du pêcheur"), S. 1146, Tz. 39

Der Charakter des Schutznormerfordernisses wurde bereits besprochen. Im Folgenden soll daher das tatbestandliche Handeln und die Prämissen betrachtet werden, unter denen es zu einem hinreichend qualifizierten Gemeinschaftsrechtsverstoß führt, der einen mitgliedstaatlichen Entschädigungsanspruch auslöst.

2.1. Das tatbestandliche Handeln – die Haftung des Staates für legislatives Unrecht

Die Form des tatbestandlichen Handelns ist untrennbar mit der Frage nach dem handelnden Organ verbunden. Dabei hatte, insbesondere mit Blick auf das deutsche Staatshaftungsrecht, bereits das erste Urteil des Gerichtshofs zur mitgliedstaatlichen Staatshaftung in der Rechtssache „Francovich" die entscheidende Neuerung gebracht: Die Haftung des Staates für legislatives Unrecht. Dort hatte der Gerichtshof festgestellt, dass der Mitgliedstaat den Ersatz der Schäden sicherstellen müsse, die durch die Nichtumsetzung der in Frage stehenden Richtlinie entstanden sei[172]. Im Urteil des Folgeverfahrens in der Rechtssache „Brasserie du pêcheur und Factortame" präzisierte das Gericht auf die Vorlagefrage, ob der Grundsatz der mitgliedstaatlichen Haftung auch für Verstöße des nationalen Gesetzgebers Anwendung fände, seine diesbezüglichen Ausführungen. Dieser Grundsatz gelte unabhängig davon, welches mitgliedstaatliche Organ durch sein Handeln oder Unterlassen den Gemeinschaftsrechtsverstoß begangen habe[173]. Die Verpflichtung zum Schadensersatz könne nicht von den internen Vorschriften über die Verteilung der Zuständigkeiten auf die Verfassungsorgane abhängen. Dies gelte umso mehr, als alle staatlichen Instanzen einschließlich der Legislative bei der Erfüllung ihrer Aufgaben das Gemeinschaftsrecht zu beachten hätten. Deshalb sei ein Mitgliedstaat auch dann zur Entschädigung verpflichtet, wenn der Gemeinschaftsrechtsverstoß dem nationalen Gesetzgeber zu Lasten falle[174]. Hierunter fällt naturgemäß insbesondere die Rechtssetzungstätigkeit. In den folgenden Entscheidungen zur mitgliedstaatlichen Haftung wurde der Haftungsgrundsatz ausdrücklich auf sämtliche Verstöße ausgeweitet[175]. Zusammenfassend stellte der Gerichtshof in der Rechtssache „Haim" klar, dass die von ihm entwickelten Voraussetzungen zur Staatshaftung gelten, wenn die Schäden, für die Ersatz verlangt wird, auf eine Untätigkeit des Mitgliedstaates zurückgehen,

---

[172] EuGHE 1996 I („Francovich"), S. 5416, Tz. 45
[173] EuGHE 1996 I („Brasserie du pêcheur"), S. 1145, Tz. 32
[174] EuGHE 1996 I („Brasserie du pêcheur"), S. 1145, Tz. 33ff
[175] EuGHE 1996 I („British Telecommunications"), S. 1667, Tz. 38; EuGHE 1999 I („Konle"), S. 3140, Tz. 61f; zuletzt: EuGH RiW 2001, S. 233 (235), Tz. 35

und zwar insbesondere bei der Nichtumsetzung einer Gemeinschaftsrichtlinie, aber auch dann, wenn sie auf den Erlass eines gegen Gemeinschaftsrecht verstoßenden Gesetzgebungs- oder Verwaltungsakt zurückgehen. Dies gilt unabhängig davon, ob dieser vom Mitgliedstaat selbst oder von einer öffentlich-rechtlichen Einrichtung erlassen wurde, die vom Staat rechtlich unabhängig ist[176].

Es bestehen nunmehr keine Zweifel mehr daran, dass der Grundsatz der mitgliedstaatlichen Haftung für sämtliche Fälle des legislativen Unrechts gilt. Dies entspricht dem Grundsatz, dass die interne Kompetenzverteilung für den Umfang der gemeinschaftsrechtlichen Pflichten und die Konsequenzen aus einem entsprechenden Verstoß irrelevant sind. Die Manifestierung der Haftung des Gesetzgebers für exekutive und parlamentarische Rechtssetzungsakte sowie der Umstand, dass der Gerichtshof keinen erkennbaren Unterschied zwischen Verstößen des Gesetzgebers aus Handeln oder Unterlassen macht, erweckt die Notwendigkeit, die hinreichende Qualifizierung eines anzunehmenden Rechtsverstoßes genauer zu beleuchten. Es stellt sich die Frage, ob an die Qualifikation des Verstoßes je nach Versäumnis des Gesetzgebers verschiedene Anforderungen zu stellen sind.

2.2. Die hinreichende Qualifizierung eines Rechtsverstoßes des Gesetzgebers

Das Merkmal der Qualifikation des Gemeinschaftsrechtsverstoßes bildet die zentrale Voraussetzung der mitgliedstaatlichen Haftung. Hat man den Verstoß gegen eine individualschützende und hinreichend bestimmte Gemeinschaftsrechtsnorm festgestellt, ist in einem zweiten Schritt zu untersuchen, ob dieser Rechtsverstoß eine Haftung auslösen kann. Der Verstoß muss hinreichend qualifiziert sein[177]. Dabei handelt es sich bei dem Erfordernis nicht um ein homogenes Tatbestandsmerkmal, das auf jedweden Gemeinschaftsrechtsverstoß in gleicher Weise Anwendung findet. Vielmehr hat der Gerichtshof bereits im Urteil in der Rechtssache „Francovich" deutlich gemacht, dass die Voraussetzungen der Staatshaftung von der Art des Verstoßes abhängen, die dem geltend gemachten Schaden zugrunde liegen[178]. An dieser Prämisse hat der Gerichtshof auch nach Einführung des hinreichend qualifizierten Rechtsverstoßes festgehalten[179]. Zwar verweist der Gerichtshof in ständiger Rechtsprechung darauf, dass die Beurtei-

---

[176] EuGHE 2000 I („Haim"), S. 5160, Tz. 37
[177] EuGHE 1996 I („Brasserie du pêcheur"), S. 1149, Tz. 51; seither ständige Rechtsprechung, zuletzt: EuGH EuZW 2002 („Gervais Larsy"), S. 233 (235), Tz. 38
[178] EuGHE 1991 I („Francovich"), S. 5415, Tz. 38
[179] EuGHE 1996 I („Brasserie du pêcheur"), S. 1146, Tz. 38; EuGHE 1996 I („Dillenkofer"), S. 4878, Tz. 20; EuGHE 1996 I („Denkavit"), S. 2612, Tz. 24

lung dessen, ob ein hinreichend qualifizierter Rechtsverstoß vorliegt, den nationalen Gerichten obliegt[180]. In seinen Entscheidungen hat der EuGH gleichwohl auf einen Strauß von Kriterien zurückgegriffen, die den Maßstab für die Beurteilung einer haftungsbegründenden Überschreitung der mitgliedstaatlichen Befugnisse und Pflichten bilden und welche ursprünglich für die außervertragliche Haftung der Gemeinschaft entwickelt worden waren.

Den Ausgangspunkt für diese Entwicklung bilden der Anlass und die Begründung, mit welcher der Gerichtshof in der Entscheidung „Brasserie du pêcheur" das Merkmal des hinreichend qualifizierten Rechtsverstoßes einführt. Die Begrenzung der Haftung durch ein restringierendes Merkmal erschien dem Gericht auf dem Gebiet der Haftung für legislatives Unrecht geboten. Denn die Voraussetzungen der Haftung bei normativen Akten müssen der Komplexität der zu beurteilenden Sachverhalte, insbesondere dem Ermessensspielraum, über den das handelnde Organ verfügt, und den Schwierigkeiten bei der Anwendung und Auslegung der Vorschriften Rechnung tragen[181]. Angesichts dieser besonderen Umstände bei der Rechtsetzung hatte der Gerichtshof die Gefahr einer ausufernden Staatshaftung gesehen[182]. Die Wahrnehmung der Rechtssetzungstätigkeit dürfe nicht jedes Mal durch die Möglichkeit von Schadensersatzklagen behindert werden[183]. Vor diesem Hintergrund hätte durch eine unbegrenzte Staatshaftung der „drohende Staatsbankrott" ein nicht zu rechtfertigendes Rechtssetzungshemmnis begründen können. Unter diesen Gesichtspunkten war das Merkmal des hinreichend qualifizierten Rechtsverstoßes für die außervertragliche Haftung, insbesondere im Hinblick auf Rechtssetzungsakte, eingeführt worden[184] und beinhaltet die zentrale Selektionsaufgabe der Haftungsbegrenzung[185]. Ansatzpunkt für die Beurteilung der Frage, ob einem Mitgliedstaat ein haftungsauslösender Verstoß vorgeworfen werden kann ist damit der Umfang und die Weite des Ermessens- bzw. Gestaltungsspielraums, der ihm im Rahmen seiner Rechtssetzungstätigkeit eingeräumt ist. Denn ein hinreichend qualifizierter Rechtsverstoß

---

[180] EuGH RIW 2002 („Gervais Larsy"), S. 233 (235), Tz. 40
[181] EuGHE 1996 I („Brasserie du pêcheur"), S. 1147, Tz. 43
[182] Martin-Ehlers EuR 1996, S. 376 (390); Wolf, S. 129
[183] EuGHE 1996 I („Brasserie du pêcheur"), S. 1147f, Tz. 45; EuGHE 1996 I („British Telecommunications"), S. 1668, Tz. 40
[184] EuGHE 1996 I („Brasserie du pêcheur"), S. 1147, Tz. 44; EuGHE 1996 I („British Telecommunications"), S. 1668, Tz. 40
[185] v. Bogdandy in: Grabitz/Hilf, Art. 288 EGV, Rdn. 139; v. Bogdandy EuR 1997, S. 321 (332); Detterbeck AöR 125 (2000), S. 202 (235); Herdegen/Rensmann ZHR 161 (1997), S. 522 (536); Hermes DV 31 (1998), S. 371 (376); Ossenbühl, Staatshaftungsrecht, S. 506ff; Wolf, S. 129

ist nur dann anzunehmen, wenn der Mitgliedstaat oder ein Staatsorgan die Grenzen, die seinem Gestaltungsspielraum gesetzt sind, offenkundig und erheblich überschritten hat[186]. Ob der Gerichtshof dem rechtsetzenden Organ damit eine „großzügige Irrtumsmarge" eingeräumt hat, die von Haftungsfolgen freigestellt ist[187], erscheint einer näheren Betrachtung würdig und soll im Folgenden untersucht werden. Dabei sollen zuerst die einzelnen Gesichtspunkte dargestellt werden, die bei der Prüfung dessen zu berücksichtigen sind, ob eine offenkundige und erhebliche Überschreitung des eingeräumten Gestaltungsspielraums anzunehmen ist.

a) Die Haftungsindizien

Bei dem Merkmal des hinreichend qualifizierten Gemeinschaftsrechtsverstoßes handelt es sich um ein normatives Merkmal, das im Hinblick auf seine haftungsbegrenzende Funktion das „Einfallstor"[188] für wertende Erwägungen darstellt und insoweit ausfüllungsbedürftig ist. Die Formel des Gerichtshofs, die zur Bestimmung eines hinreichend qualifizierten Rechtsverstoßes dienen soll, lässt zwei Elemente erkennen, die trotz des generalklauselartigen Charakters der Formel dennoch als voneinander zu unterscheidende Merkmale angesehen werden sollten. Die Überschreitung des eingeräumten Gestaltungsspielraums muss einerseits evident („offensichtlich") sein, andererseits eine gewisse Schwere („erheblich") aufweisen[189]. Ohne jedoch auf diese Differenzierung einzugehen, hat der Gerichtshof mit der Einführung des Tatbestandsmerkmals ein „mixtum compositum"[190] von Gesichtspunkten benannt, an dem er bis heute unverändert festhält[191].

Das nationale Gericht hat folgendes zu berücksichtigen: Das Maß an Klarheit und Genauigkeit der verletzten Vorschrift, der Umfang des Ermessensspielraums, den die verletzte Vorschrift einräumt, die Frage, ob der Verstoß oder der Schaden vorsätzlich oder nicht vorsätzlich begangen oder zugefügt wurde, die

---

[186] EuGHE 1996 I („Brasserie du pêcheur"), S. 1150, Tz. 55; EuGHE 1996 I („British Telecommunications"), S. 1668, Tz. 42; EuGHE 1996 I („Dillenkofer"), S. 4879, Tz. 23, 25; EuGHE 1996 I („Denkavit"), S. 5101, Tz. 50; EuGHE 1998 I („Norbrook Laboratories"), S. 159, Tz. 109; EuGHE 2000 I („Haim"), S. 5, Tz. 38; EuGH RIW 2002 („Gervais Larsy"), S. 233 (235f)
[187] Herdegen/Rensmann ZHR 161 (1997), S. 522 (536)
[188] Detterbeck AöR 125 (2000), S. 202 (235)
[189] Hidien, S. 50ff
[190] Ossenbühl, Staatshaftungsrecht, S. 507
[191] EuGH RIW 2002, S. 233 (236)

Entschuldbarkeit oder Unentschuldbarkeit eines etwaigen Rechtsirrtums und der Umstand, dass die Verhaltensweisen eines Gemeinschaftsorgans möglicherweise dazu beigetragen haben, dass nationale Maßnahmen oder Praktiken in gemeinschaftsrechtswidriger Weise unterlassen, eingeführt oder aufrechterhalten wurden[192].

Einen Sonderfall stellt das Merkmal der „Offenkundigkeit des Rechtsverstoßes[193]" dar. Dieses Erfordernis hat der Gerichtshof neuerlich für die mitgliedstaatliche Haftung für judikatives Unrecht formuliert, stellt es jedoch neben die in dieser Darstellung bereits erwähnten Kriterien und unter den Gesichtspunkt der dezidierten Einzelfallsentscheidung. Die Offenkundigkeit des Rechtsverstoßes sieht das Gericht daher auch nicht im Zusammenhang mit den in seiner bisherigen Rechtsprechung formulierten Haftungskriterien[194], sondern sieht diese Offenkundigkeit des Rechtsverstoßes in der unterlassenen Aufrechterhaltung des Vorabentscheidungsersuchens des nationalen Gerichts, weshalb sich der EuGH nicht zum entscheidenden Fall äußern konnte. Dies ist der qualifizierte Rechtsverstoß, den sich im Sonderfall des judikativen Unrechts das nationale Gericht vorwerfen lassen muss[195].

Der Gerichtshof hat damit eine Reihe von subjektiven und objektiven Anhaltspunkten vorgegeben, an denen ein Gemeinschaftsrechtsverstoß auf seine haftungsrelevante Wirkung zu prüfen ist. Vor dem Hintergrund der nationalrechtlichen deutschen Rechtsdogmatik erscheinen die Kriterien, die der Gerichtshof den nationalen Gerichten an die Hand gibt, nicht unbekannt. Allerdings werfen die auch im deutschen Recht bekannten Rechtsbegrifflichkeiten Schwierigkeiten bei einer Systematisierung auf. Bei den vorgegebenen Gesichtspunkten handelt es sich nicht um solche, die in jedem Fall eines Gemeinschaftsrechtsverstoßes „abzuprüfen" sind, vielmehr variiert die Beachtlichkeit der einzelnen Gesichtspunkte je nach Art des Verstoßes. Denn Sie dienen der Feststellung, ob eben das eine Tatbestandsmerkmal des hinreichend qualifizierten Rechtsverstoßes erfüllt ist, selbst stellen sie keine eigenen Tatbestandsmerkmale dar. Schließlich hängen die Voraussetzungen des gemeinschaftsrechtlichen Haftungsanspruchs (und damit insbesondere das der hinreichenden Qualifikation) von der Art des Verstoßes ab.

---

[192] EuGHE 1996 I („Brasserie du Pêcheur"), S. 1150, Tz. 56; EuGHE 1996 I („British Telecommunications"), S. 1669, Tz. 42; EuGHE 1996 I („Dillenkofer"), S. 4879f, Tz. 25; EuGHE 1996 I, S. 5101f, Tz. 50; EuGHE 2000 I („Haim"), S. 5162f, Tz. 43; EuGH RIW 2002 („Gervais Larsy"), S. 233 (236), Tz. 39
[193] EuGH DVBl 2003, S. 1516 (1519), Tz. 53
[194] EuGH DVBl 2003, 1516 (1519), tz. 54ff
[195] EuGH DVBl 2003, 1516 (1522), tz. 117f; Frenz, DVBl 2003, 1522 (1524).

Damit rückt die Frage nach der Art des Verstoßes an die erste Stelle der Prüfungsreihenfolge auch im Rahmen der hinreichenden Qualifikation des Rechtsverstoßes. Maßgebliches Kriterium für die Bestimmung der Art des Rechtsverstoßes, von dem die weitere Analyse der Qualität desselben abhängt, ist der Ermessens- oder besser Gestaltungsspielraum, der dem nationalen Gesetzgeber eingeräumt ist[196]. Hinsichtlich eines etwaigen Gestaltungsspielraums ist jedoch zu unterscheiden. Einerseits kann dieser von vornherein ausgeschlossen oder zwingend reduziert sein, andererseits kann der Gestaltungsspielraum mehr oder weniger eingeschränkt vorhanden sein.

b) „A-priori"-Konstellationen

Der Gerichtshof hat eine Reihe von Fallgestaltungen erfasst, die mangels eines für den nationalen Gesetzgeber eingeräumten Gestaltungsspielraums „jedenfalls"[197] einen hinreichend qualifizierten Rechtsverstoß darstellen. In diesen Fällen ist eine weitergehende Beurteilung des Rechtsverstoßes anhand der aufgeführten Kriterien überflüssig. Solche offenkundig qualifizierten Verstöße gegen das Gemeinschaftsrecht liegen dann vor, wenn trotz des Erlasses eines Urteils, in dem der zur Last gelegte Verstoß festgestellt wurde („Francovich-Situation"), oder eines Urteils im Vorabentscheidungsverfahren oder aber einer gefestigten einschlägigen Rechtsprechung des Gerichtshofs, aus denen sich die Pflichtwidrigkeit des fraglichen Verhaltens ergibt, der Verstoß fortbesteht[198]. Dies ist insbesondere der Fall bei einer Nichtumsetzung (oder nicht rechtzeitigen Umsetzung) einer Richtlinie in das nationale Recht trotz eindeutigen Rechtsetzungsauftrags[199]. Rechtfertigungen für eine Nichtumsetzung sind nicht ersichtlich, insbesondere bei geltend gemachten Umsetzungsschwierigkeiten, auch wenn diese auf Bestimmungen, Übungen oder Umstände der internen nationalen Rechtsordnung zurückzuführen sind[200].
Ein hinreichend qualifizierter weil offenkundiger Rechtsverstoß kann sich jedoch auch insbesondere dann ergeben, wenn im Falle der „Schlechtumsetzung" einer

---

[196] Martin-Ehlers EuR 1996, S. 376 (390)
[197] EuGHE 1996 I(„Brasserie du pêcheur"), S. 1150, Tz. 57; vergl. zur Typisierung haftungsauslösender Vollzugsdefizitebei Richtlinien: Christian Koch, Arbeitsebenen der Europäischen Union, 2003, S. 356ff.
[198] EuGHE 1996 I(„Brasserie du pêcheur"), S. 1150, Tz. 57
[199] EuGHE 1996 I („Dillenkofer"), S. 4879f, Tz. 25f; v. Bogdandy in: Grabitz/Hilf, Art. 288 EGV, Rdn. 148; Deckert EuR 1997, S. 201 (222); Detterbeck AöR 125 (2000), S. 202 (236f); Martin-Ehlers EuR 1996, S. 376 (391); Ossenbühl, Staatshaftungsrecht, S. 510
[200] EuGHE 1996 I („Dillenkofer"), S. 4885f, Tz. 53

Richtlinie eben diese dem nationalen Gesetzgeber keinen Gestaltungsspielraum eröffnete. Bei solchen offensichtlichen Umsetzungsfehlern sieht der Gerichtshof ebenfalls keinen Anlass für eine weitergehende Hinterfragung der Umstände des Verstoßes. Hierfür ist jedoch, wie in der zugrunde liegenden Entscheidung „Dillenkofer", eine genaue Bestimmung des durch die Richtlinie inhaltlich unbedingten und in hinreichend genauer Weise eingeräumten Rechtes erforderlich[201]. Diese Prüfung ist allerdings von der grundsätzlichen Einordnung einer Richtlinie als solche mit Schutzzweckcharakter zu unterscheiden und zu trennen[202]. Die bloße Verletzung von Gemeinschaftsrecht kann auch dann genügen, wenn der betreffende Mitgliedstaat zum Zeitpunkt der Rechtsverletzung nicht zwischen verschiedenen gesetzgeberischen Möglichkeiten und über einen erheblich verringerten oder auf Null reduzierten Ermessensspielraum verfügte[203]. Dies kann einerseits dann der Fall sein, wenn der Inhalt des durch die Richtlinie eingeräumten oder einzuräumenden Rechts eindeutig ist. Andererseits wird dies im Falle der verzögerten bzw. unterlassen Umsetzung regelmäßig vorliegen.

Für die Fälle der unterbliebenen Anpassung von nationalem Recht an die gemeinschaftsrechtlichen Vorgaben wird ein haftungsauslösender Verstoß „jedenfalls" dann anzunehmen sein, wenn der Verstoß bereits durch ein entsprechendes Urteil festgestellt wurde oder sich dieser aus einer gefestigten einschlägigen Rechtsprechung des Gerichtshofs sich ergibt[204]. Liegt ein den Verstoß feststellendes Urteil nicht vor, sind Bedenken gegen eine Haftung ohne die Prüfung weiterer Gesichtspunkte angebracht. Um eine Haftung wegen mangelnder Anpassung zu verhindern, wäre im Übrigen eine Überprüfung des gesamten Normenbestandes des Mitgliedstaats erforderlich, die illusorisch und unpraktikabel erscheint[205].

c) Die Anwendung der Haftungskriterien bei dem nationalen Gesetzgeber eingeräumtem Gestaltungsspielraum – Haftungsprivileg des nationalen Gesetzgebers bis an die Willkürgrenze?

---

[201] EuGHE 1996 I („Dillenkofer"), S. 4881f, Tz. 34ff; Deckert EuR 1997, S. 203 (222)
[202] unklar: Detterbeck AöR 125 (2000), S. 202 (236)
[203] EuGHE 1996 I „(Hedley Lomas"), S. 2613, Tz. 28; EuGHE 1996 I (Dillenkofer"), S. 4879, Tz. 25; EuGHE 1998 I („Norbrook Laboratories"), S. 1599f, Tz. 109; EuGHE 2000 I („Haim"), S. 5161, Tz. F, Tz. 38; EuGH RIW 2002 („Gervais Larsy"), S. 233 (236), Tz. 38
[204] EuGHE 1996 I („Brasserie du Pêcheur"), S. 1150f, Tz. 57, 59; v. Bogdandy in: Grabitz/Hilf, Art. 288 EGV, Rdn. 148; Ossenbühl, Staatshaftungsrecht, S. 510f
[205] Deckert EuR 1997, S. 203 (223); v. Danwitz DVBl 1997, S. 1 (8); Karl RIW 1992, S. 440 (446f);

In den verbliebenen Fällen, insbesondere bei der Schlechtumsetzung von Richtlinien, sind die vom Gerichtshof benannten Gesichtspunkte zu berücksichtigen, die jedoch nicht kumulativ vorliegen müssen. Die Anwendung und Auslegung der vorgegebenen Kriterien ist dem nationalen Gericht überantwortet[206]. Dementsprechend ergibt sich ein weites Feld für die extensive oder restriktive Auslegung und Anwendung der gemeinschaftsrechtlichen Haftungsgrundsätze. Der Gerichtshof hat es jedoch nicht versäumt, auch diesbezüglich gewisse Vorgaben zu machen, indem er die eigentlich dem nationalen Richter obliegende Aufgabe, die hinreichende Qualifikation des Rechtsverstoßes festzustellen, in einigen Entscheidungen an sich gezogen hat, wenn er der Meinung war, dass ihm hierfür alle notwendigen Informationen vorlagen[207].

Dabei stellt sich insbesondere die Frage, ob der Mitgliedstaat den ihm eingeräumten Gestaltungsspielraum erst dann überschreitet, wenn er die Grenze zur Willkür hinter sich lässt. Die Befürchtung, dass lediglich ein an Willkür grenzendes Verhalten einen offenkundigen und erheblichen Rechtsverstoß darstellen kann[208], erscheint angesichts der Anhaltspunkte, die der Gerichtshof liefert, allerdings nicht gerechtfertigt. Denn diese Frage scheint sich augenscheinlich nur dann zu stellen, wenn im Falle der Schlechtumsetzung einer Richtlinie diese dem Mitgliedstaat einen weiten Gestaltungsspielraum einräumt. Die Formulierung, die eine Annäherung an die „Willkürformel" befürchten lässt, hat der Gerichtshof gerade dort angewandt, als die Schlechtumsetzung einer unpräzisen Richtlinie der zu behandeln war. Die fehlerhafte Auslegung einer Richtlinie erscheint dem Gerichtshof dann vertretbar, wenn diese auf Erwägungen beruht, die nicht völlig von der Hand zu weisen sind. Außerdem, wenn zur Auslegung der fraglichen Vorschrift nichts aus der bisherigen Rechtsprechung des Gerichtshofs zu entnehmen ist[209]. Wesentliches Indiz, was zu dieser Beurteilung führte, ist das Maß an Klarheit und Genauigkeit der umzusetzenden Norm[210]. Ist dem Mitgliedstaat demnach ein weiter Gestaltungsspielraum eingeräumt und keine sons-

---

[206] EuGHE 1996 I („Brasserie du Pêcheur"), S. 1150f, Tz. 56, 58; EuGHE 1996 I („British Telecommunications"), S. 1668, Tz. 41; EuGHE 1996 I („Denkavit"), S. 5101, Tz. 49; EuGHE 1999 I („Konle"), S. 3139, Tz. 59; EuGH 2000 I („Haim"), S. 5162, Tz. 45; EuGH RIW 2002 („Gervais Larsy"), S. 233 (236), Tz. 40
[207] EuGHE 1996 I („British Telecommunications"), S. 1668f, Tz. 41ff; EuGHE 1996 I („Denkavit"), S. 5101, Tz. 59ff
[208] Herdegen/Rensmann ZHR 161 (1997), 522 (544ff); Ossenbühl, Staatshaftungsrecht, S. 507f
[209] EuGHE 1996 I („British Telecommunications"), S. 1669f, Tz. 43ff; EuGHE 1996 I („Denkavit"), S. 5101f, Tz. 50ff
[210] EuGHE 1996 I („British Telecommunications"), S. 1669, Tz. 42; EuGHE 1996 I („Denkavit"), S. 5101f, Tz. 50

tigen Anhaltspunkte für eine Auslegung erkennbar, so ist an dem Ergebnis, im Falle einer der Richtlinie nicht offensichtlich widersprechenden Umsetzung einen hinreichend qualifizierten Verstoß abzulehnen, nichts auszusetzen. Denn bei einem weiten Gestaltungsspielraum und fehlender weitergehender Informationen über die Auslegung der umzusetzenden Vorschrift liegt es geradezu in der Natur der Fallgestaltung, die Haftungsvoraussetzungen in restriktiver Weise anzupassen. Die Anwendung der Haftungskriterien soll und muss dem Einzelfall gerecht werden. Unter diesem Gesichtspunkt ist keine Gefahr dahingehend zu sehen, dass der Anwendungsbereich des gemeinschaftsrechtlichen Staatshaftungsanspruchs im Allgemeinen durch das Erfordernis einer „vorsätzlichen Rechtsverletzung" verkürzt und so in die Ecke einer „Willkürhaftung"[211] gedrängt wird. Dies wird durch die Möglichkeit der flexiblen Anwendung der Haftungskriterien ausgeschlossen, für die notwendigen Differenzierungen im Hinblick auf politische Entscheidungen und bei der Anwendung unklarer Gemeinschaftsnormen bleibt Raum[212].

Als Gegenbeispiel kann die Beurteilung des Gerichtshofs in der Sache „Brasserie du pêcheur" angeführt werden. Der Gerichtshof sah es nicht als entschuldbaren Irrtum an, dass die deutsche Gesetzgebung mit der Regelung im Biersteuergesetz das Inverkehrbringen von in anderen Mitgliedstaaten rechtmäßig hergestellten „Bieres" unter dieser Bezeichnung verbot, wenn es im Inland nicht zugelassene Inhaltsstoffe enthielt[213]. Mit der geforderten Beachtung einschlägiger Rechtsprechung des Gerichtshofs zum Verbot mengenmäßiger Einfuhrbeschränkungen hat der Gerichtshof den Anforderungen an den nationalen Gesetzgeber, denen dieser im Sinne einer gemeinschaftsrechtskonformen Rechtssetzungstätigkeit zur Vermeidung einer Haftung nachkommen muss, eine umfangreiche Würdigung gemeinschaftsrechtlicher Vorgaben hinzugefügt. Diese Prüfung muss die mitgliedstaatliche Legislative nicht nur dann vornehmen, wenn gemeinschaftsrechtliche Vorgaben hinsichtlich des konkret zu regelnden Sachverhalts vorliegen. Vielmehr muss ein Abgleich mit den allgemeinen europäischen Vorgaben erfolgen. Der damit verbundene Prüfungsaufwand ist nicht zu unterschätzen und verpflichtet den nationalen Gesetzgeber zu einer umfangreichen Würdigung der gemeinschaftsrechtlichen Vorgaben, die von der zu verabschiedenden Regelung betroffen sein können. An die Sorgfalt, die die mitgliedstaatliche Legislative walten lassen muss, um eine gemeinschaftsrechtskonforme Rechtssetzung zu gewährleisten, stellt der Gerichtshof hohe Erwartungen, so dass von einer Be-

---

[211] Herdegen/Rensmann ZHR 161 (1997), S. 522 (545f); Ossenbühl, Staatshaftungsrecht , S. 508
[212] Herdegen/Rensmann ZHR 161 (1997), 522 (545)
[213] EuGHE 1996 I („Brasserie du pêcheur"), S. 1151, Tz. 59

schränkung der Haftung auf vorsätzliche Rechtsverletzungen nicht die Rede sein kann. Der Vorwurf, die mitgliedstaatliche Haftung sei zu einer Willkürhaftung degradiert, verfängt daher nicht.

Nicht zu leugnen ist jedoch, dass im Bereich der Umsetzung unklarer Richtlinien in das nationale Recht zumindest fraglich ist, ob unumstößlich daran festgehalten werden kann, dass eine völlige Untätigkeit des Gesetzgebers „jedenfalls" zu einer Haftung führen muss. Gibt die Richtlinie einen weiten Gestaltungsspielraum vor, der in einem Maße Unklarheiten bestehen lässt, die eine fehlerhafte Umsetzung als entschuldbar erscheinen lassen, könnte auch die Nichtumsetzung einer solchen Gemeinschaftsvorschrift nicht zu einer weitergehenden Haftung führen[214]. Hierdurch würde eine fehlerhafte Umsetzung gegenüber einer Nichtumsetzung privilegiert[215].

Allerdings könnte es hierfür auch Gründe geben. Denn der Mitgliedstaat, der sich um eine fristgerechte Umsetzung bemüht und entschuldbar irrtümlich handelt könnte berechtigterweise besser zu stellen sein als derjenige, der sich einer Umsetzung völlig entzieht. Die Bemühung einer Umsetzung würde honoriert, was dem ursprünglichen Sinn der gemeinschaftsrechtlichen Staatshaftung entspräche, nämlich der vollen Wirksamkeit des Gemeinschaftsrechts Nachdruck zu verleihen und auf einen fristgemäßen Vollzug von Gemeinschaftsrecht durch die Mitgliedstaaten hinzuwirken. Zugunsten des bemühten Mitgliedstaates wäre im Rahmen der Kausalität des Rechtsverstoßes für den Schaden zu beachten, dass im Falle der Nichtumsetzung hypothetisch von der gemeinschaftsrechtskonformen Umsetzung auszugehen wäre. Andernfalls wäre die Kausalität zu verneinen, wenn im Rahmen einer hypothetischen fehlerhaften Umsetzung den Geschädigten ihr Recht vorbehalten worden wäre, hierin nach den gemeinschaftsrechtlichen Haftungskriterien aber kein hinreichend qualifizierter Rechtsverstoß zu sehen wäre[216]. Im Fall der unterlassenen Umsetzung wäre damit von einer hypothetischen Idealumsetzung auszugehen, da anderenfalls die Kausalität der Nichtumsetzung entfiele.

Dies überspannt gleichwohl die Anforderungen an die Haftung der Mitgliedstaaten nicht. Denn allein die Tatsache der unterlassenen Umsetzung hilft zwar über die Unklarheit einer Richtlinie nicht hinweg[217] und führt angesichts der vorzunehmenden Kausalitätsvermutung zu Lasten des Mitgliedstaates zu einer

---

[214] v. Danwitz DVBl 1997, 1 (8); Wolf, S. 132f
[215] v. Bogdandy in: Grabitz/Hilf, § 288 EGV, Rdn. 148
[216] so auch: Wolf, S. 133, siehe dort auch Fußnote Nr. 521
[217] Wolf, S. 133

Art der Garantiehaftung im Bereich der Nichtumsetzung. Dahingehend lässt sich auch die neuere Rechtsprechung des Gerichtshofs in der Sache „Rechberger" verstehen, die eine Beachtlichkeit hypothetischer Kausalverläufe für einen Haftungsausschluss nur für die Fälle zu postulieren scheint, wenn sie auch im Falle der ordnungsgemäßen Umsetzung geeignet wären, die Kausalität in Frage zu stellen[218]. Im Umkehrschluss liegt es deshalb nahe, den hier allein beachtungswürdigen hypothetischen Kausalverlauf einer fehlerhaften Umsetzung, die jedoch keinen qualifizierten Rechtsverstoß begründet, für die Fallgestaltung der Nichtumsetzung außer Betracht zu lassen. Die hypothetische fehlerhafte aber „nicht qualifizierende" Falschumsetzung schließt daher die Kausalität bei unterlassener Umsetzung nicht aus.

Dass bei einer unterlassenen Umsetzung eine schärfere Handhabung der Haftungsindizien erfolgen kann, ist im Rahmen der vom Gerichtshof postulierten Kriterien als wertenden Zurechnungsmerkmalen auch möglich und wünschenswert, um dem Ziel der mitgliedstaatlichen Haftung Nachdruck zu verleihen.

Der reduzierte Haftungsmaßstab, den der Gerichtshof im Falle der Schlechtumsetzung einer Richtlinie anlegt, die einen weiten Gestaltungsspielraum einräumt, führt damit zu einer scheinbaren Unschärfe im Tatbestand der mitgliedstaatlichen Haftung. Einerseits sind die Anforderungen, die der Gerichtshof an den individualschützenden Charakter einer Gemeinschaftsnorm stellt, denkbar gering[219]. Andererseits kann die Haftung gerade an dem Erfordernis des Maßes an Klarheit und Genauigkeit eben dieser Norm scheitern. Die hierin liegende Widersprüchlichkeit scheint der Gerichtshof hinzunehmen. Auf den zweiten Blick lässt sich jedoch auch dieser scheinbare Widerspruch stimmig in die gemeinschaftsrechtlichen Haftungsvorgaben einfügen.

Für den Fall der Schlechtumsetzung wird das Merkmal des hinreichend qualifizierten Rechtsverstoßes seiner haftungsbegrenzenden Intension gerecht und verhindert ein Ausufern der Staatshaftung („Staatsbankrott" und Rechtsetzungshemmnis). In der Konstellation der Nichtumsetzung hätte diese Unterscheidung bei der oben dargestellten Lösung kaum weitergehende Bedeutung. Unabhängig von etwaigen Unklarheiten der umzusetzenden Norm wird eine Untätigkeit des nationalen Gesetzgebers sanktioniert, da von einer hypothetischen Idealumsetzung auszugehen ist. Insoweit greift der Sanktionsgedanke der mitgliedstaatlichen Haftung durch, die mit dem Ziel entwickelt wurde, die Mitgliedstaaten zu einem zeitnahen und ordnungsgemäßen Vollzug anzuhalten.

---

[218] EuGHE 1999 I („Rechberger"), S. 3547, Tz. 76
[219] vergl. oben 2. Kapitel II. Ziff. 1.

d) Verschuldensabhängigkeit der gemeinschaftsrechtlichen Staatshaftung – Verschulden als eigenständiges Tatbestandsmerkmal des gemeinschaftsrechtlichen Haftungsanspruchs?

Der Gerichtshof hat mit den Gesichtspunkten, die er im Rahmen der Beurteilung der haftungsauslösenden Qualität des mitgliedstaatlichen Rechtsverstoßes für beachtenswürdig hält, verschiedene Elemente aufgezählt, die aus der Sicht der deutschen Rechtsdogmatik in den Bereich des „Verschuldens" als eigenständiges Tatbestandsmerkmal gezählt werden. Hierzu gehören die Fragen, ob der Verstoß oder der Schaden vorsätzlich oder nicht vorsätzlich begangen oder zugefügt wurde, die Entschuldbarkeit oder Unentschuldbarkeit eines etwaigen Rechtsirrtums und der Umstand, dass die Verhaltensweisen eines Gemeinschaftsorgans möglicherweise dazu beigetragen haben, dass nationale Maßnahmen oder Praktiken in gemeinschaftsrechtswidriger Weise unterlassen, eingeführt oder aufrechterhalten wurden.

Der EuGH hat auf die Anfrage des Bundesgerichtshofs, ob der Ersatz des Schadens im Rahmen des angewandten nationalen Rechts von einem Verschulden des staatlichen Amtsträgers abhängig gemacht werden kann, eine deutliche Antwort gefunden. Die Ersatzpflicht kann insoweit nicht von einer zusätzlichen Voraussetzung abhängig gemacht werden, als diese über den hinreichend qualifizierten Verstoß hinausgeht. Dies würde den gemeinschaftsrechtlichen Haftungsanspruch in Frage stellen. Die objektiven und subjektiven Gesichtspunkte, die mit dem Begriff des Verschuldens einer nationalen Rechtsordnung in Verbindung gebracht werden könnten, sind in der Beurteilung des hinreichend qualifizierten Rechtsverstoßes von Bedeutung[220].

Ob man hierin eine verschuldensunabhängige Haftung[221] sieht oder das Verschulden als wesentliches Kriterium der Haftung ausmacht[222], ist an dieser Stelle von geringer Bedeutung. Die Frage, welche Elemente, die in der nationalen Dogmatik in den Bereich des Verschuldens fallen, und in welchem Maße diese dort Berücksichtigung finden, ist für die Ausgestaltung der mitgliedstaatliche Haftung im nationalen Recht und deren dortige Umsetzung von Bedeutung[223]. Jedenfalls haben die „Verschuldenskriterien" in den bisherigen Entscheidungen

---

[220] EuGHE 1996 I („Brasserie du pêcheur"), S. 1155f, Tz. 75ff
[221] Nettesheim DÖV 1992, S. 999 (1002); Tesauro, Schlussanträge EuGHE 1996 I, S. 1113, Tz. 88
[222] Ehlers JZ 1996, S. 776 (778); Herdegen/Rensmann ZHR 161 (1997), S. 522 (542ff); Wehlau DWiR 1997, S. 100 (103)
[223] vergl. unten 3. Kapitel II. Ziff. 4.4.

des Gerichtshofs lediglich eine „Hilfsfunktion" zur Bestimmung der hinreichenden Qualifikation des Rechtsverstoßes.

3. Der unmittelbare Kausalzusammenhang

In seinem Urteil in der Rechtssache „Francovich" hat der Gerichtshof lediglich einen „schlichten"[224] Kausalzusammenhang zwischen dem Verstoß gegen die dem Staat auferlegte Verpflichtung und dem den Geschädigten entstandenen Schaden gefordert[225]. In der Entscheidung „Brasserie du pêcheur" hat er die Voraussetzung insoweit modifiziert, als in Anlehnung an seine Rechtsprechung zur außervertraglichen Haftung und der Bezugnahme auf Art. 288 EGVnF (Art. 215 EGVaF) seither ein unmittelbarer Kausalzusammenhang notwendig ist[226]. Auch die Beurteilung dieser Frage weist der Gerichtshof grundsätzlich den nationalen Gerichten zu[227].

3.1. Der Adäquanzgedanke

Es liegt daher nahe, zur Feststellung der haftungsauslösenden Kausalität den Adäquanzgedanken des deutschen Haftungsrechts heranzuziehen[228]. Trotz der Verweise des Gerichtshofs darauf, dass die Folgen eines Rechtsverstoßes auf der Grundlage des nationalen Haftungsrechts zu beheben seien und die entsprechenden Feststellungen den nationalen Gerichten zugewiesen werden, kann die deutsche Kausalitätsdogmatik nicht uneingeschränkt übernommen werden[229]. Zwar finden sich in der Judikatur des EuGH nur wenige Anhaltspunkte für den Maßstab, den der Gerichthof bei einer wertenden Betrachtung der Zurechnung von Haftungsfolgen anlegen will. Gewisse Leitlinien lassen sich jedoch aus der Rechtsprechung zur mitgliedstaatlichen Haftung filtern.

Dabei stellt sich zunächst die Frage, ob dem Kausalitätserfordernis im Bereich des legislativen Unrechts überhaupt eine gesteigerte Bedeutung zukommt und

---

[224] Detterbeck AöR 125 (2000), S. 202 (238)
[225] EuGHE 1991 I („Francovich"), S. 5415, Tz. 40.
[226] EuGHE 1996 I („Brasserie du pêcheur"), S. 1149, 1151, Tz. 51, 74; zuletzt: EuGH RIW 2002 („Gervai Larsy"), S. 233 (235), Tz. 36
[227] EuGHE 1996 I („Hedley Lomas"), S. 2614, Tz. 30; EuGHE 1999 I („Konle"), S. 3139, Tz. 58; EuGHE 1999 I („Rechberger"), S.3546, Tz. 72
[228] Detterbeck AöR 125 (2000), S. 202 (238f); Hatje EuR 1997, S. 297 (307); Ossenbühl, Staatshaftungsrecht, S. 508f; Wolf, S. 143f
[229] Deckert EuR 1997, S. 203 (226f); Hatje EuR 1997, S. 297 (307

die Feststellung des hinreichend qualifizierten Rechtsverstoßes nicht die unmittelbare Kausalität indiziert[230]. Denn für den Fall, dass ein hinreichend qualifizierter Rechtsverstoß bejaht wird, steht bereits fest, dass dem Einzelnen ein Recht eingeräumt ist bzw. einzuräumen war und dies nicht oder verspätet im innerstaatlichen Recht umgesetzt wurde. Auf Umstände und Übungen bei der innerstaatlichen Rechtsetzung oder auf innerstaatliche Kompetenzregelungen kann sich der Mitgliedstaat im Hinblick auf die fehlerhafte Umsetzung exculpierend gerade nicht berufen[231]. Der Weg zum kausalen Schaden ist dann kurz. Der Gerichtshof hat in seiner Entscheidung „Rechberger" dazu Stellung genommen, ob im Rahmen der Kausalitätsprüfung fahrlässiges Verhalten Dritter sowie der Eintritt außergewöhnlicher oder unvorhersehbarer Ereignisse einen unmittelbaren Kausalzusammenhang ausschließen. Diese Umstände könnten nur dann zur Ablehnung der Zurechnung führen, wenn sie die Verwirklichung des eingeräumten Rechts auch bei ordnungsgemäßer Umsetzung verhindert hätten[232]. Der Gerichtshof scheint hier die Beachtlichkeit hypothetischer Kausalverläufe zu postulieren, kommt jedoch im nächsten Atemzug zum gegenteiligen Ergebnis. Sei ein unmittelbarer Kausalzusammenhang nachgewiesen, d.h. beruht der Schaden auf der Rechtsverletzung, sind fahrlässiges Verhalten Dritter oder der Eintritt außergewöhnlicher oder unvorhersehbarer Ereignisse unbeachtlich[233]. In der entschiedenen Rechtssache geht der Gerichtshof von einem geführten „Nachweis" der unmittelbaren Verursachung aus. Diesen sieht er darin, dass die Umsetzung eines hinreichend bestimmten Rechts nicht erfolgte. Dies reiche dann aus, eine unmittelbare Verursachung annehmen zu können, wenn das verliehene Recht einen absoluten Schutz vor einem bestimmten Risiko (z.B. die Folgen der Insolvenz des Reiseveranstalters) im Sinne einer Garantieregelung gewährt[234]. In diesen Fällen kommt es auf etwaige hypothetische Kausalverläufe nicht mehr an. Der hinreichend qualifizierte Rechtsverstoß indiziert den unmittelbaren Kausalzusammenhang.

Mit dieser Entscheidung zeigt der Gerichtshof gleichwohl erstmals auf, dass hypothetische Kausalverläufe der erwähnten Qualität die Zurechnung des Schadens entfallen lassen können[235]. Dies entspricht der Annäherung an einen Adäquanzgedanken bei der Beurteilung der unmittelbaren Ursächlichkeit. So könn-

---

[230] so: Böhm JZ 1997, S. 53 (59)
[231] EuGHE 1999 I („Konle"), S. 3140, Tz. 62f; EuGHE 2000 I („Haim"), S. 5156, Tz. 27f
[232] EuGHE 1999 I („Rechberger"), S. 3545ff, Tz. 67ff, 75
[233] EuGHE 1999 I („Rechberger"), S. 3547, Tz. 77
[234] EuGH" 1999 I, („Rechberger"), S. 3546f, Tz. 74f
[235] v. Bogdandy in: Grabitz/Hilf, Art. 288 EGV, Rdn. 157

ten die Ausführungen der Gerichtshofs in der Rechtssache „Rechberger" zum Anlass dienen, bestimmte Fälle der „überholenden" bzw. „unterbrechenden" Kausalität für die Prüfung der Zurechnung eines Schadens fruchtbar zu machen. Dabei sind jedoch erhöhte Anforderungen an die zwischen den Rechtsverstoß und den Schaden tretenden Ereignisse zu stellen, wie sie in der deutschen Rechtsprechung bereits ihre Ausformung gefunden haben. Dies insbesondere im Hinblick darauf, dass der Gerichtshof auf dem Gebiet des legislativen Unrechts bereits selbst erhebliche Einschränkungen getroffen hat. Innerstaatliche Vorgänge und Verhältnisse bei der Umsetzung von Richtlinien sind nach der bisherigen Rechtsprechung in den Rechtssachen „Konle" und „Haim" generell unbeachtlich und führen deshalb nicht zu einer erweiterten Kausalitätsprüfung nach dem Adäquanzgedanken. Sofern weitere Umstände von dritter Seite hinzutreten, können sich die Mitgliedstaaten nur dann auf einen Ausschluss des Kausalzusammenhangs berufen, wenn auch bei ordnungsgemäßer Umsetzung ein Schaden eingetreten wäre. Welche Intensität deshalb die außergewöhnlichen oder unvorhersehbaren Ereignisse haben müssen, um den Kausalzusammenhang unterbrechen zu können, bleibt einer Beurteilung im nationalen Recht überlassen.

Im Ergebnis ist festzuhalten, dass sich der Maßstab der unmittelbaren Kausalität nach einer eher eng gefassten Adäquanztheorie festlegen lässt, die sich an der Rechtsprechung des Gerichtshofs zu der Haftung der Gemeinschaft orientiert und der deutschen Adäquanzlehre nahe kommen kann[236]. Die Kriterien des Zurechnungsausschlusses haben sich jedoch an den gemeinschaftsrechtlichen Vorgaben und Besonderheiten zu orientieren. In Bezug auf die Haftung für die nicht ordnungsgemäße legislative Umsetzung von Gemeinschaftsrecht werden vom Gerichtshof an die einen Kausalverlauf unterbrechenden Ereignisse hohe Anforderungen gestellt. Die Feststellung des hinreichend qualifizierten Rechtsverstoßes wird in der Regel den unmittelbaren Kausalzusammenhang indizieren. Die Bedeutung des eventuellen Einwands einer unterbrechenden bzw. überholenden Kausalität wird jedoch im Einzelfall der tatrichterlichen Beurteilung und Ausformung bedürfen.

3.2. Das Mitverschulden – Beachtlichkeit des Vorrangs des Primärrechtsschutzes?

Eine weitere Besonderheit der Rechtsprechung des Gerichtshofs liegt aus systematischer deutscher Sicht darin, dass die Problematik eines etwaigen Mitver-

---

[236] v. Bogdandy in: Grabitz/Hilf, Art. 288 EGV, Rdn. 156; Greb S. 92; Jarass NJW 1994, S. 881 (883); Wolf, S. 143f; EuGHE 1975 („Compagnie Continentale"), S. 135, Tz. 22/23

schuldens bei der Schadensentstehung im Rahmen der haftungsausfüllenden[237] Kausalität geprüft wird[238]. Bei der Bestimmung des ersatzfähigen Schadens sei zu prüfen, ob sich der Geschädigte in angemessener Form um die Verhinderung des Schadenseintritts oder die Begrenzung des Schadensumfangs bemüht hat und ob er insbesondere rechtzeitig von allen ihm zur Verfügung stehenden Rechtsschutzmöglichkeiten Gebrauch gemacht hat[239]. Denn es sei ein allgemeiner, den Rechtsordnungen der Mitgliedstaaten gemeinsamer Grundsatz, dass sich der Geschädigte in angemessener Form darum bemühen müsse, den Umfang des Schadens zu begrenzen, wenn er nicht Gefahr laufen wolle, den Schaden selbst tragen zu müssen[240]. Damit ist die bereits angerissene Frage des Vorrangs des Primärrechtsschutzes bzw. der Subsidiarität des gemeinschaftsrechtlichen Haftungsanspruchs aufgeworfen[241].

Nicht erforderlich für die Geltendmachung der mitgliedstaatlichen Haftung ist jedenfalls die vorherige Feststellung des Gemeinschaftsrechtsverstoßes durch den Gerichtshof in einem Vertragsverletzungsverfahren gemäß Art. 226 EGVnF (Art. 169 EGVaF)[242]. In gleicher Weise kann es nicht als Voraussetzung eines Entschädigungsanspruchs angesehen werden, dass eine entsprechende Feststellung bei Gelegenheit eines Vorabentscheidungsverfahrens nach Art. 234 EGVnF oder in einem Verfahren nach Art. 227 EGVnF betrieben wurde. Die Ergebnisse derartiger EG-rechtlicher Verfahren haben zwar indizielle Bedeutung für die Beurteilung, ob ein hinreichend qualifizierter Rechtsverstoß vorliegt. Darüber hinaus kann ihnen im Rahmen des mitgliedstaatlichen Haftungsanspruchs keine Bedeutung zugemessen werden. Würde man den Entschädigungsanspruch von der Feststellung eines Rechtsverstoßes durch den Gerichtshof abhängig machen, stünde dies offensichtlich im Widerspruch zum ursprünglichen Zweck der mitgliedstaatlichen Staatshaftung. Die volle Wirkung (gerade unmittelbar anwendbaren) Gemeinschaftsrechts käme nicht zur Geltung, wenn eine Entschädigungsverpflichtung solange ausgeschlossen wäre, bis ein Urteil des Gerichtshofs den

---

[237] Deckert EuR 1997, S. 203 (227)
[238] v. Bogdandy in: Grabitz/Hilf, Art. 288 EGV, Rdn. 154
[239] EuGHE 1996 I („Brasserie du pêcheur"), S. 1157, Tz. 84ff; EuGHE 1996 I („Dillenkofer"), S. 4890, Tz. 72
[240] EuGHE 1996 I („Brasserie du pêcheur"), S. 1157, Tz. 85 mit Verweis auf EuGHE 1992 I („Mulder"), S. 3136f, Tz. 33
[241] vergl. oben 2. Kapitel II. Ziff. 1.3.b)
[242] EuGHE 1996 I („Brasserie du pêcheur"), S. 1159f, Tz. 95; EuGHE 1996 I („Dillenkofer"), S. 4880, Tz. 28

mutmaßlichen Verstoß konstatiert[243]. Faktisch wäre die Durchsetzung eines Haftungsanspruchs für den Einzelnen nicht durchführbar bzw. unzumutbar erschwert, die volle Wirksamkeit des Gemeinschaftsrechts verhindert. Konsequent hat der Gerichtshof daher auch entschieden, dass eine zeitliche Begrenzung der Entschädigungspflicht nicht bestehen kann[244]. Die Entschädigungspflicht umfasst den gesamten Zeitraum, in dem die Voraussetzungen vorliegen.

Von erheblicher Bedeutung im Rahmen eines zu beachtenden Mitverschuldens scheint die Möglichkeit des Geschädigten zu sein, innerstaatlichen Primärrechtsschutz gegen gemeinschaftsrechtswidriges Verhalten des Mitgliedstaates zu erlangen. Ob die Durchsetzung eines gemeinschaftsrechtlichen Staatshaftungsanspruchs unter dem deutlichen Vorrang des Primärrechtsschutzes steht und lediglich als „letztes Mittel" konzipiert ist, darf allerdings angezweifelt werden[245]. So stellt die Option, sich vor nationalen Gerichten auf unmittelbar anwendbares Gemeinschaftsrecht zu berufen, nur eine Mindestgarantie dar, die für sich allein nicht zur Durchsetzung der vollen Wirksamkeit des Gemeinschaftsrechts ausreicht und die Inanspruchnahme der dem Einzelnen eingeräumten Rechte sichert[246]. Damit kann das Institut der mitgliedstaatlichen Haftung nicht lediglich als „Lückenfüller" des sekundären Rechtsschutzes angesehen werden. Vielmehr muss die gemeinschaftsrechtliche Staatshaftung auch dann eingreifen, wenn die Erlangung anderweitigen Rechtsschutzes für den Rechtssuchenden nicht möglich oder in unzumutbarer Weise erschwert ist[247]. Denn die Forderung des Gerichtshofs gegenüber den nationalen Gerichten, bei Anwendung des nationalen Rechts dieses richtlinien- und gemeinschaftsrechtskonform auszulegen[248] oder gar unmittelbar anzuwenden, ist bei weitem keine Garantie dafür, dass dies auch so geschieht.

Die Form der Rechtsgewährung auf dem Wege des innerstaatlichen Primärrechtsschutzes ist insbesondere dann nicht möglich oder zumindest zweifelhaft,

---

[243] im Ergebnis ebenso: Detterbeck AöR 125 (2000), S. 202 (220); v. Bogdandy in: Grabitz/Hilf, Art. 288 EGV, Rdn. 160
[244] EuGHE 1996 I („Brasserie du pêcheur"), S. 1159, Tz. 94
[245] so: v. Bogdandy in: Grabitz/Hilf, Art. 288 EGV, Rdn. 124, Ehlers JZ 1996, S. 776 (779); Reich EuZW 1996, S. 709 (710)
[246] EuGHE 1996 I („Brasserie du pêcheur"), S. 1142, Tz. 20.
[247] so auch: Ehlers JZ 1996, S. 776 (779), jedoch mit erhöhten Anforderungen an die Unzumutbarkeit für die Ergreifung von Primärrechtsschutz.
[248] EuGHE 1993 I („Wagner Miret"), S. 6932, Tz. 20f; EuGHE 1994 I („Faccini Dori"), S. 3355f, Tz. 23ff

wenn Rechte aus Richtlinien mit horizontaler Stoßrichtung betroffen sind, da hier keine unmittelbare Wirkung inter partes besteht[249]. Die Verfolgung der verliehenen Rechte auf dem Wege des Primärrechtsschutzes erscheint unsicher und wenig zumutbar, da das nationale Gericht sogar an einer richtlinienkonformen Auslegung des innerstaatlichen Rechts gehindert sein kann, wenn das Gemeinschaftsrecht nur durch eine Auslegung „contra legem" zu verwirklichen wäre[250]. Lässt sich außerdem der nationalen Rechtsanwendung entnehmen, dass innerstaatliche Vorschriften nicht richtlinienkonform ausgelegt werden, weil das nationale Gericht bereits der Ansicht ist, dass die innerstaatliche Regelung den Anforderungen des Gemeinschaftsrechts genügt, kann diese „Lücke" nur durch die Staatshaftung geschlossen werden[251]. Der Geschädigte darf deshalb nicht gezwungen werden, in einem Rechtsstreit vorrangig die Frage der richtlinienkonformen Auslegung nationalen Rechts klären zu lassen[252].

Sind dem Einzelnen Rechte durch vertikal gerichtete Richtlinien eingeräumt, gilt das Gleiche. Denn dem Mitgliedstaat ist es nach ständiger Rechtsprechung des EuGH verwehrt, sich auf die unterbliebene oder fehlerhafte Umsetzung einer Richtlinie zu seinen Gunsten zu berufen[253]. Ist der Mitgliedstaat seiner Verpflichtung aus Art. 249 Abs. 3 EGVnF (Art. 189 Abs. 3 EGVaF) nicht ordnungsgemäß nachgekommen, kann der Einzelne nicht gezwungen sein, sich vorrangig auf die richtlinienkonforme Auslegung innerstaatlicher Bestimmungen - sofern diese überhaupt bestehen - zu berufen[254].

Ähnliche Erwägungen gelten auch für den Fall des Verstoßes gegen die Verpflichtung zur Umsetzung einer Richtlinie, die unmittelbare Wirkung entfaltet. Der Kausalzusammenhang wird nicht dadurch ausgeschlossen, dass sich der Geschädigte vor den mitgliedstaatlichen Gerichten unmittelbar auf das durch die Richtlinie verliehene Recht berufen kann. Beachtung kann dies lediglich im Rahmen der anzustellenden Wertung erlangen, ob das Ergreifen von Primärrechtsschutz zumutbar bzw. möglich war[255]. Auch hier ist zu berücksichtigen,

---

[249] vergl. hierzu nur: Streinz, Europarecht, Rdn. 399ff, 405f
[250] Reich EuZW 1996, S. 709 (712f)
[251] EuGHE 1993 I („Wagner Miret"), S. 6932, Tz. 20ff, Streinz, Europarecht, Rdn. 405f
[252] ebenso: Geiger, Staatshaftung, S. 103f; Wolf, S. 62f
[253] EuGHE 1994 I(„Faccini Dori"), S. 3356, Tz. 22ff mit Verweisen auf die einschlägige Rechtsprechung
[254] ebenso: Wolf, S. 63
[255] a.A. Geiger DVBl. 1993, S. 465 (471); Nettesheim DÖV 1992, S. 999 (1002); Schlemmer-Schulte/Ukrow EuR 1992, S. 82 (89); vergl. oben 2. Kapitel 2.1.3.

dass der Staat aus einer unterlassenen Umsetzung von Gemeinschaftsrecht keinen Nutzen ziehen darf [256].

Inhalt und Zurechnungskriterien des Rechtsgrundsatzes des Vorranges des primären Rechtsschutzes hat der Gerichtshof im Rahmen seiner Rechtsprechung zur mitgliedstaatlichen Haftung damit kaum präzisiert. Klar ist jedoch, dass die Ausschöpfung des Rechtsweges, wie ihn das nationale deutsche Recht versteht, keine Voraussetzung für eine Entschädigungspflicht des Mitgliedstaates darstellen kann. Diesen Hinweis gibt schon der Umstand, dass der Gerichtshof die Erfolglosigkeit fachgerichtlicher Rechtsbehelfe nicht als Grundvoraussetzung für das Eingreifen einer Entschädigungspflicht prüft, sondern diesen Gesichtspunkt erst im Rahmen der Schadensbemessung bzw. der unmittelbaren Kausalität des Rechtsverstoßes für den eingetretenen Schaden prüft.

Der Vorrang des Primärrechtsschutzes stellt damit kein Ausschlusskriterium wie im nationalen Recht dar, vielmehr sind die zumutbaren Verhaltensanforderungen an den Geschädigten im Rahmen einer gemeinschaftsrechtlich zu konkretisierenden „Angemessenheit" zu beurteilen. Hat der Geschädigte auf die Schadenshöhe (!) durch zurechenbares Fehlverhalten oder Unterlassen negativ Einfluss genommen, so ist ihm dieses dann zurechenbar, wenn er diejenige Sorgfalt und Aufmerksamkeit außer Acht lässt, die ihm vernünftigerweise bei der Wahrung eigener Interessen obliegt[257]. Die Anforderungen hierzu sollten jedoch, insbesondere im Hinblick auf die im Gemeinschaftsrecht für den einzelnen Rechtsunterworfenen schwer überschaubare und diffizile Rechtslage, nicht überspannt werden. Sicherlich ist im Rahmen einer Haftungsklage zu prüfen, ob primärer Rechtsschutz aussichtsreich und zumutbar zu erlangen ist[258]. Angesichts der langen Verfahrensdauer von Feststellungsklagen und eventuellen Einholung von Vorlageentscheidungen stellt sich jedoch die Frage der Zumutbarkeit, Rechtsschutz auf diesem Wege zu erlangen, wenn dem Einzelnen durch die bemängelte hoheitliche Entscheidung bereits unmittelbar ein Schaden entsteht oder entstanden ist. Auch wenn in solchen Fällen eine mitgliedstaatliche Entschädigungspflicht für die Zeit ab der Inanspruchnahme des Primärrechtschutzes[259] oder – richtigerweise – ab dem Zeitpunkt des Rechtsverstoßes bleibt, ist es ein offenes

---

[256] EuGHE 1994 I („Faccini Dori"), S. 3356, Tz. 22ff mit Verweisen auf die einschlägige Rechtsprechung
[257] Hidien, S. 60f
[258] v. Bogdandy in: Grabitz/Hilf, Art. 288 EGV, Rdn. 129, 162; ähnlich bereits Streinz Jura 1995, S. 6 (12); restriktiver wohl: Gellermann in: Streinz, Art. 288 EGV, Rdn. 54
[259] v. Bogdandy in: Grabitz/Hilf, Art. 288 EGV, Rdn. 161

Wertungsproblem, ob dem Einzelnen zugemutet werden kann, mehrere Rechtsbehelfe anzustrengen, nur um sich später nicht dem haftungsbegrenzenden Einwand des verpassten Primärrechtsschutzes aussetzen zu müssen. Vor diesem Hintergrund ist im Einzelfall zu entscheiden, inwieweit das Verhalten des Einzelnen als Mitverschulden bei der Beurteilung des unmittelbaren Kausalzusammenhangs zwischen Rechtsverstoß und Schaden Einfluss nehmen darf. Denn oftmals wird der Primärrechtsschutz gerade nicht zur Schadenverhinderung oder –begrenzung beitragen, sofern er nicht gleichzeitig die eingetretenen Schadensfolgen ausgleicht. Gerade mit diesem Mittel des Schadensausgleichs verfolgt der gemeinschaftsrechtliche Staatshaftungsgrundsatz jedoch sein Ziel, der vollen Wirksamkeit des Gemeinschaftsrechts Nachdruck zu verleihen. Wenn die mitgliedstaatliche Haftung für den Zeitraum während der Verfolgung der Rechte des Einzelnen auf dem Primärrechtsweg sowieso eingreift, wird dieser zu reinem Formalismus, um dem Einwand des Mitverschuldens zu entgehen. Die Verfolgung anderweitigen Rechtsschutzes ist daher nur dann sinnvoll und im Rahmen eines Mitverschuldens beachtlich, wenn sie tatsächlich geeignet ist, den Schaden zu vermindern. Dies wird insbesondere bei der Einlegung nationaler Rechtsbehelfe, die keine aufschiebende Wirkung haben, nicht der Fall sein, wobei allerdings zu beachten ist, dass sich der Staat nicht auf innerstaatliche Verfahrensvorschriften über Klagefristen berufen darf, solange er eine Richtlinie nicht umgesetzt hat[260].

Der Vorrang des Primärrechtsschutzes steht im Rahmen der mitgliedstaatlichen Haftung für legislatives Unrecht somit im Spannungsfeld zwischen Schadensverhinderung und Schadensausgleichung. Nur das Versäumnis solchen Primärrechtsschutzes, der zur wirksamen Schadensverhinderung oder Schadensausgleichung führt, kann als dem Einzelnen zurechenbares Mitverschulden entschädigungsmindernd berücksichtigt werden und auch nur dann, wenn der vorrangige Rechtsschutz in gleicher Weise effektiv und damit zumutbar ist.

3.3. Anknüpfungspunkt: Kausalitätsunterbrechung bei „administrativem" Unrecht?

Die soeben dargestellte Problematik setzt sich in der Fragestellung fort, ob der unmittelbare Kausalzusammenhang dann unterbrochen wird, wenn ein legislativer Verstoß erst durch administrativen Vollzug auf mitgliedstaatlicher Ebene zum Schaden führt. Vielfach wird das gemeinschaftsrechtswidrige legislative

---

[260] EuGHE 1994 I („Johnson"), S. 5510f, Tz. 24ff

Handeln erst durch die Anwendung und den Vollzug des rechtswidrigen Gesetzes durch die innerstaatliche Verwaltung gegenüber dem Geschädigten vermittelt werden. Für diese Fälle wurde vertreten, dass ein administratives Dazwischentreten den Kausalzusammenhang zwischen dem Verstoß des Gesetzgebers und dem eingetretenem Schaden unterbreche[261].
Der Gerichtshof hat in seiner einschlägigen Rechtsprechung diese Unterscheidung nicht getroffen. Den Anknüpfungspunkt für die mitgliedstaatliche Haftung stellt damit sowohl die legislative Nicht- bzw. Schlechtumsetzung als auch der administrative Verstoß dar, der in der Anwendung des gemeinschaftsrechtswidrigen Gesetzes zu sehen ist. Durch den administrativen Vollzug wird die Zurechnung gegenüber dem Gesetzgeber nicht unterbrochen[262]. Dahingehend sind auch die Ausführungen des Gerichtshofs zu verstehen, dass die Haftung unabhängig davon eingreift, welche staatliche Stelle den Verstoß begangen hat[263]. Darüber hinaus ist das dem Vollzugsorgan durch nationales Recht eingeräumte Ermessen unbeachtlich, was darauf hindeutet, dass maßgeblicher Ansatzpunkt das Verhalten des Gesetzgebers, nicht das des Vollzugsorgans ist[264]. In derartigen Konstellationen ist das „administrative Unrecht" lediglich ein Unterfall des legislativen Unrechts. Denn die Verletzung des Gemeinschaftsrechts findet in der administrativen Praxis lediglich ihre Fortsetzung und Entsprechung, so dass der Gesetzgeber das administrative Unrecht wesentlich und mittelbar mitverursacht hat[265]. Dies entspricht im Wesentlichen der Rechtsprechung des Bundesgerichtshofs zu den sogenannten „Beruhensfällen". Dabei manifestiert sich die im förmlichen Gesetz angelegte Schädigung erst in dem durch einen untergesetzlich vorgenommenen Rechtsakt zum Vollzug der rechtswidrigen – hier gemeinschaftsrechtswidrigen – Norm. Der Erlass eines rechts- bzw. verfassungswidrigen Gesetzes und sein Vollzug werden haftungsrechtlich als einheitlicher Vorgang angesehen[266]. Die Stoßrichtung dieser Auffassung hat jedoch im Gemeinschaftsrecht die gegenteilige Wirkung: Was zum Ausschluss der Staatshaftung für legislatives

---

[261] Ehlers EuR 1997, S. 203 (228), Geiger DVBl 1993, S. 465 (472f); Nettesheim DÖV 1992, S. 999 (1002); Streinz EuZW 1993, S. 599 (601f)
[262] v. Bogdandy in: Grabitz/Hilf, Art. 288 EGV, Rdn. 156
[263] EuGHE 1999 I („Konle"), S. 3140, Tz. 62
[264] EuGHE 2000 I („Haim"), S. 5162, Tz. 40
[265] Kadelbach, Allgemeines Verwaltungsrecht unter europäischem Einfluss, 1999, S. 179; Kremer Jura 2000, S. 235 (239)
[266] BGHZ 100, S. 136 (143f); Bröhmer JuS 1997, S. 117 (122); v. Danwitz DVBL 1997, S. 1 (3), siehe dort insbesondere Fußnote Nr. 40; Hermes DV 31 (1998), S. 371 (380), siehe dort auch Fußnote Nr. 67; Ossenbühl, Staatshaftungsrecht, S. 108, 236

Verhalten auf nationaler Ebene führt und führen sollte[267], bestätigt auf gemeinschaftsrechtlicher Ebene die mitgliedstaatliche Haftung aufgrund nicht ordnungsgemäßem Legislativvollzugs, auch wenn das „schadensauslösende" Ereignis erst im administrativen Vollzug gemeinschaftsrechtswidrigen nationalen Rechts zu sehen ist. Anknüpfungspunkt für die Staatshaftung bleibt der Verstoß des Gesetzgebers gegen das Gemeinschaftsrecht, auch wenn der Schaden erst durch administratives Handeln vermittelt wird.

Hinsichtlich des etwaigen Vorrangs von Primärrechtsschutz gelten die obigen Ausführungen.

---

[267] BGHZ 100, S. 136 (143f); Bröhmer JuS 1997, S. 117 (122)

3. Kapitel

Die Umsetzung der Grundsätze über die mitgliedstaatliche Haftung für Verstöße gegen Gemeinschaftsrecht in das nationale deutsche Rechtssystem

Der Europäische Gerichtshof hat, wie dargestellt, in nunmehr gefestigter Rechtsprechung die Grundsätze der mitgliedstaatlichen Haftung für Verstöße gegen Gemeinschaftsrecht ausgeformt. In den bisherigen Kapiteln dieser Arbeit wurde die Rechtsprechung des Gerichtshofs nachgezeichnet; dabei wurden die tatbestandlichen Merkmale besprochen, die sich auf europarechtlicher Ebene durch die Vorgaben des Gerichtshofs ergeben sowie die dort jeweils verorteten Problemkreise.

Nach wie vor ungeklärt ist das Verhältnis der gemeinschaftsrechtlichen Staatshaftung zum Amtshaftungsanspruch der nationalen deutschen Rechtsordnung aus § 839 BGB i.V.m. Art. 34 GG. Der Blick soll nun darauf gerichtet werden, wie die Durchsetzung der gemeinschaftsrechtlichen Staatshaftung auf nationaler Ebene erfolgen kann und soll. Dabei rückt die Frage der Einordnung der gemeinschaftsrechtlichen Vorgaben in das nationale Recht in den Mittelpunkt. Hierzu bieten sich grundsätzlich zwei Möglichkeiten an: Die gemeinschaftsrechtskonforme Auslegung und Modifizierung der nationalrechtlich vorhandenen Haftungsinstitute oder das dualistische Modell der Ergänzung und Fortbildung eines eigenständigen gemeinschaftsrechtlichen Staatshaftungsanspruchs neben den nationalen Regelungen[268].

Zunächst ist neben dem „Brasserie du pêcheur"-Urteil des Bundesgerichtshofs eine Auswahl von Entscheidungen nationaler Gerichte zu betrachten und einer kritischen Würdigung zu unterziehen. Vor diesem Hintergrund erfolgt sodann die Untersuchung, welche Lösungsmöglichkeiten sich für die Umsetzung der gemeinschaftsrechtlichen Grundsätze über die Staatshaftung anbieten.

---

[268] vergl. nur: Ossenbühl, Staatshaftungsrecht, S. 524ff

I. Die nationale Rechtsprechung zur mitgliedstaatlichen Haftung für Verstöße gegen das Gemeinschaftsrecht

1. Das „Brasserie du pêcheur"-Urteil des Bundesgerichtshofs vom 24.10.1996

1.1. Sachverhalt und rechtliche Würdigung

Nachdem der Gerichtshof auf die Vorlage des BGH in der Rechtssache „Brasserie du pêcheur" mit Urteil vom 05.03.1996 geantwortet hatte[269], entschied der BGH im Anschluss hieran über die Revision in dem Vorlagebeschluss zugrunde liegenden und seither ausgesetzten Rechtsstreit und wies die Schadensersatzklage ab[270].

Der BGH stellte zunächst fest, dass alleiniger Anknüpfungspunkt für das Schadensersatzbegehren die unterbliebene Anpassung der § 9 und § 10 BierStG an die höherrangigen Normen des europäischen Gemeinschaftsrechts sei. Es gehe also um eine Haftung für „legislatives Unrecht, da die Klägerin nicht Adressatin der innerstaatlichen behördlichen Maßnahmen gewesen sei".

Sodann folgt das Gericht den Ausführungen der Vorinstanz[271] und verweist darauf, dass sich im nationalen deutschen Recht keine Anspruchsgrundlage für das Klagebegehren finde. Insbesondere komme ein Amtshaftungsanspruch gemäß § 839 BGB i.V.m. Art. 34 GG nicht in Betracht. Im Rahmen von Gesetzgebungsaufgaben nähmen die Verantwortlichen grundsätzlich – mit Ausnahme von sogenannten Maßnahme- oder Einzelfallgesetzen – Aufgaben gegenüber der Allgemeinheit wahr. Es fehle deshalb an der erforderlichen Drittrichtung der Amtspflicht i.S.d. § 839 BGB.

Eine Haftung wegen eines enteignungsgleichen Eingriffs komme nicht in Betracht, da es sich um ein richterrechtlich geprägtes und ausgeformtes Haftungsinstitut handele, die Einführung und Ausgestaltung der Staatshaftung für legislatives Unrecht aber dem Gesetzgeber vorbehalten sei. Außerdem sei keine eigentumsmäßig geschützte Rechtsposition der Klägerin verletzt worden.

Der BGH nimmt sodann Bezug auf die Entscheidung des Gerichtshofs und die Herleitung der mitgliedstaatlichen Staatshaftung unmittelbar aus dem Gemeinschaftsrecht. Da bereits nach den vom Gerichtshof geforderten gemeinschafts-

---

[269] vergl. oben 1. Kapitel II
[270] BGHZ 134, S. 30ff
[271] OLG Köln EuZW 1991, S. 574ff

rechtlichen Kriterien ein Haftungstatbestand im zu entscheidenden Falle nicht vorliege, sieht der BGH keinen Anlass, seine Rechtsprechung zur Staatshaftung für legislatives Unrecht zu überprüfen, soweit das innerstaatliche deutsche Recht betroffen sei. Insbesondere brauche nicht entschieden zu werden, ob die Tatbestandsvoraussetzungen der Amtshaftung europarechtskonform auszulegen seien[272].

In der Sache selbst lehnt der BGH einen hinreichend qualifizierten Rechtsverstoß mit der Argumentation ab, dass es hinsichtlich der fehlerhaften innerstaatlichen Bestimmungen über die Bezeichnung des auf den Markt gebrachten Erzeugnisses an einem unmittelbaren Kausalzusammenhang fehle. Das Erzeugnis sei nicht wegen seiner fehlerhaften Bezeichnung, sondern wegen der nach nationalem Recht verbotenen Inhaltsstoffe beanstandet worden. Bezüglich des Verbots bestimmter Inhaltsstoffe habe die deutsche Legislative sich im Hinblick auf das ihr eingeräumtes Ermessen nicht so weit von den gemeinschaftsrechtlichen Vorgaben entfernt, dass ein offenkundiger und erheblicher Verstoß angenommen werden könnte. Insoweit liege kein hinreichend qualifizierter Rechtsverstoß vor. Außerdem sei eine Verantwortlichkeit für Schäden seit der Feststellung des Rechtsverstoßes durch den EuGH im vorangegangenen Vertragsverletzungsverfahren nicht gegeben. Es handle sich lediglich um die Spätfolgen eines nicht hinreichend qualifizierten Rechtsverstoßes.

1.2. Analyse und Kritik

Der BGH hat sich in seiner an das Urteil des Gerichtshofs anschließenden Entscheidung mit der Frage nach der Kompetenz des Gerichtshofs zur richterrechtlichen Schaffung gemeinschaftsrechtlicher Grundsätze über die Haftung der Mitgliedstaaten für legislatives Unrecht überhaupt nicht befasst und die mitgliedstaatlichen Haftungsgrundsätze ohne weiteres angewandt. Zwar spricht sich das Gericht die eigene Kompetenz ab, richterrechtlich eine Staatshaftung für legislatives Unrecht einzuführen und auszugestalten[273]. Auf die Rechtsfortbildungskompetenz des Gerichtshofs geht der BGH jedoch mit keinem Wort ein. Die tatsächliche Anwendung der gemeinschaftsrechtlichen Haftungsvorgaben durch den BGH offenbart allerdings noch viele Unsicherheiten und Unklarheiten bei der Behandlung des neuen Rechtsgrundsatzes. Zuvörderst springt die Schwierigkeit des Gerichts ins Auge, die gemeinschaftsrechtlichen Vorgaben mit

---

[272] BGHZ 134, 30 (36f)
[273] BGHZ 134, S. 33

dem nationalen Recht in Verbindung zu bringen. Die Ausführungen des BGH deuten gleichwohl nicht mit der Eindeutigkeit auf eine Anerkennung der gemeinschaftsrechtlichen Haftungsgrundsätze als eigenständiges Haftungsinstitut hin, wie in Teilen der Literatur angenommen wurde[274]. Der BGH stellt zwar zunächst fest, dass das nationale Recht keine Anspruchsgrundlage biete[275]. Die Konsequenz eines eigenständigen gemeinschaftsrechtlichen Staatshaftungsanspruchs lässt es jedoch ausdrücklich offen und entscheidet gerade nicht darüber, ob die Tatbestandsvoraussetzungen des Amtshaftungsanspruchs bei legislativem Unrecht gemeinschaftsrechtskonform auszulegen sind, da er das Bestehen eines Anspruchs im Ergebnis verneint. Die Tendenz des Gerichts lässt sich jedoch bereits erkennen. Der BGH betont, dass sich die Wurzeln des Haftungsinstituts unmittelbar im Gemeinschaftsrecht finden und die Übertragung der Tatbestandsmerkmale von der außervertraglichen Haftung auf die mitgliedstaatliche Staatshaftung dies unterstreichen[276]. Mit den Hinweisen des Gerichtshofs, die für eine Implementierung in das nationale Haftungsrecht sprechen, setzt sich der Bundesgerichtshof erst gar nicht auseinander. So haben die Mitgliedstaaten nach den Aussagen des Gerichtshofs die Folgen des verursachten Schadens im Rahmen des nationalen Haftungsrechts zu beheben, wobei die dort festgelegten Voraussetzungen nicht ungünstiger als bei entsprechenden innerstaatlichen Ansprüchen sein dürfen, außerdem dürfen sie nicht so gestaltet sein, dass die Anspruchsverwirklichung praktisch unmöglich oder übermäßig erschwert wird[277]. Dabei ist es die Sache des Mitgliedstaates, die entsprechenden Kriterien festzulegen[278].

Die Streitfrage über das Verhältnis der mitgliedstaatlichen Haftung zum innerstaatlichen Recht hat das Gericht umgangen. Die Schwierigkeiten des Bundesgerichtshofs mit der mitgliedstaatlichen Haftung lassen sich jedoch auch daran erkennen, dass er ausdrücklich darauf verweist, dass die Infragestellung des Kriteriums der Drittgerichtetheit der verletzten Amtspflicht für den Bereich der innerstaatlichen deutschen Rechtsordnung aus genannten Gründen nicht erforderlich sei und eine Aussage zu einer eventuellen europarechtskonformen Auslegung dieses Merkmals für den Fall des legislativen Unrechts daher nicht notwendig wäre[279]. Zwar benennt der BGH das entscheidende Kriterium, welches im deutschen Recht einer Staatshaftung für legislatives Unrecht im Wege steht. Für den

---

[274] Hatje EuR 1997, S. 297 (303)
[275] BGHZ 134, S. 32
[276] BGHZ 134, S. 36
[277] EuGHE 1996 I („Brasserie du pêcheur"), S. 1153, Tz. 67
[278] EuGHE 1996 I („Brasserie du pêcheur"), S. 1157, Tz. 83
[279] BGHZ 134, S. 36f

innerstaatlichen Bereich stellt sich diese Frage jedoch gar nicht, sondern nur für den Bereich der gemeinschaftsrechtlichen Haftung. Augenscheinlich trennt der BGH nicht zwischen der Haftung des Gesetzgebers für Verstöße gegen nationales Recht und Gemeinschaftsrecht und befürchtet, auf nationaler Ebene die Haftung für legislatives Unrecht einzuführen, wenn er die mitgliedstaatliche Haftung auf der Grundlage der Regelungen des Amtshaftungsanspruchs löst. Zu entscheiden war jedoch die Haftung für Verstöße gegen Gemeinschaftsrecht, eine gemeinschaftsrechtskonforme Auslegung der nationalen Haftungsvorschriften für diesen Bereich ändert an den Haftungsvoraussetzungen für den innerstaatlichen Schadensfall bei Verstößen gegen nationales (Verfassungs-)Recht durch den Gesetzgeber nichts.

Auch im Übrigen kann die Entscheidung des BGH nicht überzeugen. Das Gericht weist die Ansprüche mit der Begründung ab, dass der unmittelbar kausale Verstoß nicht hinreichend qualifiziert, der hinreichend qualifizierte Verstoß nicht unmittelbar kausal ist.
Die Beurteilung der hinreichenden Qualifikation der in Frage stehenden Rechtsverstöße hat der EuGH in seiner „Brasserie du pêcheur"-Entscheidung bereits vorgegeben[280]. Angesichts der gefestigten Rechtsprechung des EuGH zu den Grundfreiheiten war ein offenkundiger Verstoß gegen Art. 28 EGVnF (Art. 30 EGVaF) anzunehmen, da ein Produkt, das in einem Mitgliedstaat rechtmäßig hergestellt wurde, grundsätzlich auch in den übrigen Mitgliedstaaten unter der gleichen Bezeichnung verkehrsfähig ist. Dass ein Verbot für Zusatzstoffe im Bier gegen Art. 28 EGVnF (Art. 30 EGVaF) verstoße, könne aus der bisherigen einschlägigen Rechtsprechung des Gerichtshofs dagegen nicht zweifelsfrei hergeleitet werden[281].
Der BGH verneint indessen die unmittelbare Kausalität der offenkundigen Rechtsverletzung, nämlich der Bezeichnungsregelung, für den Schaden. Diese Einschätzung ist Bedenken ausgesetzt. Der BGH lässt die Kausalität im Rahmen seiner Prüfung an der wertenden Betrachtungsweise scheitern, die er mit dem vom Gerichtshof angedeuteten Adäquanzgedanken begründet. Vornehmliches Argument der Begründung des BGH ist, dass die Einfuhrbeschränkung nicht wegen der Bezeichnungsregelung, sondern wegen des Verbots von Zusatzstoffen behördlich angeordnet wurde.

---

[280] EuGHE 1996 I (Brasserie du pêcheur"), S. 1151, Tz. 59
[281] EuGHE 1987 I (Kommission/Deutschland), S 1268ff, Tz. 24ff, 37, S. 1272ff, Tz. 38ff, 54

Hierauf kann es allerdings für die Frage der Kausalität im Rahmen der zu prüfenden gemeinschaftsrechtlichen Staatshaftung gar nicht ankommen. Denn der Ansatzpunkt für die Kausalitätsprüfung ist nicht das administrative Unrecht, sondern das legislative Unterlassen des nationalen Gesetzgebers auch in Bezug auf die Bezeichnungsregelung[282], wie der BGH selbst eingangs seiner Entscheidung festgestellt hat. Selbst wenn die Klägerin Adressat des administrativen Handelns geworden wäre, hätte dies den Kausalzusammenhang zwischen legislativem Unrecht und Schaden nicht unterbrochen[283]. Soweit die Bezeichnungsregelung offensichtlich gegen die gefestigte Rechtsprechung des Gerichtshofs zu den Grundfreiheiten, insbesondere aber gegen das entsprechende eine Vertragsverletzung feststellende Urteil verstieß, bleibt für weitere Zurechnungsüberlegungen kein Raum mehr[284]. Der hinreichend qualifizierte Rechtsverstoß der fehlerhaften Bezeichnungsregelung indiziert die unmittelbare Kausalität.

2. Das Urteil des Bundesgerichtshofs vom 14.12.2000[285] zur Umsetzung der Richtlinie des Rates über die Finanzierung der Untersuchungen und Hygienekontrollen von frischem Fleisch und Geflügelfleisch 85/73/EWG[286] und der zu ihrer Ausführung ergangenen Entscheidung des Rates 88/408/EWG[287]

2.1. Sachverhalt

Der BGH hatte über die Revision einer beklagten Gemeinde zu entscheiden, die sich einem Schadensersatzbegehren des klagenden Betreibers einer Großschlachterei ausgesetzt sah. Die Beklagte Gemeinde hatte Gebühren für Fleischuntersuchungen erhoben, die über den von der genannten Richtlinie und Entscheidung festgesetzten Pauschalbeträgen lagen. Die Richtlinie enthielt in ihrem Art. 2 Abs. 1 hinsichtlich der Gebührenbemessung den Vorbehalt, dass diesbezügliche weitere Regelungen durch ergänzende Ratsentscheidung zu treffen seien. Die daraufhin ergangene Ratsentscheidung legte in ihrem Art. 2 Abs. 1 Pauschalbeträge fest, erlaubte es jedoch den Mitgliedstaaten in Art. 2 Abs. 2, die Pauschalbeträge nach den tatsächlichen Untersuchungskosten zu heben oder zu senken, wobei die Voraussetzung hierfür bereits in der Entscheidung genannt wurden.

---

[282] so auch: Ehlers JZ 1996, S. 776 (780); Hatje EuR 1997, S. 297 (309)
[283] vergl. oben 2. Kapitel II. Ziff. 3.3.
[284] vergl. oben 2. Kapitel II. Ziff. 3.3.
[285] BGH JR 2001, S. 409ff
[286] ABl. L 32/14
[287] ABl. L 194/24

Die Bundesrepublik hatte die in Frage stehende Richtlinie mit dem Fleischhygienegesetz umgesetzt. In der für den Rechtsstreit maßgeblichen Fassung hatte das Gesetz die Regelung der Gebührentatbestände dem Landesrecht überlassen, wobei die Gebühren nach dem Gemeinschaftsrecht zu bemessen seien. Eine entsprechende landesrechtliche Regelung, die sich am Gemeinschaftsrecht orientierte, fehlte jedoch, weshalb die vom Kläger angegriffenen Gebührenbescheide hinsichtlich der über die Pauschalbeträge hinausgehenden Gebührenfestsetzung durch das Bundesverwaltungsgericht auch aufgehoben worden waren. Materiellrechtlich konnte sich die Beklagte auf den Ausnahmetatbestand der Entscheidung des Rates stützen. Es mangelte jedoch an der formellen Voraussetzung einer exakten landesrechtlichen Regelung der von den gemeinschaftsrechtlichen Vorgaben abweichenden Gebührenbemessung.

2.2. Rechtliche Würdigung

Der BGH überprüft zunächst die Feststellungen des Berufungsgerichts zu den Voraussetzungen eines gemeinschaftsrechtlichen Staatshaftungsanspruchs. Das Gericht stellt fest, dass es nach seiner Auffassung neben der Verletzung nationalen Rechts auch einen Verstoß gegen Gemeinschaftsrecht für gegeben hält. Da eine anderweitige landesrechtliche Regelung über eine abweichende Gebührenerhebung fehlte, seien die in der Entscheidung des Rats als unmittelbar wirksames Gemeinschaftsrecht festgesetzten Pauschalbeträge bindend gewesen. Allerdings könne sich der Kläger nicht auf die Bestimmung des Art. 2 Abs. 1 der Ratsentscheidung 88/408/EWG zu seinen Gunsten berufen. Das Gericht verneinte mithin, dass diese ein subjektives Recht gewähren würde. Zwar habe der Gerichtshof für die maßgebliche Ratsentscheidung entschieden, dass sich der Einzelne auf die gemeinschaftsrechtlichen Pauschalbeträge berufen könne und die in Frage stehende Bestimmung der Ratsentscheidung nach Ablauf der Umsetzungsfrist unmittelbare Wirkung entfalte[288]. Dieses Recht stehe aber unter dem Vorbehalt, dass den Mitgliedstaaten die Möglichkeit eingeräumt sei, die Pauschalbeträge auf den tatsächlichen Stand der Kosten anzuheben oder zu senken. Für die Beurteilung eines gemeinschaftsrechtlichen Staatshaftungsanspruchs sei allein erheblich, ob dem Kläger durch die Richtlinie oder Entscheidung ein Recht verliehen worden sei, das ihm mangels richtiger Umsetzung oder aus anderen Gründen verletzt oder vorenthalten worden sei.
Gehe man – wie revisionsrechtlich geboten – davon aus, dass für den betreffenden Mitgliedstaat die Voraussetzungen für eine mögliche Abweichung von den

---

[288] EuGHE 1992 I („Hansa-Fleisch"), S. 5394f, Tz. 14ff

Pauschalgebühren vorlagen, habe der Kläger kein gemeinschaftsrechtlich verliehenes Recht, von höheren als den Pauschalgebühren verschont zu bleiben. Der Umstand, dass den Gebührenbescheiden mangels landesrechtlicher Regelung die Rechtsgrundlage gefehlt habe, verletze selbst nicht zugleich Gemeinschaftsrecht. Demgemäß könne die Entscheidung der Vorinstanz, die eine mitgliedstaatliche Haftung angenommen hatte, nicht bestehen bleiben. Der Kläger könne aus der geltend gemachten Gemeinschaftsrechtsverletzung keinen Staatshaftungsanspruch herleiten.

Der BGH geht sodann auf die Frage ein, ob die Beklagte nach nationalen Amtshaftungsgrundsätzen für die rechtswidrigen Gebührenbescheide bzw. deren Folgen einzustehen habe. Dabei stellt das Gericht zunächst fest, dass aufgrund der Verletzung innerstaatlichen Rechts die Inanspruchnahme des Klägers amtspflichtwidrig gewesen sei. Der beklagten Gemeinde fiele jedoch die unterlassne, bundesrechtlich gebotene Umsetzung durch das Land nicht zur Last. Durch die unterlassene Umsetzung sei der Kläger nicht beschwert, ein Eingriff in die Rechtstellung des Klägers sei erst durch die Gebührenbescheide erfolgt.
Es sei nicht weiter zweifelhaft, dass durch die Gebührenerhebung objektive Amtspflichten verletzt worden seien, die gegenüber dem Kläger bestanden hätten. Der dem Kläger sei auch vom Schutzzweck der Amtspflicht umfasst, keine Gebühren ohne fehlerfreie Rechtsgrundlage zu erheben.
Allerdings bedürfe es einer näheren Klärung dessen, ob den Amtswaltern der Beklagten ein Verschuldensvorwurf gemacht werden könne. Diese Frage sei, anders als beim gemeinschaftsrechtlichen Staatshaftungsanspruch, zu berücksichtigen. Das Berufungsgericht habe lediglich geprüft, welches Maß an Klarheit und Genauigkeit die gemeinschaftsrechtlichen Vorschriften aufgewiesen hätten. Die Schwierigkeiten bei der innerstaatlichen Umsetzung habe es ausdrücklich außer Betracht gelassen. Es folgen Ausführungen zu Gesichtspunkten, die für die Beurteilung eines etwaigen Verschuldens eines Amtsträgers nach Ansicht des BGH zu beachten sind, wobei er auf seine bisherige diesbezügliche Rechtsprechung Bezug nimmt und den Rechtsstreit im übrigen an das Berufungsgericht zurückverweist.

2.3. Analyse und Kritik

Die dargestellte Entscheidung des BGH beleuchtet in besonders eindringlicher Weise die Probleme, welche die deutsche höchstgerichtliche Rechtsprechung mit der gemeinschaftsrechtlichen Staatshaftung und deren Einordnung in das nationale Rechtssystem hat. Die Zurückhaltung, mit der die Rechtsprechung des

BGH den europarechtlichen Haftungsgrundsätzen begegnet, zeigt sich vorliegend in nicht zu übersehenden dogmatischen Ungereimtheiten, wobei das erste Anliegen der Entscheidung die Ablehnung eventueller Haftungsansprüche zu sein scheint.

Eingangs bejaht der BGH unproblematisch das Vorliegen eines Verstoßes gegen nationales Recht und Gemeinschaftsrecht. Den Verstoß gegen Gemeinschaftsrecht sieht BGH anscheinend darin, dass trotz einer unmittelbar anwendbaren Bestimmung über die Festsetzung von Pauschalbeträgen eine anderweitige Gebührenfestsetzung erfolgte, obwohl die Pauschalbeträge der Entscheidung bindend waren. Der Verstoß gegen nationales Recht lag in der Gebührenfestsetzung ohne nationale landesrechtliche Rechtsgrundlage, welche die Voraussetzungen für die Inanspruchnahme der abweichenden Gebühren regelte, da das Bundesland die Umsetzung entsprechenden Gemeinschaftsrechts versäumt hatte.

Während der BGH anfangs ausschließlich auf die Voraussetzungen des gemeinschaftsrechtlichen Staatshaftungsanspruchs eingeht, stellt sich zunächst die Frage, ob das verletzte Gemeinschaftsrecht dem Einzelnen ein hinreichend bestimmtes Recht verliehen habe. Dies verneint der BGH mit der Begründung, dass ein Anspruch darauf, nur die Pauschalbeträge zahlen zu müssen, nur dann bestehe, wenn die gemeinschaftsrechtlich vorgesehenen Voraussetzungen für eine abweichende Gebührenerhebung nicht vorlägen. Faktisch hätten die Voraussetzungen für eine abweichende Gebührenfestsetzung jedoch vorgelegen. Da ein subjektives Recht insoweit nicht vorläge, könne auch die mangelnde oder fehlerhafte Umsetzung keine mitgliedstaatliche Haftung auslösen. Den Hebel, um eine mitgliedstaatliche Haftung zu umgehen, setzt das Gericht in seiner Argumentation früh an: Besteht schon kein subjektives Recht des Einzelnen, bedarf es keiner Stellungnahme mehr zu einer mangelnden oder fehlerhaften Umsetzung. Solange der Mitgliedstaat materiellrechtlich abweichende Gebühren hätte festsetzen dürfen, spiele der Verstoß gegen die Umsetzungsverpflichtung keine Rolle.

Die Begründung des Gerichts greift jedoch zu kurz. Der BGH verkennt die Umsetzungsverpflichtung des Art. 249 Abs. 4 EGVnF (Art. 189 Abs. 4 EGVaF). Die unmittelbare Wirkung der Ratsentscheidung, aufgrund welcher sich der Einzelne auf diese berufen kann, beruht darauf, dass die Entscheidung gegenüber dem Mitgliedstaat gemäß Art. 249 Abs. 4 EGVnF (Art. 189 Abs. 4 EGVaF) verbindlich ist und dieser die entsprechenden Umsetzungsmaßnahmen zu treffen hatte, seiner Verpflichtung jedoch nicht nachgekommen ist[289]. Die unmittelbare Wir-

---

[289] EuGHE 1992 I („Hansa-Fleisch"), S. 5594f, Tz. 13ff, 19

kung von Gemeinschaftsrecht stellt dabei keinen Ersatz für die gebotene Umsetzung dar[290]. Vielmehr wird die unmittelbare Wirkung der Entscheidung durch die nicht ordnungsgemäße Umsetzung bedingt. Vor diesem Hintergrund hatte der Gerichtshof entschieden, dass sich der Einzelne auf die Bestimmung über die Erhebung von Pauschalbeträgen gegenüber der Erhebung höherer Gebühren berufen kann[291], womit der Gerichtshof vom Vorliegen eines hinreichend bestimmten subjektiven Rechts ausgeht[292].
Wurde durch die mangelnde Umsetzung daher nicht die Rechtsgrundlage für eine abweichende Gebührenfestsetzung geschaffen, muss der Mitgliedstaat die Vorschrift der Entscheidung über die Pauschalbeträge respektieren. Den in der Entscheidung festgelegten Abweichungsbestimmungen kommt insoweit keine unmittelbare Wirkung zu, als sich der Mitgliedstaat auf diese bei unterlassener Umsetzung berufen könnte. Dem Mitgliedstaat bleibt es dabei unbenommen, die nicht unmittelbar anwendbaren Bestimmungen bei der Umsetzung des Gemeinschaftsrechts auf innerstaatliche Zuständigkeiten zu verteilen, mithin Regelungen über die Abweichung von den Pauschalgebühren zu treffen[293]. Solange eine dahingehende Umsetzung indessen nicht erfolgt ist, bleibt die unmittelbare Wirkung der Bestimmung über die Erhebung von Pauschalgebühren unberührt. Denn Rechtssicherheit und Rechtsklarheit gebieten, dass die materiellen Rechtspositionen des Staates, denen sich der Einzelne ausgesetzt sieht, auch in der Form von Normen umgesetzt werden, weil nur dann eine rechtsstaatliche Geltendmachung und gerichtliche Überprüfung dieser Rechte möglich ist[294]. Der Staat kann sich somit nicht auf materielles Gemeinschaftsrecht zu seinen Gunsten berufen, um haftungsrechtlich seiner Umsetzungsverpflichtung zu entgehen. Dies hat der BGH jedoch in der vorliegenden Entscheidung dadurch versucht zu erreichen, als er die dargestellte Problematik im Rahmen der Prüfung versteckt hat, ob die in Frage stehende Entscheidung dem Einzelnen ein subjektives Recht einräumt oder nicht. Das Gericht verneinte die Einräumung eines dem Einzelnen verliehenen Rechts, indem es den in der Entscheidung geregelten Abweichungsvoraussetzungen insoweit unmittelbare Wirkung zusprach, als diese die Reichweite des verliehenen Rechts materiellrechtlich begrenzen sollten. Dies ist angesichts der Umsetzungsverpflichtung des Mitgliedstaats unzulässig.

---

[290] EuGHE 1991 I („Emmott"), S. 4299, Tz. 20ff
[291] EuGHE 1992 I („Hansa-Fleisch"), S. 5595f, Tz. 21
[292] v. Bogdandy in: Grabitz/Hilf, Art. 288 EGV, Rdn. 137
[293] EuGHE 1992 I („Hansa-Fleisch"), S. 5595, Tz. 22ff
[294] Classen JZ 2001, S. 458 (459); Lorz JR 2001, S. 412 (414); Sachs in: ders., Art. 20 GG, Rdn. 158ff; Schmidt-Aßmann in: HStR, § 70, Rdn. 14ff; EuGHE 1991 I („Emmott"), S. 4299, Tz. 20ff

In der Konsequenz hätte der BGH zu dem richtigen Ergebnis kommen müssen, die Verletzung einer individualschützenden gemeinschaftsrechtlichen Rechtsposition anzunehmen.

Die fehlerhafte Anwendung des Gemeinschaftsrechts durch den BGH wird in besonderer Weise deutlich, wenn man die weiteren Ausführungen des Urteils zum nationalen Amtshaftungsrecht betrachtet.
Das entscheidende Gericht stellt sogleich fest, dass die Inanspruchnahme (nach innerstaatlichem Recht) amtspflichtwidrig erfolgte, da die Beklagte ohne Rechtsgrundlage gehandelt habe. Insoweit handele es sich um administratives Unrecht, die mangelnde Umsetzung der Richtlinie und Entscheidung des Rates beschwere den Kläger nicht. Die Haftung lässt sich auf den ersten Blick tatsächlich nicht an die mangelnde Umsetzung von Gemeinschafsrecht knüpfen, denn diese führt - nach richtiger Auffassung – gerade dazu, dass sich der Kläger auf die Regelung über die Pauschalgebühren zu seinen Gunsten berufen kann. Ansatzpunkt für eine Haftung des Staates wäre danach das administrative Handeln der beklagten Gemeinde, nicht das legislative Unterlassen. Das Problem liegt gerade darin, dass der Staat sich „administrativ" auf eine gemeinschaftsrechtliche Möglichkeit beruft, von der er „legislativ" keinen Gebrauch gemacht hat, insoweit zu seinen Gunsten legislativ „versagt" hat. Der Staat darf sich jedoch zu seinen Gunsten nicht auf eine mangelnde Umsetzung berufen. Dies tut der Staat jedoch dadurch, dass er trotz mangelnder Umsetzung zu seinen Gunsten gemeinschaftsrechtlich von einer (hypothetischen) materiellrechtlichen Idealumsetzung ausgeht, indem er das subjektive Recht begrenzt. Für die innerstaatliche Behandlung eines Haftungsanspruchs will das Gericht die gemeinschaftsrechtliche Betrachtung ausblenden und nimmt einen Rechtsverstoß aufgrund des formellrechtlichen Fehlens einer nationalen Rechtsgrundlage an. Dies ist jedoch nicht möglich.

Zwar behandelt das Gericht völlig unproblematisch die Drittbezogenheit der Amtspflichtverletzung. Auf der Grundlage der allgemeinen Amtspflicht zum rechtmäßigen Verhalten wird der entstandene Schaden vom Schutzzweck der Pflicht erfasst, Gebühren nur dann zu erheben, wenn eine fehlerfreie Rechtsgrundlage besteht. Diese bestand jedoch mangels landesrechtlicher Umsetzung nicht[295].
Dieses Ergebnis verwundert allerdings insoweit, als hierdurch auf nationalrechtlicher Ebene dem Einzelnen individuelle Schutzrechte zugesprochen werden, die

---

[295] BGH JR 2001, S. 409 (412); Lorz JR 2001, S. 413 (414f)

ihm auf gemeinschaftsrechtlicher Ebene in der gleichen Entscheidung verweigert worden waren. Denn dem Erfordernis der Drittrichtung der Amtspflicht des nationalen Haftungsrechts entspricht im Gemeinschaftsrecht das Erfordernis der Verletzung eines hinreichend bestimmbaren individualschützenden (subjektiven) Rechts, das zumindest die Verleihung von Rechten an Einzelne zum Ziel hat[296]. Dies hatte das Gericht auf gemeinschaftsrechtlicher Ebene damit abgelehnt, dass die in Frage stehende Entscheidung des Rates materiellrechtlich das verliehene Recht begrenze, wenn die in der Entscheidung vorgesehenen Abweichungsvoraussetzungen erfüllt seien.

Auf diese materiellrechtliche Einschränkung durch das Gemeinschaftsrecht kann sich die mitgliedstaatliche Hoheitsgewalt im Rahmen des nationalen Rechts nach der Entscheidung des Gerichts nicht berufen. Damit legt der BGH bei der Prüfung nationalrechtlicher Amtshaftungsansprüche einen anderen Maßstab zugrunde, als er dies im Rahmen der Feststellung der Voraussetzungen für die gemeinschaftsrechtliche Staatshaftung getan hat. Die mangelnde Umsetzung der Entscheidung des Rates und das damit verbundene Fehlen einer national landesrechtlichen Rechtsgrundlage muss demnach die unmittelbare Wirkung der genannten Bestimmung im nationalen Recht durchschlagen lassen, indem die Gebührenbemessung nach Pauschalbeträgen verbindlich ist[297]. Die materiellgemeinschaftsrechtlichen Abweichungsregelungen der Entscheidung, die dem Gericht auf europarechtlicher Ebene noch zur Ablehnung der Rechte des Einzelnen dienten, finden jedoch bei der Bestimmung der Rechte des Bürgers auf nationalrechtlicher Ebene jedoch keinerlei Beachtung.

Wie bereits weiter oben dargestellt wurde, kann sich der Einzelne bei nicht ordnungsgemäßer Umsetzung der betreffenden Richtlinie und Entscheidung auf die Festsetzung der Pauschalbeträge berufen, um sich einer höheren Gebührenfestsetzung zu widersetzen. Zu diesem Ergebnis hätte der BGH bei richtiger Rechtsanwendung schon im Rahmen der Prüfung der mitgliedstaatlichen Staatshaftung kommen müssen.

Mit seinen Ausführungen zur Amtshaftung setzt sich der BGH damit nicht nur in Widerspruch zu seinen eigenen Feststellungen zur gemeinschaftsrechtlichen Haftung in derselben Entscheidung, er verstößt selbst auch gegen die Vorgaben des Gerichtshofs. Denn der BGH gesteht dem Bürger auf nationalrechtlicher Ebene einen umfassenderen Schutz zu als auf gemeinschaftsrechtlicher Ebene. Soweit die Ausgestaltung der gemeinschaftsrechtlichen Staatshaftung jedoch durch das nationale Recht erfolgt, dürfen die dort festgelegten materiellen und formel-

---

[296] Lorz JR 2001, S. 413 (414); vergl. unten 3. Kapitel II. Ziff. 4.2.c)
[297] so auch: Classen JZ 2001, S. 458 (459)

len Voraussetzungen nicht ungünstiger sein, als bei entsprechenden innerstaatlichen Ansprüchen[298]. Schließlich soll das nationale Haftungsrecht vor dem Hintergrund des „effet utile" und der unmittelbaren und vollen Wirkung des Gemeinschaftsrechts die Realisierung und Durchsetzung der mitgliedstaatlichen Haftung sicherstellen[299], und nicht die gemeinschaftsrechtlichen Aspekte ausblenden.

In dem Urteil des BGH bleibt unklar, welche Qualität der Rechtsverletzung beigemessen wird. Im Hinblick auf seine Ausführungen zur mitgliedstaatlichen Haftung scheint der BGH davon ausgehen, dass der Verstoß gegen die (in diesem Falle drittschützende) Pflicht zum rechtmäßigen Verhalten lediglich als eine Verletzung nationalen Rechts verstanden wird. Denn einen individualschützenden Charakter hat das Gericht der einschlägigen Vorschrift der Ratsentscheidung abgesprochen. Die mangelnde Rechtsgrundlage hat jedoch nicht nur Relevanz hinsichtlich eines Verstoßes gegen nationales Recht. Vielmehr verstieß die Gebührenbemessung gerade auch gegen die dem Einzelnen durch Gemeinschaftsrecht verliehene Rechtsposition, sich der Erhebung höherer Gebühren als in der Entscheidung vorgesehen zu widersetzen[300]. Aufgrund der unmittelbaren Wirkung der Entscheidung des Rates in Bezug auf die Festsetzung von Pauschalbeträgen muss man bei rechtsgrundloser Erhebung höherer Gebühren daher auch von einem Verstoß gegen Gemeinschaftsrecht ausgehen[301]. Eine derartige isolierte Betrachtung der Rechtsverletzung, wie sie der BGH vornimmt, einerseits unter gemeinschaftsrechtlichem, andererseits unter nationalrechtlichem Aspekt, ist jedoch –wie dargestellt - unmöglich.

Einen Verstoß gegen Gemeinschaftsrecht nicht anzunehmen könnte für den BGH einen guten Grund haben: Geht der Gerichtshof bei der Prüfung der nationalen Amtshaftung nicht auf die Verletzung von Gemeinschaftsrecht ein, scheint er sich dem Vorwurf entziehen zu wollen, dass die Ausgestaltung der gemeinschaftsrechtlichen Staatshaftung im nationalen Recht ungünstiger erfolgt, als bei innerstaatlichen Ansprüchen, da der Anknüpfungspunkt für die Amtshaftung ein subjektives Recht ist, das der innerstaatlichen Rechtsordnung entspringt. Die Prüfung der Amtshaftung könnte so völlig unabhängig vom Ge-

---

[298] EuGHE 1991 I („Francovich"), S. 5416, Tz. 44; EuGHE 1996 I („Brasserie du pêcheur"), S. 1153, Tz. 67; EuGHE 1996 I (Hedley Lomas"), S. 2614, Tz. 31; EuGH EuZW 1997(„Eunice Sutton"), S. 338 (340), Tz. 33f; EuGHE 1997 I („Norbrook Laboratories"), S. 1600, Tz. 111; EuGHE 1999 ! („Haim"), S. 4, Tz. 33
[299] Hidien, S. 56ff; EuGHE 1991 I („Francovich"), S. 5415f, Tz. 42, 45
[300] EuGHE 1992 I („Hansa-Fleisch"), S. 5595, Tz. 21; Classen JZ 2001, S. 458 (459f)
[301] Classen JZ 2001, S. 458 (459)

meinschaftsrecht erfolgen. Insoweit würde der BGH jedoch in eklatanter Weise die unmittelbare Wirkung des Gemeinschaftsrechts, die im Bezug auf die Erhebung von Pauschalbeträgen bereits durch den Gerichtshof festgestellt worden war, verkennen. Wenn der BGH die unmittelbare Wirkung dieser Bestimmung und deren Verletzung durch die abweichende Festsetzung im Rahmen des nationalen Rechts ignoriert, blendet er das Gemeinschaftsrecht auf unzulässige Weise in seiner rechtlichen Betrachtung aus. Dies ist insoweit inkonsequent und widersprüchlich, als das Gericht selbst zu Anfang seiner Entscheidung die unmittelbare Wirkung der Bestimmung über die Pauschalbeträge und die Verletzung dieser durch die abweichende Gebührenerhebung anerkennt.

Zuletzt gelangt der BGH zur Prüfung des Verschuldens des Amtsträgers, welches im Rahmen der mitgliedstaatlichen Haftung gerade keine Rolle spielt, soweit es über die Voraussetzung des hinreichend qualifizierten Rechtsverstoßes hinausgeht[302]. Und an dieser Stelle finden sich auch wieder Überlegungen zur Rechtslage nach Gemeinschaftsrecht, die der Amtswalter bei der Gebührenerhebung zu beachten habe. Wenn sich die Rechtsverletzung jedoch ausschließlich aus nationalem Recht ergäbe, nämlich aus der Gebührenerhebung ohne Rechtsgrundlage, sind gemeinschaftsrechtliche Erwägungen im Rahmen des Verschuldens fehl am Platz. Ist jedoch im Rahmen des Verschuldens beachtlich, ob der Amtswalter erkennen konnte, dass eine von den Pauschalbeträgen abweichende Gebührenerhebung rechtlich möglich war oder nicht, weist dies darauf hin, dass die entscheidende Rechtsverletzung im Verstoß gegen Gemeinschaftsrecht (nämlich die unmittelbar wirksame Regelung über die Festsetzung von Pauschalbeträgen) liegt. Davon scheint der BGH im Rahmen der Verschuldensprüfung auch selbst auszugehen, wenn sich ihm die Frage aufdrängt, ob man angesichts der gemeinschaftsrechtlichen Regelung von den Pauschalbeträgen abweichende Gebühren hätte festsetzen dürfen[303]. Und wenn es doch dieser Verstoß ist, der zur Verletzung einer drittschützenden Amtspflicht führt, warum verneint der BGH dann den individualschützenden Charakter der diesbezüglichen Bestimmung auf der Ebene des Gemeinschaftsrechts? Denn bezieht sich das Verschulden auf einen Verstoß gegen Gemeinschaftsrecht, betrifft auch die (eventuell schuldhafte) Amtspflichtverletzung einen Verstoß gegen Gemeinschaftsrecht. Der drittschützende Charakter der Amtspflichtverletzung folgt aber nicht abstakt aus der (nationalrechtlichen) Pflicht des Amtswalters zu rechtmäßigem Verhalten, sondern

---

[302] EuGHE 1996 I („Brasserie du pêcheur"), S. 1155f, Tz. 78f; Lorz JR 2001, S. 413 (415)
[303] BGH JR 2001, S. 409 (413)

korrespondiert mit einem subjektiven Recht des Einzelnen[304]. Und dieses folgt in der vorliegenden Fallgestaltung aus unmittelbar anwendbarem Gemeinschaftsrecht, das die von den Pauschalgebühren abweichende Gebührenfestsetzung untersagt.
Damit offenbart das Gericht bei der Verschuldensprüfung, dass der Regelung der gemeinschaftsrechtlichen Bestimmung im Rahmen der Amtshaftung der Drittschutz zugebilligt wird, der ihr auf gemeinschaftsrechtlicher Ebene versagt wurde.

Es sei noch angefügt, dass die Beachtlichkeit eines etwaigen Rechtsirrtums des Amtswalters auch bei der gemeinschaftsrechtlichen Staatshaftung hätte Beachtung finden können, soweit die Offenkundigkeit und Erheblichkeit des Rechtsverstoßes bei der Frage erörtert werden müsste, ob eben dieser Rechtsverstoß hinreichend qualifiziert ist. Die „Flucht" in dem Amtshaftungsanspruch, um entsprechenden Erwägungen Geltung zu verschaffen, wäre daher gar nicht nötig.

Zusammenfassend lässt sich festhalten, dass die Entscheidung des BGH in frappierender Weise Ungereimtheiten aufweist, die sich aus dem Umstand ergeben, dass die deutsche Rechtsprechung eine notwendige Verzahnung von gemeinschaftsrechtlichem und nationalem Haftungsrecht nicht vornimmt. Der BGH verstrickt sich nicht nur in Widersprüche bei der Beurteilung eines subjektiven Rechts auf Gemeinschaftsebene resp. der Verletzung einer drittschützenden Amtspflicht, er verstößt damit auch gegen die ständige Rechtsprechung der Gerichtshofs, der eine ungünstigere Ausgestaltung der mitgliedstaatlichen Haftung im Vergleich zur nationalrechtlichen Staatshaftung verbietet. Um die aufgezeigten Widersinnigkeiten zu verhindern, ist die Verzahnung von nationalem Haftungsrecht und Gemeinschaftsrecht eine zwingende Notwendigkeit, wie in dieser Arbeit noch darzustellen sein wird.

---

[304] Papier in: Münchener Kommentar, § 839 BGB, Rdn. 224ff; Vinke in: Soergel, § 839 BGB, Rdn. 149

3. Der Vorlagebeschluss des Bundesgerichtshofs vom 16.05.2002[305] zur Umsetzung der Richtlinie 94/19/EG[306] über Einlagensicherungssysteme („BVH-Bank")

3.1. Sachverhalt

Dem Rechtsstreit, der Ausgangspunkt für den Vorlagebeschluss des BGH gemäß Art. 234 EGVnF ist, liegen Schadensersatzbegehren von Anlegern der BVH-Bank AG wegen des Verlusts ihrer Bankeinlagen zugrunde. Diese werden einerseits auf die Grundsätze der mitgliedstaatlichen Staatshaftung, andererseits auf Amtshaftungsansprüche gestützt.
Am 30.05.1994 war die Einlagensicherungsrichtlinie erlassen worden. Art. 3 Abs. 1 der Richtlinie bestimmte, dass ein Kreditinstitut Einlagen erst dann annehmen dürfe, wenn es einem durch die Mitgliedstaaten zu errichtenden Einlagensicherungssystem angehöre. Für den Fall des Verlusts der Einlage sah Art. 7 Abs. 1 der Richtlinie vor, dass die Gesamtheit der Einlagen eines Anlegers bis zu einem Betrag von mindestens ECU 20.000,00 durch das Einlagensicherungssystem abgedeckt wird. Gemäß Art. 7 Abs. 4 der Richtlinie war es dem Mitgliedstaat erlaubt, den Entschädigungsbetrag auf 90 Prozent der jeweiligen Einlagen des Anlegers zu begrenzen. Die Umsetzung der Richtlinie sollte in den Mitgliedstaaten bis zum 01.07.1995 erfolgen.
Die Bundesrepublik Deutschland setzte die Richtlinie jedoch zunächst nicht um sondern erhob im Jahr 1994 Nichtigkeitsklage, die mit Urteil des EuGH im Jahr 1997 abgewiesen wurde. Erst mit Wirkung ab dem 01.08.1998 wurde die Richtlinie mit dem Gesetz zur Umsetzung der EG-Einlagensicherungsrichtlinie und der EG-Anlegerentschädigungsrichtlinie[307] für Entschädigungsfälle nach dem 25. September 1998 umgesetzt.
Die BVH-Bank AG hatte sich vergeblich um die Aufnahme in ein Einlagensicherungssystem bemüht, da sie die Voraussetzungen nicht erfüllte. Bereits bei Sonderprüfungen des Bundesaufsichtsamtes für das Kreditwesen in den Jahren 1991 und 1995 stellte sich die Vermögenslage der Bank als schwierig dar, im August des Jahres 1997 stellte das Amt den Antrag auf Eröffnung eines Konkursverfahrens über das Vermögen der BVH-Bank AG.
Die Kläger machen Schadensersatzansprüche wegen nicht rechtzeitiger Umsetzung der Richtlinie geltend sowie Amtshaftungsansprüche wegen Untätigkeit des Bundesaufsichtsamtes für Kreditwesen, das entgegen der Bestimmung des § 6

---

[305] BGH NJW 2002, S. 2464
[306] ABl. L 135/5
[307] BGBl. I, S. 1842

Abs. 4 Kreditwesengesetzes[308] auch zugunsten und im Interesse der Anleger hätte tätig werden müssen.

3.2. Rechtliche Würdigung

Das erstinstanzlich mit der Rechtssache befasste Landgericht Bonn entschied im Ausgangs-[309] wie in einem zeitlich vorangehenden Parallelverfahren[310], dass den Klägern ein gemeinschaftsrechtlicher Entschädigungsanspruch gemäß Art. 249 Abs. 3 EGVnF (Art. 189 Abs. 3 EGVaF) i.V.m. § 839 BGB und Art. 34 GG zustehe. Das Gericht nimmt Bezug auf die Rechtsprechung des Gerichtshofs und stellt fest, dass die Mitgliedstaaten in Erfüllung ihrer Mitwirkungspflicht aus Art. 10 EGVnF (Art. 5 EGVaF) zum Ersatz der Schäden verpflichtet seien, die durch zurechenbare Verstöße gegen Gemeinschaftsrecht dem Einzelnen entstünden. Dieser Anspruch folge aus dem Grundsatz der vollen Wirksamkeit des Gemeinschaftsrechts und sei unmittelbar im Gemeinschaftsrecht begründet. Zuständigkeit und Verfahren richteten sich nach § 839 BGB.

Zur Sache selbst führt das Landgericht im Parallelverfahren, auf dessen Begründung das Gericht im Ausgangsverfahren verweist, aus, dass die Einlagensicherungsrichtlinie die Verleihung hinreichend konkret bestimmter Rechte an die Bankkunden zum Ziel habe, unter anderem die Einlagen der Anleger für den Fall der Nichtverfügbarkeit zu sichern. Die Vorschriften der Art. 3 und 7 der Richtlinie zeigten, dass der Bankkunde einen individuellen Anspruch gegen das einzurichtende Einlagensicherungssystem erhalten solle. Aufgrund der detaillierten Regelung der Mindesthöhe einer Entschädigung sei das durch die Richtlinie verliehene Recht hinreichend genau bestimmt.

In der nicht rechtzeitigen Umsetzung der Richtlinie durch den Bund liege ein qualifizierter Verstoß gegen Gemeinschaftsrecht. Innerhalb der von der Richtlinie gesetzten Umsetzungsfrist habe die Bundesrepublik Deutschland keine Maßnahmen zur Umsetzung der Richtlinie getroffen. Damit habe sie offenkundig und erheblich die Grenzen Ihres Ermessens überschritten. Dem stehe die Erhebung einer Nichtigkeitsklage innerhalb der Umsetzungsfrist nicht entgegen, denn diese lasse die Verpflichtung zur Umsetzung nicht entfallen; die Beklagte habe ungeachtet ihrer Klage von der Rechtswirksamkeit und Bindungswirkung der Richtlinie auszugehen und diese fristgemäß umzusetzen. Die erhobene

---

[308] § 6 Abs. 4 des Kreditwesengesetzes lautet: „ Das Bundesaufsichtsamt nimmt die ihm nach diesem Gesetz und nach anderen Gesetzen zugewiesenen Aufgaben nur im öffentlichen Interesse wahr.", BGBl. I 1998, S. 2776
[309] ZIP 1999, 2051
[310] NJW 2000, S. 815ff = ZIP 1999, 959ff

Nichtigkeitsklage entfalte gemäß Art. 242 EGVnF (Art. 185 EGVaF) außerdem keine aufschiebende Wirkung.
Die Beklagte könne sich darüber hinaus nicht darauf berufen, dass die Umsetzung der Richtlinie im Hinblick auf die erhobene Nichtigkeitsklage unzumutbar sei, da durch die Umsetzung Fakten geschaffen würden, die bei etwaiger Unwirksamkeit der Richtlinie nicht mehr ohne weiteres zurückgenommen werden könnten. Derartige Schwierigkeiten bei der Umsetzung der Richtlinie seien unerheblich. Mit Verweis auf die Rechtsprechung des Gerichtshofs in der Rechtssache „Dillenkofer" könne sich der Mitgliedstaat nicht auf hinderliche Bestimmungen, Übungen und Umstände seiner internen Rechtsordnung berufen. Die Beklagte habe vielmehr die Verlängerung der Umsetzungsfrist oder eine einstweilige Anordnung beantragen können.
Unbeachtlich sei, dass die Entscheidungen des Gerichtshofs in den Rechtssachen „Brasserie du pêcheur" und „Dillenkofer" erst nach Ablauf der Umsetzungsfrist ergingen. Diese hätten lediglich die Voraussetzungen eines eventuellen Haftungsanspruchs präzisiert. Für die Frage nach der Voraussetzung des qualifizierten Rechtsverstoßes komme es jedoch nicht darauf an, dass die Beklagte ihr Haftungsrisiko erkennen konnte, sondern darauf, ob sie hinsichtlich der Umsetzungsverpflichtung erkennbar und gegebenenfalls verschuldet rechtsirrtümlich handelte. Trotz des Erhebens der Nichtigkeitsklage durfte die Beklagte angesichts der Regelung des Art. 242 EGVnF (Art. 185 EGVaF) nicht davon ausgehen, zur Umsetzung nicht verpflichtet zu sein.
Die nicht fristgerechte Umsetzung sei nach den Ausführungen des Gerichts auch insoweit für den eingetretenen Schaden grundsätzlich kausal, als die Einlagen vor Ablauf der Umsetzungsfrist geleistet worden seien. Aus der Begriffsbestimmung der Einlage gemäß der in Frage stehenden Richtlinie und dem durch das Einlagensicherungsgesetz geregelten zeitlichen Anwendungsbereich ergebe sich, dass nicht der Zeitpunkt der Einlage, sondern der Zeitpunkt des Eintritts des Entschädigungsfalls maßgeblich sei. Dieser sei erst nach dem Ablauf der Umsetzungsfrist eingetreten.

Im Ausgangsverfahren spricht das Landgericht einen Entschädigungsbetrag von ECU 20.000,00 zu, da im Hinblick auf die Regelung des Einlagensicherungsgesetzes eine prozentuale Haftungsbeschränkung bei über diesem Betrag liegenden Einlagen nicht beachtlich sei[311].

---

[311] ZIP 1999, S. 2051 (2052)

Im Parallelverfahren hatte das Gericht entschieden, dass nur 90 Prozent des durch die Richtlinie bestimmten Mindestentschädigungssatzes von ECU 20.000,00 verlangt werden könnten. Berechnungsgrundlage für das Ersatzbegehren sei im Hinblick auf die Regelung der Richtlinie und das nunmehr erlassene Einlagensicherungsgesetz die eingezahlte Einlage und die versprochenen Zinsen. Auch wenn das so ermittelte Guthaben sich unter der Haftungshöchstgrenze von ECU 20.000,00 liege, sei der Selbstbehalt von 10 Prozent abzuziehen. Die Möglichkeit einer derartigen Regelung sei durch die Richtlinie eröffnet worden, wovon letztendlich durch den Gesetzgeber auch Gebrauch gemacht worden sei[312].

Nach der Feststellung des Entschädigungsanspruchs prüft das entscheidende Gericht jeweils die Frage des Mitverschuldens. Dieses sei nach der Rechtsprechung des Gerichtshofs bei der Bemessung des ersatzfähigen Schadens zu berücksichtigen. Ein anspruchsminderndes Mitverschulden könne aber nicht in einer etwaigen Kenntnis der allgemeinen Geschäftsbedingungen des Kreditinstituts gesehen werden, da die Anleger von einem ordnungsgemäß zugelassenen Kreditinstitut ausgehen durften. Nichts anderes ergebe sich aus dem Schutzzweck der Richtlinie, denn selbst eine – im Parallelverfahren nicht erfolgte - Belehrung über das Fehlen einer Einlagensicherung reiche nach der Richtlinie nicht aus, um ein Mitverschulden zu begründen[313]. Nach der Rechtsprechung des Gerichtshofs in der Rechtssache „Dillenkofer" kann es nicht als den Mitverschuldenseinwand begründende Nachlässigkeit angesehen werden, wenn der Geschädigte Maßnahmen unterlässt, die auch nach dem Schutzzweck der Richtlinie nicht als ausreichend angesehen werden[314].

Eine Vorlageverpflichtung lehnt das entscheidende Gericht jeweils unter zwei Gesichtspunkten ab. Einerseits sei die Entscheidung des Landgerichts einem Rechtsmittel zugänglich, Art. 234 Abs. 3 EGVnF (Art. 177 Abs. 3 EGVaF). Andererseits sei die Frage, ob die Voraussetzungen einer mitgliedstaatlichen Staatshaftung vorlägen, keine über die Auslegung des EG-Vertrages, sondern über die Anwendung der vom Gerichtshof entwickelten Haftungskriterien. Die Feststel-

---

[312] NJW 2000, S. 815 (818) = ZIP 1999, S. 959 (963)
[313] ZIP 1999, S. 2051 (2053); Ein Mitverschulden liege nicht vor, wenn dem Einleger bekannt sei, dass das Kreditinstitut nicht einem Einlagensicherungssystem angeschlossen sei. Der wirtschaftliche Zusammenbruch stelle einen solchen Ausnahmefall dar, dass der Anleger auch dann nicht mit dem Verlust seiner Anlage rechnen müsse. So das OLG Köln zweitinstanzlich im Parallelverfahren, RIW 2001, S. 306ff.
[314] ZIP 1999, S. 2051 (2053); EuGHE 1996 I („Dillenkofer"), S. 4887f, Tz. 61, S. 4890, Tz. 73

lung der Voraussetzungen der Haftung habe der Gerichtshof in seiner Rechtsprechung den nationalen Gerichten überantwortet.

Einen weitergehenden Schadensersatzanspruch der Kläger für den Verlust der Einlagen, die über den von der Richtlinie zu sichernden Mindestbetrag hinausgehen, lehnt das Gericht ab. Diesbezüglich prüft es das Vorliegen eines Amtshaftungsanspruchs gemäß § 839 BGB i.V.m. Art. 34 GG wegen eines amtspflichtwidrig unterlassenen bzw. verspäteten Einschreitens des Bundesaufsichtsamts für Kreditwesen. Insoweit fehle es an einer Amtspflicht der Behörde, die ihr gegenüber den einzelnen Anlegern obliegt. Das Amt würde gemäß § 6 Abs. 4 des Kreditwesengesetzes[315] ausdrücklich nur im Interesse der Allgemeinheit tätig. Bedenken über die Unwirksamkeit dieser Vorschrift wegen eines Verstoßes gegen nationales Verfassungsrecht oder Gemeinschaftsrecht[316] lehnt das Gericht in einer ausführlichen Begründung ab.

Das Oberlandesgericht Köln hat in dem weiteren Verfahren, das dem Vorlagebeschluss des BGH zugrunde liegt, die Berufung gegen die Entscheidung des erstinstanzlichen Gerichts hinsichtlich eines über den zuerkannten gemeinschaftsrechtlichen Staatshaftungsanspruch hinausgehenden Amtshaftungsanspruchs zurückgewiesen[317]. Es schließt sich der Auffassung des Landgerichts an, dass im Hinblick auf die Regelung des § 6 Abs. 4 Kreditwesengesetz eine Verletzung drittschützender Amtspflichten gegenüber den Anlegern nicht vorliege. Die genannte Vorschrift verstoße nicht gegen nationales Verfassungsrecht. Außerdem könne das Gericht einen Verstoß der Vorschrift gegen Gemeinschaftsrecht nicht erkennen. Die Einlagensicherungsrichtlinie regele nicht die Frage des Drittbezugs von nationalen Vorschriften. Den Einwand der Kläger, dass die Vorschriften der Richtlinie zumindest auch dem Schutz der einzelnen Anleger dienten, weist das Gericht damit zurück. Die Richtlinie regele nicht allgemeine Fragen der Bankenaufsicht, weshalb keine Beanstandungen gegen den Ausschluss der Haftung für aufsichtsrechtliche Versäumnisse durch nationales Recht zu sehen seien.

Im Revisionsverfahren hat der Bundesgerichtshof dem Gerichtshof verschiedene Fragen zur Vorabentscheidung vorgelegt[318]. Ausgangspunkt der Vorlage ist die

---

[315] vergl. Fn. 305
[316] Vergl. hierzu im Ganzen: Gratias, „Staatshaftung für fehlerhafte Banken- und Versicherungsaufsicht im Europäischen Binnenmarkt", 1999
[317] OLG Köln NJW 2001, S. 2724ff
[318] BGH NJW 2002, S. 2464ff

Frage, ob durch die Vorschrift des § 6 Abs. 4 des Kreditwesengesetzes in verfassungskonformer Weise Amtspflichten nur im öffentlichen Interesse begründet werden – dann scheide eine Haftung gemäß § 839 BGB i.V.m. Art. 34 GG aus – oder ob die in Frage stehende Richtlinie dem Einzelnen ein subjektives Recht auf Einschreiten der Behörde verleiht und in diesem Falle eine Haftung lediglich nach den Grundsätzen über die mitgliedstaatliche Haftung geltend gemacht werden kann, da § 6 Abs. 4 Kreditwesengesetz wegen des Anwendungsvorrangs des Gemeinschaftsrechts als fehlerhafte Umsetzung der Richtlinie gesehen werden müsse. Den Bundesgerichtshof bewegt also die Frage, ob bei einem amtspflichtwidrigen Verhalten der zuständigen Behörde eine Haftung nach gemeinschaftsrechtlichen Grundsätzen in Frage kommt. Hierfür ist jedoch Voraussetzung, dass die betroffene Richtlinie dem Einzelnen ein subjektives Recht auf Einschreiten der Behörde gewährt. Für diesen Fall scheint der BGH davon auszugehen, dass eine Amtshaftung nach nationalrechtlichen Vorschriften nicht gegeben sein kann, da er für diesen Fall nur nach der gemeinschaftsrechtlichen Staatshaftung fragt.

Der BGH befasst sich in dem Vorlagebeschluss ausführlich mit der Frage, ob verschiedene Richtlinien, die zur Harmonisierung der Bankenaufsicht in Europa erlassen wurden, dem einzelnen Anleger und Sparer Rechte in dem Sinne verleihen, dass die zuständigen mitgliedstaatlichen Behörden ihre Aufsichtsmaßnahmen auch im Interesse der Einzelnen wahrzunehmen haben und für ein entsprechendes Fehlverhalten haften sollen. So erscheint es dem Senat möglich, dass die hier betroffene Richtlinie dem Anleger auch das Recht verleihen will, dass Aufsichtsmaßnahmen durchgeführt werden, die der Funktionsfähigkeit des Einlagensicherungssystems dienen.

Dass ein Ersatzanspruch in voller Höhe entstünde, wenn die Aufsicht nur unzureichend erfolge, hält der Senat jedoch für zweifelhaft. Dies schon angesichts dessen, dass die Richtlinie selbst nur kein Recht auf vollständige Schadlosstellung verleihe, wie sich aus der Regelung selbst ergebe. Demnach gebe es keinen Anlass, den Einzelnen nur deshalb besser zu stellen, weil eine fehlerhafte Bankenaufsicht zum eigentlichen Schadensfall hinzutrete. So könne die 24. Begründungserwägung für die Umsetzung der Richtlinie als Grundlage für eine umfassendere Haftung in Betracht kommen, da diese eine Haftung schon dann ausschließe, wenn sie für die Einlagensicherung Sorge getragen hätten, die die Einlagen oder die Kreditinstitute selbst absichern.

Sollten die zuständigen Behörden die in der Richtlinie vorgesehenen Maßnahmen auch im Interesse des einzelnen Anlegers und Sparers wahrnehmen, sieht der BGH einen Widerspruch zur Regelung des § 6 Abs. 4 des Kreditwesengesetzes, der aufgrund der Wortlautgrenze nicht durch richtlinienkonforme Auslegung überwunden werden kann.

So stellt sich für den BGH die Frage, ob im hier zugrunde liegenden Verfahren von einer unmittelbaren Wirkung der Richtlinienbestimmungen und in der Folge von einem Anwendungsvorrang gegenüber der Bestimmung des Kreditwesengesetzes auszugehen ist oder die Kläger nur unter den Voraussetzungen der vom Gerichtshof entwickelten Kriterien der mitgliedstaatlichen Staatshaftung wegen der fehlerhaften Umsetzung der Richtlinie Ansprüche geltend machen können. Bei letzterer Alternative tendiert der Senat zur Auffassung, dass ein hinreichend qualifizierter Rechtsverstoß des Gesetzgebers nicht gegeben sei.

3.3. Analyse und Kritik

Die Entscheidungen der im Instanzenzug mit der Rechtssache befassten Gerichte zeigen, dass die Grundsätze der mitgliedstaatlichen Staatshaftung in der deutschen Rechtsprechung Akzeptanz gefunden haben und an Bedeutung gewinnen. Gewisse Schwierigkeiten der deutschen Gerichte, die europarechtliche Staatshaftung zu behandeln, können gleichwohl auch diese Urteile nicht verbergen.

Als Anspruchsgrundlage benennt das Gericht Art. 249 Abs. 3 EGVnF (Art. 189 Abs. 3 EGVaF) i.V.m. § 839 BGB und Art. 34 GG. Die Ausführungen des Gerichts weisen hier Unschärfen auf, da es in aller Kürze die konkrete Anspruchsgrundlage der Haftung und deren Rechtsgrundlagen vermischt. So hat der Gerichtshof die mitgliedstaatliche Haftung unmittelbar aus den Gedanken des „effet utile", der vollen Wirkung des Gemeinschaftsrechts entwickelt. Die Umsetzungsverpflichtung des Art. 249 Abs. 3 EGVnF (Art. 189 Abs. 3 EGVaF) bezeichnet allenfalls die Vorschrift, die ein Mitgliedstaat verletzen kann und wodurch eine Haftung ausgelöst wird. Bedeutung für den Rechtsgrund der Haftung hat die Umsetzungsverpflichtung nicht[319].

Das Zitat der Vorschrift verweist vielmehr auf den Haftungsgrund des zu entscheidenden Falles, nämlich den Verstoß des Mitgliedstaates gegen seine Umsetzungsverpflichtung[320]. Diese ist jedoch erst auf der Tatbestandsebene relevant. Die Offenkundigkeit der vorgefundenen „Francovich-Situation" hat das entscheidende Gericht vermutlich bewogen, seine Feststellungen zur Anspruchsgrundlage nicht eingehender zu gestalten. Das Landgericht verweist lediglich

---
[319] vergl. oben 2. Kapitel I Ziff 1. bis 3.
[320] Hobe RIW 2000, S. 389

darauf, dass der Entschädigungsanspruch unmittelbar im Gemeinschaftsrecht begründet ist und behandelt im Gang seiner Prüfung jeweils isoliert zuerst die gemeinschaftsrechtliche Haftung, dann die Amtshaftung nach nationalem Recht. Eine gemeinschaftsrechtskonforme Auslegung der Vorschriften des § 839 BGB und des Art. 34 GG wird nicht vorgenommen[321].

Zur Haftungsbegründung lässt das Landgericht die gemeinschaftsrechtlichen Haftungsvoraussetzungen ausreichen und hält sich an die Vorgaben des Gerichtshofs, keine weiteren haftungsbegrenzenden oder −erschwerenden Gesichtspunkte zu berücksichtigen (Diskriminierungs- und Vereitelungsverbot)[322]. Dass Schwierigkeiten bei der innerstaatlichen Umsetzung den Staat nicht entlasten können, entspricht der Rechtsprechung des Gerichtshofs[323]. Die vom Gerichtshof entwickelten Voraussetzungen kann das entscheidende Gericht recht problemlos subsumieren, da die unterbliebene Umsetzung, ein dem Einzelnen verliehenes Recht und die Kausalität angesichts der Fallgestaltung („Francovich-Situation") keinerlei weitergehenden Begründungsaufwand verlangen.

Einen neuen Aspekt hat das Gericht der Rechtsprechung zur mitgliedstaatlichen Haftung hinzugefügt, als es der Erhebung einer Nichtigkeitsklage keinerlei Auswirkungen auf die Verpflichtung des Staates zur fristgerechten Umsetzung zugesprochen hat, selbst wenn die Klage vor Ablauf der für die Umsetzung einzuhaltenden Frist angestrengt wurde. Denn eine aufschiebende Wirkung kommt einer Nichtigkeitsklage beim Gerichtshof nicht zu, die sich gegen vollziehbare Maßnahmen eines Gemeinschaftsorgans richten, Art 242 EGV[324]. Insoweit lässt sich eine Parallele zu den Ausführungen des Gerichtshofs ziehen, die sich mit der Einwendung auseinandersetzten, ob es eine Voraussetzung für den die hinreichende Qualifikation eines Rechtsverstoßes ist, dass im Rahmen eines Vertragsverletzungsverfahrens eine Gemeinschaftsrechtsverletzung festgestellt wurde. Dies hatte der Gerichtshof bereits in seiner „Brasserie du pêcheur"-Entscheidung

---

[321] Cremer JuS 2001, S. 643 (646)
[322] EuGHE 1991 I („Francovich"), S. 5415f, _Tz. 42f; EuGHE 1996 I („Brasserie du pêcheur"), S. 1153ff, Tz. 67ff, 75ff; EuGHE 1996 I („Dillenkofer"), S. 4880, Tz. 28; EuGHE 1998 I („Norbrook Laboratories"), S. 1600, Tz. 111; EuGHE 2000 I („Haim"), S. 5160f, Tz. 33, 36
[323] EuGHE 1996 I („Dillenkofer"), S. 4885f, Tz. 53;
[324] Borchardt in: Lenz, Art. 243 EGV, Rdn. 4; Geiger, Art. 242 EGV, Rdn. 1; Wegener in: Callies/Ruffert, Art. 242-243 EGV, Rdn. 2

abgelehnt[325]. Nichts anderes kann für die eventuelle gerichtliche Nichtigerklärung einer umzusetzenden Maßnahme gelten[326]. Bestätigt wird die Auffassung des Landgerichts dadurch, dass eine etwaige aufschiebende Wirkung einer Nichtigkeitsklage die Frage nach der Berücksichtigung dieses Effekts hinsichtlich des Umfangs der Entschädigungspflicht in den Raum stellen würde. Wäre bis zur Entscheidung die Umsetzungsverpflichtung ausgesetzt, läge kein unmittelbarer Rechtsverstoß mehr vor. Der Entschädigungsanspruch wäre insgesamt in Frage gestellt, solange der Mitgliedstaat nur Nichtigkeitsklage erheben müsste und bei Ausgang zu seinen Lasten die Umsetzung zeitnah vollzieht[327]. Dies stünde in offensichtlichem Widerspruch zum Grundsatz der vollen Wirksamkeit des Gemeinschaftsrechts, da eine Aussetzung der Umsetzungsverpflichtung selbst eine Berufung auf dem Inhalt nach unmittelbar anwendbare Richtlinien verhindern würde[328].

Zur Haftungsausfüllung und in prozessrechtlicher Hinsicht greift das Landgericht auf die Regelungen der nationalen Rechtsordnung zurück. Hierbei setzt es sich mit der Rechtsprechung des Gerichtshofs zum Verhältnis zwischen gemeinschaftsrechtlicher und nationaler Staatshaftung nicht auseinander, wie bereits seine Ausführungen zur Anspruchsgrundlage andeuten. So haben sich deutsche Gerichte noch in keinem Fall eingehend mit der europarechtlichen Jurisdiktion befasst, die mangels gemeinschaftsrechtlicher Regelungen hinsichtlich des Umfangs der Haftung auf das nationale Recht verweist, zugleich aber auf das Diskriminierungs- und Vereitelungsverbot hinweist[329]. Gleichzeitig will der Gerichtshof in direktem Zusammenhang mit der Bestimmung der Haftungsvoraussetzungen den Schaden und dessen Folgen im Rahmen des nationalen Rechts behoben sehen[330] und bezieht ausdrücklich die materiellen und formellen Voraussetzungen des mitgliedstaatlichen Schadensersatzrechts ein[331]. Inwieweit sich daher die materielle Trennung der beiden Haftungsinstitute sich aufrechterhalten lässt, wird noch Gegenstand dieser Arbeit sein[332].

---

[325] EuGHE 1996 I („Brasserie du pêcheur"), S. 1150, Tz. 55ff
[326] so auch: Hobe RIW 2000, S. 389 (390)
[327] EuGHE 1996 I („Brasserie du pêcheur"), S. 1159, Tz. 94
[328] vergl. oben 3. Kapitel I. Ziff. 2.3.
[329] vergl. nur: EuGHE 1996 I („Brasserie du pêcheur"), S. 1156f, Tz. 81f
[330] EuGHE 1996 I („Brasserie du pêcheur"), S. 1153, Tz. 67
[331] EuGHE 1991 I („Francovich"), S. 5416, Tz. 43
[332] vergl. unten 3. Kapitel II.

In der Sache selbst muss dem Gericht widersprochen werden, wenn es Einlagen, die den Betrag von ECU 20.000,00 nicht erreichen, lediglich zu 90 Prozent als ersatzfähig ansieht. Dass der nationale Gesetzgeber später von dieser Option der Haftungsbegrenzung Gebrauch machte, kann für die gemeinschaftsrechtliche Haftung keine Rolle spielen. Denn einerseits spricht die Chronologie der Gesetzgebung gegen eine Anwendbarkeit der Regelungen des Einlagensicherungsgesetzes, sowie der Umstand, dass selbst der nationale Gesetzgeber keine Rückwirkung in seinem Gesetz vorgesehen hat[333]. Dies ist jedoch Voraussetzung dafür, dass Umsetzungsmaßnahmen auch eine rückwirkende Geltung beimessen werden kann[334].

Für den Haftungsumfang ist daher lediglich die Regelung der betreffenden Richtlinie maßgebend. Soweit die Richtlinie dem Geschädigten ein „Mindestrecht" in Höhe von 90 Prozent für die Sicherung seiner Einlage gewährt, bleibt festzuhalten, dass die Bestimmung den Mitgliedstaaten lediglich die Möglichkeit eröffnet, eine entsprechende Begrenzung der Einlagensicherung einzuführen. Aus dieser Sicht stellt sich nicht die Frage nach der Rechtswirksamkeit der (möglichen) Haftungsbegrenzung, sondern nach dem Inhalt des verliehenen Rechts[335]. Und dieses kann gerade nicht durch materiellrechtliche Optionen der Richtlinie eingeschränkt werden. Denn andernfalls könnte sich der Mitgliedstaat auf materiellrechtliche Regelungen der Richtlinie zu seinen Gunsten berufen, die er nicht umgesetzt hat, und würde darüber hinaus in unzulässiger Weise den Umfang des durch Gemeinschaftsrecht eingeräumten Rechts begrenzen[336]. Außerdem sollte der Gesetzgeber wünschenswerterweise alle Konsequenzen tragen, die sich aus der unterlassenen Umsetzung ergeben und damit auch die, dass eine Haftungsbegrenzung mangels Umsetzung nicht erfolgte.

Den von der Beklagtenseite vorgebrachten Mitverschuldenseinwänden hat das Gericht keine Folge geleistet. Im Wesentlichen wird dies mit allgemeinen Argumenten begründet, die sich auf das Vertrauen des Verbrauchers in die Bonität der Bank beziehen, weshalb es auf die Kenntnis des Anlegers nicht ankomme. Dies folgt auch daraus, dass die Richtlinie eine Belehrung gerade nicht für ausreichend hält, um den Anleger zu schützen. Zahlt der Anleger dennoch ein, wird auch er vom Schutz der Richtlinie erfasst. Es kann ihm nicht als eine sein Mitverschulden begründende Nachlässigkeit angelastet werden, dass die Bank eine nach der Richtlinie unzureichende Maßnahme gegenüber dem Anleger trifft.

---

[333] dies sieht nicht: Cremer JuS 2001, S. 643 (647); anders: Gratias NJW 2000, S. 786 (787)
[334] so geschehen in: EuGHE 1997 I („Bonifaci"), S. 4022, Tz. 51ff; EuGHE 1997 I („Maso"), S. 4074, Tz. 39ff
[335] so aber: Gratias NJW 2000, S. 786 (787)
[336] vergl. oben 3. Kapitel I. Ziff. 2.3.

Die unabhängig von der gemeinschaftsrechtlichen Haftung folgende Prüfung einer Amtshaftung gemäß § 839 BGB i.V.m. Art. 34 GG fällt – was die Prüfung des eigentlichen Haftungstatbestandes betrifft – denkbar knapp aus. Der Anspruch scheidet nach Ansicht des Gerichts schon aus Rechtsgründen aus, da das Bundesaufsichtsamt für Kreditwesen keine drittschützende Amtspflicht verletzt habe. Die Pflicht des Bundesamtes aus § 6 Abs. 2 des Kreditwesengesetzes, „Missständen im Kredit- und Finanzdienstleistungswesen entgegenzuwirken, welche die Sicherheit der den Instituten anvertrauten Vermögenswerte gefährden (...)", hat nach dem vierten Absatz der Vorschrift keinen drittschützenden Charakter. Diese Pflicht wird nur „im öffentlichen Interesse" wahrgenommen. Das deutsche Staatshaftungsrecht erfordert jedoch die Verletzung einer Amtspflicht, die zumindest auch individuelle Interessen schützen soll[337].

Das Landgericht befasst sich mit der strittigen Frage, ob die Vorschrift des § 6 Abs. 4 des Kreditwesengesetzes verfassungs- und gemeinschaftsrechtskonform ist oder nicht[338], und gelangt zum Ergebnis, dass die betreffende Vorschrift des Kreditwesengesetzes rechtswirksam ist.

Auf die Berufung gegen die Entscheidung des Landgerichts, soweit die Amtshaftung des Bundesaufsichtsamtes für Kreditwesen abgelehnt wurde, befasste sich das Oberlandesgericht Köln in der Vorinstanz des Vorlagebeschlusses und schloss sich der Ansicht des Landgerichts an[339].

In seinem Vorlagebeschluss geht der BGH der Frage nach, ob die Vorschrift des § 6 Abs. 4 des Kreditwesengesetzes, der den Amtspflichten des Bundesaufsichtsamts den drittschützenden Charakter versagt, gegen die Einlagensicherungsrichtlinie verstößt. Denn das Gericht hält es für möglich, dass die betreffende Richtlinie dem einzelnen Anleger das Recht verleiht, die für die Einrichtung und Aufrechterhaltung des Einlagensicherungssystems erforderlichen Maßnahmen der Bundesaufsichtsbehörde einzufordern[340]. Darüber hinaus schließt das Gericht nicht aus, dass die Erlaubnis der Bank bei ordnungsgemäßer Umsetzung der Richtlinie anhand der in Frage stehenden Bestimmungen über die Einlagensicherung hätte überprüft (und gegebenenfalls entzogen) werden müssen[341].

---

[337] vergl. nur: Ossenbühl, S. 57ff
[338] vergl. hierzu ausführlich: Gratias, Staatshaftung für fehlerhafte Banken- und Versicherungsaufsicht im Europäischen Binnenmarkt", 1999
[339] OLG Köln NJW 2001, 2724ff
[340] BGH NJW 2002, 2464 (2467)
[341] BGH NJW 2002, 2464 (2465)

Genauerer Betrachtung verdienen die in der dritten Vorlagefrage geäußerten Überlegungen des BGH: Welche Folgen hat es für eine eventuelle Staatshaftung, wenn die Richtlinie dem Einzelnen ein Recht auf Einschreiten der Behörde verliehen hat?
Hier scheint der BGH die bereits bekannte Trennung zwischen gemeinschaftsrechtlichem und nationalem Staatshaftungsanspruch fortzuführen. Denn wenn, wie der BGH fragt, die Richtlinie unmittelbar und damit vorrangig zu § 6 Abs. 4 des Kreditwesengesetzes Anwendung findet, wären die Amtspflichten des Bundesaufsichtsamts als drittschützend im Sinne der Vorschriften des § 839 BGB und Art. 34 GG anzusehen.
Wäre dies der Fall, könnte in § 6 Abs. 4 des Kreditwesengesetzes eine fehlerhafte Umsetzung der Richtlinie gesehen werden und eine Staatshaftung nach gemeinschaftsrechtlichen Grundsätzen zu prüfen sein. Wie der diesbezügliche Hinweis der BGH zu verstehen ist, dass in diesem Falle auch die übrigen Voraussetzungen einer Amtshaftung gegeben sein müssten, bleibt rätselhaft. Eine Hinwendung zu einer gemeinschaftsrechtskonformen Auslegung des nationalen Rechts ist jedoch in höchstem Maße zweifelhaft, da insoweit eine deutlichere Stellungnahme des BGH zu erwarten gewesen wäre.
Es stellt sich allerdings die Frage, ob die vorrangige Anwendung der Richtlinie im Rahmen des nationalen Amtshaftungsanspruchs nicht dazu führen würde, dass im Rahmen einer Verschuldensprüfung die Haftung mit den Erwägungen abgelehnt werden wird, mit welcher der BGH bereits seine durchaus berechtigten Zweifel hinsichtlich der hinreichenden Qualifikation etwaigen Rechtsverstoßes begründet hat, nämlich dass sich der Richtlinie nicht mit hinreichender Deutlichkeit die drittschützende Ausgestaltung der Amtspflichten der zuständigen Behörde entnehmen ließ[342]. Dies spricht im Übrigen gegen eine unmittelbare Wirkung der Richtlinie. Die Entscheidung über die hinreichende Qualifikation des Rechtsverstoßes hat der BGH dem Gerichtshof überantwortet.
Darüber hinaus stellt sich diesbezüglich für den zu entscheidenden Fall die Frage, ob der BGH für seine Vorlagefrage zeitlich den richtigen Ansatzpunkt gewählt hat. Denn der Schaden ist nicht durch eine fehlerhafte Umsetzung der Richtlinie entstanden, sondern durch die vollständige Unterlassung der Umsetzung über einen längeren Zeitraum hinweg, in welchem die Schadensfälle eingetreten sind. Dies kann für die Bestimmung der hinreichenden Qualifikation des Rechtsverstoßes eine Rolle spielen, wenn eine völlige Untätigkeit des Gesetzgebers trotz einer Umsetzungsverpflichtung jedenfalls zu einer Haftung führt, ohne

---

[342] vergl. oben 2. Kapitel II. Ziff. 2.2.b)

dass die weiteren vom Gerichtshof entwickelten Haftungskriterien eine entscheidende Berücksichtigung fänden[343]. Folgt man der hier vertretenen Auffassung, wird durch eine vollständig unterlassene Umsetzung der hinreichend qualifizierte Rechtsverstoß in der Regel indiziert[344], so dass die Frage nach der Entschuldbarkeit der nachträglichen fehlerhaften Umsetzung keine Rolle spielt. Dies gilt allerdings schon aufgrund des zeitlichen Gesichtspunkts. Denn eine nach den Schadensfällen erfolgte Umsetzung kann schwerlich zu einer Haftungsbegrenzung führen. Die Fragestellung des BGH lässt sich im Übrigen nur damit erklären, dass er von einer Trennung der gemeinschaftsrechtlichen und nationalrechtlichen Haftungsgrundlage ausgeht. Die gebotene Verzahnung der gemeinschaftsrechtlichen Haftungsvorgaben mit der nationalen Anspruchsgrundlage würde zu einer Gesamtbetrachtung führen, die einheitlich die in Frage stehenden durch die Richtlinie eingeräumten Rechte und die durch die unterlassene Umsetzung entstandenen Rechtsverstöße beurteilt. Gelangt man zu dem Ergebnis, dass die gänzliche Unterlassung der Umsetzung jedenfalls einen hinreichend qualifizierten Verstoß darstellt, ist die Frage nach einem weitergehenden Schadensersatzanspruch ausschließlich mit Erwägungen zum Inhalt des eingeräumten Rechts, zur Kausalität und Schadensbemessung zu lösen. Der Bundesgerichtshof hat sich seine diesbezügliche Entscheidung somit unnötig schwer gemacht.

4. Zusammenfassung

Die von der nationalen deutschen Rechtsprechung verfolgte Trennungslösung bezüglich einer gemeinschaftsrechtlichen Staatshaftung und dem nationalrechtlichen Amtshaftungsanspruch erschwert und verkompliziert die Behandlung von Schadensersatzansprüchen aufgrund nicht ordnungsgemäßem legislativen Vollzugs von Gemeinschaftsrecht. Die vorstehende Betrachtung einer Auswahl hierzu ergangener nationaler Rechtsprechung zeigt auf, dass die nicht vorgenommene Verzahnung der gemeinschaftsrechtlichen Haftungsvorgaben mit dem nationalen Haftungsrecht zu Widersprüchen und Verwirrungen in der rechtlichen Beurteilung von Haftungsfällen mit gemeinschaftsrechtlichem Bezug führt.
Dass sich die weitere Verfolgung der Trennungslösung nicht nur deshalb, sondern insbesondere auch aus dogmatischen Gründen verbietet, wird die vorliegende Arbeit nunmehr darzustellen haben.

---

[343] vergl. oben 2. Kapitel II 2.2.b)
[344] vergl. oben 2. Kapitel II Ziff. 2.2.a) – 2.2.d)

II. Die Einordnung der gemeinschaftsrechtlichen Staatshaftung in das nationale deutsche Rechtssystem

1. Problemstellung und Gang der Untersuchung

Die bisherigen Ausführungen haben die Rechtsgrundlagen und Ausformungen der Tatbestandsvoraussetzungen der gemeinschaftsrechtlichen Staatshaftung für legislative Verstöße gegen Gemeinschaftsrecht aufgezeigt, wobei die sich unmittelbar aus den Vorgaben des Gerichtshofs ergebenden Problemkreise jeweils dort angesprochen und dargestellt wurden. Darüber hinaus habe ich anhand einer Auswahl nationaler Rechtsprechung zur mitgliedstaatlichen Haftung den Umgang deutscher Gerichte mit den europarechtlichen Haftungsvorgaben und die dabei offensichtlich gewordenen Ungereimtheiten dargetan.

Vor diesem Hintergrund soll unter Einbeziehung der bisherigen Ausführungen und Ergebnisse der Frage nachgegangen werden, wie die gemeinschaftsrechtlichen Grundsätze in das nationale deutsche Recht eingebettet werden können, wobei auch die bereits aufgeworfenen und besprochenen Problemkreise, die sich im Rahmen der Voraussetzungen der mitgliedstaatlichen Haftung ergeben haben[345], einbezogen werden. Dabei wirft die Rechtsprechung des Gerichtshofs aus der Sicht des deutschen Staatshaftungsrechts eine Vielzahl ungeklärter Fragen auf, da das nationale Schadensersatzrecht bisher keine Haftung für legislatives Unrecht kannte und diese – wie gesehen – von höchstrichterlicher nationaler Rechtsprechung immer noch im Bereich der nationalen Haftungsinstitute abgelehnt wird.

Im Wesentlichen lassen sich zwei Integrationslösungen[346] unterscheiden: Die dualistische Konzeption, der zufolge das nationalrechtliche Amtshaftungsinstitut neben einem eigenständigen originären gemeinschaftsrechtlichen Staatshaftungsanspruch „sui generis" steht, wobei das nationale Staatshaftungsrecht lediglich auf eine ergänzende Funktion hinsichtlich der Verfahrens- und Zuständigkeitsregelungen reduziert ist. Als zweite Möglichkeit kommt in Betracht, dass das Gemeinschaftsrecht Mindestvorgaben gegenüber dem nationalen Haftungssys-

---

[345] vergl. oben 2. Kapitel
[346] vereinzelt werden weiter differenzierte Lösungsansätze vertreten, auf die hier nicht weiter einzugehen ist, so z.B.: Cremer JuS 2001, 643 (646, Fn. 42) spricht von einer Komponentenbauweise und einer europarechtsinduzierten analogen Teilanwendung des nationalen Rechts; Gellermann, S. 219ff sieht eine gemeinschaftsrechtliche Anspruchsgarantie, aber keinen originären gemeinschaftsrechtlichen Staatshaftungsanspruch.

tem aufstellt und der Anspruch auf der Grundlage und im Rahmen des innerstaatlichen Staatshaftungsrechts durchzusetzen ist, welches hierfür europarechtskonform auszulegen und anzuwenden bzw. anzupassen ist.
Ausgangspunkt für die Beantwortung der Frage, wie die gemeinschaftsrechtlichen Vorgaben für die Staatshaftung mit dem nationalen Haftungsrecht zu verzahnen sind, bilden die Aussagen des Gerichtshofs zu dem Verhältnis zwischen europäischer und nationaler Haftung. Diese müssen unter Berücksichtigung der entscheidenden Rechtsprinzipien bewertet und die damit verbundenen Auswirkungen auf das nationale Haftungsrecht ausgelotet werden. Auf diesem Wege soll die Antwort auf die Frage nach der Verortung der Anspruchsgrundlage für die mitgliedstaatliche Haftung gefunden werden.

2. Ausgangspunkt: Die Aussagen des Europäischen Gerichtshofs zum Verhältnis der gemeinschaftsrechtlichen und nationalen Haftung

2.1. Die Aussagen des Gerichtshofs

In seinem „Francovich"-Urteil hat der Gerichtshof entschieden, dass es ein Grundsatz des Gemeinschaftsrechts ist, dass die Mitgliedstaaten zum Ersatz der Schäden verpflichtet sind, die dem Einzelnen durch Verstöße gegen Gemeinschaftsrecht entstehen[347]. Dieser Anspruch sei unmittelbar im Gemeinschaftsrecht begründet, wohingegen die Folgen des verursachten Schadens im Rahmen des nationalen Haftungsrechts zu beheben seien. Mangels gemeinschaftsrechtlicher Regelungen sei es nämlich Sache der nationalen Rechtsordnungen, die zuständigen Gerichte zu bestimmen und das Verfahren auszugestalten[348].
Auf den ersten Blick scheint die Aufgabenteilung zwischen Gemeinschafts- und nationalem Recht klar abgegrenzt zu sein: Die Anspruchsgrundlage für die mitgliedstaatliche Haftung generiert das Gemeinschaftsrecht, dem innerstaatlichen Recht bleibt nur die Schadensfolgenbehebung sowie Zuständigkeits- und Verfahrensregelung.
Im Gegensatz hierzu nimmt der Gerichtshof jedoch außerdem Bezug auf die materiellen und formellen Voraussetzungen des jeweiligen mitgliedstaatlichen Schadensersatzrechts, welche nicht ungünstiger als bei ähnlichen Klagen sein dürfen, die nur nationales Recht betreffen und auch nicht so ausgestaltet sein dürfen, dass sie die Erlangung einer Entschädigung praktisch unmöglich machen

---

[347] EuGHE 1991 („Francovich"), S. 5415, Tz. 37, vergl. oben 2. Kapitel Ziff. 1.1.
[348] EuGHE 1991 („Francovich"), S. 5415f, Tz. 41f

oder übermäßig erschweren[349]. Darüber hinaus habe das jeweils im Streitfalle entscheidende Gericht den Anspruch der geschädigten Verbraucher auf Schadensersatz im Rahmen des nationalen Haftungsrechts sicherzustellen[350]. So dürfen die Voraussetzungen des anwendbaren und angewandten nationalen Haftungsrechts, die dieses aufstellt, nicht gegen das Effektivitäts- und Diskriminierungsverbot verstoßen[351]. Dabei weist der Gerichtshof darauf hin, dass die von ihm vorgenommene Ausgestaltung der Haftungskriterien „genügt", um die volle Wirksamkeit des Gemeinschaftsrechts und deren effektiven Schutz zu gewährleisten[352].

2.2. Schlussfolgerungen

Bei oberflächlicher Betrachtungsweise lassen die Ausführungen des Gerichtshofs beide erwähnten Integrationslösungen zu, wobei der BGH ohne weitere Begründung sich für die Annahme eines eigenständigen gemeinschaftsrechtlichen Staatshaftungsanspruchs entschieden hat.

Im Wortlaut der Entscheidungen des Gerichtshofs, die sich mit der mitgliedstaatlichen Haftung befassen, stehen sich zwei Formulierungen gegenüber, die nur vermeintlich nicht in Einklang zu bringen sind. Dass der Anspruch unmittelbar im Gemeinschaftsrecht begründet sei, steht nicht im Widerspruch zu der Aussage, dass die Haftungsfolgen im nationalen Recht zu beheben sind. Dem Kontext der „Francovich"-Entscheidung lässt sich entnehmen, dass der Gerichtshof den Rechtsgrundsatz einer Staatshaftung für Verstöße gegen Gemeinschaftsrecht entwickelt und diesen konkretisiert hat, in dem er (insbesondere) in den Folgeentscheidungen Vorgaben für die Voraussetzungen der Haftung entwickelte[353]. Dass der Gerichtshof eine im Gemeinschaftsrecht begründete Anspruchsgrundlage schaffen wollte, ist den Formulierungen nicht zwingend zu entnehmen. Dass der Entschädigungsanspruch seine Grundlage unmittelbar im

---

[349] EuGHE 1991 („Francovich"), S. 5416, Tz. 43; EuGHE 1996 I („Brasserie du pêcheur"), S. 1153, Tz. 67, 74
[350] EuGHE 1994 I („Faccini Dori"), S. 3358, Tz. 29
[351] EuGHE 1996 I („Brasserie du pêcheur"), S. 1154, Tz. 71f, 80 in Bezug auf die Drittgerichtetheit einer Amtspflicht und das Verschuldenserfordernis im nationalen deutschen Haftungsrecht; EuG HE 1998 I, S. 160, Tz. 112; EuGHE 1996 I („British Telecommunications"), S. 2614, Tz. 32; EuGHE 2000 I („Haim"), S. 5160, Tz. 33
[352] EuGHE 1996 I („Brasserie du pêcheur"), S. 1149, Tz. 32
[353] vergl. auch oben 2. Kapitel II. Ziff. 4.

Gemeinschaftsrecht findet, beschreibt nur den Umstand, dass er sich als Grundsatz aus dem Wesen der europäischen Rechtsordnung ergibt. Gegen die Annahme einer dualistischen Lösung spricht insbesondere, dass der Gerichtshof mit seinen Äußerungen auch die materiellen Voraussetzungen des mitgliedstaatlichen Haftungsrechts einbezogen und sich mit den nationalen materiellen Tatbestandsvoraussetzungen dezidiert auseinandergesetzt hat. Hinsichtlich der Drittgerichtetheit der Amtspflicht und eines weitergehenden Verschuldenserfordernisses bei legislativem Unrecht hat der Gerichtshof deutlich gemacht, dass solche Voraussetzungen, sofern sie die gemeinschaftsrechtlichen Haftungsvorgaben verschärfen, „im Rahmen des angewandten nationalen Haftungsrechts" außer Betracht bleiben müssen[354]. Hiernach kann der Auffassung, dass lediglich hinsichtlich Zuständigkeit und Verfahren auf die nationalen Vorschriften verwiesen wird, keine Grundlage im Wortlaut der europäischen Rechtsprechung zugestanden werden.

Soweit also die Voraussetzungen des nationalen Rechts nicht ungünstiger als die europarechtlichen Vorgaben sein dürfen, setzt dies ebenfalls voraus, dass die nationalrechtlichen Bestimmungen auch Anwendung finden. Der Wortlaut der Entscheidungen weist somit in die Richtung, dass die vom Gerichtshof entwickelten Vorgaben für die Haftungsvoraussetzungen im Rahmen der Prüfung der nationalrechtlichen Anspruchsgrundlagen zu beachten sind und keine isolierte Anwendung eines gemeinschafsrechtlichen Staatshaftungsanspruchs erfolgen soll[355].

3. Subsidiaritätsprinzip, Vorrang des Gemeinschaftsrechts und gemeinschaftsrechtskonforme Auslegung des nationale Rechts

Der Wortlautauslegung der vom Gerichtshof getroffenen Feststellungen ist sicherlich indizielle Wirkung dahingehend zuzuschreiben, auf welche Weise die Grundsätze der gemeinschaftsrechtlichen Staatshaftung in das nationale Recht umgesetzt werden können bzw. müssen. Angesichts der Tatsache, dass der Gerichtshof mit der Haftung der Mitgliedstaaten für legislatives Unrecht Recht geschaffen hat, das die bisherige nationale deutsche Rechtsentwicklung in diesem Bereich in Frage stellt, liegt der Schlüssel zur der Art und Weise der notwendigen Umsetzung und Integrierung der mitgliedstaatlichen Haftung in die nationale Rechtsordnung in der Qualität des geschaffenen Rechtsinstituts und der sich

---

[354] EuGHE 1996 I („Brasserie du pêcheur"), S. 1154, Tz. 71f, 80
[355] a. A. Greb, S. 118; wie hier: Papier in: Rengeling, § 43, Rdn. 10; Papier/Dengler in: LM zu § 839 BGB, Nr. 52; vergl. ausführlich hierzu: Pfab, Staatshaftung in Deutschland, 1997, S. 125ff

daraus ergebenden Auswirkung auf das nationale Recht. Die Bestimmung des Rechtscharakters der mitgliedstaatlichen Haftung bildet den Ausgangspunkt für die Beurteilung des Ranges des Rechtssatzes, welcher wiederum über dessen Einwirkung auf das nationale Recht von entscheidender Bedeutung ist.
Es stellt sich also für die Rechtsanwendung auf mitgliedstaatlicher Ebene die Frage, ob die Vorgaben des Gerichtshofs unmittelbar zur Anwendung gelangen oder die nationalrechtlichen Vorschriften zur Adaption der europarechtlichen Grundsätze herangezogen werden können bzw. müssen. Denn es ist durchaus denkbar, dass die nationalrechtlichen Haftungsvorschriften einer gemeinschaftsrechtskonformen Auslegung nicht zugänglich sind, wenn ein Auslegungsspielraum nicht mehr vorhanden ist[356]. Andererseits ist zu betrachten, ob selbst bei einer unmittelbaren Anwendung der Vorgaben des Gerichtshofs Raum für die gemeinschaftsrechtskonforme Auslegung des nationalen Rechts bleibt oder ein eventueller Anwendungsvorrang die europarechtskonforme Auslegung verdrängt. Sollte der mit einer unmittelbaren Wirkung der gemeinschaftsrechtlichen Vorgaben verbundene Vorrang des Gemeinschaftsrechts diese Wirkung haben, könnte dies dafür sprechen, dass lediglich eine parallele Anwendung eines europäischen Staatshaftungsanspruchs neben den nationalrechtlichen Haftungsinstituten möglich wäre.
Das Verhältnis zwischen unmittelbarer Anwendung von Gemeinschaftsrecht, Vorrang des Gemeinschaftsrechts und gemeinschaftsrechtkonformer Auslegung des innerstaatlichen Rechts ist richtungweisend für die Art der Umsetzung der Vorgaben des Gerichtshofs und die daraus folgende Rechtsanwendung auf mitgliedstaatlicher Ebene.

3.1. Die Rechtsqualität der gemeinschaftsrechtlichen Staatshaftung

Der Gerichtshof hat in seiner „Francovich"-Entscheidung aus dem Wesen der mit dem EWG-Vertrag geschaffenen Rechtsordnung den Grundsatz der mitgliedstaatlichen Haftung für Verstöße gegen das Gemeinschaftsrecht herausgeschält[357]. Seine Zuständigkeit hat er Art. 220 EGVnF (Art. 164 EGVaF) entnommen[358]. Es liegt daher nahe, anzunehmen, dass mit dem Haftungsinstitut ein allgemeiner Rechtsgrundsatz des Gemeinschaftsrechts geschaffen werden sollte, zu denen auch die Gemeinschaftsgrundrechte und die grundrechtsähnlichen Verfahrensgarantien zählen. Die Bestimmung der Rechtsnatur der gemein-

---

[356] EuGHE 1987 I („Kolpinghuis"), S. 3986, Tz. 12; Beljin, Staatshaftung im Europarecht, 2000, S. 181; Huber, Europarecht, § 10, Rdn. 27f; Jarass, Grundfragen, S. 54f
[357] EuGHE 1991 I („Francovich"), S. 5414f, Tz. 35, 37
[358] EuGHE 1996 I („Brasserie du pêcheur"), S. 1144, Tz. 27

schaftlichen Staatshaftung verschmilzt dabei mit der Beurteilung der Rechtsfortbildungskompetenz des Gerichtshofs auf dem Gebiet des Staatshaftungsrechts[359]. Denn erkennt man die mitgliedstaatliche Haftung als allgemeinen Rechtsgrundsatz der Gemeinschaft an, bejaht man inzident die Rechtsfortbildungskompetenz des Gerichtshofs.

a) Die mitgliedstaatliche Haftung als allgemeiner gemeinschaftlicher Rechtsgrundsatz

Ansatzpunkt für die Legitimation des Gerichtshofs zur Entwicklung allgemeiner Rechtsgrundsätze ist die Vorschrift des Art. 220 EGVnF (Art. 164 EGVaF). Bei der Lektüre der genannten Vorschrift fällt die Unterscheidung zwischen „Recht" und „Vertrag" ins Auge. Aus dieser Formulierung ergibt sich, dass die mit dem Vertrag geschaffene Rechtsordnung neben dem geschriebenen Vertragswerk Recht beinhaltet, das der weiteren Konkretisierung bedarf. Dabei ist der Begriff des „Rechts" in einem umfassenden Sinne zu verstehen[360]. Die Wortbedeutung bezieht die Gesamtheit der Gerechtigkeitsidee der europäischen Verfassungskultur in das Gemeinschaftsrecht mit ein, welche in den Gründungsverträgen und mitgliedstaatlichen Verfassungen jeweils spezifischen Ausdruck gefunden hat[361]. Als Methode der Rechtsfindung und Gewinnung allgemeiner Rechtsgrundsätze als materielle Rechtlichkeitsstandards der Gemeinschaft wird insoweit die „wertende Rechtsvergleichung" angesehen, wie sie den hierfür grundlegenden Urteilen des Gerichtshofs zu den Grundrechten entnommen wird[362]. Anknüpfungspunkte sind sowohl das geschriebene Gemeinschaftsrecht als auch die Verfassungstraditionen der Mitgliedstaaten. Von letzteren ist bei der Gewährleistung allgemeiner Rechtsgrundsätze auszugehen. Daneben zieht der Gerichtshof die europäische Menschenrechtskonvention und internationale Verträge zur Rechtsfindung heran[363].

Die Aufgabe des Gerichtshofs zur Wahrung der in der Gemeinschaftsrechtsordnung enthaltenen Rechtsgrundsätze geht jedoch über das hinaus, was eine „wer-

---

[359] vergl. hierzu oben, 2. Kapitel I. Ziff. 1.4.
[360] Borchardt in : Lenz, Art. 220 EGV, Rdn. 5
[361] Beutler/Bieber/Pipkorn/Streil, S. 188ff, 240ff; Borchardt in: FS Grabitz, S. 32; Streinz, Europarecht, Rdn. 356; Ukrow, Rechtsfortbildung, S. 91ff
[362] Pernice/Wagner in: Grabitz/Hilf, Art. 220 EGV, Rdn. 47; Wegener in: Calliess/Ruffert, Art. 220 EGV, Rdn. 29; EuGHE 1969 I, S. 419, Tz. 7; EuGHE 1970 I („Internationale Handelsgesellschaft"), S. 1135, Tz. 3f; EuGHE 1974 I („Nold"), S. 507, Tz. 13f
[363] Streinz, Europarecht, Rdn. 359f; Wegener in: Calliess/Ruffert, Art. 220 EGV ,Rdn. 29

tende Rechtsvergleichung" leisten kann. Die Verfassungsordnungen der Mitgliedstaaten liefern dem Gerichtshof zwar geschriebene und ungeschriebene Anknüpfungspunkte zur Auslegung des Vertrages wie insbesondere das Gebot des Individualrechtsschutzes und die Grundsätze der Staatshaftung. Die wertende Rechtsvergleichung stößt allerdings dann an ihre Grenzen, wenn die Auslegung des Vertrages die Grenzlinien der aus den Mitgliedstaaten herangezogenen Rechtsinstitute überschreiten muss. Dies ist dann der Fall, wenn gemeinschaftliche Rechtsgrundsätze betroffen sind, die die Eigenart der Gemeinschaft an sich betreffen. Maßgebliche Motivation, die den Gerichtshof zur Entwicklung der mitgliedstaatlichen Haftung für legislatives Unrecht veranlasste, war die volle Wirksamkeit und Durchsetzung des Gemeinschaftsrechts, die durch die schleppende Umsetzung von Richtlinien provoziert worden war. Die Durchführung des Gemeinschaftsrechts, zu der die Mitgliedstaaten gemäß Art. 249 EGVnF verpflichtet sind, findet als auslösender und wesentlicher Grund für die europäische Staatshaftung gleichwohl keine Entsprechung in innerstaatlichem Recht, die zur Begründung im Rahmen einer Rechtsvergleichung herangezogen werden könnte, sieht man vom diesbezüglich wenig konkreten Verfassungsauftrag zur Verwirklichung eines vereinten Europas aus Art. 23 GG ab. Hierbei handelt es sich vielmehr um eine gemeinschaftsspezifische Problemstellung. Folglich kann das nationale Staatshaftungsrecht flankierend bei der Konkretisierung des in Frage stehenden Rechtsgrundsatzes herangezogen werden, Verfassungsgrundsätze zur Haftung wegen Nichtumsetzung von Gemeinschaftsrecht lassen sich jedoch naturgemäß den „vorgemeinschaftlichen" Verfassungsordnungen nicht entnehmen.
Versteht man wie der Gerichtshof die Haftung der Mitgliedstaaten für legislatives Unrecht daher auch als Mittel zur Durchführung und Durchsetzung des Gemeinschaftsrechts[364], zu dem sich die Staaten selbst verpflichtet haben, so erscheint der Einwand, dass der Gerichtshof auf diesem Gebiet keine Kompetenz zur Rechtsfortbildung im Rahmen des Art. 220 EGVnF (Art. 164 EGVaF) habe, unverständlich. Vielmehr verlangt die Konzeption der europäischen Gemeinschaften als Rechtsgemeinschaft die „Ausdehnung" der in den Mitgliedstaaten verankerten Staatshaftung auf die Haftung für legislatives Unrecht.
Prinzipiell lässt sich eine Staatshaftung im Wege der wertenden Rechtsvergleichung der mitgliedstaatlichen Verfassungsordnungen und aus dem EG-Vertrag gewinnen. Schließlich gehört die Staatshaftung zu den unverzichtbaren Wesens-

---

[364] Beljin EuR 2002, S. 351 (375f); vergl. hierzu auch unten 4. Kapitel I. und II. Ziff. 3.3.b)cc)

merkmalen des Rechtsstaates, wie er in den Mitgliedstaaten verstanden wird[365]. Die Eigenart der Gemeinschaftsrechtsordnung lässt es gleichwohl zu, Grundsätze aus dem Gemeinschaftsrecht herzuleiten, die – wie bei der Staatshaftung für legislatives Vollzugsunrecht – über die Reichweite der vergleichbaren mitgliedstaatlichen Rechtssätze hinausgehen, wenn das Wesen der Gemeinschaftsrechtsordnung dies verlangt. Infolge dessen kann im Wege wertender Rechtsvergleichung zwar der Grundsatz der Staatshaftung für eine Herleitung auf gemeinschaftlicher Ebene als Anhaltspunkt dienen. Die einzelnen mitgliedstaatlichen Ausgestaltungen lassen sich jedoch nicht ohne weiteres übertragen, da es um zum innerstaatlichen Recht unterschiedliche Problemstellungen und Rechtsgrundlagen des Gemeinschaftsrechts geht. Und sofern es um die Entwicklung von Rechtsgrundsätzen geht, ist deren Ausformung im Einzelnen Sache des Gemeinschaftsrechts und gerade nicht an die mitgliedstaatlichen Eigenarten und Spezialitäten gebunden.

Dies gilt für den Gegenstand der vorliegenden Betrachtung umso mehr, als insbesondere im nationalen deutschen Recht nach dem Gesetzestext ein Ausschluss der Haftung für legislatives Unrecht gar nicht existiert. Die Begründung, die zur innerstaatlichen Ablehnung einer solchen Haftung führt, beruht lediglich auf der gerichtlichen Auslegung der gesetzlichen Grundlage. Von diesem Standpunkt aus darauf zu schließen, dass auch auf Gemeinschaftsebene eine Haftung für legislatives Unrecht ausgeschlossen sei, verkennt die unterschiedlichen Rechtsgrundlagen und Problemstellungen.

Darüber hinaus ist die Souveränität des Mitgliedstaates im Rahmen der Gemeinschaft von höherrangigem Recht eingeschränkt, weshalb die Haftung für ein legislatives Fehlverhalten auf gemeinschaftsrechtlicher Ebene nicht die alleinige Hoheitsgewalt des Mitgliedstaates in Frage stellt, sondern die der Gemeinschaft. Anschaulich, wenn auch nicht vergleichbar, ist die Bezeichnung der Stellung des Mitgliedstaates bei der Durchführung von Gemeinschaftsrecht mit der Aufgabe eines Verwaltungsorgans.

Der Gerichtshof hat zur Begründung der mitgliedstaatlichen Haftung im Wesentlichen auf die Prinzipien des Effektivitätsgebots, des Individualrechtsschutzes und folglich auf die volle Wirksamkeit des Gemeinschaftsrechts als tragendes Prinzip verwiesen[366] sowie die nationalrechtlichen Regelungen zum Staatshaftungsrecht und die mitgliedstaatliche Rechtsprechung in seinen Erkenntnispro-

---

[365] Wolf, S. 114
[366] vergl. oben 2. Kapitel I. Ziff. 1.

zess einbezogen[367]. Vor diesem Hintergrund hat der Gerichtshof selbst die mitgliedstaatliche Haftung als einen Grundsatz des Gemeinschaftsrechts bezeichnet und einen allgemeinen Rechtsgrundsatz begründet[368]. Derartige allgemeine Rechtsgrundsätze werden als Bestandteile der Gemeinschaftsrechtsordnung primärrechtlich anerkannt, wie deren Erwähnung in Art. 288 Abs. 2 EGVnF und Art 6 Abs. 2 EUV zeigt[369]. So haben die vom Gerichtshof entwickelten Grundsätze zum Verhältnis zwischen einzelstaatlichem Recht und Gemeinschaftsrecht unter Ziffer zwei des Protokolls über die Anwendung der Grundsätze der Subsidiarität und der Verhältnismäßigkeit[370] ausdrückliche Anerkennung gefunden.

b) Der allgemeine Rechtsgrundsatz der Staatshaftung als gemeinschaftliches Primärrecht

Um eine Aussage zur Wirkung des Grundsatzes der mitgliedstaatlichen Haftung treffen zu können, ist es notwendig, den Rang dieses allgemeinen Rechtsgrundsatzes im innergemeinschaftlichen Rechtssystem zu bestimmen. Der Rang des Gemeinschaftsrechts gibt einen Anhaltspunkt dafür, inwieweit dem Rechtsinstitut unmittelbare Wirkung zugesprochen werden kann. Dies wiederum ist entscheidend dafür, ob und in welcher Weise der Anwendungsvorrang des Gemeinschaftsrechts gegenüber nationalem Recht Auswirkungen auf die Umsetzung der gemeinschaftsrechtlichen Grundsätze entfaltet und entsprechend die Rechtsanwendung vorgibt.

Die Rechtsordnung der europäischen Gemeinschaften unterscheidet zunächst zwischen primärem und sekundärem Gemeinschaftsrecht. Das primäre Unionsrecht entspringt in erster Linie den völkerrechtlichen Verträgen zur Gründung der Gemeinschaften sowie dem auf dieser Grundlage durch den EuGH entwickelten Richterrecht. Das Primärrecht stellt das „Verfassungsrecht" der Union dar und hat dementsprechend gegenüber dem sekundären Gemeinschaftsrecht einen höheren Rang[371].

Als ungeschriebene Rechtsquelle des primären Gemeinschaftsrechts sind die durch den Gerichtshof hervorgebrachten allgemeinen Rechtsgrundsätze dann als

---

[367] EuGHE 1996 I („Brasserie du pêcheur"), S. 1144, Tz. 29f
[368] a. A. Albers, Die Haftung der Bundesrepublik Deutschland für die Nichtumsetzung von Richtlinien, 1995, S. 113; wie hier: Greb, S. 69; Hermes DV 31 (1998), S. 371 (392f)
[369] Streinz, Europarecht, Rdn. 358
[370] Abgedruckt Bundesrats-Drucksache 784/97, S. 55; Sartorius II Nr. 151
[371] Huber, Europarecht, § 8, Rdn. 15ff; Koenig/Haratsch, Europarecht, Rdn. 248ff

Primärrecht einzuordnen, soweit sie ihrem Inhalt nach in diesen Rang einzustufen sind[372].
Allgemeine Rechtsgrundsätze ergeben sich dabei sowohl aus den Vorschriften und dem Geist der Verträge – also dem Gemeinschaftsrecht – und dem Recht der Mitgliedstaaten, soweit im Wege der wertenden Rechtsvergleichung für regelungsbedürftige Sachverhalte Lösungsmodelle auf gemeinschaftlicher Ebene gefunden werden[373]. Aus dem Umstand, dass allgemeine Rechtsgrundsätze überhaupt durch das Gemeinschaftsrecht anerkannt werden (wie die Erwähnung in Art. 288 EGVnF zeigt), kann jedoch noch nicht unmittelbar auf deren Zugehörigkeit zum primären Gemeinschaftsrecht geschlossen werden[374]. Dies gilt auch angesichts dessen, dass im Falle der gemeinschaftsrechtlichen Staatshaftung für legislatives Unrecht die Rechtsgewinnung durch wertende Rechtsvergleichung an ihre Grenzen stößt, was die nationalrechtlichen Verfassungsgrundsätze auf dem Gebiet der Haftung für legislatives Unrecht betrifft[375]. Wenn sich allgemeine Rechtsgrundsätze primärrechtlichen Charakters im Wege der wertenden Rechtsvergleichung gewinnen lassen, so gilt dies erst recht, wenn der Grundsatz entscheidend durch die Besonderheit der Gemeinschaftsrechtsordnung geprägt ist. Dies ist vorliegend der Fall, da sich der Haftungsgrundsatz insbesondere auch als Ausfluss des „effet utile"-Gedankens und wirksamen Durchführung des Gemeinschaftsrechts auf mitgliedstaatlicher Ebene begreifen lässt.
Die Grundsätze der mitgliedstaatlichen Haftung erfüllen ihrem Inhalt und Wesen nach eine Aufgabe auf dem originär gemeinschaftsrechtlichen Gebiet der Durchführung von Gemeinschaftsrecht, was ihre Zuordnung zum Primärrecht allemal rechtfertigt.

3.2. Vorrang und unmittelbare Anwendbarkeit des Gemeinschaftsrechts

Nachdem dargelegt ist, dass es sich bei dem Grundsatz der mitgliedstaatlichen Haftung für legislatives Unrecht um einen allgemeinen Rechtsgrundsatz und um primäres Gemeinschaftsrecht handelt, ist nunmehr klärungsbedürftig, welche Auswirkung dies auf die nationale Rechtsanwendung hat. Genauer geht es um das Verhältnis zwischen primärem Gemeinschaftsrecht und der nationale Rechtsordnung. Auf der Grundlage der Determination dieses Verhältnisses werden sich Rückschlüsse darauf ziehen lassen, in welcher Weise der Grundsatz der

---

[372] Borchardt, Europarecht, Rdn. 72ff; Streinz, Europarecht, Rdn. 354
[373] Beutler/Bieber/Pipkorn/Streil, S. 240f
[374] so aber: Greb, S. 69
[375] vergl. oben 3. Kapitel II. Ziff. 3.1.a)

mitgliedstaatlichen Haftung auf die Rechtsanwendung einwirkt und wie die Vorgaben des Gerichtshofs auf mitgliedstaatlicher Ebene durchzuführen sind.

Dabei werden die Beziehungen zwischen Gemeinschaftsrecht und nationalem Recht und auf diese Weise die Beachtlichkeit der gemeinschaftsrechtlichen Vorgaben durch verschiedene Institute beeinflusst, die mögliche Kollisionen zwischen den Rechtsordnungen aufzulösen versuchen[376]. Hierbei handelt es sich um den Vorrang des Gemeinschaftsrechts, dessen unmittelbare Anwendbarkeit und die gemeinschaftsrechtskonforme Auslegung mitgliedstaatlichen Rechts, die der Gerichtshof in seiner Rechtsprechung entwickelt hat und die in das geschriebene Primärrecht zumindest mittelbar Eingang gefunden haben. So weist Ziffer zwei des Protokolls über die Anwendung der Grundsätze der Subsidiarität und der Verhältnismäßigkeit aus, dass die vom Gerichtshof entwickelten Grundsätze für das Verhältnis zwischen einzelstaatlichem Recht und Gemeinschaftsrecht nicht berührt werden[377]. In einem späteren Kapitel dieser Arbeit wird noch darauf einzugehen sein, welche Stellung die gemeinschaftsrechtliche Staatshaftung im Gefüge des europäischen und nationalen Verfassungsrechts einnimmt[378].

Das Verhältnis der Rechtsinstitute, das als Kollisionsrecht begriffen werden kann, ist wenig gesichert und bedarf einer näheren Betrachtung, um daraus Folgerungen für die Umsetzung der Vorgaben des Gerichtshofs ableiten zu können. Zu klären ist, inwieweit die unmittelbare Wirkung von Gemeinschaftsrecht Voraussetzung für den Anwendungsvorrang ist, dessen Wirkungen auf das innerstaatliche Recht ebenfalls zu analysieren sind. Lässt sich die gemeinschaftsrechtskonforme Auslegung mit dem Vorrang und der unmittelbaren Wirkung des Gemeinschaftsrechts vereinbaren und welche Rolle spielt das Subsidiaritätsprinzip dabei? So bedarf es darüber hinaus der Untersuchung, ob tatsächlich eine Kollision beider Rechtsordnungen vorliegt und welcher Zusammenhang zwischen der Art der Kollision und dem Vorrang bzw. der unmittelbaren Wirkung besteht.

Die nachfolgende Darstellung wird versuchen, Voraussetzungen und Rechtsfolgen des Kollisionsrechts systematisch aufzuzeigen und dabei das Verhältnis der einzelnen Institute klarzumachen. Dies wird zu einer Aussage über die Rechtsanwendung für die Grundsätze der mitgliedstaatlichen Haftung für legislatives Unrecht auf einzelstaatlicher Ebene führen.

---

[376] Beljin EuR 2002, S. 351; Niedobitek VerwArch 92 (2001), S. 58
[377] Abgedruckt Bundesrats-Drucksache 784/97, S. 55; Sartorius II Nr. 151
[378] vergl. unten 4. Kapitel

a) Die unmittelbare Anwendbarkeit von Primärrecht

Die unmittelbare Anwendbarkeit des Gemeinschaftsrechts soll vorab begrifflich von der unmittelbaren Anwendung unterschieden werden. Inwieweit und auf welche Weise eine unmittelbare Anwendbarkeit zur unmittelbaren Anwendung führt bzw. zu einer entsprechenden mitgliedstaatlichen Pflicht, bedarf der näheren Betrachtung im Rahmen des Vorrangs des Gemeinschaftsrechts. Die Terminologie der Anwendbarkeit soll daher zunächst nichts über die tatsächliche oder zu erfolgende Rechtsanwendung aussagen.

Dies vorangestellt ist danach zu fragen, ob der allgemeine Rechtsgrundsatz der gemeinschaftsrechtlichen Staatshaftung die Kriterien erfüllt, die der Gerichtshof für die unmittelbare Anwendbarkeit von Rechtssätzen des Gemeinschaftsrechts aufgestellt hat. Unmittelbare Anwendbarkeit bedeutet, dass ein gemeinschaftsrechtlicher Rechtssatz so vollständig und präzise sein muss, dass er sich zur Anwendung in einem konkreten Fall eignet[379]. Dabei sind die diesbezüglichen Voraussetzungen für alle Rechtsakte grundsätzlich gleich[380]. Im Einzelnen verlangt die unmittelbare Anwendbarkeit die inhaltliche Unbedingtheit und die notwendige Bestimmtheit des Rechtssatzes[381], wobei diese Voraussetzungen durch den Gerichtshof großzügig gehandhabt werden. So muss die gemeinschaftsrechtliche Norm nicht stets nach Tatbestand und Rechtsfolge positiv angewendet werden können. Es reicht vielmehr aus, dass der Rechtssatz eine vollständig begreifbare Regelung darstellt, die dazu geeignet ist, bestimmte nationale Norminhalte zu eliminieren[382]. Das die Mitgliedstaaten verpflichtende Gemeinschaftsrecht muss für die Einhaltung und Durchführung der auferlegten Verpflichtungen hinreichend klare Vorgaben machen[383].

Dabei hat sich der Gerichtshof bisher nicht mit der Frage nach der unmittelbaren Wirkung eines allgemeinen Rechtsgrundsatzes befasst. So wird der Haftungsgrundsatz als nach Inhalt und Struktur imperfekter und konkretisierungs-

---

[379] Fischer, Europarecht, § 6, Rdn. 8; Hidien, S. 19; Niedobitek VerwArch 92 (2001), S. 58 (68)
[380] Bleckmann, Europarecht, Rdn. 1189f
[381] st. Rspr. seit EuGHE 1982 („Becker"), S. 70, Tz. 17ff; EuGHE 1989 („Fratelli Constanzo"), S. 1870, Tz. 29f
[382] Beljin, S. 173; a.A. Bleckmann, Europarecht, Rdn. 1198; Jarass, Grundfragen, S. 72f; Niedobitek VerwArch 92 (2001), S. 58 (68)
[383] Niedobitek VerwArch 92 (2001), 58 (68)

bedürftiger Rechtssatz angesehen, der für sich keine unmittelbare Wirkung erlangen könne. Den durch die Rechtsprechung vorgenommenen Konkretisierungen wird dagegen unmittelbare Wirkung zugesprochen, wobei allgemeiner Rechtsgrundsatz und richterrechtlich formulierter Haftungsanspruch getrennt gesehen werden[384].

Diese Vorgehensweise verkennt, dass die Analyse der unmittelbaren Anwendbarkeit des Grundsatzes der mitgliedstaatlichen Haftung erst der Weg zur Bestimmung dessen ist, ob ein isolierter gemeinschaftsrechtlicher Haftungsanspruch besteht oder nicht. Lässt sich die unmittelbare Anwendbarkeit der Vorgaben des Gerichtshofs feststellen, so entscheidet die Wirkung des Vorrangs des Gemeinschaftsrechts und des Subsidiaritätsprinzips über die tatsächliche Rechtsanwendung. Die unmittelbare Anwendbarkeit gilt es vorab zu untersuchen, wobei eine scharfe Trennung zwischen allgemeinem Rechtsgrundsatz und originär gemeinschaftsrechtlichem Haftungsanspruch nicht erfolgen kann.

aa) Inhaltliche Unbedingtheit

Die Anwendung des Haftungsinstituts darf nicht von einer Bedingung oder konstitutiven Entscheidung eines Gemeinschaftsorgans oder Mitgliedstaates abhängen. Dies wäre dann der Fall, wenn ein Entscheidungsspielraum hinsichtlich des Setzens von Rechtsfolgen besteht[385].

Auf der Rechtsfolgenseite der mitgliedstaatlichen Haftung steht der Schadensersatzanspruch des einzelnen Unionsbürgers, der ihm gegen den Staat gewährt wird. Dass im Rahmen des innerstaatlichen Rechts die Haftung ausnahmsweise beschränkt werden kann, wenn dies dem Effektivitätsgebot und der Rechtssicherheit nicht widerspricht[386], stellt keine Haftungsbegrenzung dar, die die Rechtsfolge des Haftungsgrundsatzes in Frage stellen würde[387]. Im Übrigen hat der Gerichtshof auch zu Art und Umfang des zu gewährenden Schadensersatzes mehrfach Stellung genommen und die ersatzfähigen Schadensposten verschiedentlich präzisiert[388]. Auf einzelstaatlicher Ebene bleibt daher lediglich noch Raum, Detailfragen der Schadensbemessung aufzufüllen, was einer unmittelbaren Anwendbarkeit des fraglichen Gemeinschaftsrechts nicht im Wege steht[389].

---

[384] Hidien, S. 20
[385] Fischer, Europarecht, § 6, Rdn. 27; Jarass, Grundfragen, S. 74; Jarass DVBl 1995, S. 954 (956); EuGHE 1968 („Molkerei-Zentrale Westfalen"), S. 234
[386] EuGHE 1996 I („Brasserie du pêcheur"), S. 1159ff, Tz. 94ff
[387] Beljin, S. 174
[388] vergl. unten 3. Kapitel II. Ziff. 4.8.
[389] Beljin, S. 174f; Jarass, Grundfragen, S. 65

Es reicht dessen ungeachtet für die unmittelbare Anwendbarkeit im vorliegenden Falle bereits aus, dass das Ziel des gemeinschaftsrechtlichen Grundsatzes hinreichend deutlich definiert ist. Denn neben dem tragenden Gedanken des Haftungsinstituts – des „effet utile" – beinhaltet das zu erreichende Ziel selbstredend gerade die Gewährung eines Schadensersatzanspruchs. Dieses Mindestrecht, das sich hinsichtlich der Schadensposition an der Schutzrichtung der verletzten gemeinschaftsrechtlichen Norm orientieren muss, reicht für die inhaltliche Unbedingtheit des Grundsatzes der Staatshaftung aus[390]. Insoweit ist der allgemeine Rechtsgrundsatz der mitgliedstaatlichen Haftung schon ohne jede weitere Konkretisierung unmittelbar anwendbar da „rechtlich vollkommen"[391].

Die weiteren vom Gerichtshof entwickelten Vorgaben der materiellrechtlichen Haftungsvoraussetzungen sind ebenfalls inhaltlich unbedingt. Die im Einzelnen bereits differenziert ausgeformten Vorgaben[392] sind angesichts ihres Gegenstandes geeignet, aus dem Zusammenhang gelöst und gesondert angewendet zu werden[393]. Dies gilt sowohl im Hinblick auf die einzelnen Haftungsmerkmale wie auch im Bezug auf den allgemeinen Rechtsgrundsatz der mitgliedstaatlichen Haftung. Die Ausformungen des Haftungsprinzips sind, was Tatbestand und Rechtsfolge betrifft, in anwendungsfähiger Form durch die Rechtsprechung konkretisiert und präzisiert (und praktiziert), womit der allgemeine Rechtsgrundsatz selbst und die jeweiligen Voraussetzungen inhaltlich unbedingt und als Rechtsnorm vollständig sind. Gleiches gilt für den Anspruchsgegner, den Mitgliedstaat[394]. Aktivlegitimiert ist der jeweilig durch die verletzte Gemeinschaftsrechtsnorm Begünstigte, der sich insoweit bereits bei der Bestimmung des individualschützenden Charakters der verletzten Regelung feststellen lässt[395].

Im Ergebnis bleibt festzuhalten, dass sowohl der allgemeine Rechtsgrundsatz der mitgliedstaatlichen Haftung als auch die vom Gerichtshof entwickelten Haftungskriterien für sich inhaltlich unbedingt sind.

---

[390] Beljin, S. 175; Fischer, Europarecht, § 6, Rdn. 30; EuGHE 1996 I („Denkavit"), S. 5077, Tz. 39; S. 5080f, Tz. 51 (Generalanwalt Jacobs)
[391] Streinz, Europarecht, Rdn. 349
[392] vergl. oben 2. Kapitel II.
[393] Fischer, Europarecht, § 6, Rdn. 31
[394] EuGHE 1991 I („Francovich"), S. 5412, Tz. 25; EuGHE 2000 I („Haim"), S. 5159, Tz. 27ff
[395] EuGHE 1991 I („Francovich"), S. 5408, Tz. 13; vergl. oben 2. Kapitel II. Ziff. 1.3.

bb) Hinreichende Bestimmtheit

Eine unmittelbare Anwendbarkeit kann einem gemeinschaftlichen Rechtssatz nur dann zugestanden werden, wenn er neben der inhaltlichen Unbedingtheit auch hinreichend bestimmt ist. Hierfür kommt es darauf an, dass die Norm allgemein und eindeutig Vorgaben zum sachlichen Regelungsgehalt und erfassten Personenkreis der begründeten Verpflichtung trifft[396].
Die Kriterien der inhaltlichen Unbedingtheit und hinreichenden Bestimmtheit verschwimmen in ihren Anforderungen. Wie bereits festgestellt, sind die Vorgaben des Gerichtshofs betreffend der mitgliedstaatlichen Haftung in einer Weise konkretisiert, dass man von einer vollständigen und hinreichend bestimmten Regelung ausgehen kann.
Solange sich der Inhalt der gemeinschaftsrechtlichen Vorgaben und Rechtssätze durch Auslegung auch durch den nationalen Richter oder sonstigen Entscheidungsträger ermitteln lässt, ein etwaig unbestimmter Rechtsbegriff noch auslegungsfähig ist, fehlt es an einer hinreichenden Bestimmtheit der Gemeinschaftsnorm nicht[397]. Selbst schwierige Auslegungsfragen hindern die unmittelbare Anwendbarkeit von Gemeinschaftsrecht nicht[398]. Soweit die Vorgaben des Gerichtshofs für die mitgliedstaatliche Haftung für deren Anwendung selbst diffizile Auslegungen erforderlich machen[399], stehen diese einer hinreichenden Bestimmtheit der entwickelten Haftungsvoraussetzungen nicht entgegen.

cc) Schlussfolgerung

Im Hinblick auf die voranstehenden Ausführungen ist festzustellen, dass der gemeinschaftsrechtliche Grundsatz der Staatshaftung sowohl als allgemeiner Rechtssatz des gemeinschaftlichen Primärrechts als auch in seinen einzelnen durch den Gerichtshof entwickelten Haftungsvorgaben der unmittelbaren Anwendbarkeit zugänglich ist und sich der Einzelne im Konfliktfall unmittelbar hierauf berufen kann[400]. Über die tatsächliche Rechtsanwendung auf mitglied-

---

[396] EuGHE 1986 („Marshall"), S. 748, Tz. 46; Beljin, S. 176; Fischer, Europarecht, § 6, Rdn. 32; Jarass, Grundfragen, S. 76
[397] Fischer, Europarecht, § 6 Rdn. 32
[398] Bleckmann, Europarecht, Rdn. 1178; EuGHE 1968 („Molkerei-Zentrale Westfalen"), S. 233f
[399] vergl. oben 2. Kapitel Ziff. S.
[400] Beljin, S. 177; Ehlers JZ 1996, S. 776 (777f); Geiger, S. 44; Hermes DV 31 (1998), S. 371 (389f, 392f); a.A. Hidien, S. 19f; Kadelbach, S. 64f, 180;

staatlicher Ebene sagt dieser Umstand jedoch noch nichts aus. Vielmehr bleiben die Folgen der unmittelbaren Anwendbarkeit zu untersuchen.

b) Der Vorrang des Gemeinschaftsrechts

aa) Die unmittelbare Anwendbarkeit als Voraussetzung des Vorrangs des Gemeinschaftsrechts

Die direkte Anwendbarkeit sagt per se noch nichts über das Anwendungsverhältnis zwischen europäischem und innerstaatlichem Recht aus. So ist zwischen der unmittelbaren Anwendbarkeit und der unmittelbaren Anwendung bzw. Geltung des Gemeinschaftsrechts zu unterscheiden. Die unmittelbare Anwendbarkeit stellt damit die gemeinschaftsrechtliche Voraussetzung dafür dar, dem Gemeinschaftsrecht unmittelbare Geltung auf mitgliedstaatlicher Ebene zu verleihen, sie verkörpert mithin die „Eignung" des europäischen Rechts zur direkten Wirkung in den einzelnen Mitgliedstaaten[401].
Es ist deshalb zu untersuchen, welche Rolle der unmittelbaren Anwendbarkeit bei der tatsächliche Rechtsanwendung zukommt. Genauer gesagt ist entscheidend, wann die unmittelbare Anwendbarkeit eines europäischen Rechtssatzes zu dessen unmittelbarer innerstaatlichen Geltung führt. Wie in diesem Falle dem Geltungsanspruch genüge getan wird, bleibt einer späteren Betrachtung vorbehalten. Es stellt sich die Frage, unter welchem Gesichtspunkt die unmittelbare Anwendbarkeit in die Pflicht zur unmittelbaren Anwendung und damit zur unmittelbaren Geltung umschlägt. Die unmittelbare Geltung des Gemeinschaftsrechts stellt sich somit als Pflicht zur vorrangigen Anwendung des Gemeinschaftsrechts dar. Da eine Pflicht zur vorrangigen und damit unmittelbaren Anwendung und Geltung des Gemeinschaftsrechts sich nur auf solche Rechtssätze beziehen kann, die selbst unmittelbar anwendbar sind, ist eben diese unmittelbare Anwendbarkeit Voraussetzung für deren unmittelbare Geltung.

Diese Feststellung lässt erst dann ihre Bedeutung erkennen, wenn man den Blick darauf richtet, dass eine Anwendung des Gemeinschaftsrechts vor dem nationalen Recht in Frage steht. Denn schließlich ist es auch vorstellbar, dass europäisches Recht Bereiche regelt, die auf mitgliedstaatlicher Ebene bisher noch keinerlei Regelung erfahren haben oder dass die innerstaatlichen Vorschriften den gemeinschaftlichen Vorgaben schon entsprechen. In letzterem Falle bleibt die unmittelbare Anwendbarkeit zwar bestehen, es stellt sich jedoch nicht die Not-

---

[401] ähnlich: Beljin EuR 2002, S. 351 (354)

wendigkeit einer unmittelbaren Geltung des Gemeinschaftsrechts[402]. Denn auch im Falle der unmittelbaren Anwendbarkeit können dann nationale (Haftungs-)Regelungen anwendbar sein[403]. Entscheidend ist daher der Bereich, in dem es zu einem Widerspruch zwischen Gemeinschaftsrecht und innerstaatlichem Recht kommt. Die unmittelbare Anwendbarkeit schlägt also erst dann in eine Pflicht zur unmittelbaren Anwendung und damit zur unmittelbaren Geltung um, wenn nationale Vorschriften dem unmittelbar anwendbaren Recht entgegenstehen, es mithin zu einer Kollision der Rechtsordnungen kommt[404]. Unmittelbare Anwendbarkeit bzw. Geltung und die Kollision bedingen sich damit gegenseitig. Nur im Falle einer Kollision kann sich die unmittelbare Anwendbarkeit des Gemeinschaftsrechts zur unmittelbaren Geltung und zur Pflicht der vorrangigen Anwendung des Gemeinschaftsrechts transformieren. Die unmittelbare Anwendbarkeit löst somit die Kollision aus und führt (als deren Voraussetzung) zur Pflicht der unmittelbaren Anwendung und damit zur unmittelbaren Geltung des Gemeinschaftsrechts. Es handelt sich um eine Wechselbeziehung zwischen Gemeinschaftsrechtsordnung und nationaler Rechtsordnung, die sich wie folgt zusammenfassen lässt:
Ohne unmittelbare Anwendbarkeit des Gemeinschaftsrechts keine Kollision, ohne Kollision keine unmittelbare Geltung des Gemeinschaftsrechts.

Im Ergebnis stellt sich die unmittelbare Anwendbarkeit des Gemeinschaftsrechts als Voraussetzung für eine Kollision zwischen Gemeinschaftsrecht und nationalem Recht dar, im Falle der Kollision führt dies zur unmittelbaren Geltung (resp. Anwendung) des Gemeinschaftsrechts[405]. Diese Normenkollision wird durch den Vorrang des Gemeinschaftsrechts aufgelöst, worauf nunmehr einzugehen sein wird.

bb) Der Vorrang des Gemeinschaftsrechts im Einzelnen

Kommt es zu einer Kollision zwischen Gemeinschaftsrecht und nationalem Recht, bedarf es einer Kollisionsnorm, die den Widerspruch der kollidierenden Bestimmungen einer Klärung zuführt. Die Eigenständigkeit der Rechtsordnungen bringt in einem solchen Falle zwangsläufig die Frage mit sich, welches Recht

---

[402] Beljin, S. 211
[403] Cornils. S. 135; hiervon geht wohl auch aus: Saenger JuS 1997, S. 865 (869); Seltenreich, S. 81, 84
[404] ähnlich: Beljin EuR 2002, S. 351 (354); Pernice VVDStRL 60, S. 148 (182ff)
[405] nicht klar trennend: Beljin, S. 211;Beljin EuR 2002, S. 351 (353f); Niodobitek VerwArch 92 (2001), S. 58 (67f)

dem anderen vorgeht, da innerstaatliche Kollisionsregeln auf das Verhältnis verschiedener im Rang über- bzw. untereinander stehender Rechtsordnungen nicht anwendbar sein können. Ein Konflikt zwischen europäischem und mitgliedstaatlichem Recht kann daher nur aus dem von den Mitgliedstaaten anerkannten übergeordneten Recht gelöst werden[406].
Der Gerichtshof hat aus der Autonomie der unionalen Rechtsordnung heraus die Lehre vom Vorrang des Gemeinschaftsrechts entwickelt. Aus dem Wortlaut und dem Geist des Vertrages deduzierte der Gerichtshof, dass es den Mitgliedstaaten unmöglich ist, gegen Gemeinschaftsrecht nachträglich einseitige Maßnahmen ins Feld zu führen. Andernfalls wäre der Charakter des Gemeinschaftsrechts als übergeordnete Rechtsordnung und damit die Rechtsgrundlage der Gemeinschaft in Frage gestellt[407]. Beim Vorrang des Gemeinschaftsrechts handelt es sich somit um die entscheidende Kollisionsregel für das Verhältnis zwischen gemeinschaftlichem und mitgliedstaatlichem Recht[408].

Im Falle der Normenkollision verpflichtet das Gemeinschaftsrecht zur unmittelbaren Anwendung seiner Vorgaben auf mitgliedstaatlicher Ebene, wenn der Vorrang des Gemeinschaftsrechts zum Tragen kommt. Dabei bestimmt der gemeinschaftsrechtliche Vorrang die Art und Weise, wie die Anwendung auf mitgliedstaatlicher Ebene von Statten geht. Die Wirkung des Vorranges hängt insoweit entscheidend von zwei Faktoren ab: einerseits dem grundlegenden Verständnis der Wirkungsweise des Vorrangs als Geltungs- oder Anwendungsvorrang, andererseits von der bestehenden mitgliedstaatlichen Rechtslage. In jedem einzelnen vorstellbaren Kollisionsfall ist dann nach der tatsächlichen Folge für die innerstaatliche Rechtsanwendung zu fragen.

cc) Anwendungs- oder Geltungsvorrang?

Die Frage nach der grundsätzlichen Wirkung des Vorrangs im Bereich der nationalen Rechtsordnungen ist umstritten.
Vorrang kann demnach bedeuten, dass dem Gemeinschaftsrecht zuwiderlaufendes nationales Recht nichtig sei. Gemeinschaftsrecht würde im Konfliktsfall das innerstaatliche Recht „brechen" und die Wirksamkeit des kollidierenden natio-

---

[406] Beutler/Bieber/Pipkorn/Streil, S. 95f; Borchardt, Europarecht, Rdn. 118ff; Everling DVBl 1985, S. 1201 ff
[407] EuGHE 1964 („Costa/ENEL"), S. 1269ff
[408] Vergl. hierzu: Zuleeg, VVDStRL 53, S. 154 (159ff)

nalen Rechts unabhängig vom konkreten Konflikts- und Anwendungsfall auf der Normebene beschränken[409]. Diese Auffassung lässt sich der Rechtsprechung des Gerichtshofs jedoch nicht zwingend entnehmen[410]. Sie wird im überwiegenden Schrifttum und mit guten Gründen abgelehnt. Demnach wird dem Gemeinschaftsrecht ein Anwendungsvorrang vor dem nationalen Recht eingeräumt. Im Kollisionsfall ist das nationale Recht unanwendbar, soweit und solange es der Geltung der gemeinschaftlichen Vorgaben entgegensteht, gleichwohl kann es für rein innerstaatliche Sachverhalte anwendbar bleiben[411]. Dieser Auffassung liegt die ständige Rechtsprechung des Gerichtshofs zugrunde, der für den Fall entgegenstehenden nationalen Rechts eben dieses für ohne weiteres unanwendbar erklärt[412]. Damit stellt sich der (Anwendungs-)Vorrang als Kollisionsregel dar, die dem Primat des Gemeinschaftsrechts im konkreten Anwendungsfall Genüge tut, weil sie die innerstaatlichen Rechtsanwendungsorgane verpflichtet, die gemeinschaftsrechtswidrige Norm unangewendet zu lassen[413].

Diese Lösung verdient den Vorrang, da sie der Gemengelage zwischen Gemeinschaftsrechtsordnung und nationalem Recht am ehesten gerecht wird. Denn soweit der Vorrang des Gemeinschaftsrechts zur unmittelbaren Anwendung seiner Vorgaben verpflichtet, lässt nur die Interpretation des Anwendungsvorrangs den Spielraum zu, der sich bei der Umsetzung anerkanntermaßen durch die gemeinschaftsrechtskonforme Auslegung eröffnet. Denn mit der Annahme eines Geltungsvorrangs und der damit verbundenen Nichtigkeit entgegenstehenden Rechts würde gleichsam eine Anpassungs- und Ausführungssperre einhergehen. Im Kollisionsfall ist jedoch zu überprüfen, welche Rechtsfolge der Anwendungsvorrang im Einzelnen nach sich zieht. Im Hinblick auf das Verhältnis zwischen den europäischen Vorgaben für die Staatshaftung und dem nationalen Haftungsinstitut stellt sich diese Frage dahingehend, dass eine Kollision zwischen den europäischen Vorgaben und der Auslegung der nationalen Regelung besteht,

---

[409] so: Niedobitek VerwArch 92 (2001), S. 58 (61ff) mwN.
[410] Kadelbach, S. 56
[411] Arndt, Europarecht, S. 109f; Borchardt, Europarecht, Rd. 118ff; Fischer, Europarecht, § 6, Rdn. 58; Herdegen, Europarecht, Rdn. 230; Huber, Europarecht, § 9, Rdn. 1ff; Jarass, Grundfragen, S. 3; Jarass DVBl. 1995, S. 954 (958); Koenig/Haratsch, Europarecht, Rdn. 122f; Lecheler, Europarecht, S. 53; Oppermann, Europarecht, Rdn. 632ff; BVerfGE 73 („Solange II"), 374ff
[412] EuGHE 1978 („Simmenthal"), S. 629, Tz. 21, 23
[413] Borchardt, Europarecht, Rdn. 123; Herdegen, Europarecht, Rdn. 230; Lecheler, Europarecht, S. 53; Niedobitek VerwArch 92 (2001), S. 58 (63)

die im Folgenden nach ihrer Qualität zu untersuchen sein wird. Denn auch die Qualität der Kollision kann von Bedeutung für die sich aus dem Vorrang ergebende Rechtsfolge und das Verhältnis zwischen Vorrang und gemeinschaftsrechtskonformer Auslegung sein. Soweit die Möglichkeit der gemeinschaftsrechtskonformen Auslegung besteht, erscheint es fraglich, dass den Vorgaben des Gerichtshofs auf nationaler Ebene mit der Initiierung eines gesondert zu prüfenden gemeinschaftsrechtlichen Staatshaftungsanspruchs nachgekommen werden muss.

Vorab ist deshalb zu untersuchen, welcher Art die für den Vorrang notwendige Voraussetzung der Kollision zwischen den gemeinschaftlichen Haftungsvorgaben für die mitgliedstaatliche Haftung und dem nationalen Haftungsinstitut ist.

dd) Indirekte oder direkte Normenkollision?

Wie bereits bemerkt, ist eine weitere Voraussetzung für das Eingreifen des Vorrangs eine Kollision zwischen Gemeinschaftsrecht und nationalem Recht. Die Kollision selbst bezeichnet zunächst den Konflikt zwischen den beiden in Frage stehenden Rechtsordnungen in jedweder Art. Entsprechend lässt sich die Begrifflichkeit des Vorrangs als „grundsätzlicher" Vorrang begreifen, der die Unterordnung des nationalen Rechts gegenüber dem Gemeinschaftsrecht beschreibt.

Vorliegend geht es jedoch um den Vorrang, der als Rechtsfolge die Pflicht zur unmittelbaren Anwendung des Gemeinschaftsrechts und der Nichtanwendung entgegenstehenden nationalen Rechts beinhaltet. Dieser Anwendungsvorrang lässt sich als „Vorrang im engeren Sinne" verstehen, der die Frage des Nebeneinanderstehens zweier einander widersprechender Rechtsnormen betrifft, die beide in der innerstaatlichen Rechtsordnung Geltung beanspruchen und von denen die eine im Vertrag enthalten oder von Gemeinschaftsorganen erlassen, die andere von staatlichen Organen gesetzt ist[414].

Innerhalb dieses Bereichs stellt sich die Frage nach der notwendigen Qualität der Kollision für den Anwendungsvorrang und der eventuellen Auswirkung auf die Rechtsfolgen des Anwendungsvorrangs. Um Klarheit hierüber zu erhalten, bedarf es daher zunächst der Betrachtung, in welcher Weise die gemeinschaftsrechtlichen Haftungsvorgaben sich an dem nationalen Haftungsrecht reiben.

---

[414] Beljin EuR 2002, S. 351 (355)

Eine direkte Kollision liegt vor, wenn Normen beider Rechtsordnungen auf den gleichen Sachverhalt anwendbar sind und somit die gleiche Frage regeln, Gemeinschaftsvorgaben und nationale Bestimmung jedoch unterschiedliche, bei gleichzeitiger Anwendung nicht miteinander vereinbare Rechtsfolgen anordnen[415].

Eine indirekte Kollision wird dann angenommen, wenn die Anwendung nationalen Rechts die Wirksamkeit von Gemeinschaftsrecht beeinträchtigt. Derartige Wirksamkeitseinschränkungen können auch nationale Vorschriften anderer Regelungsbereiche bewirken, darüber hinaus auch das nationale Verwaltungs- und Prozessrecht[416]. Der Konflikt tritt somit nicht bei der Frage Rechtsgewährung, sondern im Verhältnis zwischen gemeinschaftsrechtlicher Rechtsgewährung und mitgliedstaatlicher Rechtsrealisierung auf[417]. Die Abgrenzung zwischen beiden Kollisionstypen ist schwierig und mit Unsicherheiten behaftet, da die Entscheidung von einer Abwägung abhängt, die nach der hinreichenden Gewichtigkeit der Wirksamkeitsbeeinträchtigung suchen muss[418].

Die Beantwortung der Frage, ob zwischen den gemeinschaftsrechtlichen Haftungsvorgaben und dem nationalen Haftungsinstitut eine direkte oder indirekte Kollision vorliegt, ist auch anhand der vorstehenden Definitionen nicht einfach. Die Unklarheit dieser Unterscheidung erlaubt es gleichwohl nicht, die Frage nach einer Kollision über die Möglichkeit der parallelen Anwendung zweier Haftungsinstitute zu umgehen[419].

Das Verhältnis der verschiedenen haftungsregelnden Normen lässt sich nicht auf den Inhalt einer Rechtsfolgenanordnung reduzieren. Denn die Vorgaben des Gerichtshofs für die mitgliedstaatliche Haftung greifen einerseits die tatbestandliche Ebene der Haftung auf, andererseits die Rechtsfolgenseite des Schadensersatzes. Insbesondere im Hinblick auf die Haftung des Staates für legislatives Unrecht stehen die Vorgaben des Gerichtshofs auch nicht in ausdrücklichem Widerspruch zu den nationalrechtlichen Vorgaben, da der innerstaatliche Gesetzestext eine Haftung für legislatives Unrecht nicht ausschließt. Das Erfordernis des subjektiven Rechts auf Gemeinschaftsebene hat das durch die deutsche Rechtsprechung ausgeformte entsprechende Merkmal der Drittbezogenheit im nationalen

---

[415] v. Bogdandy in: Grabitz/Hilf, Art. 1 EGV, Rdn.35f; Huber, Europarecht, § 9, Rdn. 1; Jarass DVBL. 1995, S. 954 (959); Niedobitek VerwArch 92 (2001), S. 58 (73)
[416] v. Bogdandy in: Grabitz/Hilf, Art. 1 EGV, Rdn. 35f; Jarass DVBl 1995, S. 954 (959)
[417] Niedobitek VerwArch 92 (2001), S. 58 (74)
[418] Beljin, S. 217; v. Bogdandy in: Grabitz/Hilf art. 1 EGV, Rdn. 36; Jarass DVBl 1995, S. 954 (959)
[419] zu ergebnisorientiert: Beljin, S. 218ff

Recht (neben weiteren Merkmalen) lediglich inhaltlich verändert. Auch die Rechtsfolge des Schadensersatzes hat keine grundlegende Veränderung erfahren, denn die wesentliche Veränderung hat auf der Tatbestandsebene stattgefunden. Das Konkurrenzverhältnis der beiden Haftungsinstitute wird dadurch bestimmt, dass bei genauem Hinsehen die Unterschiede gar nicht so groß sind. Es sind die Feinheiten im Tatbestand der Haftungsinstitute, die im Rahmen des legislativen Unrechts zu diametral unterschiedlichen Ergebnissen führen.

Die Kollision zwischen den gemeinschaftsrechtlichen Vorgaben und dem nationalen Haftungstatbestand wird demzufolge weniger durch einen zwingenden und schwer zu überwindenden Normwiderspruch auf der Tatbestands- bzw. Rechtsfolgenseite charakterisiert, als dass die gemeinschaftsrechtliche Rechtsgewährung bei der Durchführung von europäischem Recht (nämlich Schadensersatz bei mangelnder oder fehlerhafter Umsetzung) aufgrund innerstaatlicher gerichtlicher Auslegung des nationalen Rechts vom einzelnen Bürger nicht realisiert werden kann[420]. Der Gerichtshof hat mit der Entwicklung eines allgemeinen Rechtsgrundsatzes gleichsam dem Einzelnen ein Recht verliehen, ihm jedoch kein Instrument zur Verfügung gestellt, dieses Recht durchzusetzen. In derartigen Fällen ist zur Verwirklichung des Gemeinschaftsrechts der Rückgriff auf die nationalen Rechtsordnungen unumgänglich. Entsprechend hat der Gerichtshof in vergleichbaren Fallgestaltungen und insbesondere in seiner Rechtsprechung zur mitgliedstaatlichen Haftung darauf verwiesen, dass es die Sache der Mitgliedstaaten sei, Zuständigkeiten und Verfahren auszugestalten, mit denen der Schutz der gemeinschaftsrechtlich gewährten Rechte gewährleistet wird[421]. Darüber hinaus haben die Mitgliedstaaten nach den formellen und materiellen Bestimmungen ihres nationalen Rechts vorzugehen[422].

Der Verweis auf das nationale Recht spricht, wie bereits oben dargestellt, dafür, dass die Anwendung der vom Gerichtshof entwickelten Vorgaben zur mitgliedstaatlichen Haftung auf der Grundlage der innerstaatlichen Haftungsregelungen zu erfolgen hat und eine gesonderte Prüfung eines originär gemeinschaftsrechtlichen Haftungsanspruchs nicht der Auffassung des Gerichtshofs entspricht. Hiergegen kann auch nicht die Überlegung ins Feld geführt werden, dass es der beabsichtigten Kohärenz der gemeinschaftsrechtlichen Haftungssysteme widerspräche, dass durch die Anwendung des innerstaatlichen Rechts die Realisierung der

---

[420] Niedobitek VerwArch 92 (2001), S. 58 (74)
[421] EuGHE 1991 („Francovich"), S. 5415f, Tz. 41f; EuGHE 1995 I („Van Schijndel und van Vee"), s. 4737, Tz. 17; vergl. oben 3. Kapitel II. Ziff. 2
[422] EuGHE 1991 („Francovich"), S. 5416, Tz. 43; EuGHE 1996 I („Brasserie du pêcheur"), S. 1153, Tz. 67, 74; EuGHE 1983 („Deutsche Milchkontor"), S. 2665; Tz. 17; vergl. oben 3. Kapitel II. Ziff. 2.

gemeinschaftsrechtlichen Anforderungen in den Mitgliedstaaten jeweils unterschiedlich ausfalle. Denn gewisse Unterschiede bei der Rechtsverwirklichung nimmt der Gerichtshof ausdrücklich hin[423]. Die Grenze einer etwaig verschiedenen Rechtsverwirklichung setzt der Gerichtshof suffizient mit seinem Hinweis auf das Gebot der Gleichwertigkeit und Effektivität zu gewährenden Haftung[424]. Nach alledem ist davon auszugehen, dass für das Verhältnis zwischen dem gemeinschaftlichen Haftungsgrundsatz in seiner Ausformung und dem nationalen Haftungstatbestand eine indirekte Kollision anzunehmen ist[425]. Denn das nationale Recht negiert nicht generell die Rechtsposition, die die gemeinschaftsrechtliche Haftungsvorgabe dem Einzelnen zugesteht, sondern sabotiert diese gewissermaßen „durch die Hintertür"[426].

ee) Der Anwendungsvorrang bei indirekten Normenkollisionen

Gelegentlich wird die Auffassung vertreten, dass der Anwendungsvorrang nur in den Fällen direkter Kollisionen zum tragen kommt, bei indirekten Kollisionen das nationale Recht solange anzuwenden ist, bis es angepasst wird[427]. Dies ist angesichts eines unmittelbar anwendbaren und hinreichend ausgeformten Haftungsgrundsatzes nur schwer nachvollziehbar, beruht jedoch offenbar auf einem verengten Verständnis des Anwendungsvorrangs. Denn Anwendungsvorrang bedeutet nicht, dass ausschließlich Gemeinschaftsrecht ohne Berührungspunkt mit dem nationalen Recht gleichsam autark zur Anwendung kommt[428]. Außerdem steht diese Einschätzung im Widerspruch zur Rechtsprechung des Gerichtshofs, der gerade im Falle der indirekten Kollision der Haftungsinstitute der Gemeinschaft und der Bundesrepublik das nationalrechtliche Verschuldenserfordernis für „unanwendbar" erklärt hat, soweit es über die vom Gerichtshof postulierten Haftungskriterien hinausgeht[429]. So eliminieren gemeinschaftsrechtliche Grundsätze wie das Diskriminierungsverbot entgegenstehende nationale Normen auch ohne selbst eine Rechtsfolge anzuordnen.

---

[423] EuGHE 1983 („Deutsche Milchkontor"), S. 2666; Tz. 21
[424] EuGHE 1996 I („Brasserie du pêcheur"), S. 1154, Tz. 71f, 80; EuGHE 1998 I, S. 160, Tz. 112; EuGHE 1996 I („British Telecommunications"), S. 2614, Tz. 32; EuGHE 2000 I („Haim"), S. 5160, Tz. 33
[425] vergl. zum Ganzen: Niedobitek VerwArch 92 (2001), S. 58 (74f); a.A. offenbar noch Beljin, S. 216f; nunmehr wie hier: Beljin EuR 2002, S. 351 (357)
[426] Niedobitek VerwArch 92 (2001), S. 58 (76)
[427] Huber, Europarecht, § 9, Rdn. 22
[428] vergl. sogleich unten
[429] EuGHE 1996 I („Brasserie du pêcheur"), S. 1154, Tz. 75ff

Entsprechend ist davon auszugehen, dass auch indirekte Kollisionen den Anwendungsvorrang auslösen[430].

3.3. Die Rechtsfolgen des (Anwendungs-)Vorrangs für die Umsetzung der gemeinschaftsrechtlichen Haftungsvorgaben in das nationale deutsche Rechtssystem

Die bisherigen Ausführungen haben gezeigt, dass die gemeinschaftsrechtlichen Haftungsvorgaben aufgrund deren unmittelbaren Anwendbarkeit eine indirekte Kollision zwischen nationalem und gemeinschaftlichem Recht auslösen. In dieser Konstellation kommt der Anwendungsvorrang als Kollisionsregel zur Geltung, der die unmittelbare Geltung der gemeinschaftsrechtlichen Vorgaben im nationalen Recht mit sich bringt. An dieser Stelle bedarf es nun der differenzierten Betrachtung, auf welche Weise der nationale Rechtsanwender die unmittelbare Geltung der Haftungsvorgaben auf mitgliedstaatlicher Ebene umzusetzen hat. Denn die unmittelbare Geltung der Haftungsvorgaben des Gerichtshofs kann nicht mit der unvermittelten Anwendung der Vorgaben am nationalen Recht vorbei gleichgesetzt werden[431]. Vielmehr bedarf es der Differenzierung, ob auch im Rahmen des Anwendungsvorrangs dem Gemeinschaftsrecht im Wege der gemeinschaftsrechtskonformen Auslegung innerstaatliche Wirkung verschafft werden muss.

Um sich dieser Frage anzunähern, bedarf es einer Betrachtung der Zusammenhänge zwischen Anwendungsvorrang, unmittelbarer Wirkung und gemeinschaftsrechtskonformer Auslegung sowie dem Einfluss des Subsidiaritätsgedankens und der damit verbundenen Auswirkungen auf die Form der Implementation der gemeinschaftsrechtlichen Vorgaben ins nationale Recht.

a) Das Verhältnis zwischen Anwendungsvorrang, unmittelbarer Geltung von Gemeinschaftsrecht und gemeinschaftsrechtskonformer Auslegung

aa) Die gemeinschaftsrechtskonforme Auslegung

Die gemeinschaftsrechtskonforme Auslegung stellt sich als Methode dar, zur Bestimmung des Regelungsgehalts einer nationalen Rechtsnorm auf die Vorgaben des Gemeinschaftsrechts zurückzugreifen und die Auslegungsalternative zu wäh-

---

[430] Beljin EuR 2002, S. 351 (357); v. Bogdandy/Nettesheim in: Grabitz/Hilf, Art. 1 EGV, Rdn. 36; Jarass DVBl 1995, S. 954 (959); Lecheler, Europarecht, S. 53ff; Niedobitek VerwArch 92 (2001), S. 58 (74ff)unklar: Streinz in: Streinz, Art. 1 EGV, Rdn. 20ff

[431] so dem Anschein nach und ohne weitere Begründung: Greb. S. 69f

len, die mit den Wertungen des Gemeinschaftsrechts übereinstimmt[432]. Das zunächst anhand von Richtlinien entwickelte Gebot zur Konformauslegung lässt sich auch für das Verhältnis von sonstigem Gemeinschaftsrecht zu innerstaatlichem Recht dem Prinzip der Gemeinschaftstreue des Art. 10 EGVnF entnehmen, nach dem es zu den Pflichten der Mitgliedstaaten gehört, die einheitlichen Geltung und Anwendung des Gemeinschaftsrechts sicherzustellen[433]. Die Pflicht zur Verwirklichung und Durchführung des Gemeinschaftsrechts führt zu dem Gebot, das nationale Recht am Maßstab der gemeinschaftsrechtlichen Vorgaben auszulegen. Die nationalen Gerichte müssen insoweit die innerstaatlichen Gesetze unter voller Ausschöpfung ihres Beurteilungsspielraums in Übereinstimmung mit den Anforderungen des Gemeinschaftsrechts auslegen und anwenden[434].

bb) Die Zusammenhänge im Einzelnen

Die gemeinschaftsrechtskonforme Auslegung wird als besonderes und eigenständiges Institut der Kollisionsvermeidungstechnik verstanden, das neben die Grundsätze der unmittelbaren Wirkung und des Vorrangs tritt[435]. Dies kann schon deshalb nicht zutreffen, weil – ohne tatsächliche Konformauslegung – eine indirekte („weiche") Kollision vorhanden ist und nicht erst „zukünftig" entstehen wird. Da jedoch auch dann eine Kollision vorliegt, wenn sich verschiedene Rechtsnormen nicht ausdrücklich widersprechen, aber die Möglichkeit ihrer Verwirklichung durch konkrete (nationale) Rechtsanwendung verhindert wird, löst die Konformauslegung diesen bestehenden Widerspruch und damit die Kollision innerhalb des Anwendungsvorrangs auf. So vermeidet die gemeinschaftsrechtskonforme Auslegung nicht die Kollision, sondern löst die bestehende indirekte Kollision durch entsprechende Anwendung des nationalen Rechts auf.
Es stellt sich allerdings die Frage, ob die gemeinschaftsrechtskonforme Auslegung bei Eingreifen des Anwendungsvorrangs und unmittelbarer Geltung des Gemeinschaftsrechts nicht das vorrangige Mittel zur Umsetzung von Unionsrecht in Kollisionsfällen ist.
Soweit die gemeinschaftsrechtskonforme Auslegung auch dann zur Anwendung gelangt, wenn die unmittelbare Anwendbarkeit (insbesondere bei Richtlinien)

---

[432] Huber, Europarecht, § 10, Rdn. 24; Kadelbach, S. 103
[433] Hatje in: Rengeling, § 33 Rdn. 28; Huber, § 10 Rdn. 23; Kahl in Callies/Ruffert, Art. 10 EGV Rdn. 40; Kadelbach, S. 95
[434] EuGHE 1988 („Murphy"), S. 690, Tz. 10f; Kadelbach, S. 103; Kahl in: Callies/Ruffert, Art. 10 EGV Rdn. 40
[435] Beljin EuR 2002, S. 351 (359); Hatje in: Rengeling, § 33 Rdn. 1f; Kadelbach, S. 95; Zuleeg, VVDStRL 53 (1994), S. 154 (165ff)

verneint wird, darf dies nicht dahingehend verstanden werden, dass im Falle der unmittelbaren Anwendbarkeit und der unmittelbaren Geltung die Auslegung unzulässig wäre. Wenn die gemeinschaftsrechtskonforme Auslegung unabhängig von der unmittelbaren Anwendbarkeit des Gemeinschaftsrechts zum Zuge kommen kann, folgt daraus, dass sie nicht die ursprünglich dem Anwendungsvorrang zugeschriebenen ausschließlichen Rechtsfolgen wie die Verdrängung und Ersetzung des nationalen Rechts, nach sich ziehen darf. Die gemeinschaftsrechtskonforme Auslegung stößt daher dann an ihre Grenzen, wenn das nationale Recht eine Auslegung nicht mehr zulässt[436]. Die Grenzen der gemeinschaftsrechtskonformen Auslegung setzt das nationale Recht damit selbst[437]. Erst wenn das innerstaatliche Recht nicht mehr im Sinne des Gemeinschaftsrechts ausgelegt werden kann, weil es zum Beispiel an seine Wortlautgrenze stößt, schlägt der Anwendungsvorrang mit der Folge der unmittelbaren Geltung durch und die nationale Vorschrift wird unanwendbar. In diesen Fällen bewirkt der Anwendungsvorrang die Rechtsangleichung durch Verdrängung und Ersetzung, nicht durch Harmonisierung[438], das heißt, dass dann unmittelbar auf die gemeinschaftsrechtlichen Vorgaben durch den Rechtsanwender auf mitgliedstaatlicher Ebene zugegriffen werden muss.

Doch wenn die Voraussetzungen des Anwendungsvorrangs gegeben sind, zieht die unmittelbare Geltung des Gemeinschaftsrechts nicht die Folge nach sich, dass unmittelbar auf die Vorgaben des Gerichtshofs zurückgegriffen werden muss. Für die gemeinschaftsrechtlichen Haftungsinstitute bedeutet dies, dass auch im Falle der unmittelbaren Geltung der Vorgaben der Gerichtshofs dies nicht zwingend zur Folge hat, dass ein gemeinschaftsrechtlicher Haftungsanspruch neben die nationalen Haftungsnormen tritt und auf mitgliedstaatlicher Ebene gesondert zu prüfen ist. Umgekehrt muss dagegen die unmittelbare Geltung von Gemeinschaftsrecht die Pflicht zur gemeinschaftsrechtskonformen Auslegung (natürlich in deren Grenzen) nach sich ziehen[439]. Selbst wenn es aus gemeinschaftsrechtlicher Sicht keinen Unterschied macht, ob gemeinschaftsrechtliche Vorgaben unmittelbar angewendet werden oder nationales Recht konform ausgelegt wird, kann die Pflicht zur unmittelbaren Anwendung nicht der Pflicht zur Konformauslegung vorgehen. Denn im Fall kollidierender Nor-

---

[436] EuGHE 1988 („Murphy"), S 673 (690); Beljin EuR 2002, S. 351 (359f); Huber, Europarecht, § 10, Rdn. 32
[437] Kadelbach, S. 108
[438] Kadelbach, S. 108
[439] ähnlich Kahl in: Callies/Ruffert, Art. 10 EGV, Rdn. 40; Wegener ebenda, Art. 220 EGV Rdn. 23

men muss im Interesse des Mitgliedstaates die Möglichkeit der Auslegung vorgezogen werden, soweit und solange die Grenzen der Auslegung nicht erreicht sind. Die mitgliedstaatlichen Stellen haben daher die Vorschriften des innerstaatlichen Rechts so weit wie möglich den intendierten Wirkungen des jeweiligen kollidierenden Gemeinschaftsrechts auf dem schonenderen und flexiblen Weg der Konformauslegung anzupassen, bevor die Pflicht einer unmittelbaren Anwendung der gemeinschaftsrechtlichen Vorgaben zwingend wird[440]. Demnach stellt sich die Pflicht zur gemeinschaftsrechtskonformen Auslegung als vorrangige Rechtsfolge des Anwendungsvorrangs dar und verschafft dem Gemeinschaftsrecht auf diesem Wege unmittelbare Geltung.

cc) Die Rolle des Subsidiaritätsprinzips

Dieses Ergebnis wird mit Blick auf das Subsidiaritätsprinzip des Art. 5 EGVnF zwingend. Danach wird die Gemeinschaft in den Bereichen, die nicht in ihre ausschließliche Zuständigkeit fallen, nur tätig, wenn die Ziele der in Betracht gezogenen Maßnahmen auf der Ebene der Mitgliedstaaten nicht ausreichend erreicht und daher wegen ihres Umfanges oder ihrer Wirkungen besser auf Gemeinschaftsebene verwirklicht werden.
Hier berühren sich die Fragen nach der Rechtsfortbildungskompetenz des Gerichtshofs auf dem Gebiet der Staatshaftung und die Frage nach den Modalitäten der Umsetzung einer gemeinschaftsrechtlichen Staatshaftung ins nationale Recht nur scheinbar. Begreift man die Entwicklung der mitgliedstaatlichen Haftung ihrem Ziel gemäß als „erweitertes" Institut zur Sicherstellung der Durchführung von Gemeinschaftsrecht[441], stellt sich die Frage nach der Rechtsfortbildungskompetenz des Gerichtshofs für den allgemeinen Rechtsgrundsatz der Staatshaftung nicht im Rahmen des Gebiets der Staatshaftung an sich, sondern für den Bereich des Geltungsanspruchs des Gemeinschaftsrechts und dessen Durchsetzung. Insoweit ist der Gerichtshof befugt, allgemeine Rechtsgrundsätze zur Durchsetzung des gemeinschaftsrechtlichen Geltungsanspruchs in anwendungsfähiger Form zu entwickeln[442].
Hiervon zu unterscheiden ist die Frage, ob es dem Gerichtshof im Rahmen des Subsidiaritätsprinzips gestattet ist, einen eigenständigen, originären Staatshaftungsanspruch aus der Taufe zu heben, der neben den innerstaatlichen Haftungsinstituten zur Anwendung gelangt. Versteht man das Subsidiaritätsprinzip

---

[440] Beljin EuR 2002, S. 351 (359, 361); Hatje in: Rengeling, § 33, Rdn. 28; Kadelbach, S. 108, 180
[441] Beljin EuR 2002, S. 351 (375f)
[442] vergl. oben 2. Kapitel I. Ziff. 4.

als „Kompetenzausübungsschranke"[443], welches entsprechend des Subsidiaritätsprotokolls[444] die Grundsätze über die unmittelbare Anwendbarkeit und den Vorrang des Gemeinschaftsrechts unberührt lässt[445], sind einerseits Gemeinschaftsmaßnahmen nur dann zulässig, wenn der mit ihnen verfolgte Zweck auf mitgliedstaatlicher Ebene nicht ausreichend und auf Gemeinschaftsebene besser erreicht werden kann[446]. Gleichzeitig bedeutet dies, dass für einen eigenständigen, originären gemeinschaftsrechtlichen Staatshaftungsanspruch dann kein Raum ist, wenn eine entsprechende mitgliedstaatliche Regelung bei gemeinschaftsrechtskonformer Auslegung zur gemeinschaftsrechtlichen Zielverwirklichung ausreicht. Können die nationalen Haftungsvorschriften gemäß den gemeinschaftsrechtlichen Mindestvorgaben so angepasst werden, dass der nationale Anspruch den Vorgaben des Gerichtshofs unter dem Gesichtspunkt der Effektivität und Gleichwertigkeit genügt, ist es aus der Sicht der Kompetenzgrenzen des Subsidiaritätsprinzips ausgeschlossen, dass ein gemeinschaftsrechtlicher Anspruch neben die innerstaatlichen Regelungen tritt[447].

Da eine entsprechende Auslegung, wie noch zu zeigen sein wird, möglich ist[448], bleibt die Feststellung, dass für diesen Fall der Gerichtshof kompetenzrechtlich zwar zur Entwicklung eines allgemeinen Rechtsgrundsatzes, nicht aber zur Kreation eines eigenständigen Staatshaftungsanspruchs unter Ausschaltung des nationalen Rechts befugt war[449].

dd) Schlussfolgerung

Zusammenfassend lässt sich daher sagen, dass im Rahmen des Anwendungsvorrangs die gemeinschaftsrechtskonforme Auslegung Vorrang vor der unmittelbaren und „autarken" Anwendung des Gemeinschaftsrechts hat. Die Vorrangigkeit einer gemeinschaftsrechtskonformen Auslegung ergibt sich in Bezug auf die Grundsätze der mitgliedstaatlichen Haftung insbesondere auch aus dem Subsidi-

---

[443] Callies in: ders./Ruffert, Art. 5 EGV, Rdn. 1ff; Diehr ThürVBl 1998, S. 224; Fastenrath/Müller-Gerbes, Rdn. 29; Geiger, Art. 5 EGV, Rdn. 6; Hobe, Europarecht, Rdn. 90ff, 155; Huber, Europarecht, § 16, Rdn. 20ff, 24; Jarass, Grundfragen, S. 21; Koenig/Haratsch, Europarecht, Rdn. 69

[444] Abgedruckt Bundesrats-Drucksache 784/97, S. 55; Sartorius II Nr. 151

[445] Borchardt, Europarecht, Rdn. 321; Geiger, Art. 5 EGV, Rdn. 6

[446] vergl. nur: Huber, Europarecht, § 16, Rdn. 28

[447] Diehr, ThürVBl 1998, S. 224f; andeutungsweise: Papier in: Münchener Kommentar, § 839 BGB, Rdn. 98b; ders. in: Rengeling, § 43, Rdn. 10; Pfab, S. 123ff, 125

[448] vergl. nachstehend 3. Kapitel II. Ziff. 4.

[449] Schoch in: FS Maurer, S. 759 (771f)

aritätsprinzip, das kompetenzrechtlich die Schaffung eines originären gemeinschaftsrechtlichen Staatshaftungsanspruchs, der neben die nationalen Vorschriften tritt, ausschließt, solange und soweit eine Konformauslegung möglich ist. Erst wenn die Konformauslegung an ihre Grenzen stößt, führt der Anwendungsvorrang wegen des Gebots der Effektivität und Gleichwertigkeit zur unmittelbaren Geltung und Anwendung der gemeinschaftsrechtlichen Vorgaben über die Staatshaftung neben dem nationalen Haftungsrecht. Solange und soweit eine gemeinschaftsrechtskonforme Auslegung der nationalen Haftungsinstitute möglich ist, muss den Haftungsvorgaben des Gerichtshofs für die Haftung eines Mitgliedstaates für legislatives Unrecht auf dem Wege der gemeinschaftsrechtskonformen Auslegung des nationalen Haftungsrechts nachgekommen werden[450].

b) Der Geltungsgrund der gemeinschaftsrechtlichen Staatshaftung für Gemeinschaftsrechtsverstöße – Die Rechtszugehörigkeit der Anspruchsgrundlage für eine Haftung

Die Frage nach der Verortung der Vorgaben des Gerichtshofs über die mitgliedstaatliche Staatshaftung ist nach wie vor umstritten. Die bisherigen Ausführungen haben gezeigt, wie sich die Problematik der Einordnung der gemeinschaftsrechtlichen Staatshaftung lösen lässt. Geht man wie hier davon aus, dass der Gerichtshof einen dem gemeinschaftlichen Primärrecht zugehörigen allgemeinen Rechtsgrundsatz geschaffen hat, führt dieser Weg über die Geltungsverhältnisse zwischen nationalem Recht und Gemeinschaftsrecht zu dem Ergebnis, dass vorrangig die nationalen Haftungsvorschriften gemeinschaftsrechtskonform entsprechend den Vorgaben des Gerichtshofs auszulegen sind.
Die Frage der Rechtszugehörigkeit einer Anspruchsgrundlage stellt sich insoweit nicht, als die Anspruchsgrundlage vorrangig im nationalen Recht zu suchen ist.

---

[450] im Ergebnis wie hier: v. Bogdandy in: Grabitz/Hilf, Art. 288 EGV, Rdn. 69; Böhm JZ 1997, S. 53 (59f); Bryde in: v. Münch/Kunig, Art. 34 GG, Rdn. 41a; Classen JZ 2001, S. 458 (459); v. Danwitz DVBl 1997, S. 1 (6f); v. Danwitz JZ 1994, S. 335 (341f); Deckert EuR 1997, S. 203 (214); Diehr, ThürVBl 1998, S. 224 (225); Ehlers JZ 1996, S. 776 (777f); Everling EuZW 1995, S. 33; Fischer EuZW 1992, S. 41 (44); Geiger DVBl 1993, S. 465 (471); Gundel DVBl 2001, S. 95 (97ff); Herdegen/Rensmann ZHR 161 (1997), S. 522 (550f); Hermes DV 31 (1998), S. 3371 (381f); unklar: Hidien, S. 56ff; Huber, Europarecht, § 24, Rdn. 72; Kadelbach, S. 164f, 180; Karl RIW 1992, S. 440 (447); Kremer Jura 2000, S. 235 (239); Maurer, Verwaltungsrecht, § 31, Rdn. 9; Maurer in: FS v. Boujong, 591 (598f); Martin-Ehlers EuR 1996, S. 376 (396ff); Nettesheim DÖV 1992, S. 999 (1000, 1004); Papier in: Münchener Kommentar, § 839 BGB, Rdn. 98b; Papier in: Rengeling, § 43, Rdn. 3, 10, 37; Pfab, S. 130f; Schoch in FS Maurer, S. 759 (771f); Streinz Jura 1995, S. 6 (10); Wehlau, S. 45; ohne klares Ergebnis: Wolf, S. 225ff

Entsprechend verliert das Problem, ob der Gerichtshof zur Schaffung einer eigenständigen Anspruchsgrundlage kompetenzrechtlich in der Lage war oder nicht, an Bedeutung[451]. Denn soweit, wie gezeigt, der Gerichtshof zur Schaffung eines allgemeinen Rechtsgrundsatzes in der Lage ist, bestimmt sich die Verwirklichung dieser Vorgaben auf nationaler Ebene nach den hierfür geltenden Kollisionsvorschriften. Erst wenn, wie dargestellt, eine gemeinschaftsrechtskonforme Auslegung nationalen Rechts nicht möglich ist, finden die Vorgaben des allgemeinen Rechtsgrundsatzes über die mitgliedstaatliche Haftung unmittelbare Anwendung neben dem innerstaatlichen Recht. Dass damit faktisch eine „Anspruchsgrundlage" für diesen Fall geschaffen wurde, ändert jedoch nichts an der Rechtsqualität der gemeinschaftsrechtlichen Vorgaben des allgemeinen Haftungsgrundsatzes als solchem. Es handelt sich dabei nicht um eine Kompetenzfrage, sondern um die Problematik des Verhältnisses zwischen Gemeinschafts- und nationalem Recht, die wie oben geschehen zu lösen ist[452].

Vor diesem Hintergrund lohnt es sich, die in der Literatur vorgebrachten Lösungsansätze einer Betrachtung zu unterziehen. Neben der hier vertretenen Auffassung einer staatengerichteten Sekundärrechtsschutzgewährleistungspflicht im Sinne eines Gebots zur gemeinschaftsrechtskonformen Auslegung des nationalen Haftungsrechts[453] wird durch einige Stimmen in der Literatur und vornehmlich durch den Bundesgerichtshof die Ansicht vertreten, dass den nationalen Haftungsinstituten ein originär gemeinschaftsrechtlicher Haftungsanspruch zur Seite steht[454]. Vereinzelt wird von einer „nicht näher spezifizierten Anspruchsgarantie" gesprochen, die dann eingreift, wenn das nationale Recht keinen Anspruch gewährleistet[455].
Diesbezüglich soll nunmehr ein Blick auf die Argumentationslinien, die zur Begründung des dualistischen Modells und des nach hier vertretener Auffassung zwingenden Vorgabemodells vorgebracht wurden, gerichtet und anhand des bisher gefundenen Ergebnisses kritisch überprüft werden.

Der Gerichtshof hat in seiner einschlägigen Rechtsprechung mehrfach betont, dass es die Sache der nationalen Gerichte sei, im Einzelfall das Vorliegen der von

---

[451] vergl. hierzu Schoch in: FS Maurer, S. 759 (772)
[452] ähnlich: Pfab, S. 123ff
[453] Pfab, S. 116
[454] Beljin, S. 218ff; Detterbeck AöR 125 (2000), S. 202 (229f); Detterbeck/Windhorst/Sproll, § 6 Rdn. 48ff; Fischer JA 2000, S. 348 (352); Greb, S. 124ff; Hatje EuR 1997, S. 297 (303); Ossenbühl, Staatshaftungsrecht, S. 526; Tomuschat in: FS Everling, S. 1585 (1590f)
[455] Gellerman, S. 219ff, 225; Gellermann EuR 1994, S. 342 (350f, 357)

ihm postulierten Haftungsvoraussetzungen festzustellen und die Verfahren so auszugestalten, dass der volle Schutz der durch das Gemeinschaftsrecht verliehenen Rechte gewährleistet ist. Entsprechend muss sich das mitgliedstaatliche Recht bei der Anwendung der nationalen Haftungsvoraussetzungen vom Effektivitätsgebot und Diskriminierungsverbot leiten lassen, wenn es über die Voraussetzungen der mitgliedstaatlichen Haftung entscheidet[456]. Soweit der Gerichtshof seine Rechtsprechung zu den von ihm entwickelten Voraussetzungen verfeinerte, hat er im Rahmen konkreter Sachentscheidungen darauf verwiesen, dass ihm im jeweiligen Einzelfall ausreichende Informationen vorlagen[457]. Schon diese Äußerungen des Gerichtshofs lassen darauf schließen, dass er sich zwar die endgültige Überprüfung von durch die Mitgliedstaaten vorgenommene Ausformungen der Haftungsmerkmale vorbehalten hat, nicht jedoch die konkrete Anwendung und die darin enthaltene Kompetenz zur anwendungsfähigen Ausgestaltung der Merkmale im Einzelfall. Denn jede neue Sachverhaltsgestaltung bringt eine neue Bewertung der Haftungsvoraussetzungen mit sich. Jede sich ergebende Fragestellung zur Beantwortung dem Gerichtshof zu überlassen, würde diesen zu einer unausweichlichen Letztentscheidungsinstanz machen, die gleichsam mit jedem Haftungsverfahren belästigt werden müsste.

So handelt es sich bei den gemeinschaftsrechtlichen Vorgaben lediglich um Mindestvorgaben, die im Wege der nationalen Rechtsprechung innerhalb der Grenzen des Effektivitätsgebots und Diskriminierungsverbots konkretisiert werden können. Nur so verbleibt den mitgliedstaatlichen Rechtsordnungen ein dem Subsidiaritätsprinzip angemessener Spielraum, der die völlige (und nicht gewollte) Preisgabe mitgliedstaatlicher Kompetenz im Bereich der Haftungsbegründung verhindert[458]. Hiergegen kann auch nicht auf die Kohärenz der Haftungssysteme verwiesen werden[459]. Denn diese ist nicht nur dann gewährleistet, Gemeinschaftsrecht unmittelbar angewendet wird, denn die unterschiedliche Rechtsverwirklichung wird durch die Natur der Gemeinschaft bedingt und vom Gerichtshof auch in Kauf genommen[460].

---

[456] EuGHE 1991 I („Francovich"), S. 5416, Tz. 42ff; EuGHE 1996 I („Brasserie du pêcheur"), S. 1156, Tz. 80; EuGHE 1996 I („British Telecommunications"), S. 1668, Tz. 41; EuGHE 1996 I(„Hedley Lomas"),, S. 2614, Tz. 33f; EuGHE 1996 I („Denkavit"), S. 5101, Tz. 49

[457] vergl. nur: EuGHE 1996 I(„British Telecommunications"), S. 1668, Tz. 41; EuGHE 1996 I(„Denkavit"), S. 5101, Tz. 49

[458] Papier in: Rengeling, § 43 Rdn. 10; Papier/Dengler, LM § 839 BGB (K) Nr. 52;

[459] Greb, S. 127

[460] Niedobitek VerwArch 92 (2001), S. 58 (74f); Pfab, S. 120f; Schockweiler EuR 1993, S. 107 (121ff)

Vielmehr würde jedwede Frage einer Einzelfallentscheidung zu einem Vorlageverfahren führen, was zu einer unzumutbaren Verzögerung von Staatshaftungsklagen führen und dem Ziel der mitgliedstaatlichen Haftung widersprechen würde, eine stringente Durchführung von Gemeinschaftsrecht zu unterstützen. Eine derartig vorgezeichnete Verfahrensform würde sich darüber hinaus in Konflikt mit der Vorschrift des Art 19 Abs. 4 GG begeben.

Vor dem Hintergrund dieser Argumentationslinie wirkt der Einwand, dass die gemeinschaftsrechtskonforme Auslegung nationaler Haftungsinstitute dem allgemeinen Rechtsgrundsatz des Individualrechtsschutzes widerspräche, weil eine mitgliedstaatliche Staatshaftung womöglich nicht durchsetzbar wäre[461], geradezu absurd. Der Rechtsklarheit ist gerade dann gedient, wenn sich der rechtsschutzsuchende Bürger für jede Art der Staatshaftung auf eine bekannte Anspruchsgrundlage des nationalen Rechts berufen kann, deren umfassende Anwendung im Einzelfall durch das nationale Gericht gewährleistet ist, ohne eine fast unumgängliche Vorlage an den Gerichtshof befürchten zu müssen.

Für eine parallele Anwendung des gemeinschaftsrechtlichen Haftungsgrundsatzes neben den nationalen Haftungsinstituten kann kaum als stichhaltiges Argument angeführt werden, dass dies die „technisch einfachere Methode" der Umsetzung von den gemeinschaftlichen Vorgaben sei[462]. Denn dies setzt entgegen der hier vertretenen Auffassung voraus, dass im Rahmen des Vorrangs des Gemeinschaftsrechts eine - abzulehnende - Wahlmöglichkeit zwischen unmittelbarer Anwendung und gemeinschaftsrechtskonformer Auslegung besteht[463]. Außerdem stellt die Bequemlichkeit der Rechtsanwendung keinen Ersatz für die dogmatische Begründung des Verhältnisses zwischen der gemeinschaftlichen und nationalen Rechtsordnung dar. Inwieweit die mitgliedstaatlichen Haftungsvorschriften bei verschiedenen Fallgestaltungen in unterschiedlicher Weise zu Anwendung gelangen, stellt dies keine „Tatbestands-Schizophrenie[464]" und keinen „Etikettenschwindel[465]" dar, der den materiellen Dissens von Gemeinschafts- und nationalem Recht kaschiert[466]. Die unterschiedliche Auslegung von Vorschriften je nach Fallgestaltung gehört vielmehr zum tagtäglichen Handwerkszeug des Juristen und ist der Beweis für die Anpassungsfähigkeit einer Rechtsordnung. Es sei

---

[461] a.A. Greb, S. 127; Cornils, S. 188
[462] Beljin, S. 227f; Papier in: Rengeling, § 43, Rdn. 10; Papier in: Maunz/Dürig, Art. 34 GG, Rdn. 80
[463] Beljin, S. 228
[464] Ossenbühl, Staatshaftungsrecht, S. 526
[465] Hidien, S. 76
[466] Greb, S. 541

auch noch der Hinweis erlaubt, dass der erwähnte „Dissens" gerade den Kollisionsfall von Gemeinschaftsrecht und nationalem Recht darstellt, der anhand der bestehenden Kollisionsregeln aufzulösen ist und nicht geleitet von mehr oder weniger willkürlichen Praktikabilitätsüberlegungen.
Entsprechend ist das Mitgefühl für einen eventuellen Rechtsanwender, diesen vor einer Überforderung bei der rechtlichen Beurteilung gemeinschaftlicher Haftungssachverhalte schützen zu wollen[467], in keinem Fall ein ernst zu nehmendes Argument für oder gegen die eine oder andere Art der Umsetzung der gemeinschaftlichen Haftungsvorgaben. „Iura novit curia", nicht der Geschädigte.

Zusammenfassend bleibt daher nochmals festzuhalten, dass die Frage nach der Rechtszugehörigkeit des Anspruchs für eine Staatshaftung für Verstöße gegen Gemeinschaftsrecht dann zu kurz greift, wenn die Rechtsnatur der gemeinschaftsrechtlichen Haftungsvorgaben und das Verhältnis der Rechtsordnungen nicht beachtet wird[468]. Die in der Literatur gefundenen Argumente gegen eine gemeinschaftsrechtskonforme Auslegung des nationalen Haftungsrechts stellen sich insoweit als „Hilfsüberlegungen" dar, die eine dogmatische Begründung eines originären gemeinschaftsrechtlichen Staatshaftungsanspruchs nicht leisten können. Erst die konsequente Lösung der Kollisionsproblematik weist zwingend den Weg zur Umsetzung der Haftungsvorgaben des Gerichtshofs mittels einer gemeinschaftsrechtskonformen Auslegung der nationalen deutschen Haftungsvorschriften. Die Darstellung der tatsächlichen Auswirkungen auf den nationalen Haftungstatbestand der Vorschriften des § 839 BGB und Art. 34 GG ist daher die Aufgabe des nächsten Abschnitts.

4. Die gemeinschaftsrechtskonforme Anwendung des deutschen Staatshaftungsanspruchs gemäß § 839 BGB und Art. 34 GG

Die bisherige Darstellung hat gezeigt, dass die Vorgaben des Gerichtshofs zur mitgliedstaatlichen Haftung für Verstöße gegen Gemeinschaftsrecht vorzugsweise im Wege der gemeinschaftsrechtskonformen Auslegung des nationalen Rechts umzusetzen sind. Die Anspruchsgrundlage für eine solche Haftung ist somit in der nationalen Rechtsordnung zu suchen. Entsprechend soll anhand des Amtshaftungsanspruchs gemäß § 839 BGB und Art. 34 GG untersucht werden, wie

---

[467] Beljin, S. 231f; Cornils, S. 134; Hatje EuR 1997, S. 297 (303); Leonard, Rechtsfolgen der Nichtumsetzung von EG-Richtlinien: unter besonderer Berücksichtigung der Staatshaftungssowie Normenerlassklage, 1997, S. 170f; Ossenbühl, Staatshaftungsrecht, S. 526; Papier in: Münchener Kommentar, § 839 BGB Rdn. 98b
[468] viel zu kurz greifend deshalb: Greb, S. 125f

die einzelnen Tatbestandsmerkmale durch die gemeinschaftsrechtskonforme Auslegung beeinflusst und welche Anforderungen im Rahmen dieser Anpassung an die Tatbestandsmerkmale gestellt werden. Dabei werden die Vorgaben des Gerichtshofs den einzelnen Tatbestandsmerkmalen zugeordnet und die Auswirkungen beschrieben, sowie die sich aus den gemeinschaftsrechtlichen Vorgaben ergebenden Probleme[469] und die in der deutschen Rechtsprechung offensichtlich gewordenen Schwierigkeiten mit dem Haftungsgrundsatz[470] in die Betrachtung einbezogen.

Die Analyse wird sich damit befassen, ob und inwieweit die nationalen Haftungsvoraussetzungen mit den Maßgaben des Gerichtshofs vereinbar sind, sie im Wege der gemeinschaftsrechtskonformen Interpretation angepasst werden können oder gegebenenfalls außer Anwendung bleiben müssen.

4.1. Die Passivlegitimation – Die Bestimmung des richtigen Anspruchsgegners

Die grundsätzliche Frage nach der Identifikation des Anspruchsgegners für die mitgliedstaatliche Haftung bei legislativem Unrecht hat bisher nicht die Aufmerksamkeit erlangt, welche die Diskussion über die Voraussetzungen der gemeinschaftsrechtlichen Staatshaftung auf sich gezogen hat. So hat auch der Gerichtshof lange Zeit lediglich von der Haftung der Mitgliedstaaten gesprochen und die Aussage getroffen, dass sich diese bei der Einhaltung von Fristen bei der Richtlinienumsetzung nicht auf Bestimmungen, Übungen oder Umstände der innerstaatlichen Rechtsordnungen berufen können[471]. Hieraus wurde überwiegend geschlossen, dass der Bund auch dann hafte, wenn der Gemeinschaftsrechtsverstoß auf der Untätigkeit eines Landes beruhe, auch wenn dieses nach der innerstaatlichen Kompetenzordnung allein zum Handeln berechtigt gewesen wäre[472]. Diesbezüglich stellt sich die Frage, ob der Bund in jedem Fall allein hafte[473], primär oder gesamtschuldnerisch neben einem Bundesland[474], gleichzeitig mit der handelnden Körperschaft oder gegebenenfalls nur letztere.

---

[469] vergl. oben 2. Kapitel
[470] vergl. oben 3. Kapitel I.
[471] vergl. nur: EuGHE 1996 I („Dillenkofer"), S. 4885f, Tz. 53
[472] Detterbeck/Windhorst/Sproll, § 6, Rdn. 73; Hidien, S. 72f; Ossenbühl, Staatshaftungsrecht, S. 520f; Schockweiler EuR 1993, S. 107 (117); Seltenreich, S. 188
[473] Preis-Jankowski, Die gemeinschaftsrechtliche Staatshaftung im Lichte des Bonner Grundgesetzes und des Subsidiaritätsprinzips, 1997, S. 102
[474] Hidien, S. 73; Jarass NJW 1994, S. 881 (886); Maurer in: FS Boujong, S. 591 (606); Ossenbühl, Staatshaftungsrecht, S. 521f; Pfab, S. 149f; Schockweiler EuR 1993, 107 (117); Wehlau, S. 50

Dabei ist zunächst von richtungweisender Bedeutung für die Feststellung des Anspruchsgegners, welcher Rechtsnorm die Bestimmung des Schuldners entnommen werden kann[475]. Nach dem bisherigen Ergebnis dieser Arbeit müssen hierzu die Vorschriften des nationalen Haftungsrechts herangezogen[476] und gegebenenfalls im Wege der gemeinschaftsrechtskonformen Auslegung den europäischen Vorgaben angepasst werden.

Gemäß der Haftungsüberleitungsregelung des Art. 34 GG im Amtshaftungstatbestand des nationalen deutschen Rechts haftet der Staat oder die Körperschaft, in deren Dienst der handelnde Amtsträger steht. Im Rahmen der unterlassenen oder fehlerhaften Umsetzung von Richtlinien trifft regelmäßig den Mitgliedstaat die Haftung, soweit ihm die Gesetzgebungskompetenz nach mitgliedstaatlicher Kompetenzordnung obliegt. Wenn die Gesetzgebungskompetenz nach innerstaatlicher Regelung aber bei einem Bundesland liegt oder ein Gemeinschaftsrechtsverstoß einer öffentlichrechtlichen Körperschaft zuzurechnen ist, stellt sich die Frage, ob die jeweilige Körperschaft als Anspruchsgegner zu qualifizieren ist oder die Haftung generell auf den Staat zurückfällt[477].

Der Gerichtshof hat in seiner „Konle-Entscheidung" vom 01.06.1999 eine zumindest teilweise Klärung dieser Problematik für den Fall eines gemeinschaftsrechtswidrigen Landesgesetzes herbeigeführt. Den Ausführungen des Gerichtshofs zufolge muss der Mitgliedstaat den Ersatz des Schadens sicherstellen, gleichgültig welche staatliche Stelle den Gemeinschaftsrechtsverstoß begangen und welche Stelle nach dem innerstaatlichen Recht die Entschädigung zu leisten hat. Mit dem Hinweis, dass sich der Mitgliedstaat seiner Haftung sich nicht durch Verweis auf seine innerstaatliche Zuständigkeitsaufteilung entziehen kann, führt der Gerichtshof aus, dass unter diesem Vorbehalt das Gemeinschaftsrecht eine Änderung der Zuständigkeitsverteilung nicht erfordert. Der Mitgliedstaat könne insoweit seine gemeinschaftsrechtliche Verpflichtung auch dann erfüllen, wenn nicht der Gesamtstaat seine Ersatzverpflichtung gewährleistet, sofern die innerstaatlichen Verfahrensregelungen einen wirksamen Schutz sicherstellen und die

---

[475] Gundel DVBl 2001, S. 95ff

[476] ähnlich: v. Bogdandy in: Grabitz/Hilf, Art. 288 EGV, Rdn. 165; Claßen, S. 205ff; Gundel DVBl 2001, 96; Herdegen/Rensmann ZHR 161 (1997), S. 522 (553); Zenner, Die Haftung der EG-Mitgliedstaaten für die Anwendung europarechtswidriger Rechtsnormen, 1995, S. 72

[477] Die Lösung dieser Problematik wurde in den Vorschriften der innerstaatlichen Kompetenzverteilung, des Bundeszwanges und der Ausweitung des Umsetzungsverpflichtung des Art. 249 Abs. 3 EGV auf die Bundesländer gesucht, vergl. Claßen, S. 206ff; Detterbeck/Windhorst/Sproll, § 6, Rdn. 73ff; Hidien, S. 72f; Pfab, S. 149f; Wehlau, S. 50f; Zenner, S. 71ff, mit unterschiedlichen Ergebnissen

Geltendmachung dieser Rechte nicht erschweren[478]. Gleiches gilt für öffentlich-rechtliche Einrichtungen, wobei der Gerichtshof erwähnt, dass es nicht zu beanstanden sei, wenn neben die Haftung der Körperschaft die des Staates bestehen bleibt[479].
Damit bleibt es bei der Regelung des Art. 34 GG, der die Haftung auf die jeweilige (Gebiets-)Körperschaft überleitet, eine gemeinschaftsrechtskonforme Interpretation ist insoweit nicht notwendig, da die Vorschrift den gemeinschaftsrechtlichen Anforderungen entspricht[480]. Dies gilt jedoch selbstverständlich nur dann, wenn die Ersatzpflicht sichergestellt ist. Entsprechend gilt auch hier der Vorbehalt des Effektivitätsgebots, nach welchem ein wirksamer Schutz des Einzelnen gewährleistet sein muss und die Geltendmachung dieser Rechte nicht unmöglich oder übermäßig erschwert sein darf[481]. Daher muss eine subsidiäre „Ausfallhaftung" des Mitgliedstaates bestehen bleiben, da sich dieser einerseits für den Fall des legislativen Unrechts nicht seiner Umsetzungsverpflichtung aus Art. 249 Abs. 3 EGV entziehen darf[482], andererseits seiner „Sicherstellungsfunktion" hinsichtlich des Entschädigungsanspruchs nachkommen muss[483]. Soweit sich dies nicht aus der innerstaatlichen Vorschrift des Art. 34 GG ergibt, muss die nationale Haftungsüberleitungsvorschrift gemeinschaftsrechtskonform ausgelegt werden[484].

4.2. Die Verletzung der einem Dritten gegenüber obliegenden Amtspflicht

a) Der Amtsträger in Ausübung eines öffentlichen Amtes – Haftung für Organisationsfehler des Gesetzgebers

Wie bereits festgestellt, ist die Form des tatbestandlichen Handelns im Sinne einer Staatshaftung untrennbar mit der Frage nach dem handelnden Organ verbunden[485]. Für die hier näher zu betrachtende Situation des legislativen Unrechts

---

[478] EuGHE 1999 I („Konle"), S. 3140, Tz. 61ff; EuGHE 2000 I („Haim"), S. 5159f, Tz. 30ff
[479] EuGHE 2000 I („Haim"), S. 5160, Tz. 31f
[480] Wehlau, S. 51
[481] EuGHE 1999 I („Konle"), S. 3140, Tz. 63; EuGHE 2000 I („Haim"), S. 5159, Tz. 30; Gundel DVBl 2001, S. 95 (97)
[482] Jarass NJW 1994, S. 881 (886); Wehlau, S. 50
[483] ähnlich: Detterbeck/Windhorst/Sproll, § 6, Rdn. 77; Herdegen/Rensmann ZHR 161 (1997), S. 522 (553); a.A. Gundel DVBl 2001, S. 59 (99); Schockweiler EuR 1993, S. 107 (117); Zenner, S. 74f
[484] so auch: Wehlau, S. 50
[485] vergl. oben 2. Kapitel II. Ziff. 2.1.

ist neben der Problematik der Drittgerichtetheit der Amtspflicht von Interesse, wie die Zurechnung eines Rechtsverstoßes des bzw. der handelnden Organe zum Mitgliedstaat erfolgt. Es stellt sich für die Anwendung des Amtshaftungsanspruchs die Frage, ob und inwieweit die allgemeinen und grundsätzlichen Vorgaben des Gerichtshofs für die Passivlegitimation der Mitgliedstaaten mit der nationalen Konstruktion der Beamteneigenhaftung des § 839 BGB und der Haftungsüberleitungsregelung des Art. 34 GG konform gehen und im Rahmen des Amtshaftungsanspruchs anwendbar sind.

Die gemeinschaftsrechtliche Vorgabe, dass der Grundsatz der Staatshaftung unabhängig von der innerstaatlichen Zuständigkeitsverteilung auch für die Legislative gilt, die bei der Erfüllung ihrer Aufgaben das Gemeinschaftsrecht zu beachten hat[486], trifft auch die nationalrechtliche Konstruktion in Deutschland, dass Anspruchsgegner der deliktischen Anspruchsnorm des § 839 BGB der Beamte als Amtsträger ist, dessen Haftung ohne Eingrenzung des Verantwortlichenkreises durch die Regelung des Art. 34 GG auf den Staat übergeleitet wird[487].
Ein in der mangelhaften oder unterlassenen Umsetzung von Richtlinien liegendes legislatives Unrecht lässt sich jedoch schwerlich als Beamteneigenhaftung verstehen. Zwar lassen sich Bundes- bzw. Landtagsabgeordnete als Amtsträger qualifizieren, die im Rahmen ihrer Beteiligung am Gesetzgebungsverfahren ein öffentliches Amt ausüben[488]. Die Individualisierung und Nominierung der einzelnen Parlamentsabgeordneten als eigenverantwortliche Amtsträger überspannt gleichwohl die Anforderungen an die Haftung des Staates bei unrechtmäßigem Handeln von Kollegialorganen und wird auch durch den Wortlaut des Art. 34 GG nicht getragen. Bei der parlamentarischen Rechtssetzung kann es einerseits kaum zumutbar sein, dass der Geschädigte die verantwortlichen Einzelpersonen feststellt, wenn dies überhaupt aufgrund des Abstimmungsgeheimnisses möglich ist[489]. Dieser Umstand kann nicht zu Lasten des geschädigten Einzelnen gehen und würde darüber hinaus gegen das gemeinschaftsrechtliche Effizienzgebot verstoßen, da hierdurch die Erlangung einer Entschädigung praktisch unmöglich bzw. übermäßig erschwert würde.
Anknüpfungspunkt für eine amtshaftungsrechtliche Verantwortlichkeit kann daher bei legislativem Unrecht nicht das konkrete Verhalten einzelner Abgeordneter sein, sondern vielmehr das Versagen des Parlaments als Institution bei der

---

[486] EuGHE 1999 I("Konle"), S. 3140, Tz. 62f; EuGHE 2000 I ("Haim"), S. 5156, Tz. 27f
[487] Papier in: Münchener Kommentar, § 839 BGB, Rdn. 117ff
[488] Detterbeck VerwArch 85 (1994), S. 159 (188); Vincke in: Soergel, § 839 BGB, Rdn. 74; Papier in: Münchener Kommentar, § 839 BGB, Rdn. 129; Wehlau, S. 51
[489] Papier in: Münchener Kommentar, § 839 BGB, Rdn. 125f

Ausführung seiner gesetzlichen Verpflichtungen. Somit handelt es sich bei einem unterlassenen oder fehlerhaften Gesetzgebungsvorhaben zur Umsetzung europäischen Rechts in das nationale Rechtssystem um ein Organisationsversagen des Rechtssetzungsorgans, welches gemäß Art. 34 GG den Mitgliedstaat oder die entsprechende (Gebiets-) Körperschaft trifft[490].
Da bereits die nationalrechtliche Auslegung der innerstaatlichen Staatshaftungsvorschriften dieses Verständnis zulässt, bleibt es bei dem durch den Amtshaftungsanspruch postuliertem Merkmal des Amtsträgers in Ausübung eines öffentlichen Amtes. Denn selbst wenn das Verhalten des Amtsträgers Ausgangspunkt für das handelnde Organ ist, wird die Verantwortlichkeit in die Organisation des Gesetzgebungsorgans übertragen und dem rechtsetzenden Organ wie eigenes Unrecht zugerechnet[491]. Damit wird eine Erschwerung der Durchsetzbarkeit des Entschädigungsanspruchs durch einen Verweis auf die innerstaatliche Zuständigkeitsverteilung im Rahmen der Beamteneigenhaftung vermieden. Eine gemeinschaftsrechtskonforme Auslegung dieses Tatbestandsmerkmals ist daher nicht erforderlich, da bereits das innerstaatliche Verständnis den Anforderungen, welche die gemeinschaftsrechtlichen Vorgaben verlangen, entspricht.

b) Amtspflichtverletzung

Eine entscheidende konstruktive Besonderheit der nationalen deutschen Amtshaftung als einer auf den Staat übergeleiteten Beamteneigenhaftung gegenüber den gemeinschaftlichen Vorgaben zur Staatshaftung liegt in der Anknüpfung an den Amtspflichtverstoß des einzelnen Beamten. Dabei versteht man unter Amtspflichten die persönlichen Verhaltenspflichten des Amtsträgers in Bezug auf seine Amtsführung, die ihm gegenüber seinem Dienstherrn obliegen[492].
Für den Fall der Rechtssetzungstätigkeit des mitgliedstaatlichen Legislativorgans stellt sich die Frage, welche Amtpflichten den einzelnen Abgeordneten im Allgemeinen und hinsichtlich der Umsetzung von Gemeinschaftsrecht ins nationale Recht im Besonderen treffen. Dabei ist klärungsbedürftig, inwieweit sich aus der dem Mitgliedstaat obliegenden gemeinschaftsrechtlichen Pflicht, Richtlinien frist- und ordnungsgemäß in nationales Recht umzusetzen, Amtspflichten des einzelnen Abgeordneten ergeben.

---

[490] Vincke in: Soergel, § 839 BGB, Rdn. 195; Papier in: Münchener Kommentar, § 839 BGB, Rdn. 126; Wehlau, S. 52f
[491] vergl. auch: Claßen, Nichtumsetzung von Gemeinschaftsrichtlinien, 1999, S. 154
[492] vergl. nur: Detterbeck/Windhorst/Sproll, § 9, Rdn. 56; Ossenbühl, Staatshaftungsrecht, S. 42; Papier in: Münchener Kommentar, § 839 BGB, Rdn. 189

Ansatzpunkt hierfür ist die Pflicht des einzelnen Abgeordneten zu rechtmäßigem Verhalten. Aus der Bindung der Staatsgewalt, Aufgaben und Befugnisse im Einklang mit Recht und Gesetz wahrzunehmen, resultiert die Pflicht, Gesetze nur unter Beachtung der Verfassungsvorschriften und sonstigem höherrangigem Recht zu erlassen und anzuwenden. Dabei ist die Bundesrepublik auch an das Gemeinschaftsrecht gebunden, das als höherrangiges Recht über Art. 23 Abs. 1 GG Eingang in die nationale Rechtordnung gefunden hat[493] und nach Art. 10 EGVnF die Mitgliedstaaten zur Beachtung der gemeinschaftlichen Vorgaben verpflichtet. Die Umsetzungsverpflichtung des Art. 249 Abs. 3 EGVnF hat zur Folge, dass die Regelungen europäischer Vorgaben im vollen Umfang Geltung auf der nationalen Ebene beanspruchen[494]. Aufgrund der Amtspflicht des einzelnen Abgeordneten zu rechtmäßigem Verhalten obliegt es dem Angehörigen des zuständigen rechtsetzenden Organs bei der Umsetzung von Gemeinschaftsrecht, die vorgegebenen Fristen zu beachten und auf die Verwirklichung der ordnungsgemäßen Implementierung hinzuwirken. Hierbei reicht es, wie oben dargestellt, aus, dass aufgrund der Objektivierung und Entindividualisierung des Amtshaftungsrechts „der Gesetzgeber" gehandelt hat[495]. Die Pflicht des Mitgliedstaates zur Umsetzung korrespondiert mit der Amtspflicht des Abgeordneten, aufgrund seiner Amtspflicht zu rechtmäßigem Verhalten auf die ordnungsgemäße Umsetzung hinzuwirken.

Zusammenfassend lässt sich daher festhalten, dass die Pflicht des Amtsträgers zu gesetzmäßigem Verhalten die Pflicht umfasst, rechtzeitig und ordnungsgemäß die Umsetzung von Gemeinschaftsrecht in das nationale Recht zu gewährleisten, wobei eine Individualisierung beim Handeln des Gesetzgebungsorgans nicht notwendig ist, um eine konkrete Amtspflichtverletzung festzustellen[496]. Eine gemeinschaftsrechtskonforme Auslegung ist insoweit nicht vonnöten[497].

c) Die Drittbezogenheit der verletzten Amtspflicht

Der Tatbestand der Amtshaftung verlangt sowohl in § 839 Abs. 1 S. 1 BGB als auch in Art 34 S. 1 GG, dass der Organwalter eine ihm gegenüber Dritten obliegende Amtspflicht verletzt hat. Nach ständiger Rechtsprechung bestimmt sich

---

[493] vergl. hierzu auch unten: 4. Kapitel II. Ziff. 3.1.b)bb)bbb)
[494] Albers, S. 55; Detterbeck/Windhorst/Sproll, § 9, Rdn. 65ff; Greb, S. 100f
[495] Maurer in: FS Boujong, S. 591 (601)
[496] im Ergebnis wie hier: Claßen, S. 152ff; Detterbeck/Windhorst/Sproll, § 9, Rdn. 65ff; Greb, S. 100f; Maurer in: FS Boujong, S. 591 (601); ohne weitere Begründung: Pfab, S. 131; Schlenner-Schulte/Ukrow EuR 1992, S. 83 (92f); Wehlau, S. 51f
[497] a.A. Nettesheim DÖV 1992, S. 999 (1004); wie hier: Wehlau, S. 51

die im nationalen Recht geforderte Drittbezogenheit danach, ob die verletzte Amtspflicht - wenn auch nicht allein - zumindest auch den Schutz der Interessen des Geschädigten (vor den in Frage stehenden Rechtsverletzungen) bezweckt[498].

Für den Bereich des legislativen Unrechts lehnt der Bundesgerichtshof im innerstaatlichen Kontext die Drittrichtung von Amtspflichten bei der Ausübung der gesetzgebenden Gewalt in ständiger Rechtsprechung ab[499]. Zur Begründung verweist der BGH und ein Teil der Literatur[500] darauf, dass der Drittbezug der Amtspflicht als Tatbestandselement eine haftungsbegrenzende Funktion dahingehend habe, die Amtshaftung auf solche Schadensfälle zu begrenzen, in welchen der Hoheitsträger und der Geschädigte in eine besondere individualisierte oder individualisierbare Beziehung getreten seien. Ein solches Verhältnis scheide zwischen Gesetzgeber und Gesetzesunterworfenem prinzipiell aus, da Gesetze grundsätzlich abstrakt-generellen Regelungscharakter aufwiesen. Entsprechend nehme der Gesetzgeber lediglich Pflichten gegenüber der Allgemeinheit, nicht gegenüber dem Einzelnen wahr.

Dieser Auffassung werden bereits im Rahmen der innerstaatlichen Rechtsanwendung umfangreich Bedenken entgegengesetzt. Im Folgenden wird darauf einzugehen sein, ob die in der Literatur geäußerten Bedenken auch für die Umsetzung der gemeinschaftsrechtlichen Haftungsvorgaben nutzbar gemacht werden können. Denn im Bereich des legislativen Unrechts durch die unterlassene oder mangelhafte Umsetzung von Gemeinschaftsrecht in nationales Recht wäre nach der bisherigen Rechtsprechung des BGH ein Drittbezug des gesetzgeberischen Handelns erforderlich, der auf nationalrechtlicher Ebene aufgrund des Charakters der hoheitlichen Maßnahme abgelehnt wird. Entsprechend wird vertreten, dass der Tatbestand der Amtshaftung gemäß § 839 BGB i.V.m. Art. 34 GG für die mitgliedstaatliche Haftung nicht in Frage kommt.

Diese Auffassung verkennt allerdings die Interaktion der beteiligten Rechtsordnungen, wie sie oben bereits dargestellt wurde, außerdem trägt selbst die für das nationale Recht gefundene Begründung die Ablehnung einer Haftung für legislatives Unrecht nicht. Aus den folgenden Überlegungen folgt zudem, woraus sich im Bereich der gemeinschaftsrechtlichen Haftung die Drittbezogenheit der

---

[498] vergl. etwa: BGHZ 129, S. 23 (25); BGHZ 134, S. 268 (276)
[499] vergl. etwa: BGHZ 102, S. 350 (367); BGHZ 123, S. 191 (195f)
[500] Boujong in: FS Geiger, S. 430 (432ff); Ossenbühl, Staatshaftungsrecht, S. 104ff; Fetzer, Die Haftung des Staates für legislatives Unrecht, 1994, S. 87, siehe dort auch Fußnote Nr. 189 mwN

Amtspflicht ergibt und dass dieses Merkmal des nationalen Haftungstatbestands keineswegs außer Betracht gelassen werden muss und darf.

aa) Der Anknüpfungspunkt für die Drittbezogenheit der Amtspflicht

Die Frage nach der Drittbezogenheit der Amtspflicht lässt sich nur dann beantworten, wenn man den Blick auf den Inhalt des Rechtsaktes richtet, auf den sich die Amtspflicht bezieht. Dies scheint auch der Auffassung des BGH zu entsprechen, der eine Drittbezogenheit dann annimmt, wenn die Amtspflicht zumindest auch den Schutz der Interessen des Geschädigten bezweckt. Da die Amtspflicht zu gesetzmäßigem Verhalten aus sich heraus noch keinen Drittschutz entwickelt, ist dieser abhängig von dem Inhalt des in Frage stehenden Rechtsetzungsakts. Die Feststellung des Bundesgerichtshofs, dass die gesetzgeberische bzw. normative Tätigkeit des Staates lediglich abstrakt-generellen Charakter habe und der Gesetzgeber damit nur im Allgemeininteresse tätig würde, geht an dieser Problemstellung vorbei. Hinsichtlich der Individualisierbarkeit der normativen Maßnahme wird bei dieser Argumentation lediglich auf die Rechtsnatur der Maßnahme abgestellt, nicht jedoch auf deren Inhalt, aus der sich allein das konkrete und individualisierte Verhältnis zwischen gesetzgeberischem Handeln und Gesetzesunterworfenem ergeben kann. Das Kriterium der Individualisierbarkeit wird durch die deutsche Rechtsprechung insoweit nicht materiell, sondern lediglich formell angewandt. Die Interpretation des Merkmals der Drittbezogenheit hat sich für den Bereich des legislativen Unrechts zu einer inhaltslosen Leerformel entwickelt, welche die Gegebenheiten des Einzelfalls außer Acht lässt und ergebnisorientiert die Staatshaftung für legislatives Unrecht ausschließen soll[501].
Dies wird dann deutlich, wenn man die eigenen Vorgaben der nationalen Rechtsprechung zur Drittbezogenheit genauer ansieht. Die gewählte Formulierung, dass die Amtspflicht zumindest auch den Schutz des Einzelnen bezwecken muss, entspricht in überraschender Weise der Maßgabe des Gerichtshofs, mit der dieser das Vorliegen eines subjektiven Rechts prüft[502]. Diese Entsprechung macht deutlich, worauf es im Hinblick auf die Drittbezogenheit ankommt, nämlich auf die Gewährung eines subjektiven öffentlichen Rechts resp. dem Zweck, dem Einzelnen Rechte zu verleihen. Die Drittbezogenheit der Amtspflicht korrespondiert also mit der Verleihung subjektiver Rechte durch das Gemeinschafts-

---

[501] Papier in: Münchener Kommentar, § 839 BGB, Rdn. 257; Wolf, S. 213f
[502] vergl. oben, 2. Kapitel II. Ziff. 1.

recht[503]. Die Drittbezogenheit der Amtspflicht lässt sich damit der entsprechenden gemeinschaftsrechtlichen Voraussetzung entnehmen, ob das umzusetzende Gemeinschaftsrecht das Ziel hat, dem Einzelnen Rechte zu verleihen[504]. Der Ansatzpunkt für die Ermittlung der Drittbezogenheit liegt nicht unmittelbar in der Rechtsnatur der zu erlassenden Norm an sich, sondern in der bei deren Erlass zu beachtenden höherrangigen Norm in dem Sinne, dass der Inhalt der zu erlassenden Norm sich nach der umzusetzenden Richtlinie bestimmt. Hat diese Richtlinie die Verleihung von Rechten an Einzelne zum Ziel, betrifft die Amtspflicht zu gesetzmäßigem Verhalten die dem begünstigtem Personenkreis eingeräumte bzw. einzuräumende Rechtsposition und ist damit drittbezogen[505].

bb) Der Einfluss der Gemeinschaftsrechtsordnung auf das Merkmal der Drittbezogenheit

Im Rahmen der mitgliedstaatlichen Haftung für legislatives Unrecht gilt somit für das Merkmal der Drittbezogenheit, dass dieses nach den gemeinschaftsrechtlichen Vorgaben zu bemessen ist. Die Möglichkeit, das Merkmal der Drittbezogenheit im Wege der gemeinschaftsrechtskonformen Auslegung an die Vorgaben des Gerichtshofs anzupassen, liegt auf der Hand. Schon die Formulierung, mit welcher der Gerichtshof die Verleihung subjektiver Rechte bei der mitgliedstaatlichen Haftung bestimmt und mit welcher der Bundesgerichtshof den Drittbezug definiert, lassen sich unproblematisch in Einklang bringen. Die nationale gerichtliche Interpretation des Merkmals muss insoweit nur nach den gemeinschaftsrechtlichen Vorgaben angewandt werden. Die Pflicht zur gemeinschaftsrechtskonformen Auslegung verbietet es den nationalen Gerichten, an einer den europäischen Vorgaben widersprechenden Auslegung des Merkmals festzuhalten und sich auf den Standpunkt zurückzuziehen, dass der Erlass umsetzender Gesetze lediglich im Allgemeininteresse erfolge. Denn einerseits ist dieser Ansatzpunkt bereits für das nationale Recht in höchstem Maße fraglich. Auf der anderen Seite kann das Merkmal der Drittbezogenheit selbst im Rahmen der durch den BGH entwickelten Definitionen den Maßgaben des Gemeinschaftsrechts angepasst werden. Einer gemeinschaftsrechtskonformen

---

[503] Claßen, S. 156f; Detterbeck/Windhorst/Sproll, § 9, Rdn. 148; Lorz, JR 2001, S. 413 (414f); Papier in: Münchener Kommentar, § 839 BGB, Rdn. 225, 257; Pfab, S. 132f; Vincke in: Soergel, § 839 BGB, Rdn. 136f; Wolf, S. 214
[504] Papier in: Rengeling, § 43, Rdn. 33
[505] im Ergebnis so auch: Fetzer, S. 102; Pfab, S. 132f; Wolf, S. 214f

Auslegung steht damit nichts im Wege[506]. Die Bestimmung des durch die Richtlinie notwendig eingeräumten subjektiven Rechts korrespondiert mit der Drittbezogenheit der Amtspflicht des nationalen Haftungsinstituts für den Fall der mitgliedstaatlichen Haftung für legislatives Unrecht.

Das Merkmal der Drittgerichtetheit einfach außer Acht zu lassen[507] widerspricht dem aufgezeigten Verhältnis zwischen Gemeinschaftsrecht und nationaler Rechtsordnung und der daraus folgenden Pflicht zur gemeinschaftsrechtskonformen Auslegung und ist im Übrigen nicht notwendig. Vielmehr wird über dieses Merkmal das gemeinschaftsrechtliche Erfordernis des dem Einzelnen durch die Richtlinie verliehenen Rechts in die nationale Anspruchsgrundlage eingeführt.

Insoweit ergibt sich auch kein Problem für die Fälle der unterlassenen oder fehlerhaften Umsetzung nicht unmittelbar wirkender Richtlinien. Denn die Anforderungen an die Drittbezogenheit aufgrund der Einräumung eines subjektiven Rechts richten sich nach den gemeinschaftsrechtlichen Vorgaben des Gerichtshofs. Soweit sich nach Gemeinschaftsrecht der drittschützende Charakter einer mittelbar wirkenden Richtlinie aus dem Zusammenspiel von Zielrichtung der Bestimmung und der Umsetzungsverpflichtung des Art. 249 Abs. 3 EGVnF ergibt[508], sind diese Anforderungen im Wege der gemeinschaftsrechtskonformen Auslegung in das nationale Recht zu implementieren und reichen im Bereich der mitgliedstaatlichen Haftung für die Begründung der Drittbezogenheit der Amtspflicht aus[509].

Im Ergebnis bleibt daher festzustellen, dass die gemeinschaftsrechtskonforme Auslegung des Tatbestandsmerkmals der drittbezogenen Amtspflicht möglich und notwendig ist, um die gemeinschaftsrechtlichen Vorgaben der mitgliedstaatlichen Haftung in das nationale Haftungssystem zu übertragen. Dabei entsprechen die gemeinschaftsrechtlichen Vorgaben nicht zuletzt den grundsätzlichen Erwägungen des nationalen Haftungsrechts, was den Zusammenhang zwischen

---

[506] im Ergebnis wie hier: Geiger DVBL 1993, S. 465 (472); Herdegen/Rensmann ZHR 161 (1997), S. 522 (552); Martin-Ehlers EuR 1996, S. 376 (397); Maurer in: FS Boujong, S. 591 (602f); Nettesheim DÖV 1992, S. 999 (1004); Papier in: Rengeling, § 43, Rdn. 33; ders. in: Münchener Kommentar, § 839 BGB, Rdn. 225, 257; Schlemmer-Schulte/Ukrow EuR 1992, S. 82 (93); Seltenreich, S. 176f; Streinz Jura 1995, S. 6 (11)
[507] a. A. Detterbeck/Windhorst/Sproll, § 6, Rdn. 61; Kremer Jura 2000, S. 235 (240)
[508] vergl. oben 2. Kapitel II. Ziff. 1.3.a)
[509] Cornils, S. 236; Triantafyllou DÖV 1992, S. 564 (567); Wolf, S. 214f

subjektiver Rechtsgewährung und Drittbezug angeht. Mit dem Blick auf die faktische Möglichkeit einer derartigen Umsetzung der europäischen Haftungsvorgaben und der weiter oben hergeleiteten Pflicht zur gemeinschaftsrechtskonformen Auslegung des nationalen Rechts ist dieses Ergebnis zwingend.

cc) Die Entscheidung des Bundesgerichtshofs vom 14.12.2000

Vor diesem Hintergrund lohnt es sich, den Blick nochmals auf die bereits oben besprochene[510] Entscheidung des Bundesgerichtshofs einzugehen. Die an gegebener Stelle geäußerten Zweifel an den Entscheidungsgründen finden sich nach den letzten Ausführungen in dieser Arbeit nunmehr bestätigt und lassen den Einwand einer ergebnisorientierten Anwendung der Haftungsgrundsätze beider Rechtsordnungen durch den BGH zu.

Im Wesentlichen zeigen die Gründe der Entscheidung, dass der Bundesgerichtshof nicht in der Lage ist, die haftungsrechtlichen Vorgaben des Gemeinschaftsrechts anzuwenden und umzusetzen. Kernpunkt dieses Vorwurfs ist der Umstand, dass das entscheidende Gericht das Vorliegen eines subjektiven Rechts nach „gemeinschaftsrechtlichen" Gesichtspunkten ablehnt, soweit gemeinschaftsrechtliche Abweichungsvoraussetzungen vorlagen, denen jedoch keine unmittelbare Wirkung zukam. Im Rahmen des nationalen Haftungsrechts bejahte der BGH die Verletzung einer drittschützenden Amtspflicht zu gesetzmäßigem Verhalten, da eine landesrechtliche Regelung über die Abweichung (von den gemeinschaftsrechtlichen Vorgaben!) nicht vorlag.

Wie bereits oben dargestellt, hat der BGH die Interaktion der gemeinschaftlichen und nationalen Rechtsordnung verkannt. Indem er einerseits im Rahmen der mitgliedstaatlichen Haftung die Grundsätze zur Bestimmung eines subjektiven Rechts fehlerhaft anwendete und im nationalen Haftungsrecht die gemeinschaftsrechtlichen Aspekte ausklammerte, gelangte er zu dem in sich widersprüchlichen Ergebnis, gemeinschaftsrechtlich ein subjektives Recht abzulehnen, nationalrechtlich jedoch die Verletzung einer drittschützenden Amtspflicht anzunehmen. Ein derartiges Durcheinander in der rechtlichen Beurteilung einer Staatshaftung mit gemeinschaftsrechtlichem Bezug hätte jedoch vermieden werden können, wenn innerhalb des nationalen Haftungsrechts die gemeinschaftsrechtlichen Vorgaben Beachtung gefunden hätten. Bei Haftungssachverhalten mit europäischem Bezug ist der Rechtssicherheit und -klarheit nur dann genüge getan, wenn mit einem einheitlichen Maßstab gemessen wird. Zumindest dies

---

[510] vergl. oben 3. Kapitel I. Ziff. 2.

hat die besprochene Entscheidung neben der fehlerhaften Anwendung von Gemeinschaftsrecht eindrücklich offenbart[511].

4.3. Der Kausalzusammenhang zwischen Pflichtverletzung und entstandenem Schaden

Im nationalen deutschen Amtshaftungsanspruch wird kaum auf das Erfordernis einer haftungsbegründenden Kausalität eingegangen. Es wird insoweit darauf verwiesen, dass der Amtshaftungsanspruch jeden Vermögensschaden umfasst und daher für eine auf bestimmte Rechte oder Rechtsgüter beschränkte haftungsbegründende Kausalität kein Raum sei[512]. Darüber hinaus trete an den Platz der haftungsbegründenden Kausalität das Merkmal des „Handelns in Ausübung eines öffentlichen Amtes", das als wertendes Zurechnungskriterium den Zusammenhang zwischen schädigendem Handeln und hoheitlicher Aufgabenerfüllung herstellt. Eigenständige Bedeutung kommt diesem Merkmal nur noch in Ausnahmefällen zu[513]. So trifft auch der Gerichtshof keine Unterscheidung zwischen haftungsbegründender und haftungsausfüllender Kausalität, sondern verlangt einen unmittelbaren Kausalzusammenhang zwischen dem Verstoß gegen die dem Staat auferlegte Verpflichtung und dem entstandenen Schaden[514]. Dennoch ergeben sich auch im Bereich der haftungsbegründenden Kausalität Gesichtspunkte, die vorliegend eine Erwähnung wert sein sollen.

a) Haftungsbegründende Kausalität

aa) Die Kausalität der Handlung des einzelnen Beamten

Hier stellt sich die Frage nach der Kausalität des Stimmverhaltens des einzelnen Amtswalters bzw. Abgeordneten eines Kollegialorgans für die Amtspflichtverletzung. So könnten die verschiedenen Mehrheitsverhältnisse bei Beschlussfassung eines Parlaments entscheidend für die Beurteilung sein, ob das Verhalten eines Abgeordneten einen Pflichtenverstoß herbeigeführt hat oder nicht. Dies gilt jedoch nur, wenn der Anknüpfungspunkt der Pflichtenverstoß des Kollegialorgans ist. Denn nur in diesem Falle könnte das Handeln des einzelnen Abgeordneten je

---

[511] vergl. zum immer wiederkehrenden Argument der Rechtssicherheit nur: Greb, S. 120
[512] Ossenbühl, Staatshaftungsrecht, S. 70
[513] Detterbeck/Windhorst/Sproll, § 9, Rdn. 164, 471f
[514] zunächst EuGHE 1991 I („Francovich"), S. 5415 Tz. 40 ohne Unmittelbarkeitserfordernis; EuGHE 1996 I („Brasserie du pêcheur"), S. 1149 Tz. 51; EuGH RIW 2002 („Gervais Larsy"), S. 233 (235) Tz. 36; Deckert EuR 1997, S. 203 (227f; Hidien, S. 54f

nach Erheblichkeit des eigenen Abstimmungsverhaltens die Pflichtwidrigkeit des gesamten Organs hervorgerufen haben oder sich der konkret handelnde Abgeordnete entsprechend exkulpieren[515].
Wie jedoch bereits dargestellt, stellt sich die Amtshaftung als Beamteneigenhaftung dar, die am Amtspflichtverstoß des einzelnen Amtswalters ansetzt. Aufgrund der Entindividualisierung und Objektivierung des Staatshaftungsrechts wird die Verantwortlichkeit des Einzelnen in die Organisation des Gesetzgebungsorgans übertragen und dem rechtsetzenden Organ wie eigenes Unrecht zugerechnet[516]. Im Ergebnis muss sich der Angehörige eines Kollegialorgans das Verhalten jedes anderen Mitgliedes desselben Organs zurechnen lassen, so dass es für die Kausalität ausreicht, wenn der Schaden bei pflichtgemäßem Verhalten aller Abgeordneten vermieden worden wäre[517]. Insoweit wird aus der Beamteneigenhaftung im Rahmen eines Kollegialorgans die kollektive Verantwortlichkeit aller Mitglieder für das pflichtgemäße Organisationsverhalten des Organs.

bb) Das schadensstiftende Zweitereignis

Ein weiterer Aspekt, der sich der haftungsbegründenden Kausalität zuordnen lässt, ist das Hinzutreten des schadensstiftenden Zweitereignisses. Dieses tritt unabhängig in die Kausalkette von Amtspflichtverletzung und Schaden ein. Denn in der Regel wird der Einzelne nicht durch die fehlerhafte oder unterlassene Umsetzung von Gemeinschaftsrecht verletzt, sondern es bedarf hierzu eines weiteren Geschehnisses, wodurch der Schadensfall konkret ausgelöst wird. Es handelt sich dabei um den entscheidenden Begleitumstand im Sinne der „condicio sine qua non"-Formel, der jedoch keinen Einfluss auf die eigentliche Kausalitätsbeziehung zwischen Pflichtverstoß und Schaden, namentlich der haftungsausfüllenden Kausalität, hat, da dieser unabhängig von der Handlung des Mitgliedstaates Voraussetzung für die Haftung ist[518]. Entsprechend muss das schadensstiftende Ereignis nach Ablauf der Umsetzungsfrist der betroffenen Richtlinie eingetreten sein, da bis zu diesem Zeitpunkt die unterlassene Umsetzung keinen Pflichtverstoß des Mitgliedstaats darstellt.
Dies kann allerdings nicht für den Fall der fehlerhaften Umsetzung vor Ablauf der Umsetzungsfrist gelten. Hier reicht es aus, dass das schadensstiftende Zweit-

---

[515] vergl. zu den einzelnen Gestaltungsmöglichkeiten: Fetzer, S. 111ff
[516] vergl. oben 3. Kapitel II. Ziff. 4.2.a)
[517] Fetzer, S. 114
[518] Geiger DVBL 1993, S. 465 (471); Wehlau, S. 57, der richtigerweise auf die Umstände des Konkurses des Arbeitgebers („Francovich") oder eines Reiseveranstalters („Dillenkofer") verweist; vergl. auch Wolf, S. 216f

ereignis zeitlich nach der erfolgten (fehlerhaften) Umsetzung, also ggf. auch vor Ablauf der Umsetzungsfrist hinzutritt.

b) Haftungsausfüllende Kausalität

Für die Beurteilung der haftungsausfüllenden Kausalität zwischen Amtspflichtverletzung und Schadenseintritt gilt im nationalen Amtshaftungsrecht wie im übrigen deutschen Deliktsrecht die Adäquanztheorie. Die Amtspflichtverletzung muss gerade bei dem durch die Amtspflicht Geschützten einen Schaden verursacht haben. Der Schaden beruht nur dann auf der Pflichtverletzung, wenn diese nicht hinweggedacht werden könnte, ohne dass der Schaden entfiele („condicio sine qua non") und wenn sie im Allgemeinen und nicht nur unter besonders eigenartigen, ganz unwahrscheinlichen und nach dem regelmäßigen Verlauf der Dinge außer Acht zu lassenden Umständen zur Herbeiführung des Schadenseintritts geeignet war[519].

Auch wenn der Gerichtshof nicht zwischen haftungsbegründender und haftungsausfüllender Kausalität unterscheidet[520], lässt sich für den Fall des legislativen Unrechts das Erfordernis des unmittelbaren Kausalzusammenhangs im nationalen Recht innerhalb des Merkmals der haftungsausfüllenden Kausalität abhandeln. Denn in der Feststellung des hinreichend qualifizierten Rechtsverstoßes geht die Prüfung der haftungsbegründenden Kausalität auf. Entscheidend für die Auslösung der Haftung ist aber der Kausalzusammenhang zwischen Rechtsverletzung und Schaden.

Die gemeinschaftsrechtlichen Anforderungen an das haftungsauslösende Kausalitätserfordernis sind nicht abschließend geklärt. Dies liegt im Wesentlichen daran, dass der Gerichtshof die Beurteilung der Frage nach dem Vorliegen eines unmittelbaren Kausalzusammenhangs grundsätzlich den nationalen Gerichten zugewiesen und bisher nur begrenzte Vorgaben den Mitgliedstaaten an die Hand gegeben hat[521]. Entsprechend ist es die Sache der nationalen Rechtsordnungen, unter Wahrung der vollen Wirkung des Gemeinschaftsrechts die Haftungsvoraussetzung der unmittelbaren Kausalität in das nationale Recht umzusetzen[522].

---

[519] vergl. nur: BGHZ 96, S. 157 (172); Detterbeck/Windhorst/Sproll, § 9, Rdn. 166f; Ossenbühl, Staatshaftungsrecht, S. 71; Papier in: Münchener Kommentar, § 839 BGB, Rdn. 272; Papier in: Maunz/Dürig, Art 34 GG, Rdn. 190
[520] Deckert EuR 1997, S. 203 (227); Zenner, S. 33
[521] EuGHE 1996 I("Hedley Lomas"), S. 2614, Tz. 30; EuGHE 1999 I ("Konle"), S. 3139, Tz. 58; EuGHE 1999 I ("Rechberger"), S. 3546, Tz. 72; vergl. oben 2. Kapitel II. Ziff. 3.
[522] BGHZ 134, S. 30 (40)

Der BGH hat jedoch bisher keine Stellung dazu genommen, ob er im Rahmen der mitgliedstaatlichen Haftung die für das nationale Recht entwickelten Adäquanzgedanken unverändert anwenden will, ob sich die Unmittelbarkeit der Kausalität enger am Schutzzweck der verletzten Norm orientieren soll[523] oder ob der Gedanke der Haftungsbegrenzung im Sinne einer Schadensminderungs- bzw. Schadensabwendungspflicht in die Prüfung einfließen soll[524]. Die zuletzt genannten Erwägungen behandelt der Gerichtshof zwar im Rahmen der unmittelbaren Kausalität, stellt diese jedoch in den Zusammenhang mit den ebenfalls dort Eingang findenden Verschuldenserwägungen[525], die bei einer gemeinschaftsrechtskonformen Anwendung des nationalen Haftungsanspruchs jedoch im Rahmen des dort vorgegebenen Verschuldenserfordernis zu behandeln sind.

Der Gerichtshof hat erstmals in der „Rechberger"-Entscheidung zu Einzelheiten einer Prüfung des Kausalzusammenhangs Stellung genommen. In dieser Entscheidung hat der Gerichtshof zu dem Umstand Ausführungen gemacht, dass hypothetische Kausalverläufe die Zurechnung des Schadens entfallen lassen können, wenn der Schaden auch bei pflichtgemäßem Verhalten des Mitgliedstaates eingetreten wäre[526]. Da sich weitere Anhaltspunkte für die Bestimmung des Kausalitätserfordernisses der Judikatur des Gerichtshofs kaum entnehmen lassen und (verständlicherweise) auch kein ausdrückliches Bekenntnis zum deutschen Adäquanzgedanken zu erwarten war und ist, kann die deutsche Rechtsprechung auch das Merkmal der unmittelbaren Kausalität aus der Adäquanztheorie des deutschen Haftungsrechts weiterentwickeln, wozu die nationalen Richter ausdrücklich aufgerufen sind. Entsprechend der gemeinschaftsrechtskonformen Anwendung des nationalen Rechts sind die Vorgaben des Gemeinschaftsrechts jedoch verbindlich und bei jeder zu treffenden Entscheidung zu beachten. Hierzu gehört namentlich das Effizienzgebot, das bei einer Haftungsbegrenzung durch eine wertende Zurechnung mit Hilfe des Adäquanzgedankens den Rahmen der nationalen richterlichen Gestaltungsfreiheit begrenzt.

So ist die Aussage des Gerichtshofs von wesentlicher Bedeutung, dass eine wertende Abwägung die unmittelbare Kausalität nicht ausschließen kann, wenn das Legislativorgan es versäumt hat, ordnungsgemäß Gemeinschaftsrecht umzuset-

---

[523] BGHZ 134, S. 30 (40); Deckert EuR 1997, S. 203 (227); Eidenmüller JZ 1997, S. 201 (203); Papier in: Rengeling, § 43, Rdn. 34a;
[524] v. Danwitz DVBl 1997, S. 1 (7)
[525] vergl. oben 2. Kapitel II. Ziff. 3.2.
[526] vergl. oben 2. Kapitel II. Ziff. 3.1.; EuGHE 1999 I („Rechberger"), S. 3545ff, Tz. 67ff; v. Bogdandy in: Grabitz/Hilf, Art. 249 EGV, Rdn. 157

zen, das eine Erfolgspflicht im Sinne einer Garantieregelung aufstellt[527]. Dies wird die nationale Rechtsprechung bei der Anwendung und Weiterentwicklung ihrer Rechtsprechung zur „überholenden" und „unterbrechenden" Kausalität im Rahmen der mitgliedstaatlichen Haftung zu beachten haben.
Gleiches gilt für die Fälle des unmittelbar anwendbaren Gemeinschaftsrechts. Hier kann ein unmittelbarer Kausalzusammenhang nicht mit der Begründung abgelehnt werden, dass wegen des Anwendungsvorrangs ein Recht des Einzelnen bereits bestehe, auf das er sich berufen könne[528]. Einerseits ist das Vorliegen eines solchen Rechts bereits Voraussetzung für das Vorliegen eines subjektiven Rechts und der korrespondierenden Drittbezogenheit der Amtspflicht[529], andererseits widerspräche eine derartige Beurteilung dem gemeinschaftsrechtlichen Effizienzgebot[530]. Die wertende Beurteilung der Zurechnung des Schadens muss sich insoweit an den Vorgaben des Gerichtshofs orientieren[531]. Auch bei unmittelbar anwendbarem Gemeinschaftsrecht bleibt ein durch den legislativen Verstoß gegen Gemeinschaftsrecht verursachter Schaden adäquat kausal.

Nach gemeinschaftsrechtlichen Grundsätzen unterbrechen auch administrative Vollzugsakte die Kausalität nicht. Kommt es infolge des Vollzugs eines gemeinschaftsrechtswidrigen Gesetzes zum Schaden, musste der Gesetzgeber davon ausgehen, dass sich die Verwaltung national gesetzestreu aber gemeinschaftsrechtwidrig verhält. Insoweit reicht es für die unmittelbare Kausalität aus, dass der Schaden auf der Rechtswidrigkeit des vollzogenen Gesetzes „beruht". Denn bereits nach nationalrechtlichem Verständnis werden der Erlass eines verfassungswidrigen Gesetzes und dessen Vollzug haftungsrechtlich als einheitlicher Vorgang angesehen[532]. Da ein allgemeiner Haftungsausschluss für legislatives Unrecht jedoch im Bereich der mitgliedstaatlichen Haftung nicht eingreifen kann, bleibt in den genannten Vollzugsfällen der Anknüpfungspunkt für die Beurtei-

---

[527] EuGHE 1999 I („Rechberger"), S. 3546, Tz. 74
[528] Nettesheim DÖV 1992, S. 999 (1002)
[529] Wolf, S. 216
[530] keine anderweitige Beurteilung ergibt sich im Rahmen der Frage nach dem Vorrang des Primärrechtsschutzes, vergl. oben 2. Kapitel II. Ziff. 1.3.b) und Ziff. 3.2.; Schlemmer-Schulte/Ukrow EuR 1992, S. 82 (89f); Wolf, S. 217
[531] vergl. oben 2. Kapitel II. Ziff. 1.3.b)
[532] BGHZ 100, S. 136 (143ff); BGHZ 134, S. 30 (31f); Ossenbühl, Staatshaftungsrecht, S. 108, 236

lung des Kausalzusammenhangs die nicht ordnungsgemäße Umsetzung des Gemeinschaftsrechts[533].

Entsprechend kann und muss auch das Merkmal des unmittelbaren Kausalzusammenhangs im Wege der gemeinschaftsrechtskonformen Auslegung, Anwendung und Weiterentwicklung in den Amtshaftungstatbestand eingeführt werden. Grundlage für die Beurteilung der Kausalitätsfrage ist die im deutschen Recht entwickelte Theorie des adäquaten Kausalzusammenhangs, die unter Beobachtung der gemeinschaftlichen Vorgaben angewandt und fortentwickelt werden kann.

c) Die „Brasserie du pêcheur"-Entscheidung des BGH vom 24.10.1996

In Anbetracht der letzten Feststellungen lohnt sich ein weiterer Blick auf die Entscheidung des BGH, mit der dieser eine Haftung des Staates gegenüber der geschädigten elsässischen Brauerei ablehnte.

Der BGH folgte dem Gerichtshof in den Vorgaben, die dieser für die Beurteilung der Qualität der in Frage stehenden Rechtsverstöße gemacht hatte. Das Verbot, das Produkt unter der Bezeichnung „Bier" auf den deutschen Markt zu bringen, war ein offenkundiger Verstoß gegen das Gebot der Warenverkehrsfreiheit. Das Zusatzstoffverbot dagegen konnte nicht als qualifizierter Rechtsverstoß angesehen werden.

Obwohl auch der BGH das Legislativverhalten der Bundesrepublik Deutschland als alleinigen Anknüpfungspunkt für eine Staatshaftung erkannte[534], verneinte er die unmittelbare Kausalität des in Frage stehenden Rechtsverstoßes. Die offenkundig gegen Art. 28 EGV verstoßende Bezeichnungsregelung, das Produkt mit den verwendeten Zusatzstoffen als „Bier" in den Verkehr zu bringen, sei deshalb nicht kausal für den Schaden, weil die behördliche Maßnahme gegen die Geschädigte sich auf das Zusatzstoffverbot, nicht auf die Bezeichnungsregelung gestützt habe[535]. Die Heranziehung dieses Gedankens ist jedoch unter jedem Gesichtspunkt verfehlt.
Denn, wie der BGH selbst klargestellt hatte, ging es um die Haftung der Bundesrepublik wegen legislativen Unrechts. Für die Haftung ist daher nur maßge-

---

[533] a.A. Bröhmer JuS 1997, S. 117 (122); v. Danwitz DVBL 1997, 1 (3f); Ossenbühl, Staatshaftungsrecht, S. 236; Wolf, S. 216
[534] BGHZ 134, S. 30 (31)
[535] BGHZ 134, S. 30 (39)

bend, welche gesetzliche Regelung den Absatz des Produktes in schadenauslösender Weise behindern konnte. Unbeachtlich ist dagegen, welche Bestimmung des Gesetzes durch die Verwaltung vollzogen wurde. Wenn schon nicht der administrative Vollzug der haftungsbegründenden gemeinschaftsrechtswidrigen Norm den Kausalverlauf unterbrechen kann, dann kann erst recht nicht der Vollzug einer weiteren gemeinschaftsrechtswidrigen Regelung die Kausalität im Verhältnis zur nicht vollzogenen Bestimmung unterbrechen. Denn bereits die Bezeichnungsregelung hätte es der Geschädigten faktisch unmöglich gemacht, ihr Produkt im Bundesgebiet abzusetzen und war damit für den Schaden kausal geworden war. Nur weil die zweite Regelung des Biersteuergesetzes, die auch in deren Vollzug für den Schaden kausal geworden, aber nicht als haftungsbegründend im Sinne eines hinreichend qualifizierten Rechtsverstoßes zu werten war, rechtfertigt dies nicht die Ablehnung des Kausalzusammenhangs des weiteren Rechtsverstoßes unter dem Gesichtspunkt einer wertenden Betrachtung. Im entschiedenen Falle handelte es sich vielmehr um zwei konkurrierende Ursachen im Sinne einer kumulativen Kausalität. Damit wäre die unmittelbare Kausalität der Bezeichnungsregelung für den entstandenen Schaden zu bejahen gewesen[536].

4.4. Das Verschulden

Der Amtshaftungstatbestand des § 839 BGB i.V.m. Art. 34 GG verlangt für das Eingreifen der Haftung ein Verschulden des Amtsträgers bzw. des handelnden Organs. Namentlich muss eine vorsätzliche oder fahrlässige Pflichtverletzung den Schaden herbeigeführt haben[537].

Dem Verschuldenserfordernis muss bei der gemeinschaftsrechtskonformen Anwendung des nationalen Haftungsrechts für die Tatbestände der mitgliedstaatlichen Haftung eine entscheidende Rolle zugewiesen werde. Dass der Gerichtshof in seiner „Francovich"-Entscheidung eine verschuldensunabhängige Haftung postulieren wollte, darf aus heutiger Sicht als Missinterpretation des genannten Urteils gelten[538]. Dass der Gerichtshof in seinem „Francovich"-Urteil keine

---

[536] Ehlers JZ 1996, S. 776 (780); Hatje EuR 1997, S. 297 (307ff)
[537] vergl. nur: Palandt/Thomas, § 839 BGB, Rdn. 52ff; Papier in: Münchener Kommentar, § 839 BGB, Rdn. 278
[538] so noch im Sinne einer objektiven Unrechtshaftung: Ewert RIW 1992, S. 881 (884); Führich EuZW 1993, S. 725 (727); Hailbronner JZ 1992 S. 284 (288); Karl RIW 1992, S. 440 (445); Kopp DÖV 1994, S. 201 (204); Nettesheim DÖV 1992, S. 999 !1004); Prieß NVwZ 1993, S. 118 (123); immer noch Ruffert in: Callies/Ruffert, Art. 288 EGV, Rdn. 51;

Ausführungen zu einem etwaigen Verschulden machte, lässt sich einerseits darauf zurückführen, dass in dem dort entschiedenen Fall eine „A priori-Haftungskonstellation" vorlag[539], die ein Verschulden implizierte[540], andererseits der Gerichtshof am Anfang der Entwicklung der mitgliedstaatlichen Haftung stand.

Gerade im Hinblick auf Merkmale schuldhaften Verhaltens hätte der Gerichtshof seine Vorgabe, die gemeinschaftsrechtlichen Haftungsvoraussetzungen in das nationale Recht zu integrieren, nicht deutlicher formulieren können. Hinsichtlich des Verschuldenserfordernisses hat der Gerichtshof ausgeführt, dass bestimmte Gesichtspunkte, die im Rahmen der nationalen Rechtsordnung mit dem Begriff des Verschuldens in Verbindung gebracht werden, für die Beurteilung der hinreichenden Qualifikation des Rechtsverstoßes von Bedeutung sind. Deshalb könne der Ersatz von Schäden nicht von einer an den Verschuldensbegriff geknüpften Voraussetzung abhängig gemacht werden, die über den hinreichend qualifizierten Rechtsverstoß hinausgeht[541]. Dabei betrachtet auch der Gerichtshof offensichtlich die Entschuldbarkeit des rechtswidrigen Verhaltens als wesentliches Kriterium, überlässt die Beurteilung dieser Frage und die Entwicklung der hierfür wesentlichen Gesichtspunkte jedoch nicht den nationalen Gerichten und Rechtsordnungen, sondern setzt eigene Haftungskriterien als Maßstab für die Prüfung. Eine eigenständige Haftungsvoraussetzung stellt das Verschulden auf gemeinschaftsrechtlicher Ebene nicht dar[542].

Insoweit ist gleichwohl die in dieser Arbeit entwickelte Prämisse zu beachten, die eine vorrangige Pflicht zu gemeinschaftsrechtskonformen Auslegung des nationalen Rechts statuiert. Entscheidend für die Möglichkeit der gemeinschaftsrechtskonformen Auslegung ist dabei nicht die begriffliche, sondern die dogmatische Einpassungsfähigkeit der gemeinschaftsrechtlichen Vorgaben in den nationalen Haftungstatbestand. Es ist deshalb unabhängig von terminologischen Verwirrungen zu Fragen, ob die gemeinschaftsrechtlichen Haftungsvoraussetzungen in den Amtshaftungsanspruch eingeführt werden können. Welche Gesichtspunkte auf der gemeinschaftlichen Ebene als „Verschulden" bezeichnet werden,

---

Schlemmer-Schulte/Ukrow EuR 1992, S. 82 (93f); Seltenreich, S. 181; im Ergebnis wie hier vergl. nur: Pfab, S. 133; Tomuschat in: FS Everling, S. 1585 (1605)
[539] vergl. oben 2. Kapitel II Ziff. 2.2.b); so wohl auch Streinz Jura 1995, S. 6 (12)
[540] Claßen, S. 167; Geiger DVBl 1993, S. 465 (472); Mischo, Schlussanträge EuGHE 1991 I („Francovich"), S. 5397ff, Tz. 74ff;; Wehlau, S. 581
[541] EuGHE 1996 I („Brasserie du pêcheur"), S. 1155, Tz. 78f
[542] Schoch in: FS Maurer, S. 759 (770)

ist hierfür unbeachtlich[543]. Vielmehr ist von Bedeutung, ob die auf europäischer Ebene postulierten Voraussetzungen sich in das nationale deutsche Haftungsmerkmal des Verschuldens einfügen lassen. Den Spielraum hat der EuGH vorgegeben: Im Rahmen des angewandten nationalen Rechts darf der Schadensersatz nicht von einem Verschulden abhängig gemacht werden, das über den hinreichend qualifizierten Rechtsverstoß hinausgeht[544].

Dementsprechend lassen sich die gemeinschaftsrechtlichen Haftungskriterien zur Beurteilung der hinreichenden Qualifikation des Gemeinschaftsrechtsverstoßes im Wege der europarechtskonformen Auslegung in das nationale Tatbestandsmerkmal des Verschuldens transferieren, ohne den nationalrechtlichen Verschuldensbegriff in unzulässiger Weise zu überdehnen[545]. Denn die Anforderungen an die Qualifizierung des Gemeinschaftsrechtsverstoßes[546] beinhalten objektive und subjektive Aspekte, die sich in die nationale Prüfung von Vorsatz und Fahrlässigkeit übertragen lassen, soweit es sich nicht schon um Überlegungen handelt, die bereits bei der Beurteilung nationaler Amtshaftungsansprüche Eingang in die Verschuldensprüfung gefunden haben[547]. Und soweit dies möglich ist, muss an die Stelle des Verschuldensmerkmals gerade nicht die Prüfung der hinreichenden Qualifikation des Rechtsverstoßes treten, sondern kann und muss diese innerhalb des nationalen Haftungsmerkmals erfolgen[548]. Dies folgt auch aus dem Umstand, das eine Haftungsbegrenzung, wie sie der Gerichtshof auf der Ebene der Rechtwidrigkeit vornimmt, im deutschen Recht keine Entsprechung findet, sondern vielmehr auf der Ebene des Verschuldens erfolgt[549]. Die gemeinschaftsrechtliche Staatshaftung für legislatives Unrecht stellt sich somit im nationalen Recht als Verschuldenshaftung dar, wobei der Maßstab der Verschuldensprüfung streng nach den gemeinschaftsrechtlichen Vorgaben zu erfolgen hat, die für die

---

[543] vergl. hierzu Papier in: Rengeling, § 43, Rdn. 36f, der auf die Aussage des Gerichtshofs hinweist, dass der Verschuldensbegriff der beiden Rechtsordnungen nicht der Gleiche sei. Doch diese Begrifflichkeit lässt nicht den Schluss zu, dass die Voraussetzungen der mitgliedstaatlichen Haftung sich nicht in den nationalen Amtshaftungsanspruch, namentlich das Verschuldenserfordernis, integrieren lassen.
[544] EuGHE 1996 I („Brasserie du pêcheur"), S. 1156, Tz. 80; EuGHE 2000 I („Haim"), S. 5162, Tz. 39
[545] ähnlich: Pfab, S. 133ff
[546] vergl. oben 2. Kapitel II. Ziff. 2.2.
[547] Deckert EuR 1997, S. 203 (220);
[548] a.A. aber im Ergebnis wie hier: Papier in: Rengeling, § 43, Rdn. 37
[549] Maurer in: FS Boujong, S. 591 (604)

Qualifizierung des Gemeinschaftsrechtsverstoßes vorgegeben sind[550]. Aufgrund des Effektivitätsgebots bzw. Vereitelungsverbots können strengere Anforderungen an das Verschulden durch nationalrechtliche Erwägungen nicht gestellt werden, da dies den Entschädigungsanspruch, wie er vom Gerichtshof konzipiert ist, in Frage stellen würde[551].
Hinsichtlich des objektivierten und entindividualisierten Organisationsverschuldens darf auf die obigen Ausführungen verwiesen werden[552].

Das Verschuldensmerkmal des nationalen Amtshaftungsanspruchs erfüllt bei der Umsetzung der mitgliedstaatlichen Haftung für legislatives Unrecht damit die entscheidende haftungsbegrenzende Rolle. Die haftungsbegrenzenden Gesichtspunkte, die der Gerichtshof durch eine Bezugnahme auf Art. 288 Abs. 2 EGVnF (Art. 215 Abs. 2 EGVaF) in die mitgliedstaatliche Haftung transferierte, stellen auf nationaler deutschen Ebene die Erwägungen dar, die in einem gemeinschaftsrechtlich geprägten Verschuldensbegriff der nationalen Amtshaftung zu prüfen sind. Der Inhalt der hinreichenden Qualifikation des Rechtsverstoßes auf gemeinschaftsrechtlicher Ebene wird somit innerhalb des Verschuldensmerkmals des Amtshaftungsanspruchs als „gemeinschaftsrechtskonforme Verschuldenshaftung" in das nationale Staatshaftungsrecht umgesetzt.

4.5. Die Haftungsbeschränkungen des § 839 BGB

Da die Anspruchsgrundlage für die mitgliedstaatliche Haftung für legislatives Unrecht auf nationaler Ebene durch die Vorschriften des § 839 BGB und Art. 34 GG gewährleistet wird, stellt sich auch für die gemeinschaftsrechtliche Haftung die Frage nach der Anwendbarkeit der dort geregelten Haftungsausschlüsse. Der grundsätzliche Verweis auf die nationalen Rechtsordnungen zur Umsetzung der europäischen Vorgaben beinhaltet damit auch die prinzipielle Anwendbarkeit der haftungsmindernden oder –ausschließenden Kriterien, die das innerstaatliche Recht zur Verfügung stellt. Die Anwendung von Haftungseinschränkungen kann jedoch nur unter aufmerksamer Beobachtung der Zielrichtung der mitgliedstaatlichen Haftung und des Effektivitätsgebots bzw. Vereitelungsverbots erfolgen.

---

[550] Bröhmer JuS 1997, S. 117 (123); a.A. Claßen, S. 169; Diehr ThürVBl 1998, 224 (226); Herdegen/Rensmann ZHR 161 (1997), S. 522 (542f); Maurer in: FS Boujong, S. 591 (604f)
[551] EuGHE 1996 I („Brasserie du pêcheur"), S. 1156, Tz. 79
[552] vergl. oben 3. Kapitel II. Ziff. 4.2.a)

a) Die Subsidiaritätsklausel des § 839 Abs. 1 S. 2 BGB

Das Verweisungsprivileg sieht vor, dass der lediglich fahrlässig handelnde Amtsträger nachrangig haftet, wenn der Geschädigte auch anderweitig Ersatz erlangen kann. In den Fällen des legislativen Unrechts wird dem Gesetzgeber oder sonst normativ handelnden Organ regelmäßig nur Fahrlässigkeit nachzuweisen sein, weshalb die Anordnung einer subsidiären Haftung in diesen Fällen von besonderer Bedeutung sein könnte.
Andererseits stellt sich die Frage, ob bei Fällen des legislativen Unrechts überhaupt Konstellationen denkbar sind, in welchen die nicht ordnungsgemäße Umsetzung von Gemeinschaftsrecht dazu führt, dass dem Geschädigten neben dem Staat ein weiterer solventer Anspruchgegner zu Verfügung steht. Denn Voraussetzung der Haftung ist, dass das Gemeinschaftsrecht dem Einzelnen ein subjektives Recht verleiht, das mangels ordentlicher Umsetzung im nationalen Recht gerade keine Entsprechung gefunden hat. Somit fehlt in derartigen Konstellationen mangels nationaler Regelung der Haftungsgegner und/oder das entsprechende Recht, auf das sich der Geschädigte berufen kann[553]. Sofern sich der Einzelne auf unmittelbar wirkendes Gemeinschaftsrecht berufen kann, um eine Leistung vom Staat zu verlangen, greift das Verweisungsprivileg schon nach nationalem deutschem Recht nicht ein, da es für Ansprüche gegen andere Körperschaften des öffentlichen Rechts mangels Entlastung der öffentlichen Hand nicht eingreift[554]. Würde das Gemeinschaftsrecht dem Einzelnen ein Recht gegen private Dritte verleihen, so kommt einem solchen in der Gemeinschaftsrechtsordnung begründeten Recht keine unmittelbare Wirkung auf nationaler Ebene zu. Deshalb kann sich der Geschädigte auch in diesem Falle vor innerstaatlichen Gerichten gegenüber einem Dritten nicht auf das verliehene Recht berufen[555]. Im Übrigen wird es für den Einzelnen in aller Regel nicht zumutbar sein, vor nationalen Gerichten auf die gemeinschaftsrechtskonforme Anwendung des nationalen Rechts hoffen zu müssen[556], wie die vorliegende Arbeit gezeigt hat. Denn dies würde nicht ausreichen, der Zielrichtung der mitgliedstaatlichen Haftung, nämlich die Verwirklichung der vollen Wirksamkeit des Gemeinschaftsrechts, nachzukommen.
Die Anwendung des Verweisungsprivilegs scheitert also schon daran, dass entweder kein anderweitiger Dritter als Anspruchsgegner in Frage kommt oder sich

---

[553] „Francovich-Situation"
[554] vergl. nur: Ossenbühl, Staatshaftungsrecht, S. 84f; Papier in: Münchener Kommentar, § 839 BGB, Rdn. 306
[555] vergl. oben 2. Kapitel II. Ziff. 1.3.c)
[556] vergl. oben 2. Kapitel II. Ziff. 3.2.

der Einzelne nicht auf durch Gemeinschaftsrecht verliehene Rechte gegenüber Privaten berufen kann oder muss. Da eine effektive Durchsetzung von Parallelansprüchen im Bereich des legislativen Unrechts nicht möglich ist, fehlt für die Subsidiaritätsklausel des § 839 Abs. 1 S. 2 BGB auch bei potentieller genereller Anwendbarkeit[557] faktisch der Anwendungsbereich[558].

Darüber hinaus sprechen auch nach die vom Gerichtshof aufgestellten Grundsätze gegen eine Anwendung des Verweisungsprivilegs. Denn für die Entstehung eines Haftungsanspruchs ist es unbeachtlich, gegenüber wem die Gemeinschaftsrechtsordnung dem Einzelnen ein Recht verleiht. Denn der Staat darf sich auch dann nicht auf seine vertragswidrige Versäumnis der Umsetzung berufen, wenn nicht er selbst, sondern ein Dritter Schuldner des durch Gemeinschaftsrecht vorgesehenen Anspruchs ist[559].

b) Der Vorrang des Primärrechtsschutzes gemäß § 839 Abs. 3 BGB

Die Ersatzpflicht des Amtshaftungsanspruchs wird ausgeschlossen, wenn es der Geschädigte gemäß § 839 Abs. 3 BGB vorsätzlich oder fahrlässig unterlassen hat, den Schaden durch die Einlegung eines Rechtsmittels abzuwenden. Dieser Haftungsausschluss soll eine Subsidiarität der sekundären Schadensersatzpflicht gegenüber den primären Rechtsschutzmöglichkeiten gegen rechtsverletzende staatliche Maßnahmen begründen und ist ebenfalls grundsätzlich auf die mitgliedstaatliche Haftung für legislatives Unrecht anwendbar[560].

Der Gerichtshof hat zu dem Aspekt der vorrangigen Verhinderung bzw. Verminderung des Schadens durch die Einlegung von Rechtsmitteln im Rahmen der haftungsausfüllenden Kausalität Stellung genommen. Das entscheidende Gericht habe bei der Bestimmung des ersatzfähigen Schadens zu prüfen, ob sich der Ge-

---

[557] a.A. Kremer Jura 2000, S. 235 (241)
[558] Dies wird in der bisherigen Literatur weitgehend übersehen. Die Anwendbarkeit wird insoweit mit anderweitigen, ebenfalls stichhaltigen Argumenten abgelehnt, vergl hierzu: Führich EuZW 1993, S. 725 (727f) ; Papier in: Rengeling, § 43, Rdn. 40ff; a.A.: Herdegen/Rensmann ZHR 161 (1997), S. 522 (553); Maurer in: FS Boujong, S. 591 (605f; Ossenbühl, Staatshaftungsrecht, S. 517f; Wehlau, S. 60ff; Wolf, S. 219
[559] EuGHE 1994 I („Faccini Dori"), S. 3356, Tz. 23; vergl oben 2. Kapitel II. Ziff. 1.3.c).
[560] a.A. Baumeister BayVBl 1993, S. 225 (230); Claßen, S. 171; Deckert EuR 1997, S. 203 (232); Detterbeck AöR 125 (2000), S. 202 (246); Ehlers JZ 1996, S. 776 (783); Geiger DVBl 1993, S. 465 (473); Maurer in FS Boujong, S. 591 (605); Ossenbühl, Staatshaftungsrecht, S. 516; Pfab, S. 147f; Wehlau, S. 64f; Wolf, S. 218ff

schädigte in angemessener Form um die Verhinderung des Schadenseintritts oder die Begrenzung des Schadensumfangs bemüht habe[561]. Dabei sei insbesondere darauf zu achten, ob er rechtzeitig von allen ihm zur Verfügung stehenden Rechtsschutzmöglichkeiten Gebrauch gemacht habe[562]. Soweit sich der Geschädigte in angemessener Form um die Begrenzung des Schadensumfangs bemühen muss, wenn er nicht Gefahr laufen will, den Schaden selbst tragen zu müssen[563], stellt es sich als eine Frage der Zumutbarkeit dar, inwieweit die vorrangige Einlegung primärer Rechtsschutzmöglichkeiten von dem Einzelnen verlangt werden kann. Angesichts der Zielrichtung der mitgliedstaatlichen Haftung, der vollen Wirksamkeit des Gemeinschaftsrechts als „kupierte" Durchführungsmaßnahme Nachdruck zu verleihen, und deren Sanktionscharakters, lassen sowohl die Formulierungen des Gerichtshof als auch die Verortung der Prüfung dieses Gesichtspunktes den Schluss zu, dass der Vorrang des Primärrechtsschutzes als besondere Form des Mitverschuldens kein hartes Ausschlusskriterium wie im nationalen deutschen Recht darstellt und nicht grundsätzlich haftungsausschließend wirkt[564]. Die Regelung des § 839 Abs. 3 BGB ist daher unter der gemeinschaftsrechtlichen Vorgabe der „Angemessenheit" der Bemühungen des Einzelnen nur eingeschränkt zur Anwendung zu bringen. Die Beurteilung dieser Zumutbarkeit stellt sich als ein von den nationalen Gerichten zu behandelndes offenes Wertungsproblem dar, das im Einzelfall unter Beachtung des Effektivitätsgebots zu entscheiden ist[565]. Der Sorgfaltsmaßstab ist demgemäß nach gemeinschaftsrechtlichen Gesichtspunkten zu bestimmen und anzuwenden, um dem Effetivitätsgebot und dem Vereitelungsverbot gerecht zu werden[566].

4.6. Die Berücksichtigung von Mitverschulden gemäß § 254 BGB

Gleiches gilt für die Berücksichtigung eines Mitverschuldens des Geschädigten, da das Rechtsmittelversäumnis des § 839 Abs. 3 BGB lediglich eine Sonderform der Beachtlichkeit von Mitverschulden darstellt. Der Gerichtshof hat, wie bereits oben aufgezeigt, selbst ein Mitverschulden des Geschädigten bei dessen Bemü-

---

[561] EuGHE 1996 I („Dillenkofer"), S. 4890, Tz. 72
[562] EuGHE 1996 I („Brasserie du pêcheur"), S. 1157, Tz. 84
[563] EuGHE 1996 I („Brasserie du pêcheur"), S. 1157, Tz. 85
[564] vergl. oben 2. Kapitel II Ziff. 1.3.b) und Ziff. 3.2..; Hatje EuR 1997, S. 297 (305); a.A. Papier in: Rengeling, § 43, Rdn. 43ff; Schoch in: FS Maurer, S. 759 (770); a.A. Wehlau, S. 64f
[565] vergl. oben 2. Kapitel II Ziff. 3.2.
[566] im Ergebnis ähnlich: Pfab, S. 147f; Schoch in: FS Maurer, S. 759 (770)

hung, den Schaden zu verhindern oder dessen Umfang zu begrenzen, als durch die nationalen Gerichte zu erwägenden Umstand vorgegeben[567]. Bei der Anwendung der Mitverschuldensregelung durch das nationale Gericht hat dieses jedoch das Vereitelungsverbot im Sinne der gemeinschaftsrechtlichen Vorgaben streng im Auge zu behalten und auch im Übrigen seine Auslegung an den Besonderheiten des gemeinschaftsrechtlichen Bezugs der jeweiligen Fallgestaltung zu auszurichten[568]. Einer derartigen gemeinschaftsrechtskonformen Anwendung des Mitverschuldensgedankens steht nichts im Wege.

4.7. Die Verjährung

Umstritten ist die Frage, ob die dreijährige Verjährungsfrist des § 852 BGB anwendbar oder ein Rückgriff auf die Regelung des Art. 43 des Protokolls über die Satzung des Gerichtshofs der Europäischen Gemeinschaft geboten ist. Denn aus der Pflicht zur gemeinschaftsrechtskonformen Auslegung des nationalen Rechts ergibt sich keine Pflicht zum Rückgriff auf eine innerstaatliche Verjährungsregelung, die nicht zum Tatbestand des § 839 BGB gehört. Die Überlegungen zur analogen Anwendung der europarechtlichen Verjährungsregelung gründen vorwiegend auf dem Argument der einheitlichen Rechtsanwendung in den Mitgliedstaaten und der Annahme eines eigenständigen originär gemeinschaftsrechtlichen Staatshaftungsanspruchs, denn eine ausdrückliche Vorgabe des Gerichtshofs fehlt[569].

Ein weiterer wohl wesentlicher Gesichtspunkt, der für die Anwendung der fünfjährigen Verjährungsfrist des Art. 43 der EuGH-Satzung sprechen sollte, war die kürzere und in der Literatur als zu kurz empfundene[570] dreijährige Verjährungsfrist der nationalen deutschen Rechtsvorschrift des § 852 BGB. Dieser Grund ist seit der Neufassung der deliktischen Verjährungsregelung durch Art. 1 des Schuldrechtsmodernisierungsgesetzes[571] grundsätzlich nicht weggefallen. Die Verjährung richtet sich heute nach den Vorschriften der §§ 195, 199 Abs. 3 BGB und sieht ebenfalls eine Regelverjährungsfrist von drei Jahren ab dem Schluss des Jahres der Anspruchsentstehung und Kenntnis oder fahrlässigen Un-

---

[567] EuGHE 1996 I („Brasserie du pêcheur"), S. 1157, Tz. 84f; EuGHE 1996 I („Dillenkofer"), S. 4890, Tz. 72
[568] Detterbeck AöR 125 (2000), S. 202 (246); Hidien, S. 61; Ossenbühl, Staatshaftungsrecht, S. 516; Wehlau, S. 66
[569] Detterbeck/Windhorst/Sproll, § 10, Rdn. 76; § 6, Rdn. 79; Detterbeck AöR 125 (2000), S. 202 (249); Ossenbühl, Staatshaftungsrecht, S. 520
[570] verfl. hierzu: Hidien, S. 71
[571] BGBl I 2001, S. 3138

kenntnis des Geschädigten von den anspruchsbegründenden Umständen, vor. Unabhängig von der Kenntnis oder grob fahrlässigen Unkenntnis verjähren Schadensersatzansprüche wegen Vermögensschäden innerhalb von zehn Jahren ab Entstehung, unabhängig von Kenntnis oder grob fahrlässiger Unkenntnis und Schadensentstehung innerhalb von 30 Jahren ab schadensauslösendem Ereignis, wobei die jeweils kürzere Frist maßgeblich ist[572]. Diese Fristenregelung erscheint jedoch auch im Sinne des gemeinschaftsrechtlichen Vereitelungsverbots als angemessen. Soweit der Schaden im Rahmen des nationalen Haftungsrechts zu beheben ist und der Gerichtshof schon mehrfach auf die Anwendbarkeit nationaler Zuständigkeits-, Verfahrens- und Fristenregelungen verwiesen hat[573], stehen einer Anwendung der im Verhältnis zur gemeinschaftsrechtlichen Regelung des Art. 43 EuGH-Satzung wohl günstigeren Vorschrift keine Bedenken entgegen. Denn im Hinblick darauf, dass für den Fall der unterlassenen oder nicht ordnungsgemäßen Umsetzung vornehmlich die Kenntnis oder fahrlässige Unkenntnis des Geschädigten für den Beginn der Verjährungsfrist maßgeblich ist, wird die Kenntnis von der Schadensentstehung erst dann anzunehmen sein, wenn sich der Geschädigte im tatsächlichen Schadensfall mit seinen Rechten befasst und erkennt, dass er auf andere Weise keinen Ersatz verlangen kann und den Verjährungsbeginn nicht missbräuchlich verzögert[574]. Angesichts der für den Rechtsunterworfenen schwierigen Rechtslage wird auch im Fall der verspätet ins nationale Recht umgesetzten Primäransprüche der Ablauf der Umsetzungsfrist als „schadensauslösendes" Ereignis im Sinne der Verjährungsregelung nicht in Betracht kommen. Denn für die Schadensentstehung muss in diesem Falle auf das „schadensstiftende Zweitereignis" abgestellt werden, das im Regelfall auch erst zur Anspruchsentstehung führt.

Für hiervon autarke Ansprüche wird der Rechtsunterworfene von der Integrität des nationalen Rechts ausgehen dürfen, da er sich nicht auf die unmittelbare Anwendung von Gemeinschaftsrecht oder gemeinschaftsrechtskonforme Auslegung des nationalen Rechts durch die Gerichte verlassen muss[575].

4.8. Art und Umfang des Ersatzes

Gewährung und Umfang der Ersatzleistung richten sich nach nationalem Recht, da gemeinschaftsrechtliche Vorschriften insoweit nicht vorhanden sind. Dabei ist

---

[572] Niedenführ in: Soergel, § 199 BGB, Rdn. 5
[573] vergl. nur: EuGHE 1976 („Rewe"); S. 1989, 1998, Tz. 5; Ruffert in: Callies/Ruffert; Art. 288 EGV, Rdn. 54
[574] Niedenführ in: Soergel, § 199 BGB, Rdn. 45
[575] im Ergebnis ebenso: Gellermann in: Streinz, Art. 288 EGV, Rdn. 56

vornehmlich das Vereitelungsverbot zu beachten[576]. Die Vorgaben des Gerichtshofs beschränken sich auf den Hinweis, dass die Gewährleistung eines effektiven Rechtsschutzes es erfordert, dass die Ersatzleistung dem erlittenen Schaden angemessen ist[577]. Darüber hinaus gehört zum ersatzfähigen Schaden der entgangene Gewinn[578].

Entsprechend richtet sich der Inhalt des Haftungsanspruchs grundsätzlich nach den Vorschriften der §§ 249ff BGB und §§ 842ff BGB. Unklar ist jedoch, ob im Bereich der mitgliedstaatlichen Haftung auch Naturalersatz und Folgenbeseitigung verlangt werden kann. Denn im Rahmen des nationalen Amtshaftungsrechts wird die Naturalrestitution mit dem Verweis auf die Konstruktion des Amtshaftungsanspruchs als eine auf den Staat übergeleitete Beamtenthaftung abgelehnt[579]. Eine derartige Einschränkung des Schadensersatzes erscheint möglich und sinnvoll, da im Bereich des Schadensersatzes wegen staatlichen Handelns auf legislativem (und administrativem) Gebiet die Naturalrestitution dem Erreichen des Zieles eines Primärrechtsschutzes entspräche. Dies ist einerseits aufgrund der innerstaatlichen Rechtswegszuständigkeit nicht möglich, da hoheitliches Handeln auf dem Zivilrechtsweg nicht erzwingbar ist. Auf diesen nationalen Rechtsweg hat der Gerichtshof den Geschädigten jedoch verwiesen, indem er die innerstaatlichen Zuständigkeits- und Verfahrensregeln für maßgeblich erklärt hat. Indes kann auch das Gebot, der Staat dürfe sich nicht auf seine innerstaatlichen Zuständigkeiten zu seinem Nutzen berufen, nicht so weit greifen, dass der Geschädigte wiederum auf den Primärrechtsschutz verwiesen wird, um Naturalrestitution zu erhalten. Eine Naturalrestitution erscheint daher nur in dem Umfange möglich und vom Gerichtshof gewollt, wie eine Unterscheidung zwischen primärem und sekundärem Rechtsschutz gewahrt bleibt. Auch wenn es der Gerichtshof zulässt, dass im Rahmen der Angemessenheit des Ersatzes eine zu spät erlassene Umsetzungsmaßnahme berücksichtigt wird und damit im Gemeinschaftsrecht eröffnete Ausnahmemöglichkeiten berücksichtigt werden können, mag dies im Rahmen der Bemessung des Schadensersatzes Beachtung finden und der bestehenden Rechtsunsicherheit Rechnung tragen, die auch in das Bewusstsein des Rechtsunterworfenen und dessen Handlungsentscheidungen nicht nur zu dessen Vorteil einfließen darf, wenn eine Richtlinie nicht umgesetzt wurde. Solange jedoch der Staat nicht umgesetzt hat, bleibt ihm auch die Berufung auf

---

[576] EuGHE 1996 I („Brasserie du pêcheur"), S. 1157, Tz. 83
[577] EuGHE 1996 I („Brasserie du pêcheur"), S. 1157, Tz. 82
[578] EuGHE 1996 I („Brasserie du pêcheur"), S. 1157, Tz. 87
[579] Vincke in: Soergel, § 839 BGB, Rdn. 208

entsprechende Ausnahmemöglichkeiten verwehrt, von denen er keinen Gebrauch gemacht hat. Die Frage nach der Möglichkeit einer Naturalrestitution stellt sich damit als Gesichtspunkt dar, der keine Auswirkung auf die Art des Ersatzes, sondern vielmehr auf dessen Umfang und Höhe Einfluss haben muss[580]. Angesichts der Überantwortung von Anwendung und Fortbildung der mitgliedstaatlichen Haftung in das nationale Haftungsrecht, erscheint es sinnvoll, dass auch nationale Gerichte bei der Prüfung von Entschädigungsansprüchen aufgrund der gemeinschaftsrechtlichen Vorgaben dabei bleiben, die Folgenbeseitigung nicht in den Rahmen der Ersatzpflicht einzuführen. Hierfür stehen entsprechende mitgliedstaatliche Institute, wie z. B. der öffentlichrechtliche Folgenbeseitigungsanspruch, zur Verfügung. Die Freiheit, die nationale Gerichte bei der Fortbildung der mitgliedstaatlichen Haftung innerhalb des anwendbaren nationalen Haftungsinstituts genießen und die ihre Grenze im Effektivitätsgebot finden, sollte eine diesbezügliche Vorlagefrage an den Gerichtshof gemäß Art. 234 EGV wegen der Art und des Umfangs der zu gewährenden Entschädigung überflüssig machen[581]. Eine angemessene Entschädigung darf insoweit nicht in Frage gestellt werden. Anderenfalls würde die Zielrichtung der mitgliedstaatlichen Haftung, nämlich als „verkappte Durchführungsmaßnahme" die ordnungsgemäße und fristgerechte Umsetzung zu gewährleisten, auf dem Wege der Schadensbemessung verwässert und zu einer „Verzugshaftung" degradiert. Den gemeinschaftsrechtlichen Vorgaben wird im Rahmen des nationalen Haftungsrechts und dessen richterrechtlicher Ausprägung Rechnung getragen, wenn die Naturalrestitution ausgeschlossen bleibt, die gemeinschaftsrechtlich eröffneten Möglichkeiten der Umsetzung und die damit auch für den Rechtsunterworfenen bestehende Rechtsunsicherheit im Rahmen der Bemessung des zu leistenden Schadensersatzes Beachtung findet.

5. Zusammenfassung

Die vorstehende Darstellung hat gezeigt, dass die Umsetzung der gemeinschaftsrechtlichen Haftungsvorgaben im Wege der gemeinschaftsrechtskonformen Auslegung des nationalrechtlichen Amtshaftungsanspruchs erfolgen kann. Soweit sich in diesem Rahmen Anwendungsprobleme ergeben, resultieren diese daraus, dass die gemeinschaftsrechtlichen Haftungsgrundsätze keine abschließende Re-

---

[580] ähnlich: Beljin, S. 68ff, 72f; a.A. Detterbeck/Windhorst/Sproll, § 6, Rdn. 71f; a.A. Hidien, S. 65f; im Ergebnis wohl wie hier: Wehlau, S. 61f
[581] a.A. Hidien, S. 74

gelung darstellen, sondern der Gerichtshof einen ausfüllungsbedürftigen Haftungsgrundsatz aufgestellt hat, dessen Weiterentwicklung anhand der gemeinschaftsrechtlichen Vorgaben nicht zuletzt der Hand der nationalen Gerichte überantwortet ist.

Von entscheidender Bedeutung ist jedoch das Ergebnis, dass aufgrund dogmatischer Überlegungen zum Verhältnis zwischen der gemeinschaftlichen und nationalen Rechtsordnung es nunmehr ausgeschlossen ist, dass die vom Gerichtshof aufgestellten Vorgaben zur Haftung des Staates für legislatives Vollzugsunrecht einer unmittelbare Anwendung neben dem nationalen Haftungsinstitut zugänglich sind, von der Annahme eines originär gemeinschaftsrechtlichen Staatshaftungsanspruchs ganz zu schweigen. Die Möglichkeit der gemeinschaftsrechtskonformen Anwendung des nationalen Haftungsrechts führt zur Pflicht der gemeinschaftsrechtskonformen Auslegung. Eine Wahlmöglichkeit, wie die gemeinschaftsrechtlichen Haftungsgrundsätze durch die Gerichte anzuwenden sind, besteht daher nicht.

4. Kapitel

Die gemeinschaftsrechtliche Staatshaftung für legislatives Unrecht im Kontrollgefüge des europäischen und nationalen Verfassungsrechts

Begreift man die mitgliedstaatliche Haftung für Verstöße gegen Gemeinschaftsrecht auch als „erweitertes Mittel zur Durchführung des Gemeinschaftsrechts", ist nach deren verfassungsrechtlicher Stellung innerhalb der verschiedenen Rechtsordnungen und in deren Interaktion miteinander zu fragen.

Nicht zuletzt der Sanktionscharakter der mitgliedstaatlichen Haftung lässt diese als eigenständiges Kontrollinstrument für die ordnungsgemäße Umsetzung von Gemeinschaftsrecht erscheinen, mit dem der Gerichtshof die Einzelstaaten zu gemeinschaftsrechtsgemäßem Verhalten zwingen und damit die volle Wirksamkeit der europäischen Rechtsetzung gewährleisten soll. Der Aspekt der Kontrolle durch die gemeinschaftsrechtliche Staatshaftung lässt sich dabei in verschiedene Richtungen auffächern und rückt deren jeweilige Wirkungsweise in das Blickfeld der Untersuchung.

So ist die in das nationale Recht integrierte mitgliedstaatliche Haftung für legislatives Unrecht der Betrachtung zu unterziehen, wie sie sich als Kontrollinstrument der Legislative verhält. Hierbei ist der Aspekt der Legislativkontrolle „von unten" durch die Einleitung von Staathaftungsklagen von Interesse. Des Weiteren könnte die Möglichkeit der Staatshaftung bei nicht ordnungsgemäßer Umsetzung von Gemeinschaftsrecht zu einer Art der „Selbstkontrolle durch Angst vor Haftung" innerhalb des zuständigen Verfassungsorgans selbst führen. Nicht zu übersehen ist auch die Frage, ob die gemeinschaftsrechtlich initiierte Staatshaftung für legislatives Unrecht sich als Kontrollinstrument der Gemeinschaft gegenüber der mitgliedstaatlichen Legislative verstehen lässt.

Die Entwicklung der gemeinschaftsrechtlichen Haftung durch den Gerichtshof wirft somit Fragen verfassungsrechtlicher und staatstheoretischer Dimension[582] auf, die im nachfolgenden Teil dieser Arbeit untersucht werden sollen. Dabei sollen auch die Regelungen des erst kürzlich vorgelegten Entwurfs eines Vertrags

---

[582] v. Danwitz DVBl 1997, S. 1 (4)

über eine Verfassung für Europa einbezogen werden, der in Teilen Formulierungen enthält, die der EGV in seiner heutigen Fassung nicht kennt.

I. Die mitgliedstaatliche Haftung als erweitertes Mittel zur Durchführung des Gemeinschaftsrechts

Neben den für die Umsetzung der mitgliedstaatlichen Haftung ins nationale Recht maßgeblichen Rechtsinstituten des Vorrangs des Gemeinschaftsrechts, der unmittelbaren Geltung bzw. Anwendung von Gemeinschaftsrecht und der gemeinschaftsrechtskonformen Auslegung ist die Einordnung der gemeinschaftsrechtlichen Haftung ihrer Funktion nach überlegungswürdig.

Der Anwendungsbereich der Staatshaftungsgrundsätze umfasst jeden Fall des Verstoßes eines Mitgliedstaates gegen das Gemeinschaftsrecht, unabhängig vom handelnden Organ und der konkreten Handlungsweise[583]. Die Frage der mitgliedstaatlichen Haftung steht somit immer dann im Raum, wenn staatliche Stellen gegen die Umsetzungspflichten verstoßen, sei es durch unterlassene oder fehlerhafte Rechtsetzung oder sonstiger Nichtbeachtung gemeinschaftsrechtlicher Vorgaben. Der Gerichtshof hat damit unter Rückgriff auf den „effet utile" ein Sanktionsinstrument mit dem Ziel der einheitlichen Rechtsgeltung geschaffen, das bei jedem Verstoß gegen Durchführungspflichten eingreift und so als Mittel der innerstaatlichen Beachtlichkeit des Gemeinschaftsrechts die bisher bestehenden Institute ergänzt. Seiner Funktion nach lässt sich die vom Gerichtshof entwickelte Staatshaftung daher als weiteres „quer liegendes" Institut zur innerstaatlichen Durchführung des Gemeinschaftsrechts begreifen[584].

Die Besonderheit der Staatshaftung als Mittel zur Durchführung von Gemeinschaftsrecht liegt darin, dass sie aus sich heraus nicht unmittelbar zur Verwirklichung des Gemeinschaftsrechts beiträgt wie die unmittelbare Anwendbarkeit von Gemeinschaftsrecht, dessen unmittelbare Geltung oder die Pflicht zur gemeinschaftsrechtskonformen Auslegung. Vielmehr erhöht der Sanktionscharakter der Haftung den Anpassungsdruck auf die einzelstaatlichen Organe. Unter diesem Aspekt kann und soll die Staatshaftung, die selbst eine Durchführung nicht leisten kann, die ordnungsgemäße Umsetzung gemeinschaftsrechtlicher Vorgaben auf der innerstaatlichen Ebene vorantreiben. Sie trägt damit nicht rechtstechnisch zur Durchführung des Gemeinschaftsrechts bei, sondern kann und soll den Gemeinschaftsrechtsvollzug auf dem Wege des „sekundären" Rechtswegs effektuieren[585]. Insoweit verstärkt die Staatshaftung „querliegend" die innerstaatlichen

---

[583] EuGHE 1996 I („Brasserie du pêcheur"), S: 1145, Tz. 32
[584] Beljin EuR 2002, S. 351 (375f)
[585] v. Danwitz DVBl 1997, S. 1 (4)

Mittel der Umsetzung als weiteres Institut der Durchführung des Gemeinschaftsrechts, wie die nachstehende Untersuchung im Einzelnen zeigen wird.

II. Die Kontrolle der legislativen Durchführung von Gemeinschaftsrecht

1. Gang der Untersuchung

In dieser Konsequenz lässt sich die mitgliedstaatliche Haftung als Kontrollinstrument für den ordnungsgemäßen Vollzug von Gemeinschaftsrecht verstehen. Diese Kontrollfunktion soll nachfolgend näher beleuchtet werden.

Der Blick soll dabei im Besonderen auf den Staatshaftungsanspruch als Kontrollinstrument der Legislative gerichtet werden. Denn wie die bisherige Untersuchung im Rahmen dieser Arbeit gezeigt hat, kann und muss die Haftung des Staates für legislative Verstöße gegen Gemeinschaftsrecht auf der Grundlage des nationalen Haftungsrechts gelöst werden. Insoweit ist nicht zu verkennen, dass der vom Gerichtshof entwickelte allgemeine Rechtsgrundsatz der Staatshaftung zwar auf gemeinschaftsrechtlicher Ebene eine gewisse Ausformung gefunden hat, es jedoch die Sache der nationalen Zivilgerichte ist, die nunmehr vorgegebene Staatshaftung für legislatives Unrecht bei Verstößen gegen Gemeinschaftsrecht weitgehend selbständig anhand der gemeinschaftsrechtlichen Vorgaben weiterzuentwickeln. Dies hat die nationale deutsche Rechtsprechung bisher nicht in vollem Umfang erkannt, soweit sie einen originären gemeinschaftsrechtlichen Haftungsanspruch prüft und dessen Anwendung in den entschiedenen Fällen nur statisch, unflexibel und zuweilen falsch ausfällt.

Vor dem Hintergrund dieser Zurückhaltung der deutschen Rechtswirklichkeit erscheint es unerlässlich, die Funktion der Staatshaftung für legislatives Unrecht einer näheren Betrachtung zu unterziehen. Hierfür soll der Stellenwert der legislativen Kontrolle durch Staatshaftung bezüglich des Vollzugs von Gemeinschaftsrecht im Gefüge der europäischen und einzelstaatlichen Rechtsordnungen näher beleuchtet werden.

Zunächst soll der Kontrollaspekt eingegrenzt werden, unter welchem die Betrachtung der Staatshaftung als Legislativkontrolle erfolgen soll. Maßgeblich ist insoweit der Ansatzpunkt, den die Staatshaftung naturgemäß als Rechtskontrolle selbst liefert, wobei darüber hinaus auf die über die Rechtskontrolle herausgreifenden Auswirkungen der Staatshaftung unter dem Kontrollgesichtspunkt eingegangen werden soll.

Unter dem Gesichtspunkt der Kontrolle des legislativen Vollzugs von Gemeinschaftsrecht durch den einzelnen Mitgliedstaat kommen im Rahmen der vorliegenden Untersuchung daher nur solche Kontrollaspekte in Betracht, die eine Überprüfung der einzelstaatlichen Legislative bewirken und in unmittelbarem Zusammenhang mit einer möglichen Haftung für nicht ordnungsgemäßen Vollzug stehen. Mithin finden keine aufsichtsrechtlichen oder verfahrensrechtlichen Instrumente des gemeinschaftsrechtlichen oder innerstaatlichen Rechts Eingang in die Betrachtung.

Vor diesem Hintergrund soll die Kontrollfunktion der mitgliedstaatlichen Staatshaftung für legislatives Unrecht und deren Wirkungsweise auf der einzelstaatlichen Stufe untersucht werden, d. h. inwieweit die (potentielle) Haftung auf mitgliedstaatlicher Ebene dazu führen kann, dass der Mitgliedstaat seiner Durchführungsverpflichtung ordnungsgemäß nachkommt.
Dabei wird auch zu betrachten sein, ob sich die Vorgaben des Gerichtshofs über die Staatshaftung in ein gemeinschaftsrechtliches Kontrollsystem einordnen lassen.

2. Grundlagen der Legislativkontrolle als Vollzugskontrolle

2.1. Kontrollieren – Rechtskontrolle durch Staatshaftung als Ausgangspunkt der Untersuchung

Die funktionale Begriffsbildung der „Kontrolle" orientiert sich vornehmlich an der Begriffsgeschichte. Kontrolle versteht sich ursprünglich – „contra rotulus" oder „contre rôle" – als Gegenaufzeichnung, die ein an Maßstäbe gebundenes Handeln im Wege der Durchführung eines Ist-Soll Vergleichs einer Richtigkeitsüberprüfung unterzieht[586].
Die eingängigste und offensichtlichste Form der Kontrolle ist die der Tätigkeit des verfassten Staates anhand seiner im Verfassungsrecht zugrunde gelegten Handlungsmaßstäbe durch die unabhängige Rechtskontrolle der Rechtsprechung. Mit der Einrichtung dieser unabhängigen Staatsgewalt hat das Staatsrecht ein Prüfungsorgan eingerichtet, das allein an den Maßstäben des Rechts aus eigener, nicht machtbeteiligter, Verantwortung heraus das staatliche Verhalten kontrolliert[587]. Soweit die rechtsprechende Gewalt staatliches Handeln mit staatsrechtlichen Maßstäben vergleichen und gegebenenfalls Abweichungen fest-

---

[586] Kirchhof in: HStR, § 59 Rdn. 188; Krebs, Kontrolle in staatlichen Entscheidungsprozessen, 1984, S. 34; Nolte, Kontrolle als zentrales Element unseres Verfassungsstaats, in: Kontrolle im verfassten Rechtsstaat, 2002, S. 11 (12); Pitschas, Verwaltungsverantwortung und Verwaltungsverfahren, 1990, S. 391; Schmidt-Aßmann, Verwaltungskontrolle: Einleitende Problemskizze, in: Verwaltungskontrolle, 2001, S. 9 (10)
[587] Kirchhof in: HStR, § 59, Rdn. 188f, 199f; Krebs, S. 52

stellen kann, wird die staatliche Verantwortung nur dann wirksam und die staatliche Macht nur dann begrenzt und vor eigener Willkür bewahrt, wenn die staatliche Verantwortlichkeit eingefordert werden kann. Diese Rechenschaftspflicht der Staatsorgane gegenüber dem beauftragenden Staatsvolk und dem einzelnen Bürger setzt damit voraus, dass der Staat für seine Verhaltensfehler in die Pflicht genommen werden kann und eine Korrigierbarkeit der Fehler oder eine Ausgleichbarkeit der Fehlerfolgen möglich ist[588].

Die gerichtliche Kontrolle bringt es mit sich, dass die Kontrolle erst nachträglich bei der Überprüfung vorangegangenen staatlichen Verhaltens eingreift. Doch geht auch die gerichtliche Kontrolle in ihrer Wirkung über die bloße Feststellung des Entscheidungs- bzw. Kontrollergebnisses hinaus. Die Präjudizwirkung einer gerichtlichen Entscheidung bewirkt für vergleichbare Fälle einen gewissen „generellen Edukations-effekt"[589]. Die Wirkung der Entscheidung beschränkt sich damit nicht auf den Einzelfall, sondern beeinflusst das handelnde Staatsorgan, seine Tätigkeit in Zukunft im Sinne des angelegten Kontrollmaßstabs zu gestalten[590]. Die Rechtskontrolle wirkt daher nicht nur „repressiv" als nachträgliche Kontrolle vorangegangenen Handelns, sondern hat auch Reflexwirkung auf zukünftiges staatliches Handeln, an dessen Ende wiederum ein mittels Rechtskontrolle überprüfbares Ergebnis steht. Die Wirkungsweise dieser Reflexwirkung wird im Hinblick auf die Staatshaftung für legislative Verstöße gegen Gemeinschaftsrecht genauer darzustellen sein.

Ausgangspunkt für die nachstehenden Betrachtungen ist daher die durch die Geltendmachung eines Haftungsanspruchs wegen eines legislativen Verstoßes gegen Gemeinschaftsrecht veranlasste Rechtskontrolle der mitgliedstaatlichen Gesetzgebung. Von diesem Ansatzpunkt aus werden die weiteren Auswirkungen dieser Rechtskontrolle auf die innerstaatliche Legislative zu untersuchen sein, namentlich deren Wirkung im Bereich der Selbstkontrolle und deren Verhältnis zum Begriff der parlamentarischen Verantwortung.

2.2. Zentrale und dezentrale Vollzugskontrolle

Im Geltungsbereich des Gemeinschaftsrechts sind die Mitgliedstaaten verpflichtet, dem durch die Gemeinschaft gesetzten Recht auf innerstaatlicher Ebene Be-

---

[588] Kirchhof in: HStR, § 59, Rdn. 189
[589] Kirchhof in: HStR, § 59, Rdn. 200; Pitschas, S. 391; BVerfGE 33, S. 247 (259)
[590] Pitschas, S. 391

achtung zu schenken und Geltung zu verschaffen[591]. Im neuerlichen Entwurf für einen Vertrag über eine Verfassung für Europa werden die Mitgliedstaaten zur Durchführung rechtlich verbindlichen Gemeinschaftsrechts ausdrücklich verpflichtet[592].
Die Kontrolle des Vollzugs des Gemeinschaftsrechts erfolgt einerseits durch die Gemeinschaft und ihre Organe, insoweit kann von einer „zentralen" Kontrolle gesprochen werden. Die „dezentrale" Kontrolle erfolgt durch die Mitgliedstaaten selbst[593].

Für den hier gewählten Ansatzpunkt der gerichtlichen Rechtskontrolle bedeutet dies, dass im Rahmen der zentralen Kontrolle solche Rechtsmittel in Frage kommen, mit der die Organe der Union die ordnungsgemäße Umsetzung des Gemeinschaftsrechts in den Mitgliedstaaten überprüfen können. Für den Fall des gemeinschaftsmittelbaren Vollzugs steht hier zunächst das Vertragsverletzungsverfahren gemäß Art. 226 EGV[594] zur Verfügung mit dem Ziel, eine Verletzung des Gemeinschaftsrechts seitens eines Mitgliedstaates festzustellen[595].
Auf mitgliedstaatlicher Ebene steht keine eigenständige Verfahrensart zur Verfügung, die eine objektive gerichtliche Umsetzungskontrolle ermöglicht. Es ist daher klärungsbedürftig, inwieweit die Amtshaftungsklage wegen nicht ordnungsgemäßer Umsetzung von Gemeinschaftsrecht ins nationale Recht eine Kontrollfunktion für die mitgliedstaatliche Legislative eröffnet.

2.3. Eigen- und Fremdkontrolle legislativen Gemeinschaftsrechtsvollzugs

Die Einteilung von Kontrollmechanismen anhand der Kontrollinstanzen wird maßgeblich durch das Prinzip der Gewaltenteilung beeinflusst. Im deutschen Staatsrecht folgt der Grundsatz der Gewaltenteilung aus der Bestimmung des Art. 20 Abs. 2 GG. Sein Sinn besteht neben der Zuteilung der Staatsfunktionen

---

[591] vergl. zur Umsetzung von Gemeinschaftsrecht nur: Kahl in: Callies/Ruffert, Art. 10 EGV, Rdn. 19ff
[592] Teil I Art. 36 Abs. 1 des Verfassungsentwurfs:"Die Mitgliedstaaten ergreifen alle zur Durchführung der rechtlich bindenden Rechtsakte der Union erforderlichen innerstaatlichen Maßnahmen.", vergl. http://europa.eu.int/futurum /index_de.htm
[593] Streinz, Probleme des Zusammenwirkens von EG und Mitgliedstaaten beim Vollzug des Europäischen Wirtschaftsrechts, in: Die Kontrolle der Anwendung des Europäischen Wirtschaftsrechts in den Mitgliedstaaten, S. 35 (40ff)
[594] Teil II Art. 265 des Verfassungsentwurfs, wortgleich mit der Bestimmung des EGV
[595] vergl. nur: Cremer in: Callies/Ruffert, Art. 226 EGV, Rdn. 1; ausführlich Pühs, Der Vollzug von Gemeinschaftsrecht: Formen und Grenzen eines effektiven Gemeinschaftsrechtsvollzugs und Überlegungen zu seiner Effektuierung, 1997, S. 220ff

im Wesentlichen darin, die Balance zwischen den Staatsgewalten herzustellen und die Machtausübung zu hemmen, d. h. die gegenseitige Kontrolle der Gewalten zu gewährleisten[596]. Auf gemeinschaftlicher Ebene fließt der Grundsatz der Gewaltenteilung vornehmlich aus Art. 6 Abs. 1 EUV[597] und dem darin verankerten Prinzip der Rechtsstaatlichkeit[598]. Diese Funktionsverteilung im Sinne der rechtsstaatlich geforderten Gewaltenteilung wird vom Gerichtshof mit dem Begriff des institutionellen Gleichgewichts bezeichnet[599]. Hier kommt dem Gerichtshof gemeinsam mit dem Gericht erster Instanz die maßgebliche Funktion der rechtsprechenden Gewalt zu[600], indem er gemäß Art. 220 EGV[601] die Wahrung des Rechts bei der Auslegung und Anwendung des Vertrags bzw. der Verfassung sichert.

Gegenüber parlamentarischen Entscheidungsprozessen und damit der legislativen Tätigkeit des Gesetzgebers stellt die gerichtliche Kontrolle durch die rechtsprechende Gewalt die maßgebliche Fremdkontrolle dar. Dies gilt unabhängig davon, innerhalb welcher Verfahrensart die gerichtliche Ergebniskontrolle gesetzgeberischen Handelns erfolgt, da diese Überprüfung außerhalb der Legislativgewalt und independent von Entscheidungsfindungsprozessen, namentlich dem Gesetzgebungsverfahren (als organinterner Eigenkontrolle der Legislative), stattfindet. So befasst sich auch die gerichtliche Geltendmachung eines Ersatzanspruchs wegen des Verstoßes gegen gemeinschaftsrechtliche Umsetzungsverpflichtungen der Legislative entweder mit dem (fehlerhaften) Ergebnis der parlamentarischen Tätigkeit oder mit dem Umstand, dass der Gesetzgeber überhaupt nicht gehandelt hat. Die gerichtliche Kontrolle gesetzgeberischen Verhaltens stellt sich damit in jedem Fall als Fremdkontrolle der gesetzgebenden Staatsgewalt im Sinne einer „gerichtsgeprägten Gewaltenteilung"[602] dar.

---

[596] BVerfGE 22, S. 106 (111); Haratsch, Der Grundsatz der Gewaltenteilung als rechtsübergreifender Rechtssatz – Ansätze einer einheitlichen Europäischen Rechtsordnung, in: Funktionen und Kontrolle der Gewalten, 2001, S. 199 (201); Lerche, Gewaltenteilung – die deutsche Sicht, in: Gewaltenteilung heute, 2000, S. 75; Nolte, S. 11 (16); Schmidt-Aßmann in: HStR, § 24, Rdn. 49
[597] insoweit wortgleich: Teil I Art. 2 des Verfassungsentwurfs
[598] Haratsch, Gewaltenteilung, S. 199 (204); Oppermann, Europarecht, Rdn. 243
[599] vergl. nur: EuGHE 1990 I („Tschernobyl I"), S. 2072f, Tz. 22ff; Haratsch, Gewaltenteilung, S. 199 (207ff)
[600] Callies in: Callies/Ruffert, Art. 7 EGV, Rdn. 7; Everling in: Europäisches Verfassungsrecht, S. 881f; Ukrow, S. 86ff
[601] vergl. insoweit: Teil I Art. 28 Abs. 1 des Verfassungsentwurfs
[602] Schmidt-Aßmann in: Verwaltungskontrolle, S. 9 (22); Nolte, S. 11 (13)

3. Die Kontrolle des legislativen Gemeinschaftsrechtsvollzugs auf mitgliedstaatlicher Ebene durch die Anwendung der gemeinschaftsrechtlichen Grundsätze über die Staatshaftung für legislatives Unrecht

Das Erfordernis einer nationalgerichtlichen Kontrolle nationaler Umsetzungsakte resultiert u.a. aus dem Umstand, dass eine „ebenenübergreifende Kooperation zur Impementationshilfe" zwischen den Gemeinschaftsorganen und dem nationalen Gesetzgeber naturgemäß erst dann erfolgt, wenn es bereits zu einer fehlerhaften Umsetzung gekommen ist[603]. Solange eine entsprechende Kooperation im originären Umsetzungsprozess auf notwendige Initiative des nationalen Gesetzgebers jedoch nicht stattgefunden hat, kann den rechtssetzenden Gemeinschaftsorganen kein Vorwurf gemacht werden, weshalb eine Haftungskonkurrenz von Mitgliedstaat und Gemeinschaft zu vernachlässigen ist[604].

3.1. Die Überprüfung gesetzgeberischen Handelns im Amtshaftungsprozess

Innerhalb eines angestrengten Amtshaftungsprozesses wegen eines Verstoßes des Gesetzgebers gegen das Gemeinschaftsrecht hat das zuständige Gericht zu überprüfen, ob das gesetzgebende Organ des Mitgliedstaats bei Erlass staatlichen Rechts bzw. beim Vollzug umsetzungspflichtigen Gemeinschaftsrechts gegen eben dieses verstoßen hat. Damit kommt dem zuständigen nationalen Gericht u. a. die Aufgabe zu, bestehendes nationales Recht auf dessen Vereinbarkeit mit dem Gemeinschaftsrecht zu überprüfen.

a) Die Rechtswegzuweisung für die mitgliedstaatliche Haftung

Da die mitgliedstaatliche Haftung, wie mit vorliegender Arbeit bereits gezeigt[605], auf der Grundlage des nationalen Amtshaftungsanspruchs gemäß § 839 BGB und Art. 34 GG geltend zu machen ist und sich die Zuständigkeit und das Verfahren nach der nationalen Rechtsordnung richtet[606], finden die nationalen Vorschriften über die Zuweisung des Rechtswegs Anwendung. Die Zuweisung staatshaftungsrechtlicher Streitigkeiten an die ordentlichen Gerichte des Zivilrechtswegs erfolgt durch die Vorschriften des § 40 Abs. 2 S. 1 VwGO und Art.

---

[603] vergl. hierzu Koch, Christian, Arbeitsebenen der Europäischen Union 2003, S. 358f.
[604] vergl. hierzu Koch, Christian, Arbeitsebenen der Europäischen Union 2003, S. 358ff
[605] vergl. oben 3. Kapitel II. Ziff. 4.8
[606] vergl. hierzu nur: EuGHE 1991 I („Francovich"), S. 5416, Tz. 42; Ruffert in: Callies/Ruffert, Art. 288 EGV, Rdn. 58

34 S. 3 GG, die vermögensrechtliche Ansprüche auf Schadensersatz aus der Verletzung öffentlich-rechtlicher Pflichten auf den ordentlichen Rechtsweg verweisen. Mithin ist die Klage auf Schadensersatz wegen des Verstoßes der Legislative gegen das Gemeinschaftsrecht vor den Zivilgerichten durchzusetzen[607]. Zweifel an dieser Rechtswegszuweisung ergeben sich auch nicht unter dem Gesichtspunkt der Art und des Umfangs der etwaig zu gewährenden Entschädigung. Denn eine Naturalrestitution kommt im Rahmen des Amtshaftungsanspruchs auch im Bereich der gemeinschaftsrechtlichen Vorgaben mit Blick auf die Vermengung von Primär- und Sekundärrechtsschutz nicht in Betracht, wie der Umstand der Rechtswegszuweisung per se schon schlussfolgern lässt. Für eine Prüfung der Folgenbeseitigung stehen anderweitige nationale Rechtsinstitute zur Verfügung, die getrennt zu prüfen sind und für die der zulässige Rechtsweg selbständig zu ermitteln ist. Da sich Art und Umfang der nach gemeinschaftsrechtlichen Vorgaben zu gewährenden Entschädigung auf Geldersatz begrenzen lassen und nicht die Vornahme oder Kassation hoheitlicher Maßnahmen im Wege der Naturalrestitution mit umfasst, ist die Rechtswegszuweisung durch § 40 Abs. 2 S. 1 Var. 3 VwGO für Amtshaftungsansprüche wegen eines Verstoßes der Legislative gegen Gemeinschaftsrecht zwingend[608].

b) Die Amtspflichtverletzung: Die Prüfung der Vereinbarkeit nationalen Rechts mit dem Gemeinschaftsrecht – Kontrollgegenstand und Kontrollmaßstab

aa) Der Kontrollgegenstand

Im Rahmen des anzuwendenden nationalen Amtshaftungsrechts hat das zuständige Gericht zu überprüfen, ob der Mitgliedstaat bei der Ausübung eines öffentlichen Amtes eine ihm gegenüber Dritten bestehende Amtspflicht verletzt hat. In dem dieser Betrachtung zu Grunde liegenden Fall der unterlassenen oder fehlerhaften Umsetzung von Gemeinschaftsrecht in das nationale Recht entspricht die Feststellung der Amtspflichtverletzung der gemeinschaftsrechtlichen Vorgabe des Rechtsverstoßes. Beim mitgliedstaatlichen Vollzug von Gemeinschaftsrecht, ins-

---

[607] Albers in: Baumbach/Lauterbach/Albers/Hartmann, § 17 GVG Rdn. 7; ebenso für die Annahme eines originär gemeinschaftsrechtlichen Anspruch Beljin, S. 240; Detterbeck/Windhorst/Sproll, § 6, Rdn. 80; Hidien, S. 74; Hoefer, „Wer wird Kontrolleur" – Der Rechtsweg im Staatshaftungsrecht unter besonderer Berücksichtigung des § 40 Abs. 2 S. 1 VwGO n.F.,in: Kontrolle im verfassten Rechtssaat, 2002, S. 185 (194ff)
[608] vergl. oben 3. Kapitel II. Ziff. 4.8.; Beljin, S. 68ff

besondere der Umsetzung von EG-Richtlinien[609], bedarf es der Normsetzung durch das nationale Legislativorgan, namentlich des Parlaments. Die tatbestandliche Handlung der Amtspflichtverletzung besteht entweder in der unterlassenen oder fehlerhaften Rechtssetzung zur Umsetzung gemeinschaftsrechtlicher Vorgaben[610].

Kontrollgegenstand bei der Vollzugskontrolle des mitgliedstaatlichen Legislativorgans ist bei genauem Hinsehen das „Produkt"[611] des in Frage stehenden Legislativverhaltens. Denn bei nicht ordnungsgemäßer Umsetzung ist nicht das haftungsauslösende Verhalten selbst Objekt der gerichtlichen Überprüfung, sondern dessen Ergebnis, nämlich die Norm, die das Legislativorgan zur Umsetzung einer gemeinschaftsrechtlichen Vorgabe erlassen hat.
Im Fall der unterlassenen Rechtssetzung entsteht jedoch ein „Vollzugsvakuum", das selbst einer Prüfung naturgemäß nicht unterzogen werden kann. Dennoch lässt sich dieses „Vollzugsvakuum" als Produkt staatlichen Unterlassens begreifen, das unter Heranziehung eines Kontrollmaßstabs als Rechtsverstoß begriffen werden kann, sofern eine Handlungspflicht des Staates bestand. Die nicht vorhandene Umsetzung ist als Kontrollobjekt daher unmittelbar abhängig vom angelegten Kontrollmaßstab, der den zum Kontrollzeitpunkt erfolgten normativen Vollzug auf mitgliedstaatlicher Ebene zwingend vorsehen muss.

bb) Der Kontrollmaßstab

Die Möglichkeit der gerichtlichen Rechtskontrolle besteht nur dann, wenn die Verfassung oder ein einfaches Gesetz einen Kontrollmaßstab zur Verfügung stellt, der das notwendige normative Element der Kontrolle darstellt[612]. Beim Vollzug von Gemeinschaftsrecht sind die Legislativorgane der Bundesrepublik im Rahmen des grundsätzlichen Vorrangs des Gemeinschaftsrechts[613] („Vorrang im weiteren Sinne") an eben dieses gebunden[614].

---

[609] Teil I Art. 32 Abs. 1 UAbs. 1 und 3 des Verfassungsentwurfs bezeichnet inhalts- und wortgleich die Richtlinie des Art. 249 UAbs. 1 und 3 EGV als Europäisches Rahmengesetz.
[610] vergl. oben 2. Kapitel II. Ziff. 2.1.
[611] Schmidt-Aßmann in: Verwaltungskontrolle, S. 9 (11)
[612] Krebs, S. 72; Schmidt-Aßmann in: Verwaltungskontrolle, S. 9 (12)
[613] vergl. nunmehr auch: Teil I Art. 10 Abs. 1 des Verfassungsentwurfs
[614] Beljin EuR 2002, S. 351 (355); Ipsen in: HStR, § 181, Rdn. 58; Streinz in: HStR, § 182, Rd. 30; Streinz, Gemeinschaftsrecht bricht nationales Recht, in: Festschrift für Adolf Söllner, 2000, S. 1139 (1145ff)

Ausgehend von der Geltendmachung eines Staatshaftungsanspruchs wegen legislativen Unrechts, insbesondere im Fall der nicht ordnungsgemäßen Umsetzung einer Richtlinie, ist der Maßstab, an dem das legislative Verhalten gemessen werden muss, die gemeinschaftsrechtliche Norm, aufgrund derer sich der Rechtsunterworfene auf ein ihm hierdurch eingeräumtes oder einzuräumendes Recht beruft. Das entscheidende Gericht hat zu überprüfen, ob der nationale Gesetzgeber durch die unterlassene oder fehlerhafte Umsetzung dem Einzelnen das durch Gemeinschaftsrecht verliehene Recht auf nationaler Ebene vorenthalten hat.
Hinsichtlich dieses Prüfungsmaßstabs sind zwei Fragen klärungsbedürftig: Darf das entscheidende Gericht die Vereinbarkeit der eventuell nicht mit der gemeinschaftsrechtlichen Vorgabe entsprechenden nationalen Rechtsnorm überprüfen oder ist das Gericht auf eine Vorlage an den Gerichtshof gemäß Art. 234 EGV angewiesen?
Darüber hinaus stellt sich im Zuge der „Maastricht-Rechtsprechung" des Bundesverfassungsgerichts die Frage einer Verdopplung des Kontrollmaßstabs. Kann und muss das entscheidende Gericht einen etwaig bestehenden Verfassungsvorbehalt des nationalen Verfassungsrechts gegenüber der gemeinschaftsrechtlichen Normsetzung beachten, indem es den eigentlichen Kontrollmaßstab, nämlich die konkrete zur Umsetzung vorgesehene gemeinschaftsrechtliche Vorgabe, anhand des nationalen Verfassungsrechts auf seine innerstaatliche Bindungswirkung prüft bzw. etwaigen Zweifeln hierüber nachgeht? Diesbezüglich sind die Aussagen des Bundesverfassungsgerichts in seinem „Maastricht-Urteil" einer Betrachtung zu unterziehen.

aaa) Die Abgleichung nationalen Rechts mit dessen gemeinschaftsrechtlicher Normvorgabe im Vorlageverfahren?

Verstößt eine mitgliedstaatliche Rechtsnorm als deutsches Ausführungsgesetz gegen das Gemeinschaftsrecht, so haben die mitgliedstaatlichen Gerichte die innerstaatliche Rechtsnorm unangewendet zu lassen[615]. Entsprechend dieser Prüfungs- und „Nicht-anwendungs-„ kompetenz nationaler Gerichte kann und muss die Gemeinschaftsrechtswidrigkeit nationalen Rechts durch das mitgliedstaatliche Gericht überprüft werden, soweit es diese Bestimmungen im Rahmen seiner Zuständigkeit anzuwenden hat[616].
So hat das entscheidende Gericht im Amtshaftungsprozess zu überprüfen, ob das nationale Ausführungsrecht dem Einzelnen das durch Gemeinschaftsrecht ver-

---

[615] vergl. nur: Streinz in: HStR, § 182, Rdn. 71ff
[616] Kadelbach, S. 150

liehene Recht eingeräumt hat oder nicht. Auf diese Weise muss der Rechtsverstoß der nationalen Legislative im Rahmen der Amtspflichtverletzung begutachtet werden. Die Möglichkeit der Abgleichung des Schutznormcharakters, der im nationalen Ausführungsrecht den gleichen Umfang haben muss wie in der korrespondierenden Gemeinschaftsrechtsnorm, wird nicht dadurch in Frage gestellt, dass die betreffende gemeinschaftsrechtliche Regelung keine unmittelbare Geltung im nationalen Recht beanspruchen kann, denn gerade aus einem solchen Fall heraus wurde die mitgliedstaatliche Haftung entwickelt[617]. So besteht die Prüfungs- und Nichtanwendungsbefugnis des nationalen Gerichts auch bei subjektiven gemeinschaftsrechtlichen Rechten, die dem Einzelnen durch eine europäische Rechtsnorm verliehen wurden, die keine unmittelbare Geltung auf mitgliedstaatlicher Ebene verlangen kann.

Obwohl das deutsche Gericht im Rahmen des Amtshaftungsprozesses wegen eines legislativen Verstoßes gegen Gemeinschaftsrecht zur Überprüfung des nationalen Rechts anhand der gemeinschaftsrechtlichen Vorgaben berufen ist, stoßen hier die Prüfungskompetenzen der nationalen Gerichte und des Gerichtshofs aneinander. Zwar fällt es nicht in die Kompetenz des Gerichtshofs, nationales Recht auszulegen oder die Vereinbarkeit nationalen Rechts mit dem Gemeinschaftsrecht im Rahmen eines Vorabentscheidungsverfahrens untersuchen[618]. Hat das nationale Gericht jedoch Zweifel darüber, ob durch die betroffene gemeinschaftsrechtliche Norm dem Einzelnen ein subjektives Recht verliehen wurde, auf welches dieser sein Haftungsbegehren stützt, kann das befasste Gericht die Frage nach der diesbezüglichen Auslegung des Gemeinschaftsrechts dem Gerichtshof gemäß Art. 234 EGV zur Vorabentscheidung vorlegen. Auf diese Weise kann die Fragestellung nach der Vereinbarkeit nationalen Rechts mit Gemeinschaftsrecht in die Frage nach der Auslegung und Anwendung des betreffenden Gemeinschaftsrechts umgestaltet werden[619], wodurch sich das nationale Gericht einer Entscheidung entzieht. Es darf gleichwohl nicht übersehen werden, dass hinsichtlich der Einräumung subjektiver Rechte durch Gemeinschaftsrecht

---

[617] vergl. oben 2. Kapitel II. Ziff. 1.; Probleme sieht hier Kadelbach, S. 151ff
[618] Arndt, Europarecht, S. 71ff, 75; Beutler/Bieber/Pipkorn/Streil, S. 255f; Borchardt, Europarecht, Rdn. 493; Borchardt in: Lenz, Art. 234 EGV, Rdn. 16; Fischer, Europarecht, § 8, Rdn. 53; Hobe, Europarecht, § 10, Rdn. 196; Huber, Europarecht, § 21 Rdn. 25; Koenig/Haratsch, Europarecht, Rdn. 425; Streinz, Europarecht, Rdn. 558f
[619] Borchardt in: Lenz, Art 234 EGV, Rdn. 17f; Pühs, S. 408; Strteinz in: HStR, § 182, Rdn. 72

durchaus Zweifel bestehen können, wie der Vorlagebeschluss des Bundesgerichtshofs vom 16.05.2002 eindrücklich zeigt[620].

Da der Gerichtshof keine Scheu zeigt, auch unzulässige Vorlagefragen so umzudeuten, dass das vorlegende Gericht „im Kern" nach der Auslegung des Gemeinschaftsrechts nachsucht[621] und in der Folge sich auch nicht einer Einzelfallentscheidung enthält, wenn er der Auffassung ist, dass ihm alle notwendigen Informationen zur Verfügung stehen[622], wird faktisch die Kontrolle des nationalen Ausführungsrechts mit dem Gemeinschaftsrecht zugunsten der Entscheidungskompetenz des Gerichtshofs verschoben. Inwieweit dies mit der Unsicherheit der nationalen Gerichte bei der Anwendung von Gemeinschaftsrecht zusammenhängt, kann nur vermutet werden. Im Übrigen bleibt es, an die Entscheidungsfreudigkeit der Gerichte zu appellieren, anhand der gemeinschaftsrechtlichen Vorgaben zur Bestimmung eines subjektiven Rechts zu eigenen Beurteilungen zu kommen und nur bei begründeten Zweifeln über die Auslegung des maßgeblichen Gemeinschaftsrechts den Gerichtshof zu bemühen, um langwierige Verfahren zu vermeiden. Denn schließlich widerspräche eine exzessive Vorlagepraxis dem Effektivitätsgebot, das die nationalen Gerichte bei der Anwendung der Grundsätze über die mitgliedstaatliche Haftung zu beachten haben.

bbb) **Exkurs:** Die Verdopplung des Kontrollmaßstabs – Die Auswirkungen des „Maastricht-Urteils" des Bundesverfassungsgerichts auf die Durchsetzung von Amtshaftungsansprüchen wegen nicht ordnungsgemäßer Legislativumsetzung

Die Maastricht-Entscheidung des Bundesverfassungsgerichts vom 12.10.1993[623] befasste sich mit Verfassungsbeschwerden gegen das deutsche Zustimmungsgesetz zum Vertragswerk von Maastricht und die damit zusammenhängenden Grundgesetzänderungen. Beschwerdegegenstand war einerseits das Gesetz zur Einführung des Art. 23 in das Grundgesetz, andererseits das Zustimmungsgesetz zum Vertrag über die Europäische Union. In seiner Entscheidung hat das Bundesverfassungsgericht im Anschluss an die „Solange"-Rechtsprechung[624] seine europarechtlichen Vorgaben zur Handhabung der Gemeinschaftskompetenzen no-

---

[620] vergl. oben 3. Kapitel I. Ziff. 3.; BGH NJW 2002, S. 2464 ff
[621] Borchardt in: Lenz, Art 234 EGV, Rdn. 17f
[622] vergl. nur: EuGHE 1996 I („British Telecommunications"), S. 1668, Tz. 41
[623] BVerfGE 89, S. 155ff
[624] BVerfGE 37, S. 271ff; BVerfGE 73, S. 339ff

velliert und ist von seiner Rechtsprechung der zweiten „Solange"-Entscheidung abgewichen[625].

Ausgehend vom Prinzip der begrenzten Einzelermächtigung des Art. 5 Abs. 1 EUV und Art. 7 Abs. 1 S. 2 EUV sowie Art. 5 EGV, nunmehr aufgenommen in den Regelungen des Teil I Art. 9 Abs. 1 und 2 des Verfassungsentwurfs, unterscheidet der Bundesgerichtshof zwischen einer Rechtsfortbildung innerhalb der Verträge und einer deren Grenzen sprengenden, vom geltenden Vertragsrecht nicht gedeckten Rechtssetzung[626]. In Zukunft sei bei der Auslegung von Befugnisnormen durch Einrichtungen und Organe der Gemeinschaften zu beachten, dass der Unionsvertrag grundsätzlich zwischen der Wahrnehmung der begrenzt eingeräumten Hoheitsbefugnis und der Vertragsänderung unterscheide, seine Auslegung deshalb im Ergebnis nicht einer Vertragserweiterung gleichkommen dürfe; eine solche Regelung entfalte für Deutschland keine Bindungswirkung[627]. Diese Ausführungen macht das Gericht in Bezug darauf, dass die Handhabung des Art. 308 EGVnF (Art. 235 EGVaF) gestützt auf den Gedanken der inhärenten Zuständigkeiten der Gemeinschaften („implied powers") und der Vertragsauslegung nach einer größtmöglichen Ausschöpfung der Gemeinschaftsbefugnisse („effet utile") im Sinne einer „Vertragsabrundungskompetenz" großzügig ausgefallen sei[628]. Mit dieser Formulierung offenbart das Bundesverfassungsgericht, dass die Auslegung der Gemeinschaftskompetenzen durch die Organe der Gemeinschaften für seinen Geschmack scheinbar zu großzügig erfolgte.

Das Bundesverfassungsgericht vertritt nach seinen Ausführungen damit die Ansicht, dass bei einer Handhabung und Fortbildung des Gemeinschaftsrechts, die vom Vertragswerk, wie es dem deutschen Zustimmungsgesetz zugrunde lag, nicht mehr gedeckt sei, dies zu einer Unverbindlichkeit der hierauf beruhenden Gemeinschaftsrechtsakte führe. Dabei sind die Aussagen des Gerichts so allgemein gehalten, dass die Rechtsfolge der innerstaatlichen Unverbindlichkeit alle Arten von Rechtsakten der Gemeinschaft umfasst, von normativen bis zu Einzelakten exekutivischer und judikativer Natur, ebenso wie auf derartige Maßnahmen gestützte nationale Rechtsakte[629].

---

[625] Kirchhof, Das Maastricht-Urteil des Bundesverfassungsgerichts, in: Der Staatenverbund der Europäischen Union, 1995, S. 11 (21)
[626] BVerfGE 89, S. 155 (156, Leitsatz 6, 209)
[627] BVerfGE 89, S. 155 (210)
[628] BVerfGE 89, S. 155 (210)
[629] Steinberger, Anmerkungen zum Maastricht-Urteil des Bundesverfassungsgerichts, in: Der Staatenverbund der Europäischen Union, 1995, S. 25 (32)

Die Argumentation des Gerichts, dass kompetenzwidrige oder –lose Rechtsakte der Gemeinschaft die Bundesrepublik nicht binden, ist so einfach wie materiellvölkerrechtlich kaum zu bestreiten[630]. Die Antwort auf die eigentlich problematische Frage nach der Entscheidungskompetenz für derartige Kompetenzkonflikte mit innerstaatlicher Wirkung liefert das Bundesverfassungsgericht jedoch gleich mit. So sieht sich das Gericht selbst als Kontrollinstanz dafür, ob Rechtsakte der europäischen Gemeinschaften sich an die Grenzen der ihnen eingeräumten Hoheitsrechte halten oder aus ihnen ausbrechen[631]. Darüber hinaus beansprucht das Bundesverfassungsgericht prinzipaliter die Gerichtsbarkeit für die Vereinbarkeit von Gemeinschaftsrecht unter dem Gesichtspunkt des Grundrechtsschutzes[632], was eine Auslegung des Gemeinschaftsrechts durch das Gericht notwendig beinhaltet.

Das Bundesverfassungsgericht hat mit seinen Aussagen zur Kontrollkompetenz für das Gemeinschaftsrecht Fragen von einer kaum zu überschauenden Tragweite aufgeworfen, eine zufrieden stellende und dogmatisch schlüssige Klärung seiner Ausführungen jedoch nicht formulieren können. Als Grundaussage des Maastricht-Urteils wird man festhalten können, dass sich das Bundesverfassungsgericht zur höchsten Instanz aufgeschwungen hat, die Vereinbarkeit von Gemeinschaftsrecht mit den verfassungsrechtlichen nationalen Vorgaben zu überprüfen. Dies in zweierlei Hinsicht. Einerseits hat das Gericht als Ansatzpunkt hierfür den Rechtsanwendungsbefehl des nationalen Zustimmungsgesetzes zu dem entsprechenden Vertragswerk gewählt, der seinerseits die Hoheitsgewalt der Gemeinschaft beschränkt, da er kompetenzwidrige Rechtsakte nicht abdeckt. Andererseits nimmt das Gericht für sich in Anspruch, supranationale Rechtsakte unter dem Gesichtspunkt des nationalen Grundrechtsschutzes generell überprüfen zu können.

Hieraus ergeben sich nicht nur Unklarheiten, was die Überprüfung von Gemeinschaftsrecht angeht. In Bezug auf die gemeinschaftsrechtlichen Grundsätze über die Staatshaftung für legislatives Unrecht stellt sich die Frage, ob die Maastricht-Entscheidung Auswirkungen auf das gemeinschaftsrechtliche Staatshaftungsinstitut an sich hat. Denn die Entscheidung des Bundesverfassungsgerichts scheint sich direkt an den Gerichtshof zu wenden, als sie dem Gerichtshof anheim gibt, bei der Auslegung des Vertrages sei zukünftig die Trennlinie zwischen Rechts-

---

[630] Steinberger, Anmerkungen, S. 25 (33)
[631] BVerfGE 89, S. 155 (156 Leitsatz 5); BVerfGE 75, S. 223
[632] BVerfGE 89, S. 155 (156 Leitsatz 7); Steinberger, Anmerkungen, S. 25 (32f)

fortbildung innerhalb der Verträge und Vertragsänderungen zu beachten[633]. Dabei war die Entwicklung der mitgliedstaatlichen Staatshaftung gerade unter dem Gesichtspunkt der unzulässigen Rechtsfortbildung vehement diskutiert worden. Das Gericht erlaubt sich damit, den Umfang zulässiger Auslegung des Vertrags selbst festlegen zu können.

Darüber hinaus ist klärungsbedürftig, welche Auswirkungen das Urteil für die konkrete Anwendung der mitgliedstaatlichen Haftung haben kann. Unklar scheint zu sein, wer denn nun für die Überprüfung von Gemeinschaftsrecht zuständig ist. Misst im Amtshaftungsprozess das zuständige Gericht das innerstaatliche Vollzugsrecht an dem zu Grunde liegenden Gemeinschaftsrecht, könnten bei dem Gericht auch Zweifel über die Rechtmäßigkeit des Gemeinschaftsrechts aufkommen. Diese Zweifel könnten auf zwei Annahmen beruhen, nämlich dass das seinerseits als Kontrollmaßstab herangezogene Gemeinschaftsrecht selbst gegen Gemeinschaftsrecht verstößt - oder aber – gegen nationales Verfassungsrecht.

(1) Auswirkungen der Maastricht-Entscheidung auf das gemeinschaftsrechtliche Haftungsinstitut

Nachdem die Diskussion über die Kompetenz des Gerichtshofs zur Rechtsfortbildung auf dem Gebiet des Staatshaftungsrechts als überwunden gelten kann[634], hat das Maastricht-Urteil die Diskussion über die Zulässigkeit der Entwicklung des gemeinschaftlichen Staatshaftungsrechts wieder ins Gedächtnis gerufen. Schließlich hat das Bundesverfassungsgericht die „effet utile"-Rechtsprechung des Gerichtshofs, auf der die Entwicklung einer mitgliedstaatlichen Haftung im Wesentlichen beruht, einer harschen Kritik unterzogen und deren zukünftige Akzeptanz mit der Behauptung in Frage gestellt, dass sie in der bisherigen Form nicht mehr statthaft sei.

An der Existenz der gemeinschaftsrechtlichen Grundsätze über die Haftung für legislatives Unrecht kann das Maastricht-Urteil jedoch nichts mehr ändern. Denn die Ausführungen des Bundesverfassungsgerichts beziehen sich auf die zukünftige Beurteilung der Vertragsauslegung und umfassen nicht retrospektiv bereits vor der Ratifizierung des Maastricht-Vertrags ergangene Entscheidungen des Gerichtshofs[635].

---

[633] Streinz, Der „effet utile" in der Rechtsprechung des Gerichtshofs der Europäischen Gemeinschaften, in: Festschrift für Ulrich Everling, 1995, S. 1491; Wehlau, S. 115
[634] vergl. oben, 2. Kapitel I. Ziff. 4. und 3. Kapitel II. Ziff. 3.1.a)
[635] Ukrow NJW 1994, S. 2469; Wehlau, S. 116

(2) Auswirkungen des Maastricht-Urteils auf den Kontrollmaßstab

Klärungsbedürftig bleibt, inwieweit die Ausführungen des Bundesverfassungsgerichts Einfluss auf die Prüfung eines Verstoßes des Gesetzgebers gegen das Gemeinschaftsrecht haben.

Hat das mit dem Amtshaftungsprozess befasste Gericht Zweifel, ob das Gemeinschaftsrecht, das ihm als Kontrollmaßstab für die Überprüfung des nationalen Ausführungsrechts dient, selbst mit Gemeinschaftsrecht vereinbar ist, so hat das Gericht seine Frage zwingend dem Gerichtshof vorzulegen, wenn es die gemeinschaftsrechtliche Regelung für ungültig hält und unangewendet lassen will. Denn die Entscheidung über die Gültigkeitsfrage bleibt dem Gerichtshof aufgrund seiner diesbezüglichen Verwerfungskompetenz vorbehalten[636].
Demgegenüber sind die Aussagen des Bundesverfassungsgerichts hinsichtlich der Intensität seiner beanspruchten Kontrollintensität von besonderer Bedeutung[637]. Zum einen verlangt die Maastricht-Entscheidung den Grundrechtsschutz, zum anderen will es Kompetenzüberschreitungen durch Gemeinschaftsakte nicht zulassen. An dieser Stelle spaltet die Maastricht-Rechtsprechung die Beurteilungskompetenzen und Beurteilungsmaßstäbe in eine Kompetenzdimension und eine Grundrechtsdimension[638].

(a) Die Kompetenzdimension

Vertritt das vorlegende Gericht die Auffassung, das der ihm vorgegeben Prüfungsmaßstab – das Gemeinschaftsrecht, auf dem der nationale Ausführungsrechtsakt beruht – mit dem Defizit der Kompetenzüberschreitung eines Gemeinschaftsorgans zustande gekommen ist, muss es beim Gerichtshof um eine Vorabentscheidung zur Bereinigung des Problems nachsuchen[639]. Der Gerichtshof kann dann das Gemeinschaftsrecht bezüglich der Kompetenzfrage auslegen und anwenden. Kommt der Gerichtshof gleichwohl zu der Auffassung, dass der Gemeinschaftsrechtsakt kompetenzgemäß zustande gekommen ist, kann das Bundesverfassungsgericht bemüht werden. Denn mit dem in der Maastricht-

---

[636] EuGHE 1987 („Foto Frost"), S. 4230ff, Tz. 11ff; Geiger, Art. 234 EG,V, Rdn. 17; Borchardt in: Lenz, Art. 234 EGV, Rdn. 37
[637] Streinz in: FS Söllner, S. 1139 (1148)
[638] Hofmann, Zurück zu Solange II! Zum Bananenmarktordnungsbeschluss des Bundesverfassungsgerichts, in: Tradition und Weltoffenheit des Rechts, Festschrift für Helmut Steinberger, 2002, S. 1207 (1214); Mayer in: Europäisches Verfassungsrecht, S. 229 (245)
[639] Streinz in: HStR, § 182,, Rdn. 73

Entscheidung statuierten verfassungsrechtlichen Kontrollvorbehalt über die Kompetenzausübung der Gemeinschaft hat das Bundesverfassungsgericht seine Zuständigkeit begründet, die Grenzen der den Gemeinschaften eingeräumten Hoheitsrechte am Maßstab des innerstaatlichen Zustimmungsgesetzes zu prüfen. Das Verfassungsgericht müsste nun prüfen, ob das nationale Zustimmungsgesetz, das seinerseits verfassungskonform auszulegen ist, die supranationale (Rechtssetzungs-)Kompetenz deckt oder nicht. Insoweit nimmt es eine eigene Auslegung der Befugnisnormen des Gemeinschaftsrechts am Kontrollmaßstab des nationalen Verfassungsrechts vor, womit es zu einer „Verdopplung" des Prüfungsmaßstabs kommt: Der EuGH überprüft die Kompetenz der Gemeinschaftsorgane am Gemeinschaftsrecht, das Bundesverfassungsgericht überprüft die Kompetenz der Gemeinschaftsorgane an einer „deutschen Version" des Gemeinschaftsrechts über den Umweg der Verfassungsmäßigkeit der Übertragung von Kompetenzen bzw. Hoheitsgewalt an die Gemeinschaft durch das Zustimmungsgesetz nach Art. 23 Abs. 1 S. 3 GG[640]. Dabei bildet die „Struktursicherungsklausel[641]" des Art. 23 Abs. 1 S. 1 GG, welche die Beteiligung der Bundesrepublik Deutschland von der europäischen Einhaltung der Staatsprinzipien, der Subsidiarität und eines vergleichbaren Grundrechtsschutzes abhängig macht, zusammen mit der Ewigkeitsklausel des Art. 79 Abs. 3 GG einen miteinander verknüpften Verfassungsvorbehalt für die verfassungsrechtliche Zulässigkeit von Übertragungen deutscher Hoheitsgewalt auf die Gemeinschaft[642]. Über die Brücke des parlamentarischen Zustimmungsgesetzes als Rechtsanwendungsbefehl erreicht nur solches Europarecht verbindlich den deutschen Rechtsraum, wie dieses den unübersteigbaren materiellen Grenzen des deutschen Verfassungsrechts, aus dem die Brücke des Zustimmungsgesetzes des Art. 23 GG „gebaut" ist, entspricht[643].

Rechtsfolge einer beanstandenden Entscheidung des Bundesverfassungsgerichts wäre die fehlende Bindungswirkung des Gemeinschaftsrechts auf innerstaatlicher

---

[640] Mayer in: Europäisches Verfassungsrecht, S. 229 (244); Streinz, Verfassungsvorbehalte gegenüber Gemeinschaftsrecht – eine deutsche Besonderheit?, in: Tradition und Weltoffenheit des Rechts, Festschrift für Helmut Steinberger, 2002, S. 1436 (1448f)
[641] Rohjan in: v. Münch/Kunig, Art. 23 GG, Rdn. 4; Scholz, NJW 1993, S. 1690 (1691)
[642] Hofmann, S. 1207 (1214); Kadelbach, S. 222f; Rohjan in: v. Münch/Kunig, Art, 23 GG, Rdn. 19; Scholz DÖV 1998, S. 261 (263), Scholz, NJW 1993, S. 1690 (1691)
[643] zuletzt zu der von ihm entwickelten „Brückentheorie": Kirchhof, Rechtsprechen im Dienst von Verfassungsrecht und Europarecht, in: Tradition und Weltoffenheit des Rechts, Festschrift für Helmut Steinberger, 2002, S. 1223 (1233f)

Ebene[644], womit der Vorrang des Gemeinschaftsrechts unter dem „ewigen" Vorbehalt der Kompetenzmäßigkeitskontrolle der höchsten deutschen Gerichtsbarkeit stünde[645]. Mit einer solchen Entscheidung würde das Bundesverfassungsgericht einen Fehlervorwurf an die Gemeinschaft und den Gerichtshof richten, der schwerlich Raum für ein „Kooperationsverhältnis[646]" zwischen den Gerichten lässt[647]. Denn der praktische Weg der Rechtsfindung würde in eine Letztentscheidungskompetenz des Bundesverfassungsgerichts münden. Das mit dem Amtshaftungsprozess befasste nationale Gericht hat einen etwaigen Rechtsverstoß des Gesetzgebers mittels einer Überprüfung des nationalen legislativen Vollzugsakts mit dessen gemeinschaftsrechtlicher Rechtsgrundlage festzustellen. Kommen begründete Zweifel an der Rechtmäßigkeit dieser Rechtsgrundlage auf, indem die Kompetenz der Gemeinschaft zum Erlass dieses Rechtsakts angezweifelt wird, so ist das Gericht, wenn es vorgebrachte Zweifel teilt, zur Vorlage gemäß Art. 234 EGV an den Gerichtshof verpflichtet, da kompetenzwidrige Rechtsakte von Gemeinschaftsorganen nichtig und damit ungültig sind[648]. Zwar hatte das Bundesverfassungsgericht den Bundesfinanzhof einer Verletzung der Vorlagepflicht beim Gerichtshof bezichtigt, als dieser die Rechtsprechung des Gerichtshofs zur unmittelbaren Wirkung einer Richtlinie nicht anerkannte und den Gerichtshof diesbezüglich als gesetzlichen Richter im Sinne des Art. 101 Abs. 1 S. 2 GG gesehen[649]. Entsprechend hatte das Bundesverfassungsgericht eine Vorlage zur Normenkontrolle gemäß Art. 100 Abs. 1 GG im Anwendungsbereich des Gemeinschaftsrechts für unzulässig erklärt[650]. Nach seinen Ausführungen im Maastricht-Urteil bleibt dem nationalen Richter gleichwohl nunmehr nichts anderes übrig, als im Fall, dass der Gerichtshof den Zweifeln des nationalen Gerichts

---

[644] Kirchhof, Das Maastricht-Urteil, S. 11 (17); BVerfGE 89, S. 155 (156, Leitsatz 6, 210)
[645] Mayer in: Europäisches Verfassungsrecht, S. 229 (245)
[646] Kirchhof, Das Maastricht-Urteil, S. 11 (16); BVerfGE 89, S. 155 (156, Leitsatz 7)
[647] Mayer in: Europäisches Verfassungsrecht, S. 229 (245)
[648] Außerhalb eines Amtshaftungsprozesses wäre die fehlende „absolute Zuständigkeit", d.h. die fehlende Verbandskompetenz der Gemeinschaft im Rahmen einer Nichtigkeitsklage geltend zu machen, vergl. nur Cremer in: Callies/Ruffet, Art 230 EGV, Rdn. 70; die Nichtigkeitsklage wurde in Teil III Art. 270 des Verfassungsentwurfs aufgenommen; Borchardt in: Lenz, Art. 234 EGV, Rdn. 38; Dänzer-Vanotti RIW 1992, S. 733 (741); EuGHE 1980, S. 3333 (3360); EuGHE 1981, S. 1045 (1074); EuGHE 1987(„Foto-Frost"), S. 4199 (4231); Zuleeg JZ 1994, S. 1 (3)
[649] BVerfGE 75, S. 223 (233); Zuleeg JZ 1994, S. 1 (3); Zuleeg, Bundesfinanzhof und Gemeinschaftsrecht, in: Festschrift 75 Jahre Reichsfinanzhof – Bundesfinanzhof, 1993, S. 115, (119ff, 126ff)
[650] BVerfGE 85, S. 191 (204)

nicht folgt, eine korrigierende Entscheidung des Bundesverfassungsgerichts über eine Richtervorlage gemäß Art. 100 Abs. 1 GG zu erlangen[651].

Nachdem die Verdopplung des Prüfungsmaßstabs auch eine Verdopplung des Rechtswegs mit sich bringt, würde sich ein Kooperationsverhältnis der Gerichte auch nicht in zumutbarer Weise durch eine „Vertripelung" des Rechtsweges herstellen lassen, indem das Bundesverfassungsgericht vor seiner beanstandenden Entscheidung nochmals dem Gerichtshof die Streitfrage vorlegt[652]. Denn auf der einen Seite ist nicht zu erwarten, dass der Gerichtshof die gleiche Frage in einer zweiten Entscheidung in demselben Verfahren mit demselben Gegenstand anders beurteilen wird. Auf der anderen Seite stellt sich die Frage nach der Zulässigkeit eines solchen Vorabentscheidungsverfahrens. Der Gerichtshof entscheidet gemäß Art. 234 EGV auf der Grundlage des Gemeinschaftsrechts. Selbst wenn der Gerichtshof zur Auslegung des Gemeinschaftsrechts die gemeinsamen Rechtsgrundsätze aller Mitgliedstaaten heranzieht, wird man nicht erwarten können, dass er die Kompetenzen der Gemeinschaft an unveränderlichen deutschen Verfassungsvorgaben mit Wirkung für die Gemeinschaft ausrichtet. Darüber hinaus würde das Bundesverfassungsgericht seine eben begründete Letztentscheidungskompetenz für den nationalen Geltungsbereich der deutschen Verfassung in die Hände des Gerichtshofs legen, was eher zu einer Vergemeinschaftung des nationalen Verfassungsrechts als zu einer Nationalisierung des Gemeinschaftsrechts führen würde.

(b) Die Grundrechtsdimension

In seiner Maastricht-Entscheidung bezieht sich das Bundesverfassungsgericht zunächst auf seine Solange-Rechtsprechung, wonach es durch seine Zuständigkeit für den Schutz der Grundrechte der Deutschen auch den Wesensgehalt dieser Grundrechte gegenüber der Hoheitsgewalt der Gemeinschaft sicherstellte. Allerdings beträfen die gemeinschaftlichen Hoheitsakte ebenfalls die Grundrechtsberechtigten in Deutschland und berührten damit die Gewährleistungen des Grundgesetzes und den Aufgabenbereich des Bundesverfassungsgerichts, die den Grundrechtsschutz in Deutschland im Allgemeinen und nicht nur gegenüber den deutschen Staatsorganen zum Gegenstand hätten[653]. Dies bedeutet, dass die Rechtsakte der Gemeinschaftsorgane an die Grundrechtsverbürgungen des

---

[651] Schmidt-Bleubtreu in: Schmidt-Bleubtreu/Klein, Art. 100 GG, Rdn. 1a; Scholz DÖV 1998, S. 261 (267f)
[652] Streinz in HStR, § 182, Rdn. 73
[653] BVerGE 89, S. 155 (175)

Grundgesetzes gebunden und unter die diesbezügliche Kontrolle des Bundesverfassungsgerichts fallen würden. Entsprechend wäre im Einzelfall eine Verfassungsbeschwerde oder konkrete Normenkontrolle des mit dem Amtshaftungsprozess befassten Gerichts möglich[654].
Dieser Möglichkeit ist das Bundesverfassungsgericht jedoch in seinem Bananenmarkt-ordnungs-Beschluss vom 07.06.2000[655] entgegengetreten und zu seiner Solange-Rechtsprechung zurückgekehrt. Es beansprucht seine Zuständigkeit zur Überprüfung sekundären Gemeinschaftsrechts an den Grundrechten des Grundgesetzes nur noch subsidiär. Grundsätzlich ist der Gerichtshof für den Grundrechtsschutz gegenüber nationalem Vollzugsrecht, das aufgrund sekundären Gemeinschaftsrechts ergeht, zuständig, das Bundesverfassungsgericht wird erst dann wieder zuständig, wenn der Gerichtshof den Grundrechtsstandard nicht mehr gewährleistet, wie er im Solange II-Beschluss des Bundesverfassungsgerichts beschrieben ist und übt damit lediglich die mit Art. 23 Abs. 1 S. 1 GG vereinbare „Reservefunktion" aus[656].

Ein Konflikt bezüglich des Grundrechtsschutzes scheint in Zukunft mit Blick auf die Charta der Grundrechte der Union des neuerlich vorgelegten Verfassungsentwurfs nur noch theoretisch möglich zu sein, da Teil II Art. 53 des Verfassungsentwurfs ein Niveau des Grundrechtsschutzes auf dem Stand der jeweiligen Bestimmungen der Mitgliedstaaten garantieren soll[657].

(3) Bewertung

Das Maastricht-Urteil des Bundesverfassungsgerichts hat auf den Kontrollmaßstab, nämlich das dem nationalen Vollzugsakt zu Grunde liegende Gemeinschaftsrecht, dann Auswirkungen, wenn dieses selbst zum Gegenstand einer gerichtlichen Kontrolle wird. Die Folge wäre, dass bei Differenzen, was die Kompetenz von Gemeinschaftsorganen zur Rechtssetzung hinsichtlich des betreffenden Rechtsakts angeht, es neben der Verdopplung des Kontrollmaßstabs zu einer Verdopplung des Rechtswegs käme, der allein in seiner zu erwartenden zeitlichen

---

[654] Hofmann in: FS Steinberger, S. 1207 (1215)
[655] BVerfGE NJW 2000, 3124ff
[656] BVerfGE NJW 2000, 3124 (3125); Hofmann in: FS Steinberger, S. 1207 (1221); Kirchhof in: FS Steinberger, S. 1225 (1234); Mayer in: Europäisches Verfassungsrecht, S. 228 (245)
[657] Im Wortlaut des Teil III Art. 53 des Verfassungsentwurfs heißt es: „Keine Bestimmung dieser Charta ist als eine Einschränkung oder Verletzung der Menschenrechte oder Grundfreiheiten auszulegen, die (...) durch die Verfassungen der Mitgliedstaaten anerkannt werden."; vergl. auch: Seidel, EuZW 2003, S. 97

Dimension einen effektiven Rechtsschutz im Rahmen einer Staatshaftungsklage wegen nicht ordnungsgemäßer legislativer Umsetzung von Gemeinschaftsrecht nicht mehr gewährleisten würde. Allein dieser Umstand widerspricht dem Effektivitätsgebot, das im Rahmen der anzuwendenden gemeinschaftsrechtlichen Grundsätze zu beachten ist.

Die Frage, wer Kompetenzkonflikte zwischen der Gemeinschaft und den Mitgliedstaaten löst, hat das Bundesverfassungsgericht scheinbar zu seinen Gunsten beantwortet. Gleichwohl bleiben Zweifel an der Wirksamkeit der bundesverfassungsgerichtlichen Ausführungen bestehen.

Einerseits bestehen insoweit Zweifel an der Verbindlichkeit der Ausführungen des Gerichts zu seiner Befugnis, über die Einhaltung der gemeinschaftsrechtlichen Kompetenzgrenzen zu wachen, da es sich bei den diesbezüglichen Aussagen im Maastricht-Urteil nicht um tragende Entscheidungsgründe, sondern um „obiter dicta" handelt, die an der Rechtsverbindlichkeit der Entscheidung nach § 31 Abs. 1 BVerfGG nicht teilhaben und denen letztendlich nur rhetorische Qualität beigemessen werden kann[658].

Darüber hinaus ist der Gerichtshof selbst gemäß Art. 220 EGV zum Hüter des Gemeinschaftsrechts und damit auch der Verbandskompetenz der Gemeinschaft berufen. Entsprechend unterliegen gerade Kompetenzstreitigkeiten zwischen der Gemeinschaft und den Mitgliedstaaten des Justiziabilität des Gerichtshofs[659]. Hieran ist auch das Bundesverfassungsgericht gebunden, die deutsche Staatsgewalt ist insoweit zurückgenommen[660]. Das verfassungsrechtliche Dilemma[661] besteht darin, dass die Bundesrepublik Deutschland an kompetenzwidrige Rechtsakte der Gemeinschaft materiell-völkerrechtlich nicht, vertragsrechtlich aber an einschlägige Entscheidungen des Gerichtshofs gebunden ist[662]. Reißt das Bundesverfassungsgericht die Kompetenz zur verbindlichen Auslegung des Vertragsrechts an sich, liegt hierin ein Vertragsverstoß, dem die Gemeinschaft mit einem Vertragsverletzungsverfahren nach Art. 226 EGV begegnen kann. Darüber hinaus wäre hierin ein Verstoß gegen das Verbot von Ausnahmegerichten zu sehen,

---

[658] Schmidt-Bleibtreu in: Schmidt-Bleibtreu/Klein, Art. 94 GG, Rdn. 3; Bethge in: Maunz/Schmidt-Bleibtreu/Klein/Ulsamer/Bethge/Winter, § 31 BVerfGG, Rdn. 9; Wehlau, S. 115f
[659] Everling EuZW 2002, S. 357 (358); Everling in: FS Grabitz, 1995, S. 57 (67); Nicolaysen EuR 2000, S. 495 (509); Steinberger, Anmerkungen, S. 25 (33)
[660] Everling in: FS Grabitz, S. 57 (70f)
[661] Nicolaysen EuR 2000, S. 495 (509)
[662] Steinberger, Anmerkungen, S. 25 (34)

da der Rechtsstreit dem gesetzlichen Richter entzogen würde, Art. 101 Abs. 1 S. 2 GG[663].
Das Dilemma, bei dem sich die vertragliche Bindung des Mitgliedstaates und die verfassungsmäßige Grenze der Übertragbarkeit von Hoheitsrechten begegnen, lässt sich dogmatisch befriedigend kaum lösen. Es bleibt daher, ein funktionierendes Kooperationsverhältnis zwischen den obersten Gerichten anzumahnen, das sich jedoch eher auf dem politischen als auf dem Rechtswege verwirklichen dürfte.

3.2. Die Haftung des Staates für legislatives Vollzugsunrecht als ex-post-Kontrolle des Gesetzgebers

Die Überprüfung legislativer Vollzugsakte erfolgt im Amtshaftungsprozess über eine richterliche „dezentrale" Fremdkontrolle der nationalen Gesetzgebung. Die anhand des Gemeinschaftsrechts vorgenommene ex-post-Betrachtung beinhaltet somit prinzipaliter eine rechtsordnungsübergreifende Rechtmäßigkeitskontrolle des nationalen Ausführungsgesetzes.
Die gerichtliche Kontrolle der Staatstätigkeit beschränkt sich allerdings auf einen gerichtlichen Schutz subjektiver Rechte im Sinne des Art. 19 Abs. 4 GG[664], wobei die gemeinschaftsrechtlichen Vorgaben über die Staatshaftung für legislatives Unrecht den notwendigen Inhalt eines schützenswerten Individualrechts für den Bereich der mitgliedstaatlichen Haftung selbst definiert haben[665].
Der Form nach der grundgesetzlichen Systementscheidung für den Individualrechtsschutz als institutioneller Garantie[666] folgend, stellt sich die mitgliedstaatliche Haftung für legislatives Unrecht als einzelfallbezogene Initiativkontrolle des Gesetzgebers dar, wodurch die Ausstrahlungswirkung des konkret angestrengten Amtshaftungsprozesses sich auf den Vollzugsakt beschränkt, der Gegenstand des gerichtlichen Verfahrens ist. Die mitgliedstaatliche Staatshaftung greift also grundsätzlich nur so weit, wie der betroffene Rechtsunterworfene von seinem Klagerecht Gebrauch machen.

---

[663] Everling in: FS Grabitz, S. 57 (71); Nicolaysen EuR 2000, S. 495 (509); Steinberger, Anmerkungen, S. 25 (34)
[664] Krebs, S. 70
[665] Auch gemeinschaftsrechtlich begründete subjektive Rechte fallen unter den Schutz des Art. 19 Abs. 4 GG, vergl.: Krebs in: v. Münch/Kunig, Art. 19 GG, Rdn. 59.
[666] Krebs in: v. Münch/Kunig, Art. 19 GG, Rdn. 48ff, 58ff; Papier in: HStR, § 154, Rdn. 1ff; Schmidt-Aßmann in: Verwaltungskontrolle, S. 9 (22)

Es bleibt daher zu betrachten, ob und inwieweit sich die gemeinschaftsrechtlichen Grundsätze über die Staatshaftung für legislatives Unrecht außerhalb konkreter Amtshaftungsprozesse „kontrollierend" auswirken können.

3.3. Mitgliedstaatliche Haftung für legislatives Unrecht und parlamentarische Verantwortung

Mit der Schaffung einer Sanktionskategorie zur Durchsetzung der mitgliedstaatlichen Vollzugspflichten hat der Gerichtshof die dezentrale Kontrolle gestärkt, um den mitgliedstaatlichen Vollzug von Gemeinschaftsrecht zu effektuieren. Wie effektiv das Instrument der Staatshaftung, das als Individualrechtsschutz konzipiert ist, tatsächlich auf die Legislative des Mitgliedstaats einwirkt und eine ordnungsgemäße Umsetzung von Gemeinschaftsrecht fördern kann, hängt von verschiedenen Faktoren ab und soll nachstehend beleuchtet werden.

a) Parlamentarische Verantwortung und Kontrolle bei der Durchführung von Gemeinschaftsrecht

Die „Kontrolle" in einem parlamentarischen Regierungssystem ist eine der Hauptaufgaben bzw. die politische Kernfunktion des Parlaments und bildet einen wesentlichen Aspekt jedes parlamentarischen Entscheidungsprozesses[667]. Obgleich die „Kontrolle" verfassungsrechtlich als Aufgabe der Parlamente expressis verbis nicht festgeschrieben ist, ergibt sich die umfassende Funktion der parlamentarischen Kontrolle aus der Gesamtheit der dem Parlament ausdrücklich wie ungeschrieben zugewiesenen Aufgaben. So ergibt sich die parlamentarische Gesamtaufgabe demokratischer Gesamtleitung, Willensbildung und Kontrolle[668].

Die umfassende parlamentarische Kontrollaufgabe realisiert sich in der Einstands- und Rechenschaftspflicht der staatlichen Funktionsträger und ermöglicht ferner die Sanktionierbarkeit fehlerhaften Verhaltens. Rechenschaftspflicht und Sanktionsbindung können allein mit Hilfe von Kontrolle verwirklicht werden. Nur wenn das Verhalten des Handelnden überprüft und sanktioniert werden kann, können Pflichtverletzungen entdeckt und behoben werden und bleiben nicht folgenlos. Die Sanktionierbarkeit pflichtwidrigen und fehlerhaften Verhaltens mittels Kontrolle ist eine Grundvoraussetzung menschlicher Verant-

---
[667] Klein in:HStR, § 40, Rdn. 30; Krebs, S. 120
[668] Krebs, S. 120

wortung, denn diese erfordert ihrem Wesen nach die Inpflichtnahme der handelnden Organe für Verhaltensfehler durch eine sie kontrollierende Gegenmacht – sie können zur Verantwortung gezogen werden[669]. Folglich gibt es keine Verantwortung ohne Kontrolle[670], Kontrolle ist das Korrelat von Verantwortung[671].

Der Begriff der parlamentarischen Kontrolle lässt sich jedoch auch anders herum lesen und begreifen. Die Wortbedeutung der parlamentarischen Kontrolle fragt nicht nur nach der Fremdkontrolle anderer Staatsorgane durch das Parlament, sondern nach der Kontrolle des Parlaments selbst. So endet die parlamentarische Kontrolle nicht bei der Überprüfung anderer Staatsorgane wie der Regierung, sondern beinhaltet die Überprüfbarkeit des eigenen Verhaltens.
Wenn Verantwortung nur dann einen Sinn birgt, wenn die korrekte und sachgemäße Pflichterfüllung überprüft werden kann und eine Sanktionsmöglichkeit existiert[672], stellt sich für den deutschen Bundestag als Legislativorgan, der für die gesetzgeberische Umsetzung von Gemeinschaftsrecht zuständig ist, die Frage nach der Sanktion für fehlerhaftes Legislativverhalten auf dem Gebiet des Vollzugs für Gemeinschaftsrecht. Denn im nationalen deutschen Recht wird die Haftung des Staates für legislatives Unrecht seit jeher von der Rechtsprechung abgelehnt. Über die Unanwendbarkeit eines nationalen Gesetzes, das dem Gemeinschaftsrecht widerspricht, entscheidet das jeweils mit der konkreten Rechtsstreitigkeit befasste Gericht[673]. Verstößt nationales (Umsetzungs-)Recht gegen Gemeinschaftsrecht, ist dies demzufolge einzelfallbezogen durch das zuständige Gericht zu beurteilen; das Handeln der Legislative bleibt insoweit faktisch sanktionsfrei. Dem Parlament als Legislativorgan wird vielmehr die Möglichkeit gegeben, sein fehlerhaftes Verhalten in einem neuen Gesetzgebungsverfahren zu korrigieren.

Diese Sanktionslücke hat der Gerichtshof mit der Entwicklung einer mitgliedstaatlichen Haftung für legislative Verstöße gegen Gemeinschaftsrecht mit Wirkung auf nationaler Ebene geschlossen. Bei gemeinschaftsrechtswidrigem Legislativverhalten muss der Staat nunmehr damit rechnen, über das Sanktionsmittel der Staatshaftung „zur Verantwortung gezogen zu werden". Der Gerichtshof hat damit eine neue und notwendige Dimension der parlamentarischen Verantwortlichkeit für das legislative Verhalten des nationalen Gesetzgebungsorgans geöff-

---

[669] Nolte, S. 11 (12); Pitschas, S. 394
[670] Pitschas, S. 394
[671] Schmidt-Aßmann in: Verwaltungskontrolle, S. 9 (36)
[672] Pitschas, S. 394
[673] Schmidt-Bleibtreu in: Schmidt-Bleibtreu/Klein, Art. 100 GG Rdn. 1a

net, soweit dies den Bereich der innerstaatlichen legislativen Umsetzung gemeinschaftsrechtlicher Vorgaben betrifft.

Parlamentarische Verantwortung für legislatives Unrecht bedeutet seither kontrollfähige und straf(bzw. schadensersatz-)bewehrte Verantwortlichkeit des nationalen Gesetzgebungsorgans für nicht korrekte oder unsachgemäße Pflichtenerfüllung bei der Umsetzung von Gemeinschaftsrecht in nationales Recht. Denn die Parlamente als Gesetzgebungsorgane übernehmen mit der Verabschiedung eines Gesetzes die Verantwortlichkeit für den Inhalt der Norm, wobei diese Verantwortlichkeit für die getroffene rechtliche Regelung nicht mit dem Gesetzesbeschluss aufhört[674], sondern sich in der potentiellen Haftung fortsetzt.

b) Von der Rechtskontrolle zu Selbstkontrolle: Parlamentarische „Eigenverantwortlichkeit"

Im Rahmen der Rechtssetzungstätigkeit zur Umsetzung von Europarechtsnormen in nationales Recht stellt sich für das Parlament die Aufgabe der ordnungs- und pflichtgemäßen Rechtssetzungstätigkeit. Dabei stehen sich auf den ersten Blick die konstruktiv am einzelnen Beamten anknüpfende Amtshaftung und die Gesamtverantwortlichkeit des Parlaments für seine Gesetzgebungstätigkeit gegenüber. Zu erläutern ist zunächst, wie die vom Ansatzpunkt her an der Einzelperson anknüpfende Amtshaftung als Rechtskontrolle der parlamentarischen Tätigkeit auf das Staatsorgan des Parlaments einwirken kann.
Sodann ist zu betrachten, auf welche Weise die gemeinschaftsrechtlichen Grundsätze über die Staatshaftung für legislative Verstöße gegen Gemeinschaftsrecht auf die Kontrolle der Gesetzgebungstätigkeit nationaler Parlamente Einfluss nehmen kann.

aa) Parlamentarische Gesamtverantwortung und „einzelverantwortliche" Amtshaftung

Die Bundesgesetze werden vom Bundestag beschlossen, Art. 77 Abs. 1 S. 1 GG. Dem Bundestag kommt somit (zumindest auf Bundesebene) das Gesetzgebungsmonopol zu; wobei das jeweilige Gesetz vom Plenum zu beschließen ist[675].

---

[674] Grimm/Brocker ZG 1999, S. 58 (62)
[675] vergl. nur: Sannwald in: Schmidt-Bleibtreu/Klein, Art. 77 GG, Rdn. 5f, der Begriff des Gesetzesmonopols ist nicht unumstritten, soll jedoch nur verdeutlichen, dass zur Entstehung eines förmlichen Bundesgesetzes ein entsprechender Beschluss gemäß Art. 77 Abs. 1 S. 1 GG notwendig ist.

Dabei knüpft das Grundgesetz jedoch nicht an den einzelnen Parlamentsabgeordneten an, der im Rahmen seiner Beteiligung am Gesetzgebungsverfahren ein öffentliches Amt ausübt, wobei er zu gesetzmäßigem Verhalten verpflichtet ist. Das Grundgesetz lässt die erforderliche Mehrheit ausreichen, um die Gesetzgebung als Verhalten des Parlaments dem gesetzgebenden Staatsorgan objektiviert und entindividualisiert zuzuordnen.
Gleiches hat die Judikatur mit der Entindividualisierung und Objektivierung für die Amtshaftung entwickelt, wonach auf die Feststellung des individuell pflichtwidrig handelnden und verantwortlichen Amtsträgers verzichtet und die Amtshaftung bei einem Rechtsverstoß eines Kollegialorgans zu einer unmittelbaren Staatsunrechtshaftung hingeführt wurde, die das entsprechende Versagen dem Kollegialorgan und damit dem Staat als ganzem zuordnet[676].
Auf diese Weise trifft der Fehlervorwurf des entindividualisierten Amtshaftungsanspruchs auf dem Bereich der Haftung für legislatives Unrecht das nationale Gesetzgebungsorgan in seiner Gesamtverantwortung.

bb) Parlamentarische Selbstkontrolle unter dem Eindruck der Staatshaftung für legislatives Unrecht

aaa) Parlamentarische Selbstkontrolle und parlamentarische Verantwortung

Staatliche Kontrolle wird grundsätzlich durchgeführt durch staatliche Kontrolleure. Rechtsstaatliche Kontrolle obliegt dabei maßgeblich der Gerichtsbarkeit. Darüber hinaus obliegt dem handelnden Staatsorgan in der Pflichtenstellung seines Amtes die Kontrolle des eigenen Verhaltens[677]. Denn verfassungsrechtlich gebundenes Handeln sollte seine Rechtmäßigkeit selbst garantieren und ist demnach auf Selbstkontrolle angelegt[678].

Die dem Legislativorgan eingeräumte Entscheidungskompetenz bei seiner gesetzgeberischen Tätigkeit bedingt mit der Möglichkeit verschiedener Handlungsalternativen die Befugnis zur Selbstkontrolle des eigenen Handelns[679]. Erst diese funktionsadäquate Handlungs- und Entscheidungsmacht des Staatsorgans öffnet den Freiraum, eigenverantwortlich zu handeln, da der Entscheidungsprozess keiner unmittelbaren Fremdkontrolle unterliegt. Der Handlungs- und Entschei-

---

[676] Vergl. oben 3. Kapitel II Ziff. 4.2.a) und 4.2.b); Papier in: Münchener Kommentar, § 839 BGB Rdn. 27
[677] Nolte, S. 11 (13)
[678] Kirchhof in: HStR, § 59, Rdn. 194
[679] Krebs, S. 47

dungsprozess selbst unterliegt daher vorrangig der Möglichkeit zur Selbstkontrolle, die somit einen Teil der parlamentarischen Verantwortung für das eigene Verhalten darstellt. Die aus der eigenen Entscheidungskompetenz fließende parlamentarische Verantwortung ist demgemäß Voraussetzung für die Möglichkeit der Selbstkontrolle. Folglich gibt es auch keine Kontrolle ohne Verantwortung[680].

Dem nationalen Gesetzgebungsorgan stellt sich in seiner parlamentarischen Verantwortung bei der Umsetzung beschlossener Europarechtsnormen in das nationale Recht die Aufgabe, in personeller Identität von Kontrolleur und Entscheidendem den an das zu erzielende Ergebnis anzulegenden Rechtsmaßstab bereits während des Umsetzungsprozesses zur Wirkung zu bringen[681]. Im Gegensatz zur ex-post-Rechtskontrolle des Amtshaftungsverfahrens liegt hierin die begleitende Kontrolle des Entscheidungsprozesses und die ex-ante-Kontrolle des zu erzielenden Ergebnisses[682].

bbb) Selbstkontrolle und Gesetzesfolgenabschätzung: Mitgliedstaatliche Haftung für legislatives Unrecht als Kontrollinitiative

Es gehört zu den Grundpflichten des Gesetzgebers, die für seine Tätigkeit relevanten Tatsachen sachlich angemessen und umfassend zu ermitteln[683]. Diese Selbstverständlichkeit für das Verhalten der Legislative liegt dabei in der besonderen Pflichtenstellung des Amtes begründet. Die Rechtspflicht zu gesetzmäßigem und verfassungsgemäßem Verhalten des einzelnen Abgeordneten, die objektiviert zur Pflicht des gesetzgebenden Staatsorgans wird, eine fehlerfreie und ordnungsgemäße Umsetzung und Anwendung von Gemeinschaftsrecht zu gewährleisten[684], beinhaltet die Pflicht des Gesetzgebers, im Rahmen der ihm obliegenden Selbstkontrolle bei der Umsetzungstätigkeit eine ständige begleitende Rechtskontrolle durchzuführen. Bei der Umsetzung von Gemeinschaftsrecht beinhaltet die Selbstkontrolle somit, das zu setzende Recht gemeinschaftsrechtskonform zu gestalten.

Selbstkontrolle stellt sich dabei grundsätzlich als selbst veranlasste Kontrolle dar und findet „von Amts wegen" aus der eigenen Kompetenz des Staatsorgans her-

---

[680] Kirchhof in: HStR, § 59, Rdn. 198; Pitschas, S. 395
[681] Kirchhof in: HStR, § 59, Rdn. 195; Kretschmer ZG 1994, S. 316 (318)
[682] Kretschmer ZG 1994, S. 316 (318)
[683] vergl. hierzu ausführlich: Lücke ZG 2001, S. 1 (25ff, 28)
[684] vergl. oben 3. Kapitel II. Ziff. 4.2.a) und 4.2.b)

aus statt[685]. Sie erfolgt „selbstinitiativ"[686]. Auch wenn diese Art der Kontrolle den Handlung- und Entscheidungsprozess begleitet, so ist sie doch auf den Kontrollgegenstand des zu erzielenden Ergebnisses gerichtet. Sie wirkt auf den Erkenntnis- und Entscheidungsprozess als begleitende Rechtskontrolle ein, vom Ergebnis her gesehen allerdings als „ex ante"-Kontrolle.

(1) Selbstkontrolle durch „Angst vor Haftung"

Triebfeder der Selbstkontrolle und Voraussetzung für parlamentarische Verantwortung ist die Sanktionsmöglichkeit pflichtwidrigen Verhaltens, die der Gerichtshof mit der Staatshaftung für legislative Verstöße gegen Gemeinschaftsrecht entwickelt hat. Das nationale Parlament hat seitdem bei der Umsetzung von Europarecht im Wege der Gesetzesfolgenabschätzung in Betracht zu ziehen, dass eine nicht ordnungsgemäße Implementierung für den Mitgliedstaat von haftungsrechtlicher Relevanz ist, sofern dem Einzelnen gemeinschaftsrechtliche subjektive Rechte eingeräumt werden. Um diesem Risiko zu entgehen, muss das Gesetzgebungsorgan im Wege der prospektiven Gesetzesfolgenabschätzung versuchen, die Notwendigkeit und die Wirksamkeit einer Vollzugs- bzw. Ausführungsregelung und die haftungsrelevanten Folgen, die über die eigentliche Wirksamkeit hinausgehen, multidimensional zu erfassen und zu bewerten[687]. So wird der nationale Gesetzgeber gezwungen, im Rahmen der Folgenabschätzung gerade auch die Rechtsprechung des Gerichtshofs über die Staatshaftung für nicht ordnungsgemäßen Legislativvollzug zu beachten[688].
Unter dem Aspekt der Haftung für legislatives Unrecht weist die parlamentarische Verantwortung beim Vollzug von Gemeinschaftsrecht die Besonderheit auf, dass gegenüber einer parlamentarischen ex-post-Evaluation auf nationaler Ebene die prospektive Gesetzesfolgenabschätzung an Bedeutung gewinnt und als unabdingbarer Inhalt parlamentarischer (Selbst-) Kontrolle angesehen werden muss.

Der Sanktionscharakter der gemeinschaftsrechtlichen Staatshaftungsgrundsätze führt damit über den Aspekt der „präventiven Abschreckung"[689] durch „Angst vor Haftung" zu einer Erhöhung der Initiative zur Selbstkontrolle und zu einer Verstärkung der Intensität parlamentarischer Eigenkontrolle. Dass die Staatshaftung für legislatives Unrecht ausreichend derartiges Potential birgt, lässt sich

---

[685] Kirchhof in: HStR, § 59. Rdn. 196
[686] Nolte, S. 11 (13)
[687] Grimm/Brocker ZG 1999, S. 58, 60
[688] Kretschmer ZG 1994, S. 316 (325)
[689] Pühs, S. 445

nicht zuletzt daraus erschließen, dass der Begriff des „drohenden Staatsbankrotts" in diesem Zusammenhang geprägt wurde. Darüber hinaus ist nicht von der Hand zu weisen, dass die Zahl der potentiell betroffenen Rechtsunterworfenen und durch unterlassene oder fehlerhafte Umsetzung Geschädigten sowie mit ihnen die denkbare Schadenshöhe kaum absehbar ist.
Infolgedessen sind die Grundsätze über die mitgliedstaatliche Haftung geeignet, sowohl die Initiative wie die Intensität der parlamentarischen Eigenkontrolle zu stärken und der parlamentarischen Verantwortung für die Tätigkeit beim Vollzug von Gemeinschaftsrecht ein erhöhtes Maß an „Eigenverantwortlichkeit" hinzuzufügen.

(2) Die Öffentlichkeitsfunktion

Nicht zu vernachlässigen ist die Funktion der Öffentlichkeit als mitwirkendes Kontrollmedium zur Durchsetzung des Gemeinschaftsrechts[690]. Auch wenn der Öffentlichkeit zur Kontrolle der Gemeinschaft verschiedene Informations- und Einsichtrechte eine besondere Rolle zugedacht werden[691], ist die Kontrollefunktion durch die Öffentlichkeit im Rahmen der Staatshaftung für legislatives Vollzugsunrecht im Wesentlichen in der „vierten Gewalt" zu suchen.
Die Aufmerksamkeit, die Staatshaftungsverfahren in der Öffentlichkeit hervorrufen können[692], übt sicherlich einen mittelbaren öffentlichen Druck auf den Gesetzgeber aus, in den Medien öffentlich gemachtes „Staatsversagen" zu vermeiden.
Auch wenn es sich hierbei um eine rechtlich nicht fassbare „Drittwirkung" staatlichen Fehlverhaltens handelt, dürfte die Öffentlichkeitswirkung von Amtshaftungsprozessen wegen legislativen Unrechts den Anpassungsdruck erhöhen.

cc) Von der Kontrollinitiative zur Kontrollintensität – von der Edukation zu Effektivität

Mit der Steigerung der Kontrollinitiative und der Kontrollintensität wird der Edukationscharakter der gemeinschaftsrechtlichen Staatshaftung offenbar. Denn

---

[690] Blüm, Norbert, Die leise Übermacht, in: Nachrichtenmagazin Der Spiegel Nr. 49, 46. Jahrgang 1992, S. 102ff
[691] Kadelbach in: Verwaltungskontrolle, S. 205 (220f)
[692] Die „Denkavit"-Rechtsprechung erregte in den Medien besondere Aufmerksamkeit („MP Travel Line")

die eigentliche Intension der Schaffung dieses Rechtsinstituts lag darin, die Mitgliedstaaten auf Dauer von einem gemeinschaftsrechtswidrigen Vollzugsverhalten abzuhalten und hin zu einer sorgfältigen und pflichtgemäßen Umsetzung der gemeinschaftlichen Vorgaben zu erziehen.
Die Haftungsgrundsätze wirken so als präventiver Anreiz für die Mitgliedstaaten, Verstöße gegen ihre Vollzugspflichten zu vermeiden und die „Vollzugsmoral" zu erhöhen[693]. Diese Intension des Gerichtshofs wurde bereits in der „Francovich"-Entscheidung deutlich, mit der die Rechtsprechung auf eine nahezu provozierende Missachtung von Umsetzungsverpflichtungen durch die italienische Republik reagierte[694].

Die Wirkungsweise der Staatshaftung entfaltet sich auf zweierlei Weise: Einerseits als externe Initiativkontrolle und Rechtskontrolle im Rahmen des durch den einzelnen Geschädigten angestrengten Amtshaftungsprozess, andererseits mittelbar über die Steigerung der internen Kontrollinitiative und -intensität innerhalb des legislativen Vollzugsvorgangs bei der Rechtssetzung durch das mitgliedstaatliche Gesetzgebungsorgan.
Diesbezüglich hat der Gerichtshof es geschafft, über die mittelbare Kontrollwirkung der Haftungsgrundsätze das Eigeninteresse des Mitgliedstaates an der Überprüfung der vollziehenden Rechtssetzung anzuregen und auf diesem Wege die im Ansatz bestehende reflexive Kontrollstruktur[695] im Bereich der parlamentarischen Verantwortung für die Umsetzung des Gemeinschaftsrechts zu aktivieren. Auf diese Weise lässt sich die mitgliedstaatliche Haftung für legislatives Vollzugsunrecht neben der dezentralen gerichtlichen Rechtskontrolle als Ergänzung der zentralen gemeinschaftlichen Umsetzungskontrolle verstehen, da über die Entwicklung der Haftungsgrundsätze von Gemeinschaftsebene aus intendiert der einzelstaatliche Vollzugsmechanismus mittelbar beeinflusst und „geschliffen" wurde. Die Gemeinschaft hat damit „dezentral" über den Edukationseffekt auf die innerstaatlichen Durchführungsweise eingewirkt und ihre erst nachträglich wirkenden zentralen Aufsichts-, Kontroll- und Sanktionsmittel um eine präventiv-innerstaatlich wirkende Verschärfung der Eigenkontrolle des Vollzugsorgans ergänzt.

Insoweit schließt sich der Kreis. Die Staatshaftung für legislatives Vollzugsunrecht kann als indirektes Mittel zur Durchführung von Gemeinschaftsrecht gel-

---

[693] Pühs, S. 445f
[694] vergl. oben 1. Kapitel I. Ziff. 1.3.
[695] Schmidt-Aßmann in: Verwaltungskontrolle, S. 9 (33)

ten, der der Sanktionsgedanke zu Grunde liegt, darüber hinaus jedoch auch innerstaatliche Wirkung erzielt[696]. Über den Edukationseffekt potentieller Haftung stellt das Gemeinschaftsrecht ein doppelt wirkendes Rechtsinstitut zu Verfügung, das auf der Grundlage des „effet utile"-Gedankens der Wirkung des Gemeinschaftsrechts Nachdruck verleiht, den Anpassungsdruck erhöht und so die Effektivität gemeinschaftsrechtlicher Vorgaben auf mitgliedstaatlicher Ebene gewährleistet.

---

[696] im Ansatz: Streinz, Zusammenwirken, S. 35 (69); vergl. auch oben, 4. Kapitel Ziff. I.

Schlussbetrachtung

Die vorliegende Arbeit hat gezeigt, dass die Umsetzung der gemeinschaftsrechtlichen Vorgaben über die Haftung der Mitgliedstaaten für legislatives Vollzugsunrecht auf der Grundlage der nationalen Haftungsregelungen, namentlich des Amtshaftungsanspruchs gemäß § 839 BGB und Art. 34 GG, nicht nur erfolgen kann, sondern vielmehr erfolgen muss.

Die Analyse der Rechtsgrundlagen, die der Gerichtshof für seine Entwicklung der mitgliedstaatlichen Haftung herangezogen hat, und die Bestimmung der Rechtsnatur der europäischen Vorgaben führt über die Untersuchung des Verhältnisses der sich gegenüberstehenden nationalen und gemeinschaftlichen Rechtsordnungen zu dem Ergebnis, dass die nationalen Haftungsvorschriften vorrangig gemeinschaftsrechtskonform auszulegen sind, solange und soweit eine derartige Auslegung möglich ist. Vor dem Hintergrund dieser Pflicht zur gemeinschaftsrechtskonformen Auslegung ergibt sich die zwingende Notwendigkeit, im nationalen deutschen Rechtsraum die Haftung des Staates für legislatives Vollzugsunrecht im Wege der konformen Anwendung des nationalen Amtshaftungsanspruchs geltend zu machen.
Dabei bleiben die Auswirkungen der Schaffung einer Entschädigungspflicht für gemeinschaftswidriges legislatives Handeln eines nationalen Staatsorgans begrenzt. Denn die seit jeher von der deutschen höchstrichterlichen Rechtsprechung verschmähte Haftung für legislatives Unrecht beschränkt sich in ihrem Anwendungsbereich auf das Vollzugsunrecht mit gemeinschaftsrechtlichem Bezug und hat grundsätzlich keine unmittelbare Auswirkung auf die national herausgebildeten Formen des innerstaatlichen Haftungsrechts, die sich unverändert auf nationale Sachverhalte anwenden lassen. Ob sich die Ablehnung einer Haftung für legislatives Unrecht auf innerstaatlicher Ebene angesichts der europäischen Rechtsentwicklung noch halten lässt, erscheint mit Blick auf die hierzu seit langem geäußerten ablehnenden Literaturmeinungen fraglich, auch wenn eine diesbezügliche Änderung der nationalen Rechtsprechung in näherer Zukunft nicht zu erwarten sein dürfte. Dies zeigt auch die Betrachtung der Rechtsprechung nationaler Gerichte, soweit diese mit der gemeinschaftsrechtlichen Haftung befasst waren und sich in diesem Umfeld zu den Voraussetzungen des innerstaatlichen Haftungsrechts geäußert haben.

Die Schaffung eines durchsetzbaren Anspruchs auf dem Gebiet des legislativen Vollzugsunrechts hat darüber hinaus Folgen staatsrechtlicher Dimension für den

Begriff der parlamentarischen Verantwortung. Über den Umweg der dezentralen Rechtskontrolle des Gesetzgebers durch die gerichtliche Geltendmachung von Amtshaftungsansprüchen und dem damit verbundenen Sanktionsrisiko nicht unerheblichen Ausmaßes, verstärkt die Haftung für legislatives Unrecht den „Anreiz" für den nationalen Gesetzgeber, bei der Umsetzung von Gemeinschaftsrecht in nationales Recht die Gesetzesfolgen auch im Hinblick auf eine mögliche Haftung präventiv zu betrachten. Die Existenz einer Haftung für derartiges Legislativunrecht führt somit zu einer Erhöhung der Aufmerksamkeit des Gesetzgebers bei der Umsetzung von Gemeinschaftsrecht in Richtung der Anstrengung, europäisches Recht frist- und ordnungsgemäß zu implementieren. Der Sanktionscharakter wirkt somit aus gemeinschaftlicher Sicht „zentral" auf den mitgliedstaatlichen Rechtssetzungsprozess ein, indem er der Selbstkontrolle des mitgliedstaatlichen Rechtssetzungsorgans durch „Angst vor Haftung" neuen Anschub gibt. Erst die gemeinschaftsrechtlich initiierte Sanktionsmöglichkeit hat somit dem parlamentarischen Kontrollbegriff das für eine wirksame Kontrolle obligatorische Element der Sanktion hinzugefügt und dem Charakter der parlamentarischen Verantwortung eine neue Dimension eröffnet. Somit wirkt die mitgliedstaatliche Haftung als „zentral" veranlasste Durchführungsmaßnahme auf den innerstaatlichen Rechtssetzungsprozess ein, indem sie dem Wesen der innerstaatlichen Selbstkontrolle des Gesetzgebungsorgans die notwendige Sanktionsmöglichkeit gegenüberstellt und damit den Begriff der parlamentarischen Verantwortung erneuert.

Die Rechtsprechung des Gerichtshofs zur gemeinschaftsrechtlichen Staatshaftung für legislatives Unrecht hat gleichwohl auch eine Vielzahl von Fragen hervorgebracht und bei weitem nicht alle offenen Probleme geklärt. In seinen letzten Urteilen, die sich mit der gemeinschaftsrechtlichen Haftung befassen, verweist der Gerichtshof im Wesentlichen auf die in vorangehender Rechtsprechung entwickelten Vorgaben und nimmt nur insoweit ausführlicher zu konkreten Rechtsfragen vorlegender Gerichte Stellung, als sie sich mit der Berücksichtigung haftungsbegrenzender Erwägungen befassen.
Die Komplexität der Materie des Staatshaftungsrechts kann und will der Gerichtshof jedoch nicht allein lösen. Dies ergibt sich schon daraus, dass der Gerichtshof „lediglich" einen allgemeinen Rechtsgrundsatz der Staatshaftung - wenn auch in anwendungsfähiger Form – und keinen eigenständigen europarechtlichen Haftungsanspruch entwickelt hat. Nach den Aussagen des Gerichtshofs ist die Entschädigung auf der Grundlage des nationalen Haftungsrechts zu gewähren, dessen Anwendung in der konkreten Fallgestaltung den nationalen Gerichten obliegt. Diese Form der Rechtsanwendung hat der Gerichtshof den

nationalen Gerichten mehrfach mit auf den Weg gegeben und resultiert darüber hinaus aus der konsequenten Anwendung des eingreifenden Kollisionsrechts und unter Berücksichtigung des Subsidiaritätsprinzips.
Damit verbunden ist die Befugnis der nationalen Rechtsprechung, die gemeinschaftsrechtlichen Haftungsgrundsätze innerhalb des nationalen Rechts anhand der gemeinschaftsrechtlichen Vorgaben, insbesondere des Effektivitätsgebots und Diskriminierungsverbots, selbst weiterzuentwickeln, zumal das nationale Haftungsrecht genügend Spielraum hierfür gewährt. Die deutsche Rechtsprechung, die immer noch von einen eigenständigen gemeinschaftsrechtlichen Haftungsanspruch ausgeht, hat aufgrund dieses Umgangs mit den europäischen Vorgaben erhebliche Probleme, die gemeinschaftsrechtlichen Haftungsvorgaben konkret auf einzelne Fallgestaltungen anzuwenden. Die nationale Rechtsprechung versucht, die Verantwortung für die Weiterentwicklung und die konkrete Anwendung der Haftungsgrundsätze an den Gerichtshof abzuschieben, indem sie diesem jedwede rechtliche Fragestellung zur Vorabentscheidung vorlegt. Hierbei wird der (falsche) Vorwurf der unzulässigen Rechtsfortbildung, dem sich der Gerichtshof hinsichtlich der Haftungsgrundsätze anfänglich ausgesetzt sah, ins Gegenteil verkehrt. Die nationale deutsche Rechtsprechung versucht, den Gerichtshof zu immer neuen Ausformungen der Haftungsvoraussetzungen zu bewegen und spricht sich selbst die Kompetenz ab, selbständig mit den Vorgaben umgehen zu können. Diesen Ball spielt der Gerichtshof mit dem Verweis auf die nationalen Haftungsregelungen gleichwohl oft genug an die vorlegenden Gerichte zurück.

Zusammenfassend lässt sich festhalten, dass der Gerichtshof mit der Entwicklung der Grundsätze über die mitgliedstaatliche Haftung eine umfassende Stärkung des individuellen Rechtsschutzes der Gemeinschaftsbürger geschaffen hat. Die Möglichkeit der Geltendmachung von Schäden, die auf einer Verletzung von Gemeinschaftsrecht beruhen, stärkt über den Sanktionscharakter des Rechtsinstituts hinaus die Einheit der gemeinschaftlichen und mitgliedstaatlichen Rechtsordnungen, indem sich einerseits der einzelne Bürger auf seine Rechte berufen kann, andererseits die ordnungsgemäße Durchführung europäischer Rechtsvorgaben gefördert wird.
Im hier betrachteten nationalen deutschen Rechtsraum steht der Rechtsverwirklichung des Einzelnen jedoch der starre Umgang der Rechtsprechung mit den europäischen Rechtsvorgaben noch im Wege. Eine genaue Betrachtung der Rechtsgrundlagen der Haftung und der Kollisionsnormen, die die beteiligten Rechtsordnungen harmonisieren, führt jedoch zu einer gemeinschaftsrechtskonformen Anwendung des nationalen Amtshaftungsanspruchs und zu der Mög-

lichkeit einer flexiblen und selbstverantwortlichen Handhabung der gemeinschaftsrechtlichen Vorgaben, die eine eigenständige Weiterentwicklung durch die nationalen Gerichte beinhaltet.

Es bleibt dem Selbstvertrauen der deutschen Rechtsprechung anheim zu geben, die selbst gewählte Handlungsunfähigkeit aufzugeben und zu einem zwanglosen Umgang mit den europäischen Rechtsvorgaben zu gelangen und so dem Institut der Staatshaftung für legislatives Unrecht zur vollen Geltung zu verhelfen. Zumindest beim Gesetzgeber sollte die Botschaft der Gemeinschaftsrechtsordnung angekommen sein: Mit der zunehmenden Europäisierung der nationalen Rechtsordnungen muss die Legislative ihre Bemühungen und Kontrollen für eine ordnungsgemäße Umsetzung der Rechtsvorgaben verstärken, um ihrer parlamentarischen Verantwortung gerecht zu werden und sich nicht Haftungsansprüchen ausgesetzt zu sehen.

Thesen

I.

1. Mit der Entscheidung des Gerichtshofs in der Rechtssache „Francovich u.a. gegen Italienische Republik" hat der EuGH eine der bedeutendsten richterrechtlichen Entwicklungen des Gemeinschaftsrechts angestoßen. Mit dem aus dem Wesen der Gemeinschaftsrechtsordnung fließenden Grundsatz der Haftung der Mitgliedstaaten hat der Gerichtshof eine Rechtsprechungslinie begründet, die er in einer stattlichen Zahl von Folgeentscheidungen gefestigt und präzisiert hat. Nachdem der Gerichtshof zunächst damit beschäftigt war, die Herleitung einer mitgliedstaatlichen Haftung auf gemeinschaftsrechtlicher Ebene zu begründen, befassen sich die späteren Entscheidungen mit der genaueren Definition der Haftungsanforderungen.

Zu dem Verhältnis zwischen der mitgliedstaatlichen Haftung und den nationalen Haftungsinstituten hat sich der Gerichtshof ebenfalls geäußert, indem er darauf verweist, dass die Folgen eines Rechtsverstoßes auf der Grundlage des nationalen Rechts zu beheben seien. Diese Aussage steht in scheinbarem Widerspruch dazu, dass die gemeinschaftsrechtliche Staatshaftung unmittelbar im Gemeinschaftsrecht ihre Grundlage finden soll, was in der deutschen Literatur zu einem anhaltenden Diskurs über die Rechtszugehörigkeit der mitgliedstaatlichen Staatshaftung geführt hat. Allein auf der Grundlage der hierzu ergangenen Rechtsprechung des Gerichtshofs lässt sich eine eindeutige Antwort nicht finden.

2. Zum heutigen Zeitpunkt ist davon auszugehen, dass die Entwicklung der gemeinschaftsrechtlichen Staatshaftung durch den Gerichtshof im Wesentlichen abgeschlossen ist. In neueren Entscheidungen verweist der Gerichtshof auf die bisher von ihm aufgestellten Grundsätze und verweist die Gerichte auf deren eigene Kompetenz, die Haftungsvoraussetzungen auf der Grundlage der nationalen Haftungsregelungen selbst feststellen zu können. Bis auf Entscheidungen, die Einzelfragen zu den vom Gerichtshof aufgestellten Haftungsanforderungen betreffen, sind nunmehr keine grundsätzlichen Veränderungen der Rechtsprechung des Gerichtshofs zu erwarten. Die Weiterentwicklung der mitgliedstaatlichen Haftung wird auf nationaler Ebene stattfinden.

II.

1. Die tragende Rechtsgrundlage für die Herleitung der gemeinschaftsrechtlichen Haftungsgrundsätze ist der Grundsatz der vollen Wirksamkeit des Gemeinschaftsrechts („effet utile") und der Grundsatz der Gewährleistung eines effektiven Individualrechtsschutzes, welcher aus dem allgemeinen Gedanken der Rechtstaatlichkeit fließt. Nur wenn der Einzelne für die Verletzung ihm durch Gemeinschaftsrecht verliehener Rechte Entschädigung erlangen kann, ist die volle Wirksamkeit des Gemeinschaftsrechts gewährleistet[697]. Die Rechtsgrundlage der mitgliedstaatlichen Haftung wird untermauert durch die vom Gerichtshof zitierte Vorschrift des Art. 10 EGVnF, denn die Mitwirkungspflicht der Mitgliedstaaten bei der Durchsetzung des Gemeinschaftsrechts beinhaltet auch die Gewährleistung eines effektiven Rechtsschutzes der durch Gemeinschaftsrecht eingeräumten Rechte[698]. Die Vorschrift des Art. 288 EGVnF kann keine Rechtsgrundlage für die gemeinschaftsrechtliche Haftungsgrundsätze darstellen, da die mitgliedstaatliche Haftung nicht aus den gemeinsamen Rechtsgrundsätzen der Mitgliedstaaten fließt, sondern gerade aus dem Wesen der europäischen Rechtsordnung[699].

2. Die Kompetenz des Gerichtshofs zur Entwicklung der Grundsätze über die mitgliedstaatliche Haftung ergibt sich aus der Vorschrift des Art. 220 EGVnF. Hiernach ist der Gerichtshof zur Wahrung des Rechts bei der Auslegung und Anwendung des Vertrages berufen und kann allgemeine Rechtsgrundsätze in anwendungsfähiger Form auf der Grundlage des Gemeinschaftsrechts entwickeln. Dem Gerichtshof muss gerade dann eine gemeinschaftsrechtsformende Kompetenz zugebilligt werden, wenn es um originär gemeinschaftsrechtsspezifische Problemstellungen wie die volle Wirksamkeit des Gemeinschaftsrechts und dessen Durchsetzung auf mitgliedstaatlicher Ebene geht[700].

III.

1. Mit seinen Vorgaben für die mitgliedstaatliche Haftung hat der Gerichtshof drei Tatbestandsvoraussetzungen formuliert: Die Verletzung individualschützen-

---

[697] 2. Kapitel I. Ziff. 1.
[698] 2. Kapitel I. Ziff. 2
[699] 2. Kapitel I. Ziff. 3, II. Ziff. 2, 3. Kapitel II. Ziff. 3.1.
[700] 2. Kapitel I. Ziff. 4., 3. Kapitel II. Ziff. 3.1.

den und hinreichend bestimmten Gemeinschaftsrechts, die hinreichende Qualifizierung dieses Rechtsverstoßes und der unmittelbare Kausalzusammenhang zwischen Gemeinschaftsrechtsverstoß und eingetretenem Schaden.

2. Der erforderliche subjektive Gehalt der Gemeinschaftsrechtsnorm und damit deren individualschützender Charakter ist bereits dann anzunehmen, wenn die Rechtsnorm es lediglich bezweckt, dem Einzelnen Rechte zu verleihen. Es reicht somit aus, dass die Norm ein gerichtlich bestimmbares Mindestrecht enthält[701]. Der drittschützende Charakter solcher mittelbarer Rechte ergibt sich dabei aus der Umsetzungsverpflichtung des Art. 249 Abs. 3 EGVnF, im Falle unmittelbar wirkender Rechte ergibt sich der individualschützende Charakter aus sich heraus[702]. Dabei entfalten nicht nur solche Normen Drittschutz, die Rechte gegen den Mitgliedstaat einräumen sollen, sondern auch solche, die Rechte gegenüber sonstigen öffentlichen oder privaten Dritten gewähren[703]. Der gemeinschaftsrechtliche Drittschutz greift früher ein als nach der im deutschen Recht angewandten Schutznormtheorie, die im Bereich der mitgliedstaatlichen Haftung daher nur sehr eingeschränkt angewandt werden kann. Die Bestimmung des Individualschutzes richtet sich maßgeblich nach den gemeinschaftsrechtlichen Vorgaben des Gerichtshofs.

3. Die hinreichende Qualifizierung des Rechtsverstoßes ist untrennbar mit der Frage nach dem tatbestandlichen Handeln des Organs verbunden. Die entscheidende Neuerung der europäischen Vorgaben über die Staatshaftung war daher die Einführung einer Haftung für legislatives Unrecht im Bereich der unterlassenen oder anderweitig nicht ordnungsgemäßen Umsetzung von Gemeinschaftsrecht in nationales Recht[704]. Der Grundsatz der mitgliedstaatlichen Haftung gilt für sämtliche Fälle des legislativen Unrechts, unabhängig von der internen Kompetenzverteilung des staatlichen Handelns innerhalb des Mitgliedstaates.

4. Der Rechtsverstoß des Mitgliedstaates muss hinreichend qualifiziert sein, um eine Haftung auslösen zu können. Dieses haftungsbegrenzende Merkmal hat der Gerichtshof unter Bezugnahme auf seine Rechtsprechung zur außervertraglichen Haftung in die mitgliedstaatliche Staatshaftung eingeführt, um im Bereich des legislativen Unrechts ein Ausufern der Haftung zu verhindern[705]. Der Rechtsver-

---

[701] 2. Kapitel II. Ziff. 1.1. und 1.2.
[702] 2. Kapitel Ziff. 1.3.a) und b)
[703] 2. Kapitel II. Ziff. 1.3.c)
[704] 2. Kapitel II. Ziff. 2.1.
[705] 2. Kapitel II. Ziff. 2.2.

stoß muss insoweit eine offenkundige und erhebliche Überschreitung des dem Gesetzgeber durch das Gemeinschaftsrecht eingeräumten Gestaltungsspielraums beinhalten. Damit stellt der hinreichend qualifizierte Rechtsverstoß als normatives Haftungsmerkmal das Einfallstor für wertende Erwägungen zur Haftungsbegrenzung dar, das einerseits durch den Gerichtshof, andererseits durch die nationalen Gerichte ausfüllungsbedürftig ist.

Der Gerichtshof hat hierfür ein „mixtum compositum" von Haftungsindizien eingeführt, anhand derer die nationalen Gerichte die hinreichende Qualifikation eines Rechtsverstoßes beurteilen können. Diese Haftungsindizien sind aus nationaler deutscher Sicht rechtsdogmatisch verschiedenen Tatbestandsmerkmalen des Amtshaftungsanspruchs zuzuordnen[706]. Dessen ungeachtet sind Fallgestaltungen denkbar, in denen die bloße Verletzung von Gemeinschaftsrecht die hinreichende Qualifizierung des Rechtsverstoßes indiziert[707]. Umgekehrt besteht aufgrund der Einführung von wertenden Haftungsindizien nach den Vorgaben des Gerichtshofs keine Gefahr einer bloßen „Willkürhaftung" im Bereich des legislativen Vollzugsunrechts[708]. Die Frage der Verschuldensabhängigkeit der mitgliedstaatlichen Haftung stellt im Rahmen der hinreichenden Qualifikation des Rechtsverstoßes ein Haftungsindiz dar und gewinnt erst bei der Umsetzung der Haftungsgrundsätze in das nationale Recht Bedeutung[709].

5. Die mitgliedstaatliche Haftung erfordert einen unmittelbaren Kausalzusammenhang zwischen Rechtsverstoß und eingetretenem Schaden. Der Begriff des unmittelbaren Kausalzusammenhangs beinhaltet ebenfalls wertende Beurteilungselemente und ist insoweit dem nationalen deutschen Adäquanzgedanken angenähert, indem er sich für Gesichtspunkte der „überholenden" und „unterbrechenden" Kausalität öffnet, diese jedoch nach gemeinschaftsrechtlichen Vorgaben anzuwenden sind.[710]. Dabei unterbricht nach dem Modell der "Beruhensfälle" ein administrativer Vollzug gemeinschaftsrechtswidrigen nationalen Rechts die unmittelbare Kausalität des Legislativverhaltens für den eingetretenen Schaden nicht[711].

Die vom Gerichtshof im Rahmen der Kausalität und der Schadensbemessung aufgeworfene Frage nach dem Vorrang des nationalen Primärrechtsschutzes[712]

---

[706] 2. Kapitel II. Ziff. 2.1.a)
[707] 2. Kapitel II. Ziff. 2.1.b)
[708] 2. Kapitel II. Ziff. 2.1.c)
[709] 2. Kapitel II. Ziff. 2.1.d)
[710] 2. Kapitel II. Ziff. 3.1.
[711] 2. Kapitel II. Ziff. 3.3.
[712] 2.. Kapitel II. Ziff. 1.3.b) und 3.2.

stellt im Lichte des Effektivitätsgebots und Diskriminierungsverbots kein dem nationalen Recht vergleichbares Ausschlusskriterium für eine Haftung nach gemeinschaftsrechtlichen Vorgaben dar, sondern ist vielmehr im Bereich eines nationalen Mitverschuldensbegriffs wertend zu beachten[713].

IV.

1. Die nationale deutsche Rechtsprechung geht, wie eine Analyse ausgewählter Entscheidungen zeigt, bis heute davon aus, dass im Bereich der Staatshaftung für mitgliedstaatliches Vollzugsunrecht im Wesentlichen zwei eigenständige Anspruchsgrundlagen zu prüfen sind: Ein gemeinschaftsrechtlicher Staatshaftungsanspruch und der nationale Amtshaftungsanspruch gemäß § 839 BGB i.V.m. Art. 34 GG.

Nachdem der Bundesgerichtshof in seinem Urteil in der Rechtssache „Brasserie du pêcheur" die Entscheidung über eine etwaige Verquickung der gemeinschaftsrechtlichen Haftungsvorgaben mit dem nationalen Haftungsinstitut noch offen gelassen hatte, entschied sich die nationale höchstrichterliche Rechtsprechung in ihren Folgeentscheidungen für die „Trennungslösung". Diese unterlassene Verzahnung von gemeinschaftsrechtlichen Vorgaben und nationalem Recht führt gerade in der höchstrichterlichen Rechtsprechung zu unübersehbaren dogmatischen Ungereimtheiten und Widersprüchen, die die Behandlung von Schadensersatzansprüchen wegen legislativen Vollzugsunrechts in einer Weise erschwert und verkompliziert, die den kritischen Beobachter wiederum nach der Vereinbarkeit dieser Rechtsprechung mit den gemeinschaftsrechtlichen Vorgaben des Effektivitätsgebots fragen lässt[714].

2. Die Problematik des Umgangs mit den gemeinschaftsrechtlichen Vorgaben zur Staatshaftung ergibt sich vornehmlich aus der umstrittenen Frage nach dem Verhältnis zwischen den europäischen Haftungsgrundsätzen und den nationalrechtlichen Haftungsinstituten. Dieses Verhältnis ist anhand der Aussagen des Gerichtshofs und der Analyse der Rechtsnatur der gemeinschaftsrechtlichen Vorgaben und der Wechselwirkung zwischen Gemeinschaftsrechtsordnung und nationaler Rechtsordnung zu klären. Nur über diesen Weg kann eine verlässliche Aussage darüber getroffen werden, ob das nationale Haftungsrecht gemein-

---

[713] 2. Kapitel II. Ziff. 3.2.
[714] 3. Kapitel I. Ziff. 1. bis 4.

schaftsrechtskonform auszulegen ist oder eine parallele Anwendung zweier Haftungsinstitute zu erfolgen hat.

3. Im Rahmen seiner Rechtsprechung zur Haftung der Mitgliedstaaten hat der Gerichtshof zwar keine ausdrückliche und unzweideutige Anleitung zur Handhabung der vom ihm entwickelten Grundsätze gegeben. Gleichwohl deutet die wiederholt geäußerte Ansicht, dass eventuelle Schäden auf der Grundlage des formellen und materiellen nationalen Haftungsrechts zu beheben seien, in die Richtung, dass das europäische Gericht nicht von einer isolierten Anwendung seiner Haftungsvorgaben ausgeht, sondern diese im Rahmen der entsprechenden nationalen Haftungsinstitute angewendet sehen will[715].

4. Der Gerichtshof hat mit der Entwicklung seiner Haftungsvorgaben für eine mitgliedstaatliche Haftung bei Verstößen gegen Gemeinschaftsrecht einen allgemeinen Rechtsgrundsatz geschaffen. Derartige Rechtsgrundsätze werden von der Gemeinschaftsrechtsordnung primärrechtlich anerkannt[716]. Als ungeschriebene Rechtsquelle des Gemeinschaftsrechts ergibt sich der primärrechtlicher Rang daraus, dass der Haftungsgrundsatz Ausfluss der Besonderheiten des Gemeinschaftsrechts ist und der originär unionsrechtlichen Aufgabe der Durchsetzung des Gemeinschaftsrechts dient[717].

5. Das Verhältnis der gemeinschaftlichen und nationalen Rechtsordnung bestimmt als Kollisionsrecht die konkrete Rechtsanwendung gemeinschaftsrechtlicher Vorgaben auf mitgliedstaatlicher Ebene. Das Verhältnis der Rechtsinstitute der unmittelbaren Anwendbarkeit des Gemeinschaftsrechts, dessen unmittelbarer Geltung, des Vorrangs des Gemeinschaftsrechts und des Subsidiaritätsprinzips untereinander, die als Kollisionsregeln begriffen werden können, ist wenig gesichert und bedarf im Einzelnen einer genaueren Betrachtung bezüglich der jeweiligen Voraussetzungen und Rechtsfolgen. Nur eine Bestimmung der Rechtswirkungen dieser Institute und deren Wechselwirkungen untereinander führt zu einer dogmatisch begründeten Vorgabe für die konkrete Art der Rechtsanwendung auf mitgliedstaatlicher Ebene[718].

6. Die unmittelbare Anwendbarkeit von europäischem Primärrecht ist begrifflich zu unterscheiden von der unmittelbaren Anwendung/Geltung. Die unmittelbare

---

[715] 3. Kapitel II. Ziff. 2.2.
[716] 3. Kapitel II. Ziff. 3.1.a)
[717] 3. Kapitel II. Ziff. 3.1.b)
[718] 3. Kapitel II. Ziff. 3.2.

Anwendbarkeit stellt vielmehr die Voraussetzung dafür dar, eine konkrete Rechtsanwendung auf nationaler Ebene zu ermöglichen. Wie sich die unmittelbare Anwendung im Einzelfall in der innerstaatlichen Rechtsanwendung darstellt, ist eine Frage der Rechtswirkung des eingreifenden Kollisionsmechanismus[719].

7. Die Haftungsvorgaben des Gerichtshofs sind inhaltlich unbedingt und hinreichend bestimmt, so dass der Grundsatz der mitgliedstaatlichen Haftung als solcher und in seinen vom Gerichtshof entwickelten Ausformungen der unmittelbaren Anwendbarkeit zugänglich ist. Über die tatsächliche Gestalt der innerstaatlichen Rechtsanwendung sagt dies jedoch noch nichts aus[720].

8. Das Verhältnis zwischen unmittelbarer Anwendbarkeit und unmittelbarer Anwendung/Geltung wird dadurch bestimmt, dass die unmittelbare Anwendbarkeit das Phänomen als solches beschreibt, die unmittelbare Geltung jedoch erst im Kollisionsfall zum Tragen kommt, wenn nationale Normen den gemeinschaftlichen Rechtsvorgaben entgegenstehen. In diesem Falle verhilft die Kollisionsregel des Vorrangs des Gemeinschaftsrechts zur unmittelbaren Geltung des Gemeinschaftsrechts und bestimmt die Form der unmittelbaren Anwendung. Die kollisionsrechtliche Wechselbeziehung zwischen Gemeinschaftsrechtsordnung und nationaler Rechtsordnung lässt sich daher wie folgt beschreiben: Ohne unmittelbare Anwendbarkeit keine Kollision, ohne Kollision keine unmittelbare Geltung und Anwendung von Gemeinschaftsrecht[721].

9. Der Vorrang des Gemeinschaftsrechts lässt sich in zweifacher Hinsicht verstehen. Einerseits beschreibt der Vorrang des Gemeinschaftsrechts das generelle Über- bzw. Unterordnungsverhältnis zwischen gemeinschaftlicher und nationaler Rechtsordnung („Vorrang im weiteren Sinne"). Andererseits ist der Vorrang des Gemeinschaftsrechts die eingreifende Kollisionsregel bei sich widersprechenden Normen der verschiedenen Rechtsordnungen („Vorrang im engeren Sinne").

10. Der Vorrang des Gemeinschaftsrechts („im engeren Sinne") als Kollisionsregel kommt im nationalen Rechtsraum als Anwendungsvorrang zum Tragen, da nur dieses Verständnis der Kollisionsfolge den Spielraum zulässt, im Kollisionsfall das nationale Recht im Wege der gemeinschaftsrechtskonformen Auslegung

---

[719] 3. Kapitel II. Ziff. 3.2.a)
[720] 3. Kapitel II. Ziff. 3.2.a)aa) bis cc)
[721] 3. Kapitel II. Ziff. 3.2.b)aa)

anzupassen. Hätte der Vorrang die Nichtigkeit des nationalen Rechts zu Folge („Geltungsvorrang"), entspräche dies einer Anpassungs- und Ausführungssperre[722].

11. Zwischen den gemeinschaftsrechtlichen Haftungsvorgaben und dem nationalen Haftungsinstitut des Amtshaftungsanspruchs ist eine indirekte Kollision anzunehmen. Denn das nationale Haftungsrecht ordnet bei gleichzeitiger Anwendbarkeit nicht per definitionem eine mit dem Gemeinschaftsrecht unvereinbarende Rechtsfolge an und stellt sich nicht in zwingenden und kaum zu überwindenden Normwiderspruch zu den gemeinschaftsrechtlichen Vorgaben. Vielmehr wird die Verwirklichung eines Anspruchs auf Schadensersatz bei legislativem Vollzugsunrecht aufgrund innerstaatlicher Auslegung des nationalen Rechts verhindert. Der Schwerpunkt der Wirksamkeitsbeeinträchtigung der gemeinschaftsrechtlichen Vorgaben liegt daher in dem Auseinanderfallen gemeinschaftsrechtlicher Rechtsgewährung und mitgliedstaatlicher Rechtsrealisierung[723].

12. Der Anwendungsvorrang kommt als Kollisionsregel auch bei indirekten Normenkollisionen zur Geltung. Denn der Anwendungsvorrang zieht nicht zwingend die unmittelbare Anwendung/Geltung des Gemeinschaftsrechts in dem Sinne nach sich, dass die nationalen Rechtsvorschriften generell außer Anwendung bleiben und das Gemeinschaftsrecht gleichsam „autark" zur Anwendung kommt[724].

13. Entsprechend sind die Rechtsfolgen des Anwendungsvorrangs für die Umsetzung der gemeinschaftsrechtlichen Haftungsvorgaben zu differenzieren. Kommt die Kollisionsregel des (Anwendungs-)Vorrangs bei der indirekten Kollision zwischen gemeinschaftsrechtlichen Haftungsgrundsätzen und nationalem Haftungsinstitut zum Tragen, verhilft der Vorrang dem Gemeinschaftsrecht zur unmittelbaren Geltung. Dies bedeutet jedoch nicht, dass die Haftungsgrundsätze des Gerichtshofs unvermittelt am nationalen Recht vorbei anzuwenden sind. Denn die gemeinschaftsrechtskonforme Auslegung des nationalen Rechts ist nicht als besonderes und eigenständiges Institut der „Kollisionsvermeidungstechnik" anzusehen, sondern löst indirekte Kollisionen innerhalb des Anwendungsvorrangs auf. Insoweit wird nicht eine „zukünftige" Kollision vermieden, sondern eine bestehende Kollision überwunden. Soweit die gemeinschaftsrechts-

---

[722] 3. Kapitel II. Ziff. 3.2.b)cc)
[723] 3. Kapitel II. Ziff. 3.2.b)dd)
[724] 3. Kapitel II. Ziff. 3.2.b)ee)

konforme Auslegung zulässig ist, stellt sie sich als zwingende vorrangige Rechtsfolge des Anwendungsvorrangs zur Auflösung von Kollisionsfällen dar und verschafft dem Gemeinschaftsrecht auf diesem Wege unmittelbare Geltung. Dies folgt auch aus dem Grundsatz der Subsidiarität, der aus der Sicht der Kompetenzgrenzen der Gemeinschaft einen eigenständigen gemeinschaftsrechtlichen Haftungsanspruch nicht zulässt, soweit eine gemeinschaftsrechtskonforme Auslegung des nationalen Rechts möglich ist[725].

Aus dem Verhältnis von Anwendungsvorrang, unmittelbarer Geltung von Gemeinschaftsrecht und gemeinschaftsrechtskonformer Auslegung folgt unter Beachtung des Subsidiaritätsprinzips, dass die Konformauslegung als vorrangige Kollisionsregel anzuwenden ist und damit die Pflicht zur Konformauslegung eine Rechtsfolge des Anwendungsvorrangs ist.

V.

1. Die Umsetzung der gemeinschaftsrechtlichen Vorgaben für die mitgliedstaatliche Haftung hat somit auch für den Bereich des legislativen Unrechts durch die gemeinschaftsrechtskonforme Auslegung der nationalen Haftungsvorschriften, namentlich des Amtshaftungsanspruchs gemäß § 839 BGB i.V.m. Art. 34 GG, zu erfolgen. Dabei sind die nationalen Tatbestandsvoraussetzungen mit den Vorgaben des Gerichtshofs in Einklang zu bringen.

2. Anspruchsgegner der mitgliedstaatlichen Haftung ist der Staat oder die Körperschaft, welcher die Verletzungshandlung zuzurechnen ist. Entsprechend dem Effektivitätsgebot und dem Diskriminierungsverbot muss neben der eventuellen Haftung einer untergeordneten Körperschaft eine subsidiäre Ausfallhaftung des Mitgliedstaates bestehen bleiben[726].

3. Anknüpfungspunkt für die amtshaftungsrechtliche Verantwortlichkeit für legislatives Unrecht ist auch nach der nationalen deutschen Konstruktion der auf den Staat übergeleiteten Beamteneigenhaftung nicht der einzelne Abgeordnete eines Kollegialorgans, sondern das Kollegialorgan als solches. Dies folgt aus der Entindividualisierung und Objektivierung des handelnden Kollegialorgans bei der parlamentarischen Rechtssetzung[727].

---

[725] 3. Kapitel II. Ziff. 3.2.a)aa) bis dd)
[726] 3. Kapitel II. Ziff. 4.1.
[727] 3. Kapitel II. Ziff. 4.2.a)

4. Aus der Pflicht des einzelnen Abgeordneten zu rechtmäßigem Verhalten und der den Mitgliedstaat treffenden Umsetzungsverpflichtung aus Art. 249 Abs. 3 EGVnF ergibt sich die objektivierte und entindividualisierte Amtspflicht des Rechtssetzungsorgans, Gemeinschaftsrecht frist- und ordnungsgemäß in das nationale Recht umzusetzen[728].

5. Die für das Eingreifen der Amtshaftung erforderliche Drittbezogenheit der verletzten Amtspflicht folgt für den Bereich des legislativen Vollzugsunrechts aus dem jeweiligen Inhalt des umzusetzenden Gemeinschaftsrechts. Dabei stimmen die Formulierungen, mit denen der Gerichtshof die Verleihung eines subjektiven Rechts beschreibt und der Bundesgerichtshof den Drittbezug definiert, weitestgehend überein. Das Erfordernis der Drittbezogenheit korrespondiert mit der Einräumung eines subjektiven Rechts nach gemeinschaftsrechtlichen Vorgaben. Wird durch Gemeinschaftsrecht ein subjektives Recht verliehen, reicht dies für den Drittbezug der Amtspflicht bei der mitgliedstaatlichen Haftung aus[729].

6. Grundlage für die Beurteilung der Kausalität im nationalen Amtshaftungsanspruch ist für die mitgliedstaatliche Haftung die Theorie des adäquaten Kausalzusammenhangs, die wertende Zurechnungserwägungen zulässt. Diese Erwägungen sind jedoch auf der Grundlage der vom Gerichtshof gestellten Vorgaben durch die nationalen Gerichte anzuwenden und weiterzuentwickeln[730].

7. Das Verschuldensmerkmal des nationalen Amtshaftungstatbestands erfüllt bei der Umsetzung der gemeinschaftsrechtlichen Grundsätze für die mitgliedstaatliche Haftung die entscheidende haftungsbegrenzende Aufgabe. In dieses Tatbestandsmerkmal des nationalen Haftungsinstituts lassen sich die gemeinschaftsrechtlichen Haftungskriterien zur Beurteilung der hinreichenden Qualifikation des Gemeinschaftsrechtsverstoßes transferieren, ohne den Verschuldensbegriff des nationalen Rechts zu überdehnen. Der Inhalt der Voraussetzung des hinreichend qualifizierten Rechtsverstoßes auf gemeinschaftsrechtlicher Ebene wird somit innerhalb des Verschuldensmerkmals des Amtshaftungsanspruchs in das nationale Recht umgesetzt[731].

---

[728] 3. Kapitel II. Ziff. 4.2.b)
[729] 3. Kapitel II. Ziff. 4.2.c)
[730] 3. Kapitel II. Ziff. 4.3.
[731] 3. Kapitel II. Ziff. 4.4.

8. Der Haftungsausschluss der Subsidiaritätsklausel des § 839 Abs. 1 S. 2 BGB kann bei der Haftung des Staates für legislatives Unrecht insoweit keine Anwendung finden, als eine effektive Durchsetzung von Parallelansprüchen in dieser Fallkonstellation nicht möglich ist. Darüber hinaus widerspräche das Verweisungsprivileg dem gemeinschaftsrechtlichen Grundsatz, dass sich der Staat nicht zu seinen Gunsten darauf berufen darf, dass ein Dritter Anspruchsgegner des dem Einzelnen verliehenen Rechts sei[732]. Ebenso stellt der Vorrang des Primärrechtsschutzes gemäß § 839 Abs. 3 BGB kein hartes Ausschlusskriterium dar. Vielmehr muss die Angemessenheit der Bemühungen des Einzelnen zur Erlangung anderweitigen Rechtsschutzes im Rahmen einer wertenden Betrachtung anhand der gemeinschaftsrechtlichen Vorgaben des Effektivitätsgebots tatrichterlich beurteilt werden[733].

9. Für die Bemessung der Verjährungsfristen ist auf die innerstaatlichen Regelungen zurückzugreifen[734]. Der Umfang der Ersatzleistung darf sich nicht auf eine Entschädigung beschränken, sondern muss eine angemessene Ersatzleistung für den erlittenen Schaden darstellen. Hier sind Mitverschuldenserwägungen zulässig, die sich jedoch an den gemeinschaftsrechtlichen Vorgaben orientieren müssen. Naturalrestitution kann nicht verlangt werden[735].

VI.

1. Die mitgliedstaatliche Haftung für legislatives Vollzugsunrecht kann als „querliegendes" Mittel zur Durchführung von Gemeinschaftsrecht verstanden werden, soweit es den Anpassungsdruck auf die einzelstaatlichen Organe bei der Umsetzung von Gemeinschaftsrecht in das nationale Recht erhöht[736].

2. Durch die gerichtliche Geltendmachung von Amtshaftungsansprüchen wird das Legislativverhalten des Staates bei der Umsetzung von Gemeinschaftsrecht einer nachträglichen „repressiven" Rechtskontrolle unterzogen. Die gerichtliche Entscheidung wirkt für vergleichbare Fälle mittels ihrer „Präjudizwirkung" auf das zukünftige Handeln des Staates ein und bringt einen gewissen „generellen Edukationseffekt" für den staatlichen Legislativvollzug als Reflexwirkung mit

---

[732] 3. Kapitel II. Ziff. 4.5.a)
[733] 3. Kapitel II. Ziff. 4.5.b)
[734] 3. Kapitel II. Ziff. 4.7.
[735] 3. Kapitel II. Ziff. 4.6. und 4.8.
[736] 4. Kapitel I.

sich[737]. Es handelt sich dabei um eine dezentrale Kontrolle des Handelns des Staates[738].

3. Die gerichtliche Rechtskontrolle im Amtshaftungsprozess stellt insoweit die maßgebliche Fremdkontrolle des Legislativvollzugs durch die Rechtsprechung dar. Kontrollgegenstand ist dabei das „Produkt" des in Frage stehenden Legislativverhaltens, das in einer fehlerhaften oder unterlassenen Umsetzung gemeinschaftsrechtlicher Vorgaben besteht[739].

4. Der Kontrollmaßstab, den das innerstaatliche Gericht zur Überprüfung des nationalen Umsetzungsakts anzulegen hat, ist das Gemeinschaftsrecht. Hier steht in den Fällen des fehlerhaften Legislativvollzugs die Frage im Vordergrund, ob das nationale Gesetz zur Umsetzung der europäischen Vorgabe die darin dem Einzelnen eingeräumten Rechte vollumfänglich in das nationale Recht eingeführt hat. Kontrollmaßstab ist somit das umzusetzende Gemeinschaftsrecht[740].

5. Probleme hinsichtlich des Kontrollmaßstabs ergeben sich jedoch dann, wenn der eigentliche Kontrollmaßstab des umzusetzenden Gemeinschaftsrechts Zweifeln darüber ausgesetzt ist, ob das Gemeinschaftsrecht selbst kompetenzgemäß zustande gekommen ist, d.h. die Gemeinschaft gegebenenfalls bei dem Erlass des umzusetzenden Rechts ihre Kompetenzen überschritten hat.
Das Bundesverfassungsgericht hat in seiner „Maastricht-Entscheidung" die Frage nach der diesbezüglichen Beurteilungskompetenz zu seinen Gunsten entschieden. An der Bindungswirkung dieser Entscheidung bestehen jedoch einerseits formellrechtliche Bedenken, andererseits können die Ausführungen des Bundesverfassungsgerichts mit guten Gründen als eine Verletzung des EG-Vertrags angesehen werden[741].

6. Die Schaffung der mitgliedstaatlichen Haftung für legislatives Vollzugsunrecht hat Auswirkungen auf die Begriffe der parlamentarischen Kontrolle und Verantwortung. Der Begriff der parlamentarischen Kontrolle beinhaltet nicht nur die Kontrolle anderer Staatsorgane durch das Parlament, sondern auch die Selbstkontrolle. Im Rahmen dieser parlamentarischen Selbstkontrolle hat der Gerichtshof mit der Entwicklung der Haftung für legislatives Unrecht die Sankti-

---

[737] 4. Kapitel II. Ziff. 2.1.
[738] 4. Kapitel II. Ziff. 2.2.
[739] 4. Kapitel II. Ziff. 3.1.a) und 3.1.b)aa)
[740] 4. Kapitel II. Ziff. 3.1.b)bb)aaa)
[741] 4. Kapitel II. Ziff. 3.1.b)bb)bbb)

onslücke geschlossen, die dem Verantwortungsbegriff den notwendigen Aspekt der Strafbewehrtheit nicht ordnungsgemäßer Pflichterfüllung verleiht. Parlamentarische Verantwortung für legislatives Vollzugsunrecht bedeutet seither kontrollfähige und strafbewehrte Verantwortlichkeit des nationalen Gesetzgebers für nicht korrekte oder unsachgemäße Pflichtenerfüllung bei der Umsetzung von Gemeinschaftsrecht[742].

7. Verfassungsgebundenes Handeln muss seine Rechtmäßigkeit selbst garantieren und ist demnach auf Selbstkontrolle angelegt. Der Handlungs- und Entscheidungsprozess des Legislativorgans beinhaltet die Möglichkeit verschiedener Handlungsalternativen und unterliegt vorrangig der Möglichkeit der Selbstkontrolle, die somit einen Teil der parlamentarischen Verantwortung für das eigene Verhalten darstellt[743].

8. Die Selbstkontrolle des Gesetzgebers vereinigt Kontroll- und Entscheidungsorgan in personeller Identität und findet „selbstinitiativ" aus der eigenen Kompetenz des Staatsorgans statt. Sie ist als „ex-ante"-Kontrolle auf den Kontrollgegenstand des zu erzielenden Ergebnisses gerichtet. Die damit verbundene Verpflichtung zur Gesetzesfolgenabschätzung wird in ihrer Veranlassung durch den Aspekt der „präventiven Abschreckung" des Sanktionscharakters der Staatshaftung verstärkt. Die Initiative zur Selbstkontrolle und die Intensität der parlamentarischen Eigenkontrolle wird somit durch die „Angst vor Haftung" erhöht. Die Grundsätze über die mitgliedstaatliche Haftung sind somit geeignet, Initiative und Intensität der parlamentarischen Selbstkontrolle zu stärken und der parlamentarischen Verantwortung beim Vollzug von Gemeinschaftsrecht ein erhöhtes Maß an Eigenverantwortlichkeit hinzuzufügen[744].

9. Die Steigerung von Initiative und Intensität der parlamentarischen Selbstkontrolle bei der Umsetzung von Gemeinschaftsrecht offenbart den „Edukationscharakter" der mitgliedstaatlichen Haftung für legislatives Vollzugsunrecht, die Mitgliedstaaten zu einer ordnungsgemäßen Umsetzung zu erziehen. Die mittelbare Kontrollwirkung der Haftungsgrundsätze erhöht das Eigeninteresse des Mitgliedstaates an der Überprüfung der vollziehenden Rechtssetzung. Neben der dezentralen gerichtlichen Rechtskontrolle im Rahmen einer Haftungsklage lassen sich die Haftungsgrundsätze somit als Ergänzung der zentralen gemeinschaftli-

---

[742] 4. Kapitel II. Ziff. 3.3.a)
[743] 4. Kapitel II. Ziff. 3.3.b)bb)aaa)
[744] 4. Kapitel II. Ziff. 3.3.b)bb)bbb)

chen Umsetzungskontrolle verstehen, da über die Entwicklung der Staatshaftung für legislatives Unrecht von Gemeinschaftsebene hinaus der einzelstaatliche Vollzugsmechanismus im Sinne einer ordnungsgemäßen Umsetzung mittelbar beeinflusst wird[745].

---

[745] 4. Kapitel II. Ziff. 3.3.b)cc)

Literaturverzeichnis

Albers, Carsten, Die Haftung der Bundesrepublik Deutschland für die Nichtumsetzung von Richtlinien, Baden-Baden, 1995

Albers, Jan/Baumbach, Adolf (Bergr.)/Lauterbach, Wolfgang (fortgef.), Zivilprozessordnung: mit Gerichtsverfassungsgesetz und anderen Nebengesetzen, Kommentar, München, 2003 (zitiert: Bearbeiter in: Baumbach/Lauterbach /Albers/Hartmann, § ... ZPO/GVG, Rdn. ...)

Arndt, Hans-Wolfgang, Europarecht, 6. neu bearbeitete Auflage, Heidelberg, 2003 (zitiert: Arndt, Europarecht, S. ...)

Bahlmann, Kai, Haftung der Mitgliedstaaten bei fehlerhafter Umsetzung von EG-Richtlinien, DZWiR 1992, S. 61

Baumeister, Peter, Legislativ- und Exekutivunrecht im Fall Brasserie du pêcheur, BayVBl 2000, S. 225ff

Beljin, Sasa, Staatshaftung im Europarecht, Köln, Berlin, Bonn, München, 2000

Beljin, Sasa, Die Zusammenhänge zwischen dem Vorrang, den Instituten der innerstaatlichen Beachtlichkeit und der Durchsetzung des Gemeinschaftsrechts, EuR 2002, S. 351ff

Beutler, Bengt/Bieber, Roland/Pipkorn, Jörn/Streil, Jochen, Die Europäische Union, 5. vollständig neu bearbeitete und erweiterte Auflage, Baden-Baden, 2001 (zitiert: Beutler/Bieber/Pipkorn/Streil, S. ...)

Blüm, Norbert, Die leise Übermacht, Nachrichtenmagazin der Spiegel Nr. 49, 46. Jahrgang 1992, S. 102ff

Böhm, Monika, Voraussetzungen einer Staatshaftung bei Verstößen gegen Gemeinschaftsrecht, JZ 1997, S. 53ff

v. Bogdandy, Armin, Europäisches Recht der Ersatzleistungen: eine Diskussion kritischer Punkte anhand jüngster Publikationen, EuR 1997, S.321

v. Bogdandy, Armin (Hrsg.), Europäisches Verfassungsrecht, Berlin, Heidelberg, New York, 2003 (zitiert: Bearbeiter in: Europäisches Verfassungsrecht, S. ...)

Borchardt, Klaus-Dieter, Richterrecht durch den Gerichtshof der Europäischen Gemeinschaften, in: Randelzhofer, Albrecht/Scholz, Rupert/Wilke, Dieter (Hrsg.), Gedächtnisschrift für Eberhard Grabitz, München 1995, S. 29ff (zitiert: Borchardt in: GS Grabitz, S. ...)

Borchardt, Klaus-Dieter, Die rechtlichen Grundlagen der Europäischen Union, 2. völlig neu bearbeitete und erweiterte Auflage, Heidelberg, 2002 (zitiert: Borchardt, Europarecht, Rdn. ...)

Bleckmann, Albert, Europarecht, 6. neubearbeitete und erweiterte Auflage, Köln, Berlin, Bonn, München, 1997 (zitiert: Bleckmann, Europarecht, Rdn. ...)

Callies, Christian/Ruffert, Matthias (Hrsg.), Kommentar des Vertrages über die Europäische Union und des Vertrages zur Gründung der Europäischen Gemeinschaft – EUV/EGV –, 2. neubearbeitete und erweiterte Auflage, Neuwied, Kriftel, 2002

Classen, Claus Dieter, Anmerkung zum Urteil des BGH vom 14.12.2000, JZ 2001, S. 458ff

Claßen, Christiane, Nichtumsetzung von Gemeinschaftsrichtlinien, Berlin, 1999

Colneric, Ninon, Der Gerichtshof der Europäischen Gemeinschaften als Kompetenzgericht, EuZW 2002, S. 709ff

Cornils, Matthias, Der gemeinschaftsrechtliche Staatshaftungsanspruch: Rechtsnatur und Legitimität eines richterrechtlichen Haftungsinstituts, Baden-Baden 1995

Cremer, Hans-Joachim, Staatshaftung für den Verlust von Bankeinlagen – LG Bonn, NJW 2000, 815, JuS 2001, S. 643ff

v. Danwitz, Thomas, Zur Entwicklung der gemeinschaftsrechtlichen Staatshaftung, JZ 1994, S. 335ff *v. Danwitz, Thomas*, Zur Grundlegung einer Theorie der subjektiv-öffentlichen Gemeinschaftsrechte, DÖV 1996, S. 481ff

v. Danwitz, Thomas, Die gemeinschaftsrechtliche Staatshaftung der Mitgliedstaaten, DVBl 1997, 1ff

Dänzer-Vanotti, Wolfgang, Unzulässige Rechtsfortbildung des Europäischen Gerichtshofs, RIW 1992, S. 733ff

Deckert, Martina R., Zur Haftung des Mitgliedstaates bei Verstößen seiner Organe gegen europäisches Gemeinschaftsrecht, EuR 1997, S. 203ff

Detterbeck, Steffen/Windhorst, Kay, Sproll, Hans-Dieter, Staatshaftungsrecht, München, 2000

Detterbeck, Steffen, Haftung der Europäischen Gemeinschaft und gemeinschaftsrechtlicher Staatshaftungsanspruch, AöR 125 (2000), S. 202

Detterbeck, Steffen, Staatshaftung wegen der Missachtung von EG-Recht, VerwArch 85 (1994), S. 159ff

Diehr, Uwe, Die Einordnung der gemeinschaftsrechtlichen Staatshaftung in das nationale Rechtssystem, ThürVBl 1998, S. 224ff

Eilmannsberger, Thomas, Rechtsfolgen und subjektives Recht im Gemeinschaftsrecht: Zugleich ein Beitrag zur Dogmatik der Staatshaftungsdoktrin des EuGH, Baden-Baden, 1997

Ehlers, Dirk, Die Weiterentwicklung des Staatshaftungsrechts durch das europäische Gemeinschaftsrecht, JZ 1996, S. 776ff

Everling, Ulrich, Francovich – Zweite Runde, EuZW 1995, S. 33

Everling, Ulrich, Quis custodiet custodes ipsos?, EuZW 2002, S. 357ff

Everling, Ulrich, Bundesverfassungsgericht und Gerichtshof der Europäischen Gemeinschaften nach dem Maastricht-Urteil, in: Randelzhofer, Albrecht (Hrsg.), Festschrift für Eberhard Grabitz, München 1995, S. 59ff

Ewert, Daniel, Schadensersatzpflicht der Bundesrepublik Deutschland bei Verletzung des europäischen Gemeinschaftsrechts, RIW 1993, S. 881ff

Fastenrath, Ulrich/Müller-Gerbes, Maike, Europarecht, Baden-Baden, 2000, (zitiert: Fastenrath/Müller-Gerbes, Rdn. ...)

Fetzer, Rhona, Die Haftung des Staates für legislatives Unrecht, Berlin, 1994

Fischer, Hans Georg, Staatshaftung nach Gemeinschaftsrecht, EuZW 1992, S. 41ff

Fischer, Hans Georg, Die gemeinschaftsrechtliche Staatshaftung, JA 2000, S. 348ff

Fischer, Hans Georg, Europarecht, 3. Auflage, München, 2001 (zitiert: Fischer, Europarecht, § ..., Rdn. ...)

Frenz, Walter, Anmerkung zu EuGH, urteil vom 30.09.2003, DVBl 2003, S. 1522ff

Frowein, Jochem A., Randbemerkungen zu den Grenzen des Richterrechts in rechtsvergleichender Betrachtung, in: Richterliche Rechtsfortbildung, Erscheinungsformen und Auftrag, Grenzen, Festschrift der juristischen Fakultät zur 600-Jahr-Feier der Ruprecht-Karls-Universität Heidelberg, Heidelberg 1986, S. 555ff

Führich, Ernst R., Gemeinschaftsrechtliche Staatshaftung wegen verspäteter Umsetzung der EG-Pauschalreise-Richtlinie, EuZW 1993, S. 725ff

Geiger, Jutta, Die Entwicklung eines europäischen Staatshaftungsrechts, DVBl 1993, S. 465ff

Geiger, Jutta, Der gemeinschaftsrechtliche Grundsatz der Staatshaftung, Baden-Baden, 1997

Geiger, Rudolf, EUV, EGV: Vertrag über die Europäische Union und Vertrag zur Gründung der Europäischen Gemeinschaft, Kommentar, 3. neubearbeitete und erweiterte Auflage, München, 2000 (zitiert: Geiger, Art. ... EGV, Rdn. ...)

Gellermann, Martin, Beeinflussung des bundesdeutschen Rechts durch Richtlinien der EG: dargestellt am Beispiel des europäischen Umweltrechts, Köln 1994

Gellermann, Martin, Staatshaftung nach Gemeinschaftsrecht, EuR 1994, S. 342ff

Goll, Ulrich/Kenntner, Markus, Brauchen wir ein europäisches Kompetenzgericht?, EuZW 2002, S. 101ff

Grabitz, Eberhard/Hilf, Meinhard (Hrsg.), Das Recht der Europäischen Union [Kommentar], München, Stand August 2003, (zitiert: Bearbeiter, Grabitz/Hilf Art. ... EUV/EGV, Rdn. ...)

Gratias, Matthias, Haftung für fehlerhafte Banken- und Versicherungsaufsicht im europäischen Binnenmarkt, Baden-Baden, 1999

Gratias, Matthias, Bankenaufsicht, Einlegerschutz und Staatshaftung, NJW 2000, S. 786ff

Greb, Klaus, Der einheitliche gemeinschaftsrechtliche Staatshaftungsanspruch in Deutschland als Teil des Europäischen Gemeinschaftsrechts, Aachen, 2002

Grimm, Christoph/Brocker, Lars, Die Rolle der Parlamente im Prozess der Gesetzesfolgenabschätzung, ZG 1999, S. 58ff

Gundel, Jörg, Die Bestimmung des richtigen Anspruchsgegners der Staatshaftung für Verstöße gegen Gemeinschaftsrecht, DVBl 2001, S. 95ff

Hailbronner, Kay, Staatshaftung bei säumiger Umsetzung von EG-Richtlinien, JZ 1992, S. 284ff

Hatje, Armin, Die Haftung der Mitgliedstaaten bei Verstößen des Gesetzgebers gegen europäisches Gemeinschaftsrecht, EuR 1997, S. 297ff

Haratsch, Andreas, Der Grundsatz der Gewaltenteilung als rechtsordnungsübergreifender Rechtssatz – Ansätze einer einheitlichen Europäischen Rechtsordnung – , in: Demel, Michael (Hrsg. Funktionen und Kontrollen der Gewalten, Giessen, 2001, S. 199ff

Herdegen, Matthias, Europarecht, 5. überarbeitete und erweiterte Auflage, München, 2003 (zitiert: Herdegen, Rdn. ...)

Herdegen, Matthias/Rensmann, Thilo, Die neuen Konturen der gemeinschaftsrechtlichen Staatshaftung, ZHR 1997, S. 522ff

Hermes, Georg, Der Grundsatz der Staatshaftung für Gemeinschaftsrechtsverletzungen, DV 1998, S. 371ff

Hidien, Jürgen W., Die gemeinschaftsrechtliche Staatshaftung der EU-Mitgliedstaaten, Baden-Baden, 1999

Hobe, Stephan, RIW-Kommentar zur Entscheidung des Landgerichts Bonn vom 16.04. 1999, RIW 2000, S. 389f

Hobe, Stephan, Europarecht, Köln, Berlin, Bonn, München, 2002 (zitiert: Hobe, Europarecht, Rdn. ...)

Hoefer, Bernd, „Wer wird Kontrolleur" – Der Rechtsweg im Staatshaftungsrecht unter besonderer Berücksichtigung des § 40 Abs. 2 S. 1 VwGO n.F., in: Nolte, Martin (Hrsg.), Kontrolle im verfassten Rechtsstaat, Kiel, 2002, S. 185ff

Hofmann, Rainer, Zurück zu Solange II ! Zum Bananenmarktordnungsbeschluß des Bundesverfassungsgerichts, in: Cremer, Hans-Joachim, Tradition und Weltoffenheit des Rechts: Festschrift für Helmut Steinberger, Berlin, Heidelberg 2002, S. 1207ff

Huber, Peter M., Recht der Europäischen Integration, 2. Auflage, München, 2002 (zitiert: Huber, Europarecht, § ..., Rdn. ...)

Hurst, Adrian, Die Entwicklung und Ausgestaltung des europarechtlichen Staatshaftungsanspruchs durch den EuGH – unter besonderer Berücksichtigung der Urteile „Brasserie du pêcheur", „Dillenkofer" und „ Rechenberger", Berlin, 2002

Isensee, Josef/Kirchhof, Paul (Hrsg.), Handbuch des Staatsrechts der Bundesrepublik Deutschlend, Band 1: Grundlagen von Staat und Verfassung, Heidelberg, 1987 (zitiert: Bearbeiter in: HStR, Band ..., § ..., Rdn. ...)

Isensee, Josef/Kirchhof, Paul (Hrsg.), Handbuch des Staatsrechts der Bundesrepublik Deutschland, Band 2, Demokratische Willensbildung; Die Staatsorgane des Bundes, Heidelberg, 1998 (zitiert: Bearbeiter in: HStR, Band ..., § ..., Rdn. ...)

Isensee, Josef/Kirchhof, Paul (Hrsg.), Handbuch des Staatsrechts der Bundesrepublik Deutschland, Band 3, Das Handeln des Staates, Heidelberg 1996 (zitiert: Bearbeiter in: HStR, Band ..., § ..., Rdn. ...)

Isensee, Josef/Kirchhof, Paul (Hrsg.), Handbuch des Staatsrechts der Bundesrepublik Deutschland, Band 6, Freiheitsrechte, Heidelberg 2001 (zitiert: Bearbeiter in: HStR, Band ..., § ..., Rdn. ...)

Isensee, Josef/Kirchhof, Paul (Hrsg.), Handbuch des Staatsrechts der Bundesrepublik Deutschland, Band 7: Normativität und Schutz der Verfassung – Internationale Beziehungen, Heidelberg, 1992 (zitiert: Bearbeiter in: HStR, Band ..., § ..., Rdn. ...)

Jarass, Hans D., Haftung für die Verletzung von EU-Recht durch nationale Organe und Amtsträger, NJW 1994, S. 881ff

Jarass, Hans D., Grundfragen der innerstaatlichen Bedeutung des EG-Rechts, Köln, Berlin, Bonn, München, 1994 (zitiert: Jarass, Grundfragen, S. ...)

Jarass, Hans D., Konflikte zwischen EG-Recht und nationalem Recht vor den Gerichten der Mitgliedstaaten, DVBl 1995, S. 954ff

Kadelbach, Stefan, Allgemeines Verwaltungsrecht unter europäischem Einfluß, Tübingen, 1999
Mehrebenensystem der Europäischen Gemeinschaft, in: Schmidt-Aßmann, Eberhard/Hoffmann-Riem, Wolfgang, Verwaltungskontrolle, Baden-Baden, 2000, S. 9ff (zitiert: Kadelbach, in: Verwaltungskontrolle, S. ...)

Kadelbach, Stefan, Verwaltungskontrollen im Mehrebenen-System der Europäischen Gemeinschaft, in: Schmidt-Aßmann, Eberhard/Hoffmann-Riem, Wolfgang, Verwaltungskontrolle, Baden-Baden, 2000, S. 205ff (zitiert: Kadelbach in: Verwaltungskontrolle, S. ...)

Karl, Joachim, Die Schadensersatzpflicht der Mitgliedstaaten bei Verletzungen des Gemeinschaftsrechts, RIW 1992, S. 440ff

Koch, Christian, Arbeitsebenen der Europäischen Union, Baden-Baden 2003

Koenig, Christian/Haratsch, Andreas, Europarecht, 4. Auflage, Tübingen, 2003, (zitiert: Koenig/Haratsch, Europarecht, Rdn. ...)

Krebs, Walter, Kontrolle in staatlichen Entscheidungsprozessen, Heidelberg, 1984

Kremer, Carsten, Der Ersatz von Gesundheitsschäden bei der Staatshaftung wegen nicht fristgemäßer Umsetzung von Grenzwertrichtlinien, Jura 2000, S. 235ff

Kirchhof, Paul, Das Maastricht-Urteil des Bundesverfassungsgerichts, in: Hommelhoff, Peter/Kirchhof, Paul (Hrsg.), Der Staatenverbund der Europäischen Union, Heidelberg, 1994, S. 11ff (zitiert: Kirchhof, Das Maastricht-Urteil, S. ...),

Krichhof, Paul, Rechtsprechen im Dienst von Verfassungsrecht und Europarecht, in: Tradition und Weltoffenheit des Rechts, Festschrift für Helmut Steinberger, Berlin, Heidelberg u. a., 2002, S. 1225ff (zitiert: Kirchhof in: FS Steinberger, S. ...)

Lecheler, Helmut, Einführung in das Europarecht, 2. neubearbeitete Auflage, München, 2003 (zitiert: Lecheler, Europarecht, S. ...)

Lenz, Carl Otto (Hrsg.), Kommentar zu dem Vertrag zur Gründung der Europäischen Gemeinschaften, in der durch den Amsterdamer Vertrag geänderten Fassung, Köln, Basel, Genf, München Wien, 2. Auflage 1999, Rechtsstand 01.03.1999 (zitiert: Bearbeiter in: Lenz, Art. ... EGV, Rdn. ...)

Lerche ‚Peter, Gewaltenteilung – die deutsche Sicht, in: Isensee, Josef (Hrsg.), Gewaltenteilung heute, Heidelberg, 2000, S. 75ff

Leonard, Axel, Die Rechtsfolgen der Nichtumsetzung von EG-Richtlinien: unter besonderer Berüchsichtigung der Staatshaftungs- sowie der Normenerlassklage, Frankfurt am Main, Berlin, Bern, Wien, 1997

Lorz, Ralph Alexander, Anmerkung zum Urteil des BGH vom 14.12.2000, JR 2001, S. 413ff

Martin-Ehlers, Andrés, Grundlagen einer gemeinschaftsrechtlich entwickelten Staatshaftung, EuR 1996, S. 376ff

Maunz, Theodor/Schmidt-Bleibtreu, Bruno/Winter, Klaus, Bundesverfassungsgerichtsgesetz, Kommentar, Stand Juli 2003, München, (zitiert: Bearbeiter in: Maunz/Schmidt-Bleibtreu/Klein/Ulsamer/Bethge/Winter, § ... BVerfGG, Rdn. ...)

Maunz, Theodoer/Dürig, Günter, Grundgesetz, Kommentar, München, Stand Februar 2003 (zitiert: Bearbeiter in: Maunz/Dürig, Art. ... GG, Rdn. ...)

Maurer, Hartmut, Staatshaftung im europäischen Kontext, in: Ebenroth, Carsten Thomas (Hrsg.), Verantwortung und Gestaltung: Festschrift für Karlheinz Boujong zum 65. Geburtstag, München, 1996, S. 591 (zitiert: Maurer in: FS Boujong, S. ...)

Maurer, Hartmut, Allgemeines Verwaltungsrecht, 14. überarbeitete und ergänzte Auflage, München, 2002 (zitiert: Maurer, Verwaltungsrecht, § ..., Rdn. ...)

v. Münch, Ingo (Begr.)/Kunig, Philip (HrsG.), Grundgesetz-Kommentar, 4./5. Auflage, München, 2001 (zitiert: Bearbeiter in: V. Münch/Kunig, Band ..., Art. ... GG, Rdn. ...)

Nettesheim, Martin, Gemeinschaftsrechtliche Vorgaben für das deutsche Staatshaftungsrecht, DÖV 1992, S. 999ff

Nicolaysen, Gert, Der Streit zwischen dem deutschen Bundesverfassungsgericht und dem Europäischen Gerichtshof, EuR 2000, S. 495ff

Niedobitek, Matthias, Kollisionen zwischen EG-Recht und nationalem Recht, VerwArch 92 (2001), S. 58ff

Nolte, Martin, Kontrolle als zentrales Element unseres Verfassungsstaats, in: Nolte, Martin (Hrsg.), Kontrolle im verfassten Rechtsstaat, Kiel, 2002, S. 11ff

Oppermann, Thomas, Europarecht, 2. vollständig überarbeitete Auflage, München, 1999

Ossenbühl, Fritz, Staatshaftungsrecht, München 1998 (zitiert: Ossenbühl, Staatshaftungsrecht)

Ossenbühl, Fritz, Der gemeinschaftsrechtliche Staatshaftungsanspruch, DVBl 1992, S. 993ff

Palandt, Otto, Bürgerliches Gesetzbuch, Kommentar, München, 2003 (zitiert, Palandt/Bearbeiter, § ... BGB, Rdn. ...)

Papier, Hans-Jürgen/Dengler, Andreas, Anmerkung zum Urteil des BGH vom 24.10.1996, in: LM, Nr. 52 zu § 839

Pernice, Ingolf, Europäisches und nationales Verfassungsrecht, VVDStRL 60 (2000), S. 148ff

Pfab, Susanne, Staatshaftung in Deutschland, München 1997

Pitschas, Rainer, Verwaltungsverantwortung und Verwaltungsverfahren, München 1990

Preiß-Jankowski, Michael, Die gemeinschaftsrechtliche Staatshaftung im Lichte des Bonner Grundgesetzes und des Subsidiaritätsprinzips (Art. 23 GG und Art. 3b EGV), Hamburg, 1997

Pühs, Wolfgang, Der Vollzug von Gemeinschaftsrecht, Berlin, 1997

Rebmann, Kurt/Säcker, Franz Jürgen/ Rixecker, Roland, Münchener Kommentar zum Bürgerlichen Gesetzbuch, Band 5, Schuldrecht – Besonderer Teil III, München 1997, Redakteur Peter Ulmer (zitiert: Bearbeiter in: Münchener Kommentar, § ... BGB, Rdn. ...)

Reich, Norbert, Brauchen wir die Diskussion über ein Europäisches Kompetenzgericht?, EuZW 2002, S. 257ff

Reich, Norbert, Der Schutz subjektiver Gemeinschaftsrechte durch Staatshaftung, EuZW 1996, S. 709ff

Rengeling, Hans-Werner (Hrsg.), Handbuch zum europäischen und deutschen Umweltrecht: Eine systematische Darstellung des europäischen Umweltrechts mit seinen Auswirkungen auf das deutsche Recht und mit rechtspolitischen Perspektiven, Band 1, Köln, Berlin, Bonn, München, 2002 (zitiert: Bearbeiter in: Rengeling, § ..., Rdn. ...)

Ruffert, Matthias, Dogmatik und Praxis des subjektiv-öffentlichen Rechts unter dem Einfluß des Gemeinschaftsrechts, DVBl 1998, S. 69ff

Sachs, Michael (Hrsg.), Grundgesetz Kommentar, 3. Auflage, München 2003 (zitiert: Bearbeiter in: Sachs, Art. ... GG, Rdn. ...)

Saenger, Ingo, Staatshaftung wegen Verletzung europäischen Gemeinschaftsrechts, JuS 1997, S. 865ff

Schlemmer-Schulte, Sabine, Ukrow, Jörg, Die Haftung des Staates gegenüber dem Marktbürger für gemeinschaftswidriges Verhalten, EuR 1992, S. 82ff

Schmidt-Aßmann, Eberhard, Verwaltungskontrolle: Einleitende Problemskizze, in: Schmidt-Aßmann, Eberhard/Hoffmann-Riem, Wolfgang, Verwaltungskontrolle, Baden-Baden, 2000, S. 9ff (zitiert: Schmidt-Aßmann in: Verwaltungskontrolle)

Schmidt-Bleibtreu, Bruno/Klein, Franz, Kommentar zum Grundgesetz, 9. Auflage, Neuwied, Kriftel, 1999 (zitiert: Bearbeiter in: Schmidt-Bleibtreu/Klein, Art. ... GG, Rdn. ...)

Schoch, Friedrich, Europäisierung des Staatshaftungsrechts, in: Geis, Max-Emanuel (Hrsg.), Staat, Kirche, Verwaltung: Festschrift für Hartmut Maurer zum 70. Geburtstag, München, 2001, S. 759ff

Schockweiler, Fernand, Die Haftung der EG-Mitgliedsaaten gegenüber dem einzelnen bei Verletzung des Gemeinschaftsrechts, EuR 1993, S. 107ff

Scholz, Rupert, Europäische Union und Verfassungsreform, NJW 1993, S. 1690ff

Scholz, Rupert, Zum Verhältnis von europäischem gemeinschaftsrecht und nationalem Verfassungsrecht, DÖV 1998, 261ff

Schweitzer, Michael, Staatsrecht III, 7. neubearbeitete Auflage, Heidelberg, 2000 (zitiert: Schweitzer, Staatsrecht, Rdn. ...)

Seidel, Martin, Pro futuro: Kraft Gemeinschaftsrechts Vorrang des höheren einzelstaatlichen Grundrechtsschutzes? EuZW 2003, S. 97ff

Seltenreich, Stephan, Die Francovich-Rechtsprechung des EuGH und ihre Auswirkungen auf das deutsche Staatshaftungsrecht: Ein Rückblick fünf Jahre nach dem Ergehen des Francovich-Urteils, Konstanz, 1997

Steinberger, Helmut, Anmerkungen zum Maastricht-Urteil des Bundesverfassungsgerichts, in: Schmidt-Aßmann, Eberhard/Hommelhoff, Peter, Der Staatenverbund der Europäischen Union, Heidelberg, 1994, S. 25ff (zitiert: Steinbergern Anmerkungen, S. ...)

Siebert, W., Bürgerliches Gesetzbuch, Kommentar, 12. neubearbeitete Ausgabe, begründet von Hs. Th. Soergel, Band 5,2, Schuldrecht, Stand Frühjahr 1998, Stuttgart, 1999, (zitiert: Bearbeiter in: Soergel, § ... BGB, Rdn. ...)

Siebert, W., Bürgerliches Gesetzbuch, Kommentar, 13. neubearbeitete Ausgabe, begründet von Hs. Th. Soergel, Band 2a, Allgemeiner Teil 3, Stand Herbst 2002, Stuttgart 2002, (zitiert: Bearbeiter in: Soergel, § ... BGB, Rdn. ...)

Streinz, Rudolf, Auswirkungen des vom EuGH „ausgelegten" Gemeinschaftsrechts auf das deutsche Recht, JURA 1995, S. 6ff

Streinz, Rudolf, Der „effet utile" in der Rechtsprechung des Gerichtshofs der Europäischen Gemeinschaften, in: Festschrift für Ulrich Everling, Band 2, Baden-Baden, 1995, S. 1491ff (zitiert: Streinz in: FS Everling)

Streinz, Rudolf, Anmerkungen zu dem EuGH-Urteil in der Rechtssache Brasserie du Pêcheur und Factortame, EuZW 1996, S. 201ff

Streinz, Rudolf, Probleme des Zusammenwirkens von EG und Mitgliedstaaten beim Vollzug des Europäischen Wirtschaftsrechts, in: Streinz, Rudolf/Dannecker, Gerhard/Sieber, Ulrich/Ritter, Markus (Hrsg.), Die Kontrolle der Anwendung des Europäischen Wirtschaftsrechts, Bayreuth, 1998, S. 35ff (zitiert: Streinz, Zusammenwirken, S. ...)

Streinz, Rudolf, „Gemeinschaftsrecht bricht nationales Recht", in: Köbler, Gerhard, Heinze, Meinhard, Hromadka, Wolfgang, Europas universale rechtsordnungspolitische Aufgabe im Recht des dritten Jahrtausends, Festschrift für Alfred Söllner zum 70. Geburtstag, München, 2000, S. 1139ff

Streinz, Rudolf, Europarecht, 5. völlig neu bearbeitete Auflage, Heidelberg, 2001 (zitiert: Streinz, Europarecht, Rdn. ...)

Streinz, Rodolf, Verfassungsvorbehalte gegenüber Gemeinschaftsrecht – eine deutsche Besonderheit?, in: Tradition und Weltoffenheit des Rechts, Festschrift für Helmut Steinberger, Berlin, Heidelberg u.a., 2002, S. 1436ff

Streinz, Rudolf (Hrsg.), EGV/EUV Vertrag über die Europäische Union und Vertrag zur Gründung der Europäischen Gemeinschaft, München, 2003 (zitiert: Bearbeiter in: Streinz, Art. ..., Rdn. ...)

Tomuschat, Christian, Das Francovich-Urteil des EuGH – Ein Lehrstück zum Europarecht, in: Festschrift für Ulrich Everling, Band 2, Baden-Baden, 1995, S. 1585ff (zitiert: Tomuschat in: FS Everling, S. ...)

Triantafyllou, Dimitris, Zur Europäisierung des subjektiven öffentlichen Rechts, DÖV 1997, S. 192ff

Ukrow, Jörg, Richterliche Rechtsfortbildung durch den EuGH, Baden-Baden, 1995

Wehlau, Andreas, Die Rechtsprechung des Gerichtshofs der Europäischen Gemeinschaft zur Staatshaftung der Mitgliedstaaten nach Gemeinschaftsrecht, Hamburg, 1996

Wehlau, Andreas, Die Ausgestaltung des gemeinschaftsrechtlichen Staatshaftungsanspruchs, DZWiR 1997, S. 100ff

Wolf, Christoph, Die Staatshaftung der Bundesrepublik Deutschland und der Französischen Republik für Verstöße gegen das Gemeinschaftsrecht (EGV), Berlin, 1999

Zuleeg, Manfred, Umweltschutz in der Rechtsprechung des Europäischen Gerichtshofs, NJW 1993, S. 31ff

Zuleeg, Manfred, Die Rolle der rechtsprechenden Gewalt in der europäischen Intregration, JZ 1994, S. 1ff

Zuleeg, Manfred, Deutsches und europäisches Verwaltungsrecht – wechselseitige Einwirkungen, VVDStRL 53 (1994), S. 154ff

Zuleeg, Manfred, Bundesfinanzhof und Gemeinschaftsrecht, in: Klein, Franz (Hrsg.), 75 Jahre Reichsfinanzhof – Bundesfinanzhof, Festschrift, Bonn, 1994, S. 115ff

Zenner, Martin, Die Haftung der EG-Mitgliedstaaten für die Anwendung europarechtswidriger Rechtsnormen, München, 1995